Anders gedacht

Anders gedacht

Text and Context
in the German-Speaking World

Irene Motyl-Mudretzkyj
Barnard College at Columbia University

Michaela Späinghaus
Columbia University

Houghton Mifflin Company
Boston • New York

Publisher: Rolando Hernández
Sponsoring Editor: Van Strength
Assistant Editor: Erin Kern
Project Editor: Harriet C. Dishman/Stacy Drew
Senior Manufacturing Coordinator: Marie Barnes
Associate Marketing Manager: Claudia Martínez

Cover image credit: Used by permission of the Studio of Gerhard Richter

Printed in the U.S.A.

Library of Congress Control Number: 2003109862

ISBN: 0-618-25983-X

123456789 – CRW – 08 07 06 05 04

Table of Contents

Scope and Sequence

To the Student

Anders gedacht means *thinking differently*, and thinking differently about the German language and the cultures of German-speaking countries is exactly what this textbook hopes to encourage. We encourage you to think differently—to change your point of view so as to engage in cross-cultural interpretation, analysis, and comparison. Only by putting yourself into someone else's shoes is intercultural understanding possible. *Anders gedacht* is learner-centered, learner-friendly, and easy to follow.

Our approach in this textbook is to create a balance between working with intellectually stimulating content and practicing the skills needed to communicate in a foreign language. You learn grammar, vocabulary, and other aspects of language by learning about the cultural and historical context of the German language—in short, by learning about the lives of speakers of German. You will be better able to speak German if you share the cultural knowledge of Germans, Austrians, and Swiss.

In order to accomplish this, we have included printed texts as well as films and visual art in the learning units. The visual art is presented within the unit at the point of use, and the art is also reproduced in full color in a special insert section. *Anders gedacht* presents a language course as a "content course." In addition, *Anders gedacht* provides you with many opportunities to connect to other fields, such as music, science, business, political science, history, and philosophy.

You will study other people's world views and the unique ways of life and patterns of behavior as expressed through contemporary culture. This will deepen your understanding of German-speaking people and culture. We hope you become an observer and analyst of this different culture, while coming to view your own culture from a different perspective.

In addition to class material, the *Anders gedacht Student Text* provides cross references to the Audio CD, Website, and Übungsbuch/ Lab Manual, as well as the poems, songs, interviews, speeches, and author readings featured in the Student Text **(Anhang A)**. A list of irregular verbs and a German-German glossary are also provided in the reference section.

We hope that you enjoy learning German with *Anders gedacht*!

To the Instructor

Anders gedacht means *thinking differently*, and thinking differently about the German language and the cultures of German-speaking countries is exactly what this textbook hopes to encourage—among college students in intermediate and advanced German classes as well as among all other learners in high schools, community colleges, and adult education programs.

About the Title

The title of this textbook, ***Anders gedacht: Text and Context in the German-Speaking World***, reflects our approach to studying German.

> *Anders gedacht . . .* → Thinking Differently

First of all, we engage students in a broad range of cultural practices, products, and perspectives from German-speaking countries. We encourage students to think differently—to change their point of view so as to engage in cross-cultural interpretation, analysis, and comparison. Only by putting oneself into someone else's shoes is intercultural understanding possible.

Texts and Contexts

Anders gedacht is based on up-to-date subject matter from film, history, politics, the fine arts, music, literature, economics, and science. These texts provide for interdisciplinarity as well as context. As students negotiate the texts—whether literary or realia-based—they will experience them not as isolated entities, but as integral components of cultural, historical, and linguistic contexts. Students learn grammar, vocabulary, and other aspects of language by learning about the cultural and historical context of the German language—in short, by learning about the lives of speakers of German.

In the German-Speaking World

A contextualized and interdisciplinary approach to studying the German language has to recognize that German is spoken in several countries—Germany, Austria, and Switzerland. *Anders gedacht* therefore consists of texts from all three German-speaking countries.

Main Features

1. A Truly Learner-Friendly Textbook

Too many language textbooks actually discourage students from learning and teachers from teaching. *Anders gedacht* is learner-centered, learner-friendly, and easy to follow—for students and instructors alike. The subject matter and language exercises are closely interwoven. Instructors and students need not supplement the textbook with other materials, because all components of language learning—content, grammar, vocabulary, speaking, listening, viewing, reading, and writing—are covered within each learning unit. Additional contextualized grammar and vocabulary exercises and drills are located in the workbook; they are cross-referenced at appropriate places in the main text. The following icons are used throughout the text to call attention to cross-references, pair activities, and group activities, as well as to provide students with additional information relating to specific exercises.

 Pair icon: Students work in pairs.

 Group icon: Three students or, when indicated in the direction line, a small group of 3–5 students work together.

 Workbook icon: Points out a cross reference to the *Übungsbuch*, where more drills or exercises to practice grammar and vocabulary are featured.

 Web icon: Points out a web-based activity. When indicated, students will find particular web pages or will be required to complete activities on the Houghton Mifflin Web page.

 Listening icon: The corresponding text or song can be found on the audio CD.

In addition, the textbook's step-by-step, task-oriented approach makes class preparation for instructors both easy and substantially less time-consuming.

2. Components

Anders gedacht has six components:

◇ a textbook containing ten learning units
◇ an audio CD for classroom use

◇ a corresponding Übungsbuch/Lab Manual with grammar explanations and grammar and vocabulary exercises for practicing and applying the linguistic structures and forms from the textbook, as well as listening comprehension activities that correspond to the Audio Program

◇ an Audio Program for the practice of listening comprehension that corresponds to the Lab Manual

◇ an Instructor Website with teaching suggestions

◇ a Student Website with Internet resources connected to the textbook

3. All-German Approach

Students learn more effectively and are better able to communicate with native speakers when they are not tempted to translate. We have avoided English glosses, grammar explanations, and direction lines in order to encourage students to draw understanding directly from the context by using and practicing the reading, listening, and viewing strategies presented in the learning units. This approach also enables students to practice circumlocution—a crucial skill for speakers of foreign languages.

4. The Visual: Films and Art as an Important Part of Language and Cultural Learning

Since *Anders gedacht* is about cultural contexts, we have included printed texts as well as films and visual art in the learning units. The films *Schwarzfahrer* (1993; director: Pepe Danquart), *Comedian Harmonists* (1997; director: Joseph Vilsmaier), *Lola rennt* (1998; director: Tom Tykwer), and *Deutschland, bleiche Mutter* (1979; director: Helma Sanders-Brahms), as well as paintings by Caspar David Friedrich and Anselm Kiefer, have been didacticized for classroom use and form an integral part of this program. We hope that students will enhance their visual and cultural competency in connection with improved language comprehension and production.

5. Unique Structure

Each unit has its own structure in which the main cultural and linguistic issues raised by the texts are presented in contextualized ways most suitable for those particular topics. For instance, compare the structure of Einheit 1, *Das Reisen: Die Erlebnisgesellschaft – Trends und Gegentrends*, with the diametrically different structure of Einheit 2, *Das Fernweh zur Zeit Goethes: Märchen, Gedichte und Malerei im 18. und 19. Jahrhundert*. (Please see the Scope and Sequence.)

Approach

Content-Based Learning Units with Contextualized Grammar: An Integrative Textbook

Our approach in this textbook is to create a balance between working with intellectually stimulating content and practicing the skills needed to communicate in a foreign language (speaking, reading, viewing, writing, and listening). In *Anders gedacht* language functions are closely tied to communicative intentions as well as contextualized within the individual subject areas. Instead of concentrating solely on linguistic competency, *Anders gedacht* proposes a shift from the typical skills course to a language course as a "content course."

Thus, all the learning units are content-based. But the content, instructional tasks, and pedagogical approaches are carefully interwoven to maximize learning of the cultural and historical context *and* of the language. Students acquire language fluency while learning about history, art, feature films, politics, cultural history, and music. And they accomplish these two goals in all modalities: speaking, reading, listening, viewing, and writing. The course material itself conveys these skills.

The Topics

Cultural intersubjectivity is part of the background knowledge that enables speakers of a language to communicate with one another. People who grow up and are schooled in German-speaking countries possess common cultural knowledge including concepts, names, historical events, discourses, and cultural issues. Students of German are therefore better able to speak German if they share the cultural knowledge of Germans, Austrians, and Swiss. The principle of intersubjectivity guided our selection of topics for the learning units.

Just how our approach works is evident from the following example. The art of Anselm Kiefer, one of the most famous contemporary German conceptual artists, is featured in a culminating learning unit because he has confronted—and still confronts—himself and his viewers with the question of German identity. But Kiefer and the issues he raises can only be understood after students have worked through the topics in the preceding learning units that are familiar to people from German-speaking countries as an important part of German identity. It is only after students have that cultural knowledge that they can interpret and read Kiefer's work as native speakers might.

Contextualized Grammar

Grammar is *not* featured as something that stands alone, isolated from context. ***Anders gedacht*** ties grammar into the authentic use of language and thereby transforms grammar into a means for communication. This integrated approach not only expands students' linguistic abilities, but also broadens their personal cultural interests. Grammar and vocabulary exercises in the Übungsbuch/Lab Manual complement each unit.

Connections to Other Subjects

By being interdisciplinary in approach and in substance, ***Anders gedacht*** provides instructors and students with many opportunities to connect to other fields, such as music, science, business, political science, international and public affairs, history, and philosophy. For example, see Einheit 9, *Vereinigtes Deutschland: Chancen und Herausforderungen* in which students get acquainted with current business trends within the context of German reunification. Tasks are organized around subject matter that offers pertinent information through which cultural analysis and comparisons as well as the connection to other disciplines are possible.

Gaining an "Insider's" Perspective

Anders gedacht enables students to study other people's world views and the unique ways of life and patterns of behavior as expressed through contemporary culture. This deepens cross-cultural understanding. Through intense work with visual materials, students experience and analyze the similarities as well as the differences between their own cultures and those of the German-speaking world. For example, in Einheit 4, *Planet Germany: Deutschland, ein Einwanderungsland?* students are encouraged to reflect on how and why their ancestors came to this continent and their way of dealing with their own cultural identities.

In the units entitled *Kunst und Künstler: Anselm Kiefer* and *Lola rennt: Ein Film der 90er Jahre* students use German as a vehicle for expressing their understanding of the cultural product. Through this process students become observers and analysts of a different culture, while coming to view their own culture from a different perspective.

Authentic Materials

After the first year of language study students develop fluency, accuracy, and a growing ability to engage in argumentation both orally and in writing. In doing so, they build on the basic communicative competency that was the main goal of the beginning level of language study.

In *Anders gedacht* the development of linguistic skills is coupled with intellectually stimulating content, comprising printed texts from a variety of genres:

◇ newspaper and magazine articles from publications such as *Der Spiegel* (Germany), *Der Kurier* (Austria), *Die Zeit* (Germany)

◇ essays

◇ poetry, for example in Unit 7 *Umgang mit der Vergangenheit: Formen der Vergangenheitsbewältigung,* in which students work with two poems, one of which is "Todesfuge" by Paul Celan

◇ fairy tales, for example "Der Räuberbräutigam," also in Unit 7

◇ excerpts from cultural and literary histories and journals

◇ feature films, for example in Unit 5 *Die Comedian Harmonists*

◇ the Internet, for example in Unit 1 *Das Reisen: Die Erlebnisgesellschaft – Trends und Gegentrends* students prepare a project on the Slow-Food Movement or access a travel agency website to find a vacation package that they present to their classmates

◇ art exhibits

◇ political cartoons

◇ a pop song, for example in Unit 4 *Planet Germany* students work with a song by Aziza-A, a German-Turkish hip-hop singer

◇ art songs, for example in Unit 2 *Das Fernweh zur Zeit Goethes* students work with the text and listen to the song "Das Wandern" from the Schubert song cycle "Die schöne Müllerin"

◇ book readings

All of the materials are authentic in that they were originally created for native speakers.

Integration of Learning Strategies and Critical Thinking Skills

The learning units are designed with thinking skills in mind, so as to foster students' awareness of the reading, speaking, writing, and listening strategies they employ to process new information. This process-oriented approach promotes effective student-directed learning and furthers life-long language skill development. The desired balance between fostering multilevel awareness—the concentration on a special field of study and linguistic proficiency—gives students the opportunity to appreciate the many dimensions of the subject matter and to use critical thinking skills tied to the acquisition of knowledge.

The Pedagogy

Motivation

A central concern of our profession is how to motivate the intermediate and advanced language student to become an engaged learner. Very often the thrill of being able to communicate in the target language during the first year has diminished, often being replaced by frustration and lack of motivation. We believe that in order to make language learning effective and meaningful for the student, challenging content should become the primary focus. A content-based approach helps students to acquire correct language forms and fluency along with learning about a special field of study.

Inductive Learning Strategies

Throughout the textbook our approach to both the cultural subject matter and the integrated linguistic materials is inductive, proceeding from the ground up, and not from axiomatic assumptions. Students interact with each other through activities that are task- and content-based. These activities are typically accompanied by supporting activities or exercises that provide the vocabulary and structures necessary to complete the content-based task. Grammar—which serves as a vehicle for speaking, reading, listening, viewing, and writing—is also presented inductively. As students concentrate on the process, they become aware of the organization, structure, and strategies of learning and refrain from reproducing material in a mechanical input-output manner. The authentic products of the target culture introduce students to that culture and to authentic, complex linguistic structures. Both the culture and the language are thematized and analyzed in the process.

Student-Directed Learning

The pedagogical approach underlying *Anders gedacht* is student-directed learning as opposed to teacher-directed learning. Thus, students become responsible for the development of their own learning. *Anders gedacht* genuinely engages students in the subject matter, fosters their individual curiosity, and encourages them to interact with one another. We have endeavored to use a variety of teaching and learning strategies to accommodate varied student learning styles.

Task-Oriented Learning

Students work through tasks, individually and in partner or group settings, in which process-orientation replaces outcome-based teaching. With the help of the instructor, who assumes the role of facilitator of knowledge, students develop a broad range of strategies that enable them to become independent learners, go beyond the requirements of class work, pursue topics of personal interest, and develop life-long learning skills.

Structure of Each Unit

Although all ten units are structured differently, they do follow a basic pattern:

Introduction → Presentation → Awareness → Systematization → Application

Introduction. An introduction activates the students' knowledge and vocabulary. New expressions and words are introduced through brainstorming or describing a picture, cartoon, or painting.

Presentation. The content is presented through a text or visual device, such as a newspaper article, primary source excerpt, poem, film clip, Internet, art, and so forth.

Awareness. Students collect data and gain awareness about a specific fact, condition, or problem concerning the culture and/or linguistic features through task-oriented activities.

Systematization. Students systematize their findings through diagrams or other visual aids.

Application. Students apply the acquired linguistic skills (vocabulary and structures) and at the same time use their cultural insights and acquired knowledge in role-play, debates, writing activities, or projects.

An Overview of the Textbook's Main Features

Unit Opener

EINHEIT 2

Das Fernweh zur Zeit Goethes

Märchen, Gedichte und Malerei im 18. und 19. Jahrhundert

Goethe in der Campagna (J.H.W. Tischbein, 1787)

Each unit (**Einheit**) opens with a photograph or work of fine art that sets the scene for the unit themes. A descriptive caption serves as a springboard for brainstorming or contextualization of main themes.

Accompanying the image is a summary of the unit contents that provides a helpful overview of the material to be studied.

- ◇ The listing under **Abschnitte** provides the thematic section titles in the unit.
- ◇ Depending on the unit at hand, the titles of texts (**Texte**), images (**Bilder**), films (**Filme**), and music (**Musik**) are listed.
- ◇ Web-based activities are identified under **Internet-Aktivitäten**.
- ◇ **Sprachliche Strukturen** summarizes the grammatical structures covered in that unit.
- ◇ **In dieser Einheit** contextualizes and encapsulates the unit theme.

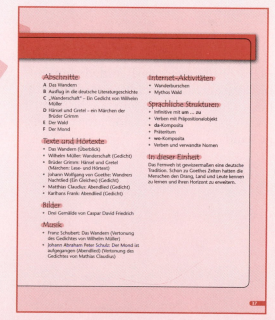

Abschnitte
A Das Wandern
B Ausflug in die deutsche Literaturgeschichte
C „Wanderschaft" – Ein Gedicht von Wilhelm Müller
D Hänsel und Gretel – ein Märchen der Brüder Grimm
E Der Wald
F Der Mond

Texte und Hörtexte
- Das Wandern (Überblick)
- Wilhelm Müller: Wanderschaft (Gedicht)
- Brüder Grimm: Hänsel und Gretel (Märchen: Lese- und Hörtext)
- Johann Wolfgang von Goethe: Wandrers Nachtlied (Ein Gleiches) (Gedicht)
- Matthias Claudius: Abendlied (Gedicht)
- Karlhans Frank: Abendlied (Gedicht)

Bilder
- Drei Gemälde von Caspar David Friedrich

Musik
- Franz Schubert: Das Wandern (Vertonung des Gedichtes von Wilhelm Müller)
- Johann Abraham Peter Schulz: Der Mond ist aufgegangen (Abendlied) (Vertonung des Gedichtes von Mathias Claudius)

Internet-Aktivitäten
- Wanderburschen
- Mythos Wald

Sprachliche Strukturen
- Infinitive mit **um … zu**
- Verben mit Präpositionalobjekt
- **da**-Komposita
- Präteritum
- **wo**-Komposita
- Verben und verwandte Nomen

In dieser Einheit
Das Fernweh ist gewissermaßen eine deutsche Tradition. Schon zu Goethes Zeiten hatten die Menschen den Drang, Land und Leute kennen zu lernen und ihren Horizont zu erweitern.

Contextualization

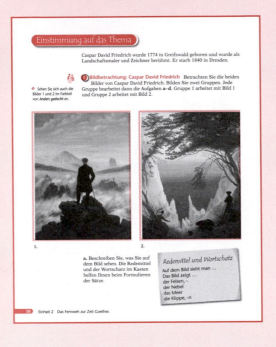

Einstimmung auf das Thema allows students an opportunity to "warm up" to the unit themes, through brainstorming, contemplating pictures, responding to quotations, and/or simply gathering already-known facts or suppositions about certain topics.

Many of the numerous guided communicative activities feature a **Redemittel** box that provides students with useful vocabulary and expressions for the task at hand.

Working with Texts

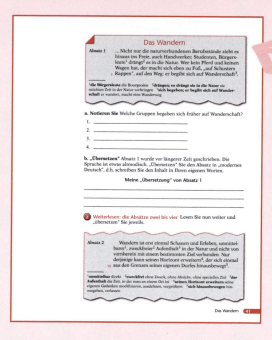

The authentic texts are presented in a manner that helps both instructors and students. Many texts are segmented according to task, and activities are similarly organized. The step-by-step task-oriented approach facilitates preparation for instructors and enables students to work with authentic material in manageable chunks.

Poems and other texts that have been segmented in the unit presentation are presented intact in Appendix A of the textbook.

Many activities have icons suggesting that students work in pairs or small groups, which encourages thinking critically about concepts and encourages self-expression.

Unfamiliar vocabulary is glossed, either with German synonyms or explanations.

An Internet icon and margin note alert students whenever an activity is to be completed using the *Anders gedacht* Student website.

Many of the poems and songs featured in the text are on the Instructor's Audio CD. A margin note alerts instructors when this is the case.

Working with Film

Focused **Wortschatz** activities introduce students to some of the crucial vocabulary.

Working with film will help students enhance their visual and cultural competency.

Students work with film in manageable segments.

Previewing activities encourage students to speculate about what they will see based on images or on what they've seen in previous segments.

Filmsequenz margin notes indicate which segment of the film is relevant for each activity.

Working with Grammar

Grammar is tied into the authentic use of language and serves as a means for communication with structural accuracy. Grammar exercises are embedded in the thematic flow at the points where they are most needed for the content-based tasks at hand.

Cross-references to the workbook appear at relevant points in the textbook. An icon and margin note point students to the correct place in the Übungsbuch/Lab Manual.

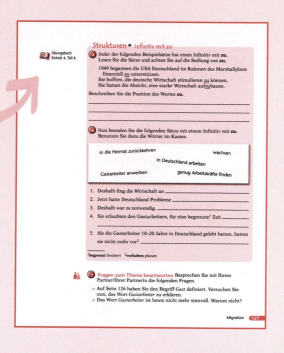

Grammar is integrated inductively. Students are guided through the inductive process step-by-step in order to derive grammar **Regeln** themselves.

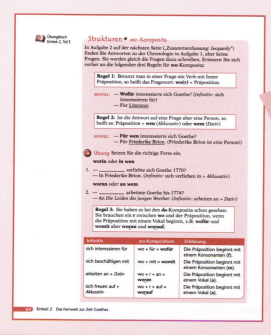

Additional Features

In Units 2 and 8 students work with images of fine art by Caspar David Friedrich and Anselm Kiefer. These works appear in full color in the insert, allowing students to interact with original artwork.

At the end of each unit, the **Grundwortschatz** presents a list of 30–40 basic vocabulary terms from that unit without English equivalents. Definitions are provided in the German-German **Glossar** at the end of the textbook. This all-in-German approach sets the stage for more effective language learning.

Grundwortschatz

Verben

sich an•passen: er/sie/es passt sich ... an, passte sich ... an, hat sich ... angepasst
an•werben: er/sie/es wirbt ... an, warb ... an, hat ... angeworben
sich assimilieren: er/sie/es assimiliert sich, assimilierte sich, hat sich ... assimiliert
aus•füllen: er/sie/es füllt ... aus, füllte ... aus, hat ... ausgefüllt
aus•wandern: er/sie/es wandert ... aus, wanderte ... aus, ist ... ausgewandert
beantragen: er/sie/es beantragt, beantragte, hat ... beantragt
bestehen: er/sie/es besteht, bestand, hat ... bestanden
durch•fallen: er/sie/es fällt ... durch, fiel ... durch, ist ... durchgefallen
ein•wandern: er/sie/es wandert ... ein, wanderte ... ein, ist ... eingewandert
immigrieren: er/sie/es immigriert, immigrierte, ist ... immigriert
sich integrieren: er/sie/es integriert sich, integrierte sich, hat sich ... integriert
zurück•kehren: er/sie/es kehrt ... zurück, kehrte ... zurück, ist ... zurückgekehrt

Nomen

die Arbeitskraft, die Arbeitskräfte
die Assimilation
der Asylant, -en
der Aufschwung
der Ausländer, - / die Ausländerin, -nen
die Ausländerfeindlichkeit
die Bemerkung, -en
die Einbürgerung, -en
die Einwanderung
das Einwanderungsland, die Einwanderungsländer
der Gastarbeiter, - / die Gastarbeiterin, -nen

das Gesetz, -e
die Heimat
die Immigration
die Integration
die Konjunktur, -en
der Pass, die Pässe
die Staatsangehörigkeit
der Staatsbürger, - / die Staatsbürgerin, -nen
die Staatsbürgerschaft
das Vorurteil, -e
das Wirtschaftswunder

Adjektive und Adverbien

ausländerfeindlich
fremd

multikulturell

152 Einheit 4 Planet Germany

Program Components

For the Student

- *Anders gedacht* Student Text
- *Anders gedacht* Übungsbuch/Lab Manual
- *Anders gedacht* Audio CD program to complement the Lab Manual
- *Anders gedacht* Student Website

Übungsbuch/Lab Manual

The *Anders gedacht* Übungsbuch provides varied activities to reinforce class work and features cross references to the Student Text. It also provides explanations in English of the grammar topics covered in the textbook. The *Anders gedacht* Lab Manual, coordinated with the Audio CD program, provides a variety of listening comprehension practice and further work with audio texts.

Audio CD Program

The audio program, which coordinates with the Lab Manual, is available in your Language Lab or for purchase so that you can listen to the recordings at any time.

Student Website

The website written to accompany *Anders gedacht* contains the links needed by students to complete the search activities in the Student Text. The *search activities* are designed to facilitate working with the unit topics while exploring German-language websites. Although the sites are not written for students of German, the tasks that you will be asked to carry out are, and you are not expected to understand every word. The *cultural links* offer additional cultural information on places and topics related to each unit.

For the Instructor

- *Anders gedacht* Instructor Audio CD
- *Anders gedacht* Instructor ClassPrep CD-ROM
- *Anders gedacht* Instructor Website

Instructor Audio CD

This audio CD contains songs, speeches, narratives, and interviews from the main text.

Instructor ClassPrep CD-ROM

The Instructor's ClassPrep CD-ROM contains a description of the features and components of *Anders gedacht;* teaching suggestions, textbook answer key, Übungsbuch answer key, and the lab manual answer key in ready-to-use PDF files and modifiable Word files.

Instructor Website

The instructor site includes teaching suggestions, textbook answer key, and Übungsbuch answer key. Other resources for instructors are also available on the general language website. To access the site, go to http://college.hmco.com/languages/german/instructors/.

Acknowledgments

We thank our colleagues and friends for their encouragement and valuable contributions: Alexander J. Motyl, Holger Breithaupt, Richard Korb, Sabine Dinsel, Andrew Homan, Rainer Schachner, Anne-Katrin Titze, and the Consortium for Language Teaching and Learning.

In particular we thank Jutta Schmiers-Heller for compiling the glossary, Paul Listen for his work as Development Editor, and Development Manager Sharla Zwirek for guiding this book through development and production.

The authors and publisher thank the following reviewers for their comments and recommendations, which were invaluable in the development of this program.

Gary L. Baker, Denison University

Claudia A. Becker, Loyola University Chicago

Robert K. Bloomer, SUNY Stony Brook

Nikolaus Euba, University of California, Berkeley

Anke K. Finger, University of Connecticut

Lynne H. Frame, University of California, Berkeley

Christina Frei, University of Pennsylvania

Jan L. Hagens, University of Notre Dame

Maryanne Heidemann, Ferris State University

Heike Henderson, Boise State University

Janette C. Hudson, University of Virginia

Astrid Klocke, UCLA

Dwight E. Langston, University of Central Arkansas

Hans Rudolf Nollert, University of Central Oklahoma

Renate S. Posthofen, Utah State University

Hartmut Rastalsky, University of Michigan, Ann Arbor

Richard Rundell, New Mexico State University

Michael Schultz, New York University

Sylvia A. Smith, North Carolina State University

Carmen Taleghani-Nikazm, University of Kansas

Marilya Veteto, Northern Arizona University

Bild 1

CASPAR DAVID
FRIEDRICH

_____

_____

_____

Bild 2

CASPAR DAVID
FRIEDRICH

_____

_____

_____

Bild 3

CASPAR DAVID FRIEDRICH

Bild A.1

ANSELM KIEFER

Jeder steht unter seiner Himmelskuppel, 1970

Bild A.2

ANSELM KIEFER

Ohne Titel (Heroische Sinnbilder), ca. 1969

Bild B.1

ANSELM KIEFER
Winterlandschaft, 1970

Bild B.2

ANSELM KIEFER

Dein goldenes Haar, Margarete, 1980

Bild C.1

ANSELM KIEFER
Glaube, Hoffnung, Liebe, 1976

Bild C.2

ANSELM KIEFER

Sende Deinen Geist aus, 1974

Bild D.1

ANSELM KIEFER

Der Mond ist aufgegangen, 1971

Bild D.2

ANSELM KIEFER

Über allen Gipfeln ist Ruh', 1971

Bild 1

ANSELM KIEFER

Brünhilde schläft, 1980

Bild 2

ANSELM KIEFER

Siegfried's Difficult Way to Brünnhilde, ca. 1980

Bild 3

ANSELM KIEFER
Brünhildes Tod, 1976

Anders gedacht

Das Reisen

Die Erlebnisgesellschaft – Trends und Gegentrends

Immer mehr Menschen suchen extreme Reiseerlebnisse.

Abschnitte

A Das Reisen: Texte und Statistiken
B Neue Trends im Reisen
C Gegentrends zum Aktivurlaub

Texte

- Knauserige Deutsche bleiben Reiseweltmeister (Zeitungsartikel)
- Die Österreicher fahren selten und kurz auf Urlaub (Zeitungsartikel)
- Extrem-Urlaub 2000 (Reportage)
- Ein Recht auf Müßiggang (Zeitungsartikel)
- Friedrich Nietzsche: Zitate aus *Fragmente XI* und *Menschliches, Allzumenschliches* (Literaturauszüge)

Internet-Aktivitäten

- Beliebteste Reiseziele der Deutschen
- Aktuelle Reiseangebote
- Die Slow-Food-Bewegung
- SMS

Sprachliche Strukturen

- Überblick: regelmäßige und trennbare Verben
- Komposita
- Überblick: unregelmäßige und untrennbare Verben
- Präpositionen mit Akkusativ und Dativ, Wechselpräpositionen
- Imperativ

Lesestrategien

- Schlüsselwörter
- Hypothesen aufstellen

Schreibstrategien

- Texte zusammenfassen
- Meinung äußern

In dieser Einheit

Sie erfahren etwas über das Reiseverhalten der Deutschen und der Österreicher und vergleichen es mit dem Reiseverhalten der Menschen in Ihrem Land. Neue Trends und Gegentrends im Reisen werden vorgestellt.

Einstimmung auf das Thema

 1 **Begriffe assoziieren** Schreiben Sie Assoziationen zum Thema **Ferien** auf. Arbeiten Sie mit Ihrem Partner/Ihrer Partnerin. Sammeln Sie dann die Ergebnisse an der Tafel.

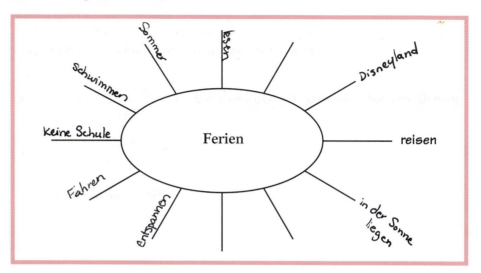

 2 **Ein Gespräch führen** Arbeiten Sie in Kleingruppen (3–4 Personen). Fragen Sie Ihre Kommilitonen/Kommilitoninnen[1]:

a. Wohin möchtet ihr gern einmal in Urlaub fahren? Wo wart ihr schon?
b. Aus welchen Ländern kommen die meisten Touristen, was denkt ihr?
c. Findet ihr Touristen angenehm oder unangenehm? Habt ihr eine lustige Geschichte mit Touristen erlebt?
d. Welche Touristen sind eurer Meinung nach die Reiseweltmeister? Warum?

Sie können folgende Redemittel für Ihre Antworten benutzen:

Redemittel	
Ich möchte (gern) … *	Ich finde …
Ich würde gern … *	Ich bin der Meinung, dass …
Ich denke, … (+ *Hauptsatz*)	Ich glaube, dass …
Ich denke, dass … (+ *Nebensatz*)	

 3 **Zusammenfassen** Stellen Sie Ihre Antworten jetzt im Kurs vor.

---

[1]**der Kommilitone, -n; die Kommilitonin, -nen** die anderen Studenten

*Erinnerung: <u>nach</u> Deutschland, *aber:* <u>in die</u> Schweiz

A Das Reisen: Texte und Statistiken

In diesem Abschnitt werden Sie sich mit dem Reiseverhalten der Deutschen und der Österreicher beschäftigen. In diesem Zusammenhang werden Sie zwei Artikel lesen und Statistiken interpretieren.

Knauserige Deutsche bleiben Reiseweltmeister

Der erste Text, den Sie lesen werden, heißt „Knauserige Deutsche bleiben Reiseweltmeister". Der Text ist ein Zeitungsartikel.

Lesestrategie ◇ Schlüsselwörter

Wenn man einen Text verstehen will, muss man nicht jedes Wort kennen. Jeder Text hat **Schlüsselwörter;** das sind die wichtigsten Wörter im Text.

1 Schlüsselwörter identifizieren In dem Text „Knauserige Deutsche bleiben Reiseweltmeister" gibt es folgende Schlüsselwörter. Lesen Sie sie.

großzügig	knauserig/knausern	Reiseweltmeister
das Ausland	ausgeben	die Buchung
der Urlauber	der Geschäftsreisende	sparsam

2 Schlüsselwörter sortieren Sind Ihnen die Schlüsselwörter bekannt? Sortieren Sie sie.

Bekannte Wörter: <u>das Ausland, der Urlauber, ausgeben, sparsam</u>

Unbekannte Wörter: <u>großzügig, knauserig, der Geschäftsreisende, die Buchung, Reiseweltmeister</u>

3 Unbekannte Wörter verstehen Um die Bedeutung der unbekannten Wörter zu verstehen, haben Sie nun drei Möglichkeiten:

◇ Sie können die Wörter von bekannten Wörtern ableiten.
◇ Sie können sie aus dem Kontext ableiten.
◇ Sie können im Wörterbuch nachschlagen oder Ihren Kursleiter/Ihre Kursleiterin fragen.

Leiten Sie die folgenden Wörter aus bekannten Wörtern ab und notieren Sie die Erklärung.

Das Land, in dem ich lebe, sind die USA. Das Gegenteil von „in" ist „aus".

Die USA sind für mich das Inland, alle anderen Länder auf der Welt sind für

mich das Ausland.

der Reiseweltmeister

Reisen ist irgendwo zu gehen. Die Welt ist der Planet, woran ich

lebe. Meister ist jemand der sehr gut ist. Reiseweltmeister ist jemand, der um die Welt oft und gut ist.

der Urlauber

Der Urlaub ist eine Ferien. Ein Urlauber ist jemand, der am Urlaub ist.

der Geschäftsreisende

Ein Geschäft ist wo ich arbeite. Ein Geschäftsreisende ist eine Reise, die für einen Geschäft ist.

Lesen ◆ Global- und Detailverständnis

4 **Schlüsselwörter aus dem Kontext verstehen** Lesen Sie jetzt den Zeitungsartikel „Knauserige Deutsche bleiben Reiseweltmeister". Versuchen Sie, die folgenden Schlüsselwörter aus dem Kontext zu verstehen und schreiben Sie eine Definition. Wenn Sie ein Wort nicht aus dem Kontext erschließen konnten, sehen Sie ins Wörterbuch oder fragen Sie jemanden.

großzügig

Wenn man gibt viele aus. (generous)

Von e-r Art, die zeigt, dass man von dem, was man besitzt, gern u. viel gibt

knauserig/knausern

Wenn man gibt viele nicht aus. Gegenteil von großzügig.

die Buchung

Was man macht, wenn man eine Reise will.

sparsam

so, dass man wenig von etw. (mst. Geld) verbraucht

Knauserige Deutsche bleiben Reiseweltmeister
Amerikaner sind unterwegs viel großzügiger

London (rpo). Die Deutschen sind und bleiben Reiseweltmeister. Allerdings knausern sie auf ihren Auslandstrips ganz gewaltig. Die Amerikaner dagegen
5 verreisen zwar weniger, geben dabei aber weit mehr aus als die Deutschen.

Nach einer am Freitag in London veröffentlichten Studie des Verbraucherforschungsinstituts Mintel kamen im
10 Jahr 2001 rund 70 Millionen Bundesbürger auf Flughäfen im Ausland an. Damit blieben sie nach den Angaben seit 1997 der weltgrößte Tourismusmarkt vor den USA (58 Millionen) und
15 Großbritannien (54 Millionen).

Nach Voraussagen[1] der Verbraucherforscher[2] werden im Jahr 2015 mehr als 139 Millionen Auslands-Reisebuchungen auf das Konto deutscher
20 Urlauber oder Geschäftsreisender gehen. Folgen sollen die Briten mit knapp 109 Millionen und Amerikaner mit rund 87 Millionen Buchungen.

Die Deutschen sind den Angaben
25 zufolge seit 1997 zwar Reiseweltmeister, jedoch auf ihren Auslandsausflügen im Vergleich zu den US-Touristen eher sparsam. Denn diese gaben pro Jahr zuletzt 60 Milliarden US-Dollar (rund
30 54 Milliarden Euro) für ihre Reisen aus,

Die Deutschen sind und bleiben Reiseweltmeister.

während es die Deutschen insgesamt nur auf 46,2 Milliarden Dollar brachten.

Der Mintel-Tourismusbericht basiert auf einer Vielzahl von Quellen, darunter
35 Nationalstatistiken, Tourismusbehörden oder Handelskammern.

—Quelle: http://www.rp-online.de

---

[1]**die Voraussage** die Prognose [2]**der Verbraucherforscher** der Verbraucher = der Konsument;
Verbraucherforscher = Personen, die die Verbraucher interviewen, um zu wissen, was die Leute wollen/brauchen

 (5) **Hauptinformationen notieren** Lesen Sie den Text noch einmal und füllen Sie mit Ihrem Partner/Ihrer Partnerin die Tabelle aus.

Reisebuchungen und Reiseausgaben

	Deutschland ([die] Deutsche[n])	USA (Amerikaner)	Großbritannien (Briten, Engländer)
Auslands-Reisebuchungen 2001	70 millionen	58 millionen	54 millionen
prognostizierte Auslands-Reisebuchungen 2015	139 millionen	87 millionen	109 millionen
Reiseausgaben pro Jahr (in Milliarden Dollar)	46, 2 milliarden dollar	60 milliarden US-dollar (54 milliarden Euro)	keine Angaben

Übungsbuch
Einheit 1, Teil A

Strukturen ◆ Regelmäßige und trennbare Verben

Sie werden gleich Ihr Ergebnis von Aufgabe 5 im Plenum vergleichen. Als Vorbereitung darauf, konjugieren Sie die Verben **buchen** und **ausgeben** in den vier Zeitformen.

das regelmäßige Verb buchen

Person	Präsens	Präteritum	Perfekt	Futur
ich	buche	buchte	habe ... gebucht	werde ... buchen
du	buchst	buchtest	hast ... gebucht	wirdst ... buchen
er/sie/es/man	bucht	buchte	hat ... gebucht	wird ... buchen
wir	buchen	buchten	haben ... gebucht	werden ... buchen
ihr	bucht	buchtet	habt ... gebucht	wirdt ... buchen
sie/Sie	buchen	buchten	haben ... gebucht	werden ... buchen

das trennbare Verb ausgeben

Person	Präsens	Präteritum	Perfekt	Futur
ich	gebe ... aus	gabt ... aus	habe ... ausgegeben	werde ... ausgeben
du	gibst ... aus	gabst ... aus	hast ... ausgegeben	wirdst ... ausgeben
er/sie/es/man	gibt ... aus	gab ... aus	hat ... ausgegeben	wird ... ausgeben
wir	geben ... aus	gaben ... aus	haben ... ausgegeben	werden ... ausgeben
ihr		gabt ... aus	habt ... ausgegeben	wirdt ... ausgeben
sie/Sie	geben ... aus	gaben ... aus	haben ... ausgegeben	werden ... ausgeben

Übungsbuch
Einheit 1, Teil A

6 **Informationen versprachlichen** Vergleichen Sie Ihr Ergebnis von Aufgabe 5 jetzt im Plenum. Versprachlichen Sie dazu die Informationen aus der Tabelle „Reisebuchungen und Reiseausgaben".

BEISPIEL: „Laut der Studie/des Berichts haben 2001 rund 70 Millionen Deutsche/deutsche Touristen/Urlauber und Geschäftsreisende einen Flug ins Ausland gebucht. Im Vergleich haben die Amerikaner…"

Übungsbuch
Einheit 1, Teil A

7 **Über eigene Erfahrungen sprechen** Sprechen Sie zu dritt oder zu viert. Können Sie die Aussagen des Artikels bestätigen[1]?

◇ Verreisen Amerikaner/Briten wirklich seltener als die Deutschen?
◇ Warum geben Amerikaner mehr Geld aus als die Deutschen?

Berichten Sie Ihre Ergebnisse im Plenum.

Übungsbuch
Einheit 1, Teil A

Strukturen ◇ Komposita

Im Text gibt es viele zusammengesetzte Nomen. Man nennt sie auch Komposita. Komposita schreibt man immer zusammen, d.h. in einem Wort! Das Nomen am Ende bestimmt den Artikel: **Reiseweltmeister** (**die Reise** + **die Welt** + **der Meister** = **der Reiseweltmeister**). Lesen Sie jetzt den Text noch einmal und notieren Sie alle Komposita, die aus zwei oder mehr Nomen bestehen.

Nomen (+ e/n/s/en/es) + Nomen

BEISPIEL: *der Auslandstrip*

1. Verbraucherforschungsinstituts
2. Tourismusmarkt
3. Verbraucherforscher
4. Geschäftsreisender
5. Mintel - Tourismusbericht
6. Nationalstatistiken
7. Tourismusbehörden
8. Handelskammern
9. Auslandausflügen
10. Auslands- Reisebuchungen
11. Reiseweltmeister
12. Auslandstrip

Es gibt auch Komposita aus **Verbstamm (+e) + Nomen** und aus **Adjektiv/ Adverb + Nomen.** Können Sie welche finden? Schreiben Sie sie auf:

_____

8 **Mit dem Internet arbeiten** Finden Sie mit Hilfe des Internets heraus, was die beliebtesten Reiseziele der Deutschen sind. Berichten Sie dann im Kurs.

---

[1]**bestätigen** bejahen

Die Österreicher fahren selten und kurz auf Urlaub

Lesestrategie ◆ Hypothesen aufstellen

1 **Hypothesen aufstellen** Sie werden gleich einen Text über das Reiseverhalten der Österreicher lesen. Jeder Text hat einen Titel. Der Titel suggeriert den Inhalt des Textes: Man erwartet, dass etwas Bestimmtes im Text steht und sucht danach. Diese Erwartung hilft beim Verstehen des Textes. Der Titel des folgenden Zeitungsartikels heißt „Die Österreicher fahren selten und kurz auf Urlaub". Antizipieren Sie nun, was im Text stehen könnte. Notieren Sie zwei Fragen, von denen Sie glauben, dass im Text die Antworten stehen werden:

1. Wo fahren sie?
2. Warum fahren sie selten und kurz auf Urlaub?

Lesen ◆ Global- und Detailverständnis

2 **Schlüsselwörter identifizieren und sortieren** Lesen Sie den Zeitungsartikel und markieren Sie die Schlüsselwörter im Text.

a. Sortieren Sie dann die Schlüsselwörter.

bekannte Wörter: Griechenland, Italien, Kroatien, Spanien, Akademiker, Österreicher, immer, fahren, Urlaub, kürzer, sie, sind, aber, im, acht, anderen, europäischen Ländern, trotzdem, wenig, Prozent, Erwachsenen, Ferien, Beispiel,

unbekannte Wörter, die Sie von bekannten Wörtern ableiten können:
Reiseziele, Haupturlaubsreisen, gleichzeitig, reisefreudigsten

unbekannte Wörter, die Sie aus dem Kontext verstehen können:
Mikrozensus, Anzahl, Inlandsreisen

unbekannte Wörter, die Sie im Wörterbuch nachschlagen müssen:
häufiger, Vergleich, Einwohnern, Stelle, vorletzt, Beamte, Landwirte, Erholungssüchtigen

 b. Vergleichen Sie Ihre Schlüsselwörter mit einem Partner/einer Partnerin.

Die Österreicher fahren selten und kurz auf Urlaub

Die Österreicher fahren zwar immer häufiger und gleichzeitig immer kürzer auf Urlaub, sie sind aber im Vergleich zu den Einwohnern in acht anderen
5 europäischen Ländern trotzdem ein wenig regungsfaul[1]. Das geht aus dem jüngst veröffentlichten[2] Mikrozensus der Statistik Österreich hervor.

Demnach fahren in Österreich nur
10 49 Prozent der Erwachsenen richtig in die Ferien, während es zum Beispiel in Griechenland mehr als zwei Drittel sind. Österreich liegt damit an vorletzter Stelle vor Italien.
15 Die beliebtesten Reiseziele der Österreicher sind Italien, Griechenland, Kroatien und Spanien. Am reisefreudigsten sind Akademiker (73 Prozent) und Beamte (65 Prozent),
20 während Landwirte (21 Prozent) am seltensten verreisen. Die Häufigkeit[3] der Haupturlaubsreisen nahm 1999 in Österreich insgesamt[4] um 5,8 Prozent zu, wobei die Anzahl der Inlandsreisen
25 doppelt so stark stieg wie jene der Auslandsreisen. Allerdings führen noch immer rund 63 Prozent der österreichischen Urlaubsreisen die Erholungssüchtigen ins Ausland.

—Quelle: *Kurier* (Wien), 12.07.2000

---

[1]**regungsfaul** *hier:* Sie bleiben gern zu Hause. Sie sind zu faul, sich von zu Hause wegzubewegen.
[2]**veröffentlichen** publizieren, bekannt machen   [3]**die Häufigkeit** die Frequenz   [4]**insgesamt** im Ganzen

3 **Hypothesen überprüfen** Lesen Sie den Text noch einmal und überprüfen Sie Ihre Hypothesen aus Aufgabe 1. Notieren Sie die Antworten auf Ihre Fragen.

a. ~~Em~~ Italien, Griechenland, Kroatien, und Spanien

b. Sie sind ein Bisschen regungsfaul

Konnten Sie die Antworten auf Ihre Fragen im Text finden? Falls nein, warum nicht? Kreuzen Sie an:

☐ Ich habe den Text nicht richtig gelesen/verstanden.

☐ Meiner Meinung nach passt der Titel nicht zum Text.

☐ Sonstige Gründe: _____

4 **Wortschatz** Im Text finden Sie zwei Synonyme für den Ausdruck **auf Urlaub fahren.** Notieren Sie sie.

a. ~~In~~ die Ferien fahren

b. Urlaubsreisen

In Österreich sagt man **auf Urlaub fahren.** Wie sagt man in Deutschland?

in oder im Urlaub sein

5 **Stichworte notieren** Beantworten Sie in Kleingruppen die folgenden Fragen in Stichworten.

a. Wie ist das Reiseverhalten der Österreicher? Beschreiben Sie.

Sie haben ein Bisschen regungsfaul

b. Wohin fahren die Österreicher am liebsten auf Urlaub?

Die Österreicher fahren am liebsten nach Italien, Griechenland, Kroatien, und Spanien

c. Welche Personengruppen verreisen am meisten?

Akademiker verreisen am meisten.

Übungsbuch
Einheit 1, Teil A

Strukturen ◇ Unregelmäßige und untrennbare Verben

Sie werden gleich Ihre Antworten von Aufgabe 5 im Plenum vergleichen. Konjugieren Sie als Vorbereitung darauf die Verben **fahren** und **verreisen**.

das unregelmäßige Verb fahren

Person	Präsens	Präteritum	Perfekt	Futur
ich	fahre	fuhr	bin … gefahren	werde … fahren
du	fährst	fuhrst	bist … gefahren	wirdst … fahren
er/sie/es/man	fährt	fuhr	ist … gefahren	wird … fahren
wir	fahren	fuhren	sind … gefahren	werden … fahren
ihr	fahrt	fuhrt	seid … gefahren	wirdt … fahren
sie/Sie	fahren	fuhren	sind … gefahren	werden … fahren

das untrennbare Verb verreisen

Person	Präsens	Präteritum	Perfekt	Futur
ich	verreise	verreiste	bin … verreist	werde … verreisen
du	verreist	verreistest	bist … verreist	wirdst … verreisen
er/sie/es/man	verreist	verreiste	ist … verreist	wird … verreisen
wir	verreisen	verreisten	sind … verreist	werden … verreisen
ihr	verreist	verreistet	seid … verreist	wirdt … verreisen
sie/Sie	verreisen	verreisten	sind … verreist	werden … verreisen

6 **Informationen versprachlichen** Vergleichen Sie Ihre Antworten von Aufgabe 5 jetzt im Plenum. Bilden Sie ganze Sätze.

BEISPIEL: Die Österreicher verreisen immer öfter, aber …

Weiterführende Aufgaben

7 **Statistik versprachlichen** Sehen Sie sich die Statistik „Anteil der
   Urlaubsreisenden, 2001" an. Welche Informationen bekommen Sie?
Benutzen Sie folgende Redemittel:

Redemittel

Die Statistik zeigt …   In der Statistik sieht man …

Laut dieser Statistik …   Die Statistik gibt Auskunft über (+ *Akkusativ*) …

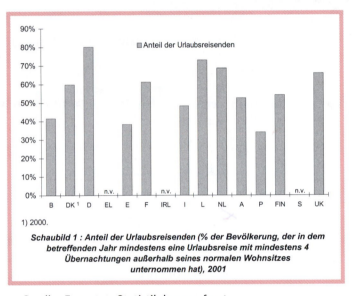

*Schaubild 1 : Anteil der Urlaubsreisenden (% der Bevölkerung, der in dem
betreffenden Jahr mindestens eine Urlaubsreise mit mindestens 4
Übernachtungen außerhalb seines normalen Wohnsitzes
unternommen hat), 2001*

—Quelle: Eurostat: Statistik kurz gefasst

Übungsbuch
Einheit 1, Teil A

8 **Über das Reiseverhalten Ihrer Landsleute[1] sprechen** Berichten Sie
   im Plenum.

a. Die Deutschen sind sehr reiselustig, die Österreicher dagegen eher
   reisefaul. Wie würden Sie Ihre Landsleute bezeichnen?
b. Wie sieht Ihrer Meinung nach ein typischer Urlaub Ihrer Landsleute
   aus?
c. Was sind die beliebtesten Reiseziele Ihrer Landsleute im Inland und
   im Ausland?

9 **Schreiben: Zusammenfassung** Welche Informationen haben Sie in
   Abschnitt A dieser Einheit bekommen? Fassen Sie noch einmal
schriftlich zusammen. Schreiben Sie 50–100 Wörter.

---

[1]**Ihre Landsleute** die Menschen, die in Ihrem Land wohnen

B Neue Trends im Reisen

Im neuen Jahrtausend werden immer mehr Menschen in ihrer Freizeit Erlebnisse suchen, die sowohl Abenteuer als auch Lernerfahrungen sind. Die Menschen werden noch mehr ihre Grenzen testen und neue Erfahrungen suchen.

Extrem-Urlaub 2000

In den folgenden Texten werden Ihnen einige Abenteuerreisen vorgestellt.

 1 Text auswählen und Hypothesen zum Inhalt aufstellen Arbeiten Sie in Gruppen und wählen Sie eine Art von Reise aus, über die Sie mehr wissen wollen. Folgende Reisen stehen zur Auswahl. Kreuzen Sie Ihre Reise an.

☐ A. Abenteuer aus dem Internet

☐ B. Luxus-Expeditionen

☐ C. Adventure Races

☒ D. Fantasy Camps

Bevor Sie den Textabschnitt A, B, C oder D über Ihre Reise lesen, und überlegen Sie in der Gruppe, was der Inhalt des Textes sein könnte. Notieren Sie die Art der Reise und Ihre Hypothesen zum Inhalt.

a. Unsere Reise: _____

b. Unsere Hypothesen zum Inhalt der Reise:

_____

_____

_____

Lesen

 2 Selektives Lesen Sehen Sie sich zunächst die folgende Tabelle an. Dann wissen Sie beim Lesen schon, welche Informationen für Sie wichtig sein werden. Lesen Sie anschließend mit Ihrer Gruppe den gewählten Text und füllen Sie nach dem Lesen die Tabelle aus. Denken Sie daran, dass das Markieren von Schlüsselwörtern hilfreich sein kann! Berichten Sie Ihren Kommilitonen/Kommilitoninnen danach von „Ihrer Reise".

1. Zielgruppe	2. Leistungen*	3. Voraussetzungen	4. Ihre Meinung

Extrem-Urlaub 2000

(A) Abenteuer aus dem Internet

Für alle, die den Extremurlaub nicht am eigenen Leib erfahren[1] wollen, gibt es die Möglichkeit, per Internet an den Erlebnissen[2] anderer teilzuhaben[3]. Der
5 Nürnberger Denis Katzer wird zwei Jahre lang auf Kamelen und zu Fuß Australien durchqueren[4]. Per Laptop und Satellitentelefon ist er mit seiner Homepage www.dennis-katzer.com
10 verbunden. Der Seebär Tim Kröger, der an den härtesten Regatten der Welt teilnimmt, berichtet live via www.illbruck-pinta.com und auch der Schnee- und Eismensch Arved Fuchs
15 lässt Kiebitze[5] bei seinem nächsten Polarprojekt über die Schulter sehen (www.arved-fuchs.de). Wer wissen will, wo sich die Weltumsegler Silke Ivens und Michael Thaler gerade befinden[6],
20 klickt sich bei www.weltumsegelung.de ein. Das kann man auch bei Mike Horn

Denis Katzer unterwegs

(www. mikehorn.com) tun, der sich gerade auf einer Weltumrundung[7] per Rad befindet.

---

[1]**am eigenen Leib erfahren** selbst erleben   [2]**das Erlebnis, -se** was man erlebt, macht, z.B. eine Reise, Party
[3]**teilhaben** teilnehmen   [4]**Australien durchqueren** durch Australien reiten, gehen, fahren   [5]**Kiebitze** neugierige Zuschauer   [6]**sich befinden** sein   [7]**die Weltumrundung** eine Reise rund um die Welt

---

*****Leistungen** was inklusive ist, z.B. An- und Abreise, Unterkunft, Verpflegung, usw.

Eine Wildwasser-Expedition vielleicht?

Mountainbiking steht auch auf dem Programm.

(B) Luxus-Expeditionen

25 Expeditionen zu den entlegensten[7] und schönsten Plätzen der Welt, Wildlife mit Luxus bietet[8] der Top-Veranstalter Abercrombie & Kent an. Das Motto: Was Sie sich vorstellen[9] können,
30 lassen wir Wirklichkeit[10] werden. Dementsprechend ist das Programm. Schon die Titel lassen das Herz höher schlagen[11]: „Botswana Adventure Safari" oder „Temple & Tigers" in
35 Indien; „Alaskan Yacht Safari", eine Kreuzfahrt mit einer kleinen Jacht und Erkundungsfahrten im Kajak oder Schlauchboot; „Kenya Explorer", zu Fuß und mit einer Kamel-Karawane durch
40 die Wildparks Kenias. Weitere Traumtipps sind MTSobeks (ebenfalls ein Spitzenanbieter besonderer Expeditionen) „Dog Sledding in Denali", eine Hundeschlitten-Expedition zu
45 Alaskas höchstem Berg oder „On the Trail of Genghis Khan" zu Fuß auf den Spuren des legendären Herrschers[12] durch die wilde Mongolei. „Himalayan River Safari" ist eine Wildwasser-
50 Expedition (Klasse IV) am Fuße des Himalaya zum „Royal Bardia National Park"– zu Besuch bei den bengalischen Tigern.

(C) Adventure Races

Ein Freizeit-Thrill heißt „Adventure
55 Race". Teams kämpfen sich unter extremen Bedingungen[13] tagelang durch wildestes Gelände[14]. Bergsteigen,

[7]**entlegen** weit weg, entfernt; fern [8]**anbieten** *hier:* verkaufen [9]**sich vorstellen** sich in Gedanken ausmalen; sich denken können [10]**die Wirklichkeit** die Realität [11]**das Herz schlägt höher** man freut sich [12]**der Herrscher** z.B. ein König, ein Monarch [13]**die Bedingung** die Kondition, die Voraussetzung [14]**das Gelände** die Landschaft (z.B. Berge, Wälder, Flüsse)

Mountainbiking, Kajaking, Höhlen-
wandern und Reiten stehen auf dem
60 Programm. Die Teams sind komplett
auf sich gestellt[15] und dürfen keine
Hilfe von außen akzeptieren. Die
gesamte Verpflegung[16] muss selbst
mitgebracht und getragen werden.
65 Dabei geht es um die perfekte
athletische Beherrschung[17] des
Körpers, um Organisationstalent,
Belastungsfähigkeit[18] und vor allem
um Teamgeist. Das zweite „Authentic
70 Adventure" ist für den 14.–29. April
in Brasilien in drei Klassen ausge-
schrieben: „Extreme", „Adventure" und
für Neulinge die Klasse „Discovery". Die
Teams bestehen aus jeweils sieben
75 Mitgliedern und müssen Meer-Kajaking,
Segeln, Reiten[19], Mountainbiking,
Schwimmen sowie Klettern[20] inklusive
Auf- und Abseilen[21] beherrschen[22].

(D) Fantasy Camps

Wären Sie gerne James Bond oder
80 lieber Zirkusartist? Möchten Sie ein
Astronautentraining mitmachen, einen
Formel-1-Kurs im Rennwagen[23]
abfahren oder im Kampfjet[24] durch
die Lüfte brausen[25]? Alles möglich. So
85 genannte Fantasy Camps lassen Sie in

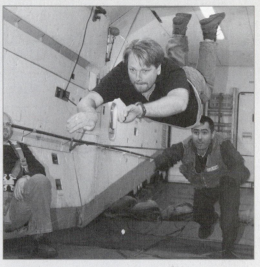

Wer möchte Astronaut werden?

neue Welten eintauchen[26]. So können
sich Möchtegern-Agenten in einem
ehemaligen[27] Trainingslager der CIA in
der Nähe von Tucson (USA) einem
90 harten Training unterziehen[28], in
dem wilde Verfolgungsjagden[29],
Geiselbefreiungen[30] und Schießduelle[31]
zum Basisprogramm gehören. In den
nächsten Jahren werden diese Camps
95 themenmäßig[32] noch weiter ausgebaut[33]
werden.

—Quelle: Isabella Klausnitzer, *Freizeitkurier-Trendsspezial:*
Heft 529, 08.01.2000

[15]**auf sich gestellt sein** alles selbst machen müssen, man hat keine Hilfe   [16]**die Verpflegung** das Essen und die
Getränke   [17]**die Beherrschung** die Kontrolle   [18]**die Belastungsfähigkeit** wie viel körperlichen Stress man
ertragen kann   [19]**reiten** man kann z.B. auf einem Pferd reiten   [20]**klettern** in den Bergen kann man klettern
[21]**abseilen** beim Klettern hängt man an einem Seil; damit kann man sich auch nach unten lassen   [22]**beherrschen**
etwas können   [23]**der Rennwagen** ein sehr schnelles Auto, z.B. bei der Formel 1   [24]**der Kampfjet** Flugzeug, das z.B.
vom Militär benutzt wird   [25]**durch die Lüfte brausen** fliegen   [26]**in neue Welten eintauchen** etwas Neues erleben
[27]**ehemalig** früher   [28]**sich einem Training unterziehen** ein Training machen   [29]**die Verfolgungsjagd** eine Person
will eine andere Person fangen   [30]**die Geiselbefreiung** Befreiung von Gefangenen, für die Geld bezahlt werden soll
[31]**das Schießduell** Duell, mit einer Pistole   [32]**themenmäßig** mit Thema   [33]**ausbauen** vergrößern

3 **Ergebnisse in Wirbelgruppen präsentieren** Berichten Sie nun Ihren Kommilitonen/Kommilitoninnen von „Ihrer Reise". Benutzen Sie folgende Redemittel:

1. Diese Reise ist für Leute, die ...
2. Im Preis ist/sind ... enthalten.
3. Um teilnehmen zu können, muss man ... /braucht man ...
4. Unserer Meinung nach ist diese Reise ...

4 **Wortschatz** Welche Wörter und Ausdrücke in Ihrem Text gehören zum Thema Reisen im Allgemeinen, welche zum neuen Trend im Reisen? Notieren Sie und erklären Sie Ihre Auswahl im Kurs.

a. Wörter und Ausdrücke zum Thema Reisen im Allgemeinen:

das Reiseziel _____

_____

_____

_____

b. Wörter und Ausdrücke, die den neuen Trend im Reisen beschreiben:

Adventure Safari _____

_____

_____

_____

Was fällt Ihnen in der zweiten Kategorie auf?

5 **Weiterführende Fragen** Beantworten Sie die folgenden Fragen.

a. Wie würden Sie den neuen Trend im Reisen beschreiben?
b. Warum, denken Sie, machen die Leute solche Urlaube?
c. Kennen Sie jemanden, der eine solche Reise gemacht hat? Vielleicht sogar Sie selbst?
d. Würden Sie einen Extremurlaub buchen? Welchen? Warum?

6 **Zusatzaufgabe** Versuchen Sie in Gruppen oder allein herauszufinden, was die gegenwärtigen Trends in Ihrem Land sind.

Projekt • einen Werbespot schreiben und vertonen

Internet

7 **Reiseangebote recherchieren** Suchen Sie ein Angebot von *Neckermann*, *TUI* oder von einem anderen deutschen, österreichischen oder Schweizer Reiseveranstalter im Internet. Suchen Sie sich ein interessantes Reiseziel aus und notieren Sie Preis und Leistungen.

Strukturen als Vorbereitung auf das Schreiben ◊
Präpositionen mit Akkusativ und Dativ, Wechselpräpositionen

A Lesen Sie zunächst die folgenden Sätze aus dem Text „Extrem-Urlaub 2000". Überlegen Sie, mit welchem Kasus die Präpositionen benutzt werden und warum. Tragen Sie Ihre Ergebnisse in die Tabelle unter den Sätzen ein.

1. Immer mehr Menschen werden **in** ihrer Freizeit extreme Erlebnisse suchen.
2. Sie reisen zu Fuß und **mit** einer Kamel-Karawane **durch** die Wild- parks Kenias.
3. So genannte Fantasy Camps lassen Sie **in** neue Welten eintauchen.
4. Wilde Verfolgungsjagden und Geiselbefreiungen gehören **zum** Basisprogramm.
5. Die „Himalayan River Safari" ist eine Expedition **am** Fuß des Himalaya.
6. Mountainbiking und Reiten stehen **auf** dem Programm.

	Kasus	Begründung
1	**in** = Wechselpräposition, hier mit Dativ gebraucht	Auf die Frage „Wann?" steht **in** + Dativ.
2		
3		
4		
5		
6		

B Sammeln Sie Präpositionen für die folgenden drei Kategorien.

1. Präpositionen mit Akkusativ: _____

   _____

2. Präpositionen mit Dativ: _____

   _____

3. Wechselpräpositionen: _____

   _____

C Setzen Sie die richtigen Artikel oder Endungen ein.

Reisen Sie mit uns in _____[1] Welt der Fantasie!

Erleben Sie die aufgehende Sonne in _____[2] Wüste.

Liegen Sie an _____[3] wunderschönen Stränden von Australiens Südküste.

Reiten Sie auf ein_____[4] Kamel (*n.*) in _____[5] Sonnenuntergang.

Segeln Sie mit ein_____[6] schneeweißen Segeljacht (*f.*) um _____[7] Welt.

Springen Sie von ein_____[8] 100 m hohen Brücke an ein_____[9] Seil (*n.*) in _____[10] Amazonas (*m.*).

Sprung in die Tiefe

Strukturen als Vorbereitung auf das Schreiben ◇
Imperativ

(A) Lesen Sie zunächst die folgenden Reklamesätze. Überlegen Sie, mit welcher Verbform diese Sätze beginnen. Es handelt sich um Aufforderungen. Füllen Sie dann die Tabelle aus.

1. Reisen Sie mit uns in die Welt der Fantasie!
2. Erlebe die aufgehende Sonne in der Wüste!
3. Schwimmt im azurblauen Wasser des Mittelmeers!
4. Reiten wir auf einem Kamel in den Sonnenuntergang!
5. Gehen wir zu den bengalischen Tigern!
6. Vergesst eure Kameras nicht!
7. Segeln Sie auf einer schneeweißen Segeljacht um die Welt!
8. Spring von einer 100 m hohen Brücke an einem Seil in den Fluss!

	Imperativform	Regel
Sie-Form	reisen Sie	Das Verb hat die gleiche Form
(Sing. und Plur.)	_____	wie im Präsens, auch das
		Personalpronomen bleibt, die
		Reihenfolge ist aber vertauscht.
du-Form	_____	
	_____	
ihr-Form	_____	
	_____	
wir-Form	_____	
	_____	

B **Übung** Schreiben Sie die Aufforderungen in allen vier Imperativformen.

1. *Sie*-Form: _Rufen Sie heute noch an!_____

   du-Form: _____

   ihr-Form: _____

   wir-Form: _____

2. *du*-Form: _Buch jetzt und bezahl' 25% weniger!_____

   Sie-Form: _____

   ihr-Form: _____

   wir-Form: _____

Übungsbuch
Einheit 1, Teil B

8 **Werbespot schreiben** Schreiben Sie nun einen Werbespot für Radio oder Fernsehen, in dem Sie für Ihre Reise aus Aufgabe 7 Reklame machen. Lassen Sie ihn von Ihrem Kursleiter/Ihrer Kursleiterin korrigieren, bevor Sie ihn vertonen.

9 **Werbespot vertonen** Nehmen Sie Ihren Werbespot auf Kassette, CD oder Video auf und stellen Sie ihn Ihren Kommilitonen/Kommilitoninnen vor. Geben Sie vorher eine kurze Einführung, in der Sie eins der folgenden Redemittel benutzen:

> *Redemittel*
>
> In meinem Werbespot geht es um …
> Mein Werbespot beschreibt …
> Mein Werbespot wirbt für …

10 **Werbespots hören/sehen** Hören bzw. sehen Sie die Werbespots Ihrer Kommilitonen/Kommilitoninnen aufmerksam an und machen Sie sich Notizen zu Reiseziel, Leistungen, Verpflegung, Unterkunft und Preis. Berichten Sie am Ende, welche dieser Reisen Sie am liebsten machen würden und begründen Sie Ihre Meinung.

C Gegentrends zum Aktivurlaub

In diesem Abschnitt werden Sie sich mit Gegentrends zu Extrem-Urlauben und dem Verlangen mancher Menschen nach einem langsameren Leben beschäftigen.

Ein Recht auf Müßiggang

1 **Wortschatz** Arbeiten Sie mit einem Partner/einer Partnerin. Lesen und erklären Sie die folgenden Wörter und finden Sie zwei Kategorien, denen Sie die Wörter zuordnen können.

die Erlebnismaximierung	der Erlebnispark	faul sein
der Schnellimbiss	das Genießen	die Hetze
die Langsamkeit	die Schnelligkeit	die Beschleunigung
die Entschleunigung		

2 **Titel analysieren** Der Titel des Textes, den Sie lesen werden, heißt „Ein Recht auf Müßiggang". Das Wort **Müßiggang** bedeutet **Nichtstun**. Was wird wohl im folgenden Text stehen?

_____

3 **Reaktionen äußern** Was ist Ihre Reaktion zu den folgenden Aussagen? Welchen Aussagen können Sie zustimmen? Lesen Sie die Aussagen und besprechen Sie sie mit einem Partner/einer Partnerin.

a. Langsamkeit wird wieder modern.
b. Das Hören auf die innere Uhr wird wieder modern.
c. Nur Langsamkeit ermöglicht Gemeinschaft, Liebe und Vertrauen.
d. „Zeit haben" wird mehr und mehr zum Prestige gehören.
e. Es gibt eine Sehnsucht nach einer langsameren Gesellschaft.

Lesen ◆ Global- und Detailverständnis

4 **Aussagen verifizieren** In dem folgenden Zeitungsartikel wird ein Gegentrend zum Aktivurlaub beschrieben. Der Artikel hat sieben Absätze. Lesen Sie den Text Absatz für Absatz. Die Verben im Infinitiv am Rand helfen Ihnen beim Verständnis bzw. beim Nachschlagen der Verben. Überlegen Sie nach jedem Absatz, ob die entsprechende Aussage im Anschluss an den Lesetext auf Seite 27 richtig oder falsch ist. Nur eine Aussage ist falsch. Welche ist das?

Erlebnismaximierung

Ein Recht auf Müßiggang

Absatz 1 Wohin geht's in die Ferien? Schnell
mal mit den Kids nach Eurodisney,
dazwischen ein Rafting-Urlaub, ein
wenig „Dom-Rep" (neudeutsch, steht
5 für Dominikanische Republik) und
zum Abschluss ein Städtetrip nach
New York? Was, Sie tun nichts, sind
einfach nur faul? Dann gehören Sie
zu den elitären Trendys.

Absatz 2 10 Denn das Pendel schlägt zurück[1].
Ausgerechnet in der hocheffizienten
westlichen Welt wird Langsamkeit
und das Hören auf die innere Uhr[2]
wieder modern. Nonstop arbeiten?   arbeiten
15 Die Chronobiologie rät unbedingt   raten
zur Siesta. Schnelles Essen? Die
Slow-Food-Bewegung[3] (natürlich in

---

[1]**das Pendel schlägt zurück** alles ist umgekehrt   [2]**die innere Uhr** der Rhythmus des
Körpers   [3]**die Slow-Food-Bewegung** eine Organisation, der Menschen angehören,
die sich besonders viel Zeit zum Essen nehmen

Italien gegründet) setzt auf Genuss[4] ohne Hetze. Der Klagenfurter

20 „Verein zur Verzögerung[5] der Zeit" fordert gar in Bausch und Bogen[6] eine „Entschleunigung[7]" des gesellschaftlichen Lebens. Im Zeitalter von Handy[8] und SMS[9]

25 eine eher anachronistische Anmutung[10].

Absatz 3   Doch wer auf seine eigenen Rhythmen hört und auch Pausen nicht vergisst, lebt nicht nur

30 gesünder – sondern ist letztendlich[11] auch effektiver, meinen die beiden Psychologen Barbara Knab und Jürgen Zulley („Unsere innere Uhr" Herder, 2000). Solche Bücher sind

35 modern geworden.

Absatz 4   „Zeit verweile[12] doch", betitelt der Wirtschaftspädagoge Karlheinz Geißler sein Werk. Untertitel: „Lebensformen[13] gegen die Hast",

40 nur Langsamkeit ermögliche Gemeinschaft[14], Liebe und Vertrauen, ist seine These. […]

Absatz 5   Überhaupt hat sich die Kunst – und die Philosophie (sie heißt ja

45 nicht umsonst „Seelenliebe") – schon früh als Seismograph erwiesen. Friedrich Nietzsche beispielsweise[15] schimpfte in diesem Zusammenhang[16] schon vor mehr

50 als 100 Jahren: Durch den Fortschritt[17] des 19. Jahrhunderts werde „immer entschiedener die Frage der Gesundheit des Leibes[18] der der Seele" vorangestellt. […]

(Randglossen:)

fordern

hören auf + *Akk.*
vergessen

werden
verweilen, betiteln

ermöglichen

sich erweisen als
schimpfen

voranstellen

---

[4]**der Genuss** wenn man sich Zeit nimmt und etwas bewusst erlebt [5]**die Verzögerung** wenn man etwas langsamer macht [6]**in Bausch und Bogen** ganz generell [7]**die Entschleunigung** als Gegensatz zu Beschleunigung, langsamer werden [8]**das Handy** das Mobiltelefon [9]**SMS** Short Message Service [10]**die Anmutung** die Idee, Vorstellung [11]**letztendlich** am Ende [12]**verweilen** bleiben [13]**die Lebensform** die Art, wie man lebt [14]**die Gemeinschaft** Menschen, die einander helfen [15]**beispielsweise** zum Beispiel [16]**der Zusammenhang** der Kontext [17]**der Fortschritt** die Verbesserung und Weiterentwicklung; der Progress [18]**der Leib** *veraltet für* Körper

Absatz 6 55	„Zeit haben" wird zunehmend zum Prestige gehören, sagt Meinungsforscher Rudolf Brettschneider (bei einem Interview mit dem *Standard*) STANDARD:	**gehören zu**
60	*Sind wir in der westlichen Welt zu fleißig?* B: Man sollte dem Dolcefarniente huldigen, ohne den Fehler zu machen, berufliche Maßstäbe auf die Erledigung[19] der	**huldigen**
65	Freizeit zu übertragen. Viele gestalten[20] den Urlaub nach den Kriterien der Erlebnismaximierung. STANDARD: *Es scheint ja noch schlimmer zu kommen. Laufen nicht*	**gestalten**
70	*all die geplanten Erlebnisparks auf die Industrialisierung der Freizeit hinaus?* B: Sie sind eine Option, eine tatsächlich sehr prototypische. …	**hinauslaufen auf + *Akk.***
Absatz 7 75	STANDARD: *Und die Zukunft?* B: Zeit haben wird zum Prestige gehören. Zeitaufwendige[21] Tätigkeiten zu pflegen ist prestigeträchtig[22] geworden.	
80	Stichwort Golf. Langsam über den Rasen zu schleichen! Das ist doch eine Kultur der Langsamkeit – und das am helllichten Tag[23]! STANDARD: *Wird Faulsein*	**schleichen**
85	*salonfähig*[24]? B: Es gibt eine Sehnsucht[25] nach einer langsameren Gesellschaft. Aber es kommt nicht unbedingt zu Phänomenen der Verlangsamung.	

— Quelle: *Der Standard Weekly* (Wien), 6. Juli 2000

---

[19]**die Erledigung** das Machen von Aufgaben   [20]**gestalten** *hier:* arrangieren
[21]**zeitaufwendig** wenn man viel Zeit für etwas braucht   [22]**prestigeträchtig** mit viel Prestige   [23]**am helllichten Tag** am Tag, tagsüber   [24]**salonfähig** es wird gesellschaftlich akzeptiert, man darf es tun   [25]**die Sehnsucht** Wunsch, Verlangen

Absatz im Text	Aussage	richtig	falsch
Absatz 1	Wer sich Zeit nimmt, gehört zur gesellschaftlichen Elite.	☐	☐
Absatz 2	Es ist modern, langsamer zu leben und zu genießen.	☐	☐
Absatz 3	Barbara Knab und Jürgen Zulley, zwei Psychologen, sagen, dass man gesünder lebt und effektiver arbeitet, wenn man auf seinen Körper hört.	☐	☐
Absatz 4	„Zeit verweile doch" ist der Titel eines Buches. Es beschreibt, wie man langsamer leben kann und warum das positiv ist.	☐	☐
Absatz 5	Kunst und Philosophie reflektieren normalerweise unsere Lebensform nicht sehr gut.	☐	☐
Absatz 6	Viele Menschen erledigen ihre Freizeit so, wie sie es vom Berufsleben gewohnt sind.	☐	☐
Absatz 7	Der Meinungsforscher Rudolf Brettschneider meint, dass die Menschen gerne langsamer leben möchten.	☐	☐

Das Logo der Slow-Food-Bewegung

Übungsbuch
Einheit 1, Teil C

5 **Selektives arbeitsteiliges Lesen** Was ist angesagt und was nicht? Der Kurs wird in zwei Gruppen geteilt. Die Gruppen lesen den Text noch einmal. Die eine Hälfte schreibt auf, was diesem Text zufolge „in" ist. Die andere schreibt auf, was „out" ist.

> *Redemittel*
>
> a. Es ist angesagt/in/out/nicht mehr zeitgemäß, ... zu ...
> b. ... ist angesagt/...

BEISPIELE: „Es ist angesagt, nichts zu tun.“
„Erlebnismaximierung ist nicht mehr zeitgemäß.“

angesagt / „in“	nicht (mehr) angesagt / „out“
nichts tun	Erlebnismaximierung

Tragen Sie Ihre Ergebnisse im Kurs vor.

Strukturen ◆ Verben

Ergänzen Sie die Grundformen der folgenden wichtigen Verben aus dem Text.

Infinitiv	Präteritum	Perfekt
arbeiten	_____	hat ... gearbeitet
raten	riet	_____
_____	forderte	hat ... gefordert
hören	hörte	_____
vergessen	_____	hat ... vergessen
werden	wurde	_____
ermöglichen	_____	hat ... ermöglicht
schimpfen	schimpfte	_____
_____	stellte	hat ... gestellt
gehören	_____	hat ... gehört (*Verb mit Dativ*)
gestalten	_____	hat ... gestaltet
laufen	_____	ist ... gelaufen
_____	pflegte	hat ... gepflegt

6 **Feinverständnis** Ordnen Sie den folgenden Begriffen die richtige Erklärung zu.

<u>3</u> a. der Müßiggang

____ b. das Pendel schlägt zurück

____ c. die Beschleunigung

____ d. die „Entschleunigung"

<u>2</u> e. das Handy

____ f. müßig gehen

____ g. die Hast

____ h. die Sehnsucht

____ i. die Lebensform

____ j. der Maßstab

____ k. einen beruflichen Maßstab übertragen

____ l. die Erledigung der Freizeit

____ m. gestalten

____ n. eine zeitaufwendige Tätigkeit pflegen

____ o. prestigeträchtig

1. etwas wird schneller

2. das Mobiltelefon

3. ~~das Nichtstun~~

4. die Eile

5. wie man die Freizeit verbringt (*hier*: negativ)

6. nichts tun

7. es ist mit viel Prestige verbunden

8. das Verlangen, der Wunsch

9. formen, einteilen

10. etwas tun, das viel Zeit braucht

11. der Trend geht in die andere Richtung

12. wie etwas bemessen wird

13. wie im beruflichen Leben handeln

14. die Art zu leben

15. dieses Wort existiert eigentlich nicht, es wird hier als Antonym zu Beschleunigung benutzt

Übungsbuch
Einheit 1, Teil C

7 **Wortschatz** Gehen Sie folgenden Wörtern auf die Spur und ordnen Sie sie in die Tabelle auf Seite 30 ein.

~~die Langsamkeit~~
der Genuss
die Hetze
innere Uhr
die Verzögerung der Zeit
die Lebensform
~~das Golf~~
die Entschleunigung des gesellschaftlichen Lebens
die Hast
müßig gehen

das Faulsein
blaumachen
die Erlebnismaximierung
der Erlebnispark
die Industrialisierung der Freizeit
das Handy
schleichen
zeitaufwendige Tätigkeiten pflegen
die Verlangsamung
die Beschleunigung
prestigeträchtig

Ausdrücke zur Muße[1]	Ausdrücke zur Aktivität	Neutrale Ausdrücke
die Langsamkeit		das Golf

Schreibstrategie ◆ Texte zusammenfassen

8 **Schreiben: einen Artikel zusammenfassen** Bringen Sie den Zeitungsartikel auf den Punkt. Was ist die Hauptaussage? Fassen Sie sie schriftlich in einigen Sätzen zusammen. Gehen Sie folgendermaßen vor:

- ◆ Notieren Sie die fünf wichtigsten Schlüsselwörter.
- ◆ Schreiben Sie kurze Sätze mit den Schlüsselwörtern.
- ◆ Bringen Sie die Sätze in eine logische Reihenfolge.
- ◆ Erweitern Sie Ihre Gedanken, z.B. mit **und, aber, denn, weil, wenn, als,** ...

Auf Seite 28 haben Sie Verbformen notiert. Diese können Ihnen beim Schreiben helfen. Erinnern Sie sich auch an die Struktur **... zu ...,** z.B. Es ist angesagt, nichts <u>zu</u> tun.

Weiterführende Aufgaben

9 **Diskutieren** „Das moderne Leben ist viel zu schnell! Auf Dauer ist das schädlich." Was denken Sie über diese Aussage? Diskutieren Sie und benutzen Sie die Redemittel auf der nächsten Seite.

---

[1]**die Muße** die Ruhe

Redemittel

die eigene Meinung äußern	zustimmen	ablehnen
Ich bin der Meinung, dass … Meiner Meinung nach …	Da bin ich deiner Meinung. Da hast du Recht. Ich stimme dir zu. Einverstanden!	Da bin ich anderer Meinung. Du hast nicht Recht./Du hast Unrecht. Weißt du das genau? Woher willst du das wissen?

Internet

(10) Mit dem Internet arbeiten Suchen Sie im Internet nach Informationen über die folgenden Themen. Berichten Sie dann im Kurs.

a. Was ist die „Slow-Food-Bewegung"? Wann ist diese Bewegung entstanden? Warum?

b. Wofür steht „SMS"? Wer benutzt es? Was kann man per SMS machen? Was kann man nicht machen?

Was kann man per SMS machen?

(11) Schreiben Beschreiben Sie Ihren Idealurlaub. Gehen Sie auf folgende Punkte ein:

◇ Was? ◇ Wie lange? ◇ Warum?
◇ Wo? ◇ Mit wem?

Drei Zitate von Friedrich Nietzsche

In dem Text über Müßiggang, den Sie eben gelesen haben, wird der deutsche Philosoph Friedrich Nietzsche zitiert. Nietzsche wurde 1844 in Röcken bei Lützen geboren und starb 1900 in Weimar. Er gilt als einer der bedeutendsten Philosophen. Die kurzen Texte, die Sie gleich lesen werden, sind Zitate aus zwei Werken Nietzsches: *Fragmente XI* und *Menschliches, Allzumenschliches*.

Übungsbuch
Einheit 1, Teil C

1 **Vorwissen sammeln** Beantworten Sie die folgenden Fragen und sammeln Sie die Antworten im Kurs.

◇ Was wissen Sie über Friedrich Nietzsche?
◇ Haben Sie etwas von ihm gelesen? Wenn ja, was?

Friedrich Nietzsche (1844–1900)

Lesen

2 **Zuordnen** Lesen Sie die Zitate aus Werken Nietzsches auf Seite 33 (A–C) und ordnen Sie jedem Zitat eine Erklärung (1–3) zu.

____ 1. Zu viel Stress und zu wenig Freizeit sind gefährlich für jede Gesellschaft.

____ 2. Im 19. Jahrhundert wurde für die Menschen die Gesundheit des Körpers zunehmend wichtig, wichtiger als eine gesunde Psyche.

____ 3. Alle Menschen, die mehr als acht Stunden pro Tag arbeiten, sind Sklaven.

Nietzsche Zitate

Zitat A

Durch den Fortschritt des 19. Jahrhunderts werde[1] „immer entschiedener[2] die Frage nach der Gesundheit des Leibes der [Gesundheit] der Seele" vorangestellt[3].

—Quelle: Friedrich Nietzsche, *Fragmente XI,* Umwertungsheft Herbst 1887, Nr. 121 (1887)

Zitat B

„Alle Menschen zerfallen[4], wie zu allen Zeiten so auch jetzt noch, in Sklaven[5] und Freie; denn wer von seinem Tage nicht zwei Drittel für sich hat, ist ein Sklave, er sei übrigens wer er wolle[6]: Staatsmann, Kaufmann[7], Beamter[8], Gelehrter[9]."

—Quelle: Friedrich Nietzsche, *Menschliches, Allzumenschliches,* Bd. I, 5. Hauptstück, Nr. 283 (1878)

Zitat C

„Aus Mangel an Ruhe[10] läuft unsere Zivilisation in eine neue Barbarei aus[11]."

—Quelle: Friedrich Nietzsche, *Menschliches, Allzumenschliches,* Bd. I, 5. Hauptstück, Nr. 285 (1878)

---

[1]**werde** Konjunktiv I des Verbs *werden*, gebraucht in der indirekten Rede [2]**immer entschiedener** immer stärker, immer mehr [3]**voranstellen** zu einer Priorität machen [4]**alle Menschen zerfallen** *hier:* man kann die Menschen in Kategorien einteilen [5]**der Sklave** ein Mensch, der nicht frei ist, sondern anderen Menschen gehört [6]**er sei übrigens wer er wolle** egal, wer er ist [7]**der Kaufmann** der Geschäftsmann [8]**der Beamte** jemand, der im Dienst des Staates arbeitet [9]**der Gelehrte** jemand, der großes wissenschaftliches Wissen hat [10]**aus Mangel an Ruhe** weil man zu wenig Ruhe hat [11]**in eine neue Barbarei auslaufen** zu einer neuen, unzivilisierten Lebensform werden

---

 3 **Ein Partnergespräch führen** Fragen Sie einen Partner/eine Partnerin nach seiner/ihrer Meinung.

a. Was ist deiner Meinung nach heute für die Gesellschaft wichtiger: die Gesundheit der Seele oder die des Körpers? Warum?

b. Haben wir zu wenig Zeit für uns selbst?

c. Hat Nietzsche Recht, wenn er sagt, dass der Mensch ein Sklave ist, wenn er weniger als zwei Drittel der Zeit für sich hat? Begründe deine Meinung.

4 **Debattieren** Bilden Sie in Ihrer Klasse zwei Gruppen.

a. SCHRITT 1: Eine Gruppe sammelt Argumente für, die andere Gruppe gegen die folgende Behauptung Nietzsches: „Aus Mangel an Ruhe läuft unsere Zivilisation in eine neue Barbarei aus."

b. SCHRITT 2: Die beiden Teams debattieren gegeneinander. Benutzen Sie die Redemittel, die Ihnen schon von Seite 31 bekannt sind.

Schreibstrategie ◆ Meinung äußern

5 **Schreiben: Ansichten formulieren** In einer Buchbeschreibung zu *Menschliches, Allzumenschliches* charakterisiert man das Buch als „… immer noch hochaktuell, obwohl über hundert Jahre alt". Teilen Sie diese Meinung? Haben die Worte Nietzsches heute noch Aktualität? Schreiben Sie zu diesem Thema einen kleinen Aufsatz. Gehen Sie folgendermaßen vor:

◇ Notieren Sie zunächst Wörter, Gedanken und Ideen auf einem Blatt Papier.
◇ Formulieren Sie Sätze mit diesen Satzteilen.
◇ Bringen Sie die Sätze in eine sinnvolle Reihenfolge.
◇ Verbinden Sie die Sätze und/oder erweitern Sie sie.
◇ Ihr Aufsatz sollte eine Einleitung, einen Hauptteil und einen Schluss haben.

Grundwortschatz

Verben*

aus•geben: er/sie/es gibt … aus, gab … aus, hat … ausgegeben
beschleunigen: er/sie/es beschleunigt, beschleunigte, hat … beschleunigt
ermöglichen: er/sie/es ermöglicht, ermöglichte, hat … ermöglicht
auf/in Urlaub fahren: er/sie/es fährt, fuhr, ist … gefahren
fordern: er/sie/es fordert, forderte, hat … gefordert
genießen: er/sie/es genießt, genoss, hat … genossen
hören auf *(+ Akkusativ):* er/sie/es hört, hörte, hat … gehört
pflegen: er/sie/es pflegt, pflegte, hat … gepflegt
reisen: er/sie/es reist, reiste, ist … gereist
teil•nehmen: er/sie/es nimmt … teil, nahm … teil, hat … teilgenommen
den Urlaub verbringen: er/sie/es verbringt, verbrachte, hat … verbracht
vergessen: er/sie/es vergisst, vergaß, hat … vergessen
verreisen: er/sie/es verreist, verreiste, ist … verreist

*Für Verben werden folgende Formen angegeben: Infinitiv, Präsens, Präteritum, Perfekt

Nomen

das Ausland (*kein Plural*)
die Auslandsreise, -n
die Buchung, -en
die Erfahrung, -en
das Erlebnis, -se
das Faulsein
die Ferien (*immer im Plural*)
die Freizeit
der Genuss, die Genüsse
das Handy, -s

die Hast
die Hetze
die Langsamkeit
das Prestige
die Reise, -n
die Reiselust
die Ruhe
der Urlaub, -e
das Urlaubsziel, -e
das Zeitalter, -

Adjektive und Adverbien

aktiv
angenehm
beliebt
faul
großzügig

häufig
oft
selten
unangenehm

Andere Ausdrücke

die innere Uhr

Das Fernweh zur Zeit Goethes

Märchen, Gedichte und Malerei im 18. und 19. Jahrhundert

Goethe in der Campagna (J.H.W. Tischbein, 1787)

Abschnitte

A Das Wandern
B Ausflug in die deutsche Literaturgeschichte
C „Wanderschaft" – Ein Gedicht von Wilhelm Müller
D Hänsel und Gretel – ein Märchen der Brüder Grimm
E Der Wald
F Der Mond

Texte und Hörtexte

- Das Wandern (Überblick)
- Wilhelm Müller: Wanderschaft (Gedicht)
- Brüder Grimm: Hänsel und Gretel (Märchen: Lese- und Hörtext)
- Johann Wolfgang von Goethe: Wandrers Nachtlied (Ein Gleiches) (Gedicht)
- Matthias Claudius: Abendlied (Gedicht)
- Karlhans Frank: Abendlied (Gedicht)

Bilder

- Drei Gemälde von Caspar David Friedrich

Musik

- Franz Schubert: Das Wandern (Vertonung des Gedichtes von Wilhelm Müller)
- Johann Abraham Peter Schulz: Der Mond ist aufgegangen (Abendlied) (Vertonung des Gedichtes von Mathias Claudius)

Internet-Aktivitäten

- Wanderburschen
- Mythos Wald

Sprachliche Strukturen

- Infinitive mit **um … zu**
- Verben mit Präpositionalobjekt
- **da**-Komposita
- Präteritum
- **wo**-Komposita
- Verben und verwandte Nomen

In dieser Einheit

Das Fernweh ist gewissermaßen eine deutsche Tradition. Schon zu Goethes Zeiten hatten die Menschen den Drang, Land und Leute kennen zu lernen und ihren Horizont zu erweitern.

Caspar David Friedrich wurde 1774 in Greifswald geboren und wurde als Landschaftsmaler und Zeichner berühmt. Er starb 1840 in Dresden.

1 **Bildbetrachtung: Caspar David Friedrich** Betrachten Sie die beiden Bilder von Caspar David Friedrich. Bilden Sie zwei Gruppen. Jede Gruppe bearbeitet dann die Aufgaben **a–d**. Gruppe 1 arbeitet mit Bild 1 und Gruppe 2 arbeitet mit Bild 2.

◆ Sehen Sie sich auch die Bilder 1 und 2 im Farbteil von *Anders gedacht* an.

1.

2.

a. Beschreiben Sie, was Sie auf dem Bild sehen. Die Redemittel und der Wortschatz im Kasten helfen Ihnen beim Formulieren der Sätze.

Redemittel und Wortschatz

Auf dem Bild sieht man …
Das Bild zeigt …
der Felsen, -
der Nebel
das Meer
die Klippe, -n

b. Wie gefällt Ihnen die Landschaft? Warum? Benutzen Sie die Satzanfänge im Kasten.

Redemittel

Ich finde …, weil …
Mir gefällt …, weil …

c. Auf dem Bild sehen Sie eine Person/Personen. Vermuten Sie, warum diese Person/Personen dort ist/sind und was sie dort macht/machen. Nehmen Sie wieder die Redemittel im Kasten unten zu Hilfe.

Redemittel

Vermutlich …
Ich vermute …
Meine Vermutung ist, dass …
Wahrscheinlich …
Möglicherweise …
Ich halte es für möglich, dass …

Ich glaube, …
Ich denke, …
Meiner Meinung/Überzeugung/
    Ansicht nach …
Ich könnte mir vorstellen, dass …
Es wäre möglich, dass …

d. Geben Sie dem Bild einen Titel.

2 Wortschatz Schreiben Sie alles auf, was Ihnen zu dem Wort **Wandern** einfällt.

Wandern

_____

_____

_____

_____

_____

_____

_____

_____

A Das Wandern

Ein Überblick zum Thema „Wandern"

In diesem Abschnitt werden Sie sich mit der Bedeutung des Wanderns in der deutschen Kultur beschäftigen. Anhand von Texten werden Sie mehr über die Tradition der Wanderschaft erfahren.

Lesen ◆ Global- und Detailverständnis

1 **Den ersten Absatz lesen** Lesen Sie zunächst den ersten Absatz des Textes „Das Wandern" und bearbeiten Sie Aufgaben a und b.

Auf Wanderschaft

Das Wandern

Absatz 1 ... Nicht nur die naturverbundenen Berufsstände zieht es
hinaus ins Freie, auch Handwerker, Studenten, Bürgersleute[1] drängt[2] es in die Natur. Wer kein Pferd und keinen
Wagen hat, der macht sich eben zu Fuß, „auf Schusters
5 Rappen", auf den Weg: er begibt sich auf Wanderschaft[3].

_____

[1]die Bürgersleute die Bourgeoisie   **[2]drängen; es drängt sie in die Natur** sie
möchten Zeit in der Natur verbringen   **[3]sich begeben; er begibt sich auf Wanderschaft** er wandert, macht eine Wanderung

a. Notieren Sie Welche Gruppen begaben sich früher auf Wanderschaft?

1. _____

2. _____

3. _____

4. _____

b. „Übersetzen" Absatz 1 wurde vor längerer Zeit geschrieben. Die
Sprache ist etwas altmodisch. „Übersetzen" Sie den Absatz in „modernes
Deutsch", d.h. schreiben Sie den Inhalt in Ihren eigenen Worten.

Meine „Übersetzung" von Absatz 1

_____

_____

_____

2 **Weiterlesen: die Absätze zwei bis vier** Lesen Sie nun weiter und
„übersetzen" Sie jeweils.

Absatz 2 Wandern ist erst einmal Schauen und Erleben, unmittel-
barer[1], zweckfreier[2] Aufenthalt[3] in der Natur und nicht von
vornherein mit einem bestimmten Ziel verbunden. Nur
derjenige kann seinen Horizont erweitern[4], der sich einmal
10 aus den Grenzen seines eigenen Dorfes hinausbewegt[5].

_____

[1]unmittelbar direkt   **[2]zweckfrei** ohne Zweck, ohne Absicht, ohne spezielles Ziel   **[3]der
Aufenthalt** die Zeit, in der man an einem Ort ist   **[4]seinen Horizont erweitern** seine
eigenen Gedanken modifizieren, ausdehnen, vergrößern   **[5]sich hinausbewegen** hin-
ausgehen, verlassen

Meine „Übersetzung" von Absatz 2

_____

_____

_____

_____

Absatz 3   So war das Wandern guter alter Brauch[1] der Handwerksburschen[2]. Nach der Lehrzeit machte sich ein junger
Gesell[3] erst einmal auf den Weg, wo immer es ihn hinzog.
Er blieb vielleicht für einige Zeit bei diesem Meister oder in
15   jener Werkstatt, bevor er sich schließlich selbst irgendwo
niederließ[4]. Wer nur immer in seinem eigenen Nest sitzen
blieb, den konnte man kaum einen rechten Gesellen oder
Meister nennen!

_____

[1]**der Brauch** die Tradition, die Sitte   [2]**der Handwerksbursche** der Handwerksjunge
[3]**der Gesell** (*kurz für* **Geselle**) ein Handwerker, der seine Lehre gerade beendet hat
[4]**ließ sich nieder: sich niederlassen** sich selbständig machen, selber eine Firma
eröffnen/gründen

Meine „Übersetzung" von Absatz 3

_____

_____

_____

Absatz 4   Ein Gleiches galt[1] für die Studenten, die nicht nur aus
20   Büchern lernen, sondern ihre Erfahrungen auch in der
konkreten Fremde machen sollten. …

_____

[1]**galt: gelten; ein Gleiches galt für die Studenten** auch Studenten sollten das machen

Meine „Übersetzung" von Absatz 4

_____

_____

_____

3 **Den fünften Absatz lesen** Lesen Sie jetzt den Rest des Textes. Diesen brauchen Sie nicht zu „übersetzen", da er aus neuerer Zeit stammt.

Absatz 5   Und heute? Die Deutschen sind Weltmeister im Reisen. Wir leben im Zeitalter des Tourismus, und Jahr für Jahr begeben sich Millionen von Menschen für wenige Wochen
25 in ferne Länder. Flugzeuge, die Eisenbahn und schnelle Autos machen's möglich. Allerdings dienen Pauschal-Urlaubsreisen selten dem Kennenlernen von Land und Leuten, denn fremde Sitten und Gebräuche erlebt man an den Urlaubsorten, an denen die Touristen meist unter sich
30 sind, häufig nur in ziemlich verfremdeter Form. Das Wandern in der heimischen Umgebung gibt es natürlich noch – gut organisiert, versteht sich, zum Beispiel vom „Deutschen Alpenverein". Allerdings geschieht das Wandern nicht so ganz zweckfrei: Es dient der Gesunderhaltung der
35 Bevölkerung, so propagiert es die Fitness-Bewegung. …

—Quelle: *Das Wunderhorn*, Inter Nationes

Übungsbuch
Einheit 2, Teil A

4 **Infinitive mit „um … zu"** Beantworten Sie die folgenden zwei Fragen, indem Sie jeweils Sätze mit **um … zu** schreiben.

A. Warum ist man früher gewandert?

BEISPIEL: *Früher ist man gewandert, um in der Natur zu sein.*

1. Die Leute sind früher gewandert, um _____

2. Handwerksburschen _____

3. Studenten _____

B. Warum wandert man heute?

Heute _____

Weiterführende Aufgaben

5 **Kommentieren** In Absatz 4 haben Sie gelesen, dass auch Studenten auf Wanderschaft gehen sollten, um eigene Erfahrungen außerhalb des Heimatortes zu sammeln. Was denken Sie? Ist diese Forderung heute noch aktuell und sinnvoll? Wie könnte so eine „Wanderschaft" für Sie aussehen?

Gehen Sie zur Houghton Mifflin College Website unter http://college.hmco.com/languages/german/students/ und klicken Sie auf *Anders gedacht* im Dropdown-Menu *Intermediate German*.

6 **Mit dem Internet arbeiten** In Absatz 3 haben Sie gelesen, dass Handwerker nach der Lehre auf Wanderschaft gingen, um von verschiedenen Meistern zu lernen. Wie sieht das heute aus? Recherchieren Sie die Situation in Deutschland heute. Präsentieren Sie Ihr Ergebnis im Kurs.

B Ausflug in die deutsche Literaturgeschichte

Hintergrundwissen

In diesem Abschnitt lernen Sie einige Autoren, Komponisten und Künstler des 18. und 19. Jahrhunderts kennen sowie ihre Werke und die Epochen, in denen sie gelebt und gewirkt haben.

 Übungsbuch Einheit 2, Teil B

1 **Wortschatz** Lesen Sie die folgenden Wörter und ordnen Sie sie in die Tabelle ein.

der Komponist, - en	der Maler, -	der Roman, -e
der Text, -e	der Bildhauer, -	das Märchen, -
komponieren	die Skulptur, -en	der Dichter, -
das Bild, -er	der Briefroman, -e	vertonen
das Konzert, -e	das Gemälde, -	zeichnen
die Symphonie, -n	schreiben	die Oper, -n
das Lied, -er	das Gedicht, -e	die Zeichnung, -en
malen	der Schriftsteller, -	dichten
die Novelle, -n	das Musikstück, -e	

	Kunst	Musik	Literatur
Berufe	_____	_____	_____
	_____	_____	_____
Tätigkeiten	_____	_____	_____
	_____	_____	_____
Werke	_____	_____	_____
	_____	_____	_____
	_____	_____	_____
	_____	_____	_____
	_____	_____	_____

Lesen

2 **Literarische Epochen zeitlich einordnen** Lesen Sie die Informationen in der Tabelle. Ordnen Sie dann gemeinsam die Epochen in die Tabelle ein.

Epochen: die Romantik, der Sturm und Drang, die Klassik, die Aufklärung

Zeitspanne	Epoche	Autoren	Themen/Weltbild
1720–1785	_____	Klopstock, Lessing	Kritik an kirchlichen Autoritäten, Rationalismus
1767–1785	_____	der junge Goethe, Schiller, Klopstock, Herder, Claudius	unglückliche Liebe, starke Gefühle, Hofkritik[1], Kritik der Aufklärung, Naturverehrung[2]
1786–1832	_____	Goethe, Schiller	Humanitätsgedanke, stand in Verbindung mit der Klassik der Antike
1794–1835	_____	Schlegel, Fichte, Tieck, Brentano, Bettina von Arnim, Karoline Schlegel, Achim von Arnim, Kleist, Brüder Grimm, E.T.A. Hoffmann, W. Müller	u.a. Ich-Zweifel[3], Ironie, Nationalismus, das Unheimliche[4], Volksgut[5]

---

[1]**die Hofkritik** die Kritik am König   [2]**die Naturverehrung** starke Liebe zur Natur
[3]**der Zweifel** wenn man nicht sicher ist   [4]**das Unheimliche** das Mysteriöse   [5]**das Volksgut** einfache Texte und Lieder, die von der Liebe, dem Wandern und dem Tanz erzählen; Volkslieder, Volksmärchen und Volkslegenden

3 **Vorwissen sammeln** Besprechen Sie mit einem Partner/einer Partnerin was Sie über die Autoren in Aufgabe 2 wissen. Kennen Sie Werke dieser Autoren? Welche? Wovon handeln sie? Benutzen Sie die Redemittel.

Redemittel

Ich kenne … von …
Der Text handelt von …
   (+ *Nomen*).

BEISPIEL: Ich kenne das Märchen „Hänsel und Gretel" von den Brüdern Grimm. Es <u>handelt von</u> zwei armen Kinde<u>n</u>. Sie treffen im Wald eine Hexe und wohnen bei ihr.

4 **Bilder und Daten zuordnen** Auf den nächsten zwei Seiten sehen Sie sechs Bilder von Autoren, Komponisten und einem Maler des 18. und 19. Jahrhunderts. Ergänzen Sie die Angaben. Die Informationen im Kasten helfen Ihnen dabei.

Die schöne Müllerin
Fidelio
Symphonie Nr. 9
Wanderer erleben die Natur
Wanderer über dem Nebelmeer
Briefroman über den Liebeskummer eines jungen Mannes
Faust
Briefsammlung
Eine kleine Nachtmusik
Die Zauberflöte[1]
Ein mächtiger[2] Mann, Sarastro, entführt[3] die Tochter der Königin der Nacht.
Ein Müller findet einen Freund, den Bach, der ihn auf seiner Wanderschaft begleitet[4].
Ein vom Studium enttäuschter[5] Wissenschaftler beschließt[6], sich der Magie zuzuwenden.[7]
Die Leiden des jungen Werther
Goethes Briefwechsel mit einem Kinde
Kreidefelsen[8] *auf Rügen**
Eine Frau nimmt eine Stelle als Gefängniswärter[9] an, um ihren Ehemann zu befreien.

---

[1]**Die Zauberflöte** Eine Flöte ist ein Instrument; hier ist sie magisch.   [2]**mächtig** mit viel Macht   [3]**entführen** kidnappen   [4]**begleiten** mit jemandem zusammen gehen   [5]**enttäuscht** frustriert, unzufrieden   [6]**beschließen** entscheiden   [7]**sich zuwenden** sich beschäftigen mit   [8]**die Kreidefelsen** weiße Felsen   [9]**der Gefängniswärter** eine Person, die Kriminelle bewacht

*Rügen ist eine Insel vor der Ostseeküste.

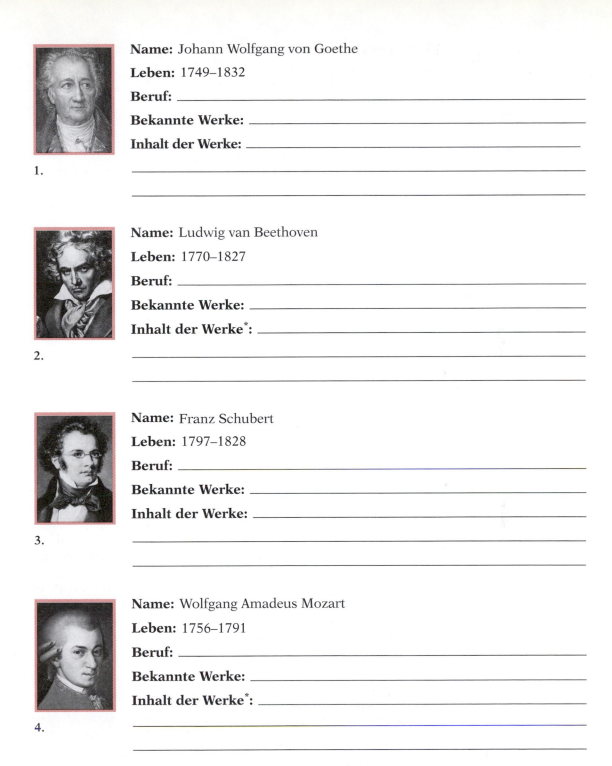

Name: Johann Wolfgang von Goethe

Leben: 1749–1832

Beruf: _____

Bekannte Werke: _____

Inhalt der Werke: _____

_____

_____

1.

Name: Ludwig van Beethoven

Leben: 1770–1827

Beruf: _____

Bekannte Werke: _____

Inhalt der Werke*: _____

_____

_____

2.

Name: Franz Schubert

Leben: 1797–1828

Beruf: _____

Bekannte Werke: _____

Inhalt der Werke: _____

_____

_____

3.

Name: Wolfgang Amadeus Mozart

Leben: 1756–1791

Beruf: _____

Bekannte Werke: _____

Inhalt der Werke*: _____

_____

_____

4.

_____

*Zu Musikstücken, außer zu Opern und dem Zyklus „Die schöne Müllerin", finden Sie keine Angaben zum Inhalt.

Name: Caspar David Friedrich

Leben: 1774–1840

Beruf: _____

Bekannte Werke: _____

Inhalt der Werke: _____

5. _____

Name: Bettina von Arnim

Leben: 1785–1859

Beruf: _____

Bekannte Werke: _____

Inhalt der Werke: _____

6. _____

Übungsbuch
Einheit 2, Teil B

Strukturen ◆ Verben mit Präpositionalobjekt, *da*-Komposita

A **Personen beschreiben** Lesen Sie diese Personenbeschreibung.

◇ Auf Bild 1 sieht man Johann Wolfgang von Goethe.
◇ Er lebte von 1749 bis 1832.
◇ Er war Jurist von Beruf und er war auch Dichter.
◇ Zu seinen bekanntesten Werken gehört *Die Leiden des jungen Werther.*
◇ Dieser Roman <u>handelt von</u> den Problemen eines jungen Mannes.
  Oder: Goethe <u>erzählt von</u> den Problemen eines jungen Mannes.
  Oder: Dieser Roman <u>beschäftigt sich damit</u>[1], die Probleme eines
      jungen Mannes zu beschreiben.
  Oder: Goethe <u>schreibt darüber</u>, wie ein junger Mann seine Probleme
      schildert[2].

B **Erklärung** In der Personenbeschreibung sind die vier folgenden
Verben mit Präpositionen zu finden:

handeln von
erzählen von
sich beschäftigen mit
schreiben über

_____

[1]**sich beschäftigen mit** *hier:* handeln von   [2]**schildern** beschreiben

Das heißt, tatsächlich haben Sie Folgendes gelesen:

> … handelt von …
> … erzählt von …
> … beschäftigt sich <u>damit</u>, wie …
> … schreibt <u>darüber</u>, wie …

Die Wörter **damit** und **darüber** nennt man *da*-**Komposita.** Alle Verben mit fester Präposition können ein *da*-Kompositum haben und zwar dann, wenn anschließend ein Nebensatz oder ein Infinitivsatz folgt, wie hier: „…, wie ein junger Mann seine Probleme schildert". Wenn nach dem Verb mit fester Präposition *kein* Nebensatz oder Infinitivsatz steht, sondern ein Nomen, braucht man kein *da*-Kompositum, sondern nur die Präposition und das Nomen.

C **Übung** Setzen Sie eine Präposition oder ein *da*-Kompositum ein.

von oder **davon**

1. Dieser Roman handelt _____ den Problemen eines jungen Mannes.

2. Dieser Roman handelt _____, wie ein junger Mann seine Probleme schildert.

3. Das Märchen „Hänsel und Gretel" erzählt _____ zwei armen Kindern.

4. Das Märchen „Hänsel und Gretel" erzählt _____, dass zwei arme Kinder im Wald eine Hexe treffen und bei ihr wohnen.

mit oder **damit**

5. Das Märchen „Hänsel und Gretel" beschäftigt sich _____, wie zwei arme Kinder im Wald eine böse Hexe treffen und sie töten.

6. Das Märchen „Hänsel und Gretel" beschäftigt sich _____ der Geschichte von zwei armen Kindern.

über oder **darüber**

7. Goethe schreibt _____ die Probleme eines jungen Mannes.

8. Goethe schreibt _____, welche Probleme der junge Werther hat.

Regel: Man setzt ein **r** zwischen **da** und der Präposition ein, wenn die Präposition mit einem Vokal beginnt, z.B. **darüber** aber **damit** und **davon.**

Infinitiv	da-Kompositum	Erklärung
handeln von	da + von = **davon**	Die Präposition beginnt mit einem Konsonanten (**v**).
erzählen von	da + von = **davon**	Die Präposition beginnt mit einem Konsonanten (**v**).
sich beschäftigen mit	da + mit = **damit**	Die Präposition beginnt mit einem Konsonanten (**m**).
schreiben über + *Akkusativ*	da + r + über = **dar̲über**	Die Präposition beginnt mit einem Vokal (**ü**).

D **Übung** Schreiben Sie ein *da*-Kompositum in die Lücke.

1. Dieser Roman handelt _____, wie ein junger Mann seine Probleme beschreibt.

2. Er erzählt _____, welche Gedanken dieser Mann hat.

3. Junge Handwerker beschäftigten sich _____, in die Ferne zu ziehen und bei einem Meister zu lernen.

4. Goethe schreibt _____, warum ein Wissenschaftler sich der Magie zuwendet.

5 **Informationen zusammenfassen** Stellen Sie jetzt eine Person, über die Sie alle Informationen haben, dem Kurs vor. Suchen Sie im Kasten unten die entsprechenden Redemittel und berichten Sie dann mündlich in der Klasse.

Redemittel

- Auf Bild 1/ …/ sieht man ….   Die Person auf Bild 1/…/ ist …
- Er/ Sie hat von … bis … gelebt.   Er lebte …
- Er/ Sie war … (von Beruf).   Sein/ Ihr Beruf war …
- Zu seinen/ ihren bekanntesten Werken gehört/ gehören …
- *Infinitive:* handeln von; erzählen von; sich beschäftigen mit; schreiben über + *Akkusativ*

„Wanderschaft" – Ein Gedicht von Wilhelm Müller

In diesem Abschnitt werden Sie mit einem Gedicht arbeiten, das sowohl zu einem Volkslied geworden ist, als auch von Franz Schubert vertont wurde.

Wanderschaft

Wilhelm Müllers Gedicht erschien in seinem Buch *Sieben und siebzig Gedichte aus den hinterlassenen Papieren eines reisenden Waldhornisten* und wurde durch Franz Schuberts Vertonung als das Kunstlied „Das Wandern" sehr beliebt.

Lesen ◆ Global- und Detailverständnis

◆ Das vollständige Gedicht befindet sich im Anhang des Buches.

① Die ersten zwei Gedichtstrophen lesen Im Folgenden finden Sie die ersten beiden Strophen[1] des Gedichtes „Wanderschaft" von Wilhelm Müller. Das Gedicht hat insgesamt fünf Strophen. Lesen Sie zunächst nur die ersten zwei Strophen und erklären Sie den Inhalt.

Wanderschaft

Das Wandern ist des Müllers Lust,
Das Wandern!
Das muss ein schlechter Müller sein,
Dem niemals fiel das Wandern ein,
5 Das Wandern.

Vom Wasser haben wir's gelernt,
Vom Wasser!
Das hat nicht Rast bei Tag und Nacht,
Ist stets auf Wanderschaft bedacht,
10 Das Wasser.
...

—von Wilhelm Müller (1818)

---

[1]**die Strophe** der Vers

2 Zusammenfassen Fassen Sie den Inhalt der ersten zwei Strophen zusammen.

3a Kreatives Schreiben – eine Gedichtstrophe verfassen Schreiben Sie jetzt selbst eine dritte Strophe zu diesem Gedicht. Behalten Sie die Struktur bei, d.h. schreiben Sie fünf Zeilen und achten Sie darauf, dass sich in der 1., 2. und 5. Zeile jeweils das Nomen wiederholt; die Zeilen 3 und 4 sollen sich reimen.

Meine Strophe

_____

_____

_____

_____

_____

3b Strophe präsentieren Präsentieren Sie in einer Kleingruppe Ihren Kommilitonen/Kommilitoninnen Ihren Text. Versuchen Sie den Text auswendig zu rezitieren.

4 Gedicht rekonstruieren Das Gedicht hat noch drei weitere Strophen. Diese erhalten Sie in zerschnittener Form von Ihrem Kursleiter/Ihrer Kursleiterin. Rekonstruieren Sie jetzt den Rest des Gedichtes, indem Sie die Gedichtzeilen in die richtige Reihenfolge bringen.

Das Lied befindet sich auf der Anders gedacht Instructor's Audio CD.

5 Gedicht Hören Sie nun die Vertonung des Gedichtes von Franz Schubert und machen Sie eventuelle Korrekturen in der Reihenfolge der Strophen. Sie finden das komplette Gedicht im Anhang des Buches.

Weiterführende Aufgaben

6 Fragen zum Text Beantworten Sie die folgenden Fragen und benutzen Sie dafür die angegebenen Verben mit Präpositionen: **erkennen an** + Dat., **vergleichen mit, bitten um, ausdrücken durch.**

BEISPIEL: Einen guten Müller erkennt man, nach Aussage des Autors, an …/ daran, … .

a. Woran erkennt man, nach Aussage des Autors, einen guten Müller?
b. Womit vergleicht der Autor den Wanderer?
c. Worum bittet der Wanderer seinen Meister am Ende des Gedichtes?
d. Wodurch wird die Dynamik des Wanderers, des Wassers, der Räder und der Steine in der Musik ausgedrückt?

7 **Hintergrundinformationen: Wilhelm Müller** Lesen Sie den folgenden Textabschnitt über den Autor Wilhelm Müller und beantworten Sie dann die Fragen unten schriftlich.

Wilhelm Müller (1794–1827) war als Freund Arnims und Brentanos eng mit der romantisch-volkstümlichen Bewegung verbunden. Auch er war 1813/14 Kriegsfreiwilliger. Müller arbeitete als Gymnasiallehrer und Bibliothekar in Dessau. Seinen unsterblichen Ruhm als Dichter verdankt Müller der Musik. In der Vertonung seiner beiden Gedichtzyklen „Die schöne Müllerin" und „Die Winterreise" durch den Komponisten Franz Schubert (1797–1828) gehören seine Texte heute zu den bekanntesten Werken der Romantik.

a. Mit wem war Wilhelm Müller befreundet?

_____

_____

b. Wofür stellte er sich freiwillig zur Verfügung[1]?

_____

_____

c. Womit verdiente er sein Geld?

_____

_____

d. Durch wen wurden seine Werke vertont?

_____

_____

8 **Projektarbeit Musik** Zu dem Lied „Das Wandern" gibt es auch eine Volksliedversion. Versuchen Sie die Melodie zu finden (Ihr Kursleiter/ Ihre Kursleiterin hilft Ihnen dabei) und singen Sie diese in der Klasse.

---

[1]**sich zur Verfügung stellen für** sich zur Disposition stellen für; man will etwas sein/tun

D Ein Märchen der Brüder Grimm

In diesem Abschnitt lesen Sie ein Märchen, in dem besonders der Wald und die Natur eine bedeutende Rolle spielen.

Hänsel und Gretel

Sicherlich kennen Sie das Märchen „Hänsel und Gretel" in Ihrer Muttersprache. Ihr Vorwissen hilft Ihnen beim Verstehen des Märchens auf Deutsch.

Lesen ◆ Global- und Detailverständnis

1 **Erstes Lesen** Lesen Sie das Märchen und unterstreichen Sie alle Verben im Präteritum.

Hänsel und Gretel
von den Brüdern Grimm

Am Rande eines großen Waldes wohnte ein armer Holzhacker[1] mit seiner Frau und seinen zwei
5   Kindern, Hänsel und Gretel. Sie waren so arm, dass sie oft nichts zu essen hatten. Als nun eine Teuerung[2] kam, mussten sie jeden
10   Abend hungrig zu Bett gehen. In ihrer Not beschlossen die Eltern, die Kinder am nächsten Morgen in den Wald zu führen
15   und sie dort zurückzu-

---

[1]**der Holzhacker** ein Mann, der sein Geld verdient, indem er Bäume in kleine Stücke schlägt bzw. hackt
[2]**die Teuerung** (*veraltet*) die Inflation

lassen. Gott sollte ihnen
weiterhelfen. Aber Hänsel
schlief nicht und hörte
alles. Am nächsten Tag, als
20 sie in den Wald gingen,
streute er kleine Steinchen
auf den Weg. Die Kinder
blieben im Wald zurück,
aber sie konnten durch die
25 Steinchen den Rückweg
zum Elternhaus finden.
Ein anderes Mal, als die
Not wieder groß war, wollten die Eltern ihre Kinder
30 wieder in den Wald führen.
Hänsel hörte wieder alles
und wollte nachts heimlich
Steinchen sammeln, um sie auf den Weg
zu streuen. Aber die Haustür war ver-
35 schlossen. Am nächsten Tag nahm er
sein letztes Stück Brot und streute

kleine Bröckchen davon auf den Weg.
So hoffte er, den Rückweg aus dem Wald
zu finden. Die Kinder blieben allein im
40 Wald zurück. Sie suchten nach den Brot-
bröckchen; aber die Vögel hatten alle
aufgepickt. So fanden Hänsel und Gretel
ihren Weg nach Haus nicht mehr und
verirrten sich immer mehr im Wald. Sie
45 schliefen unter einem Baum, und am
nächsten Morgen standen sie hungrig
auf, um weiter nach dem Weg zu
suchen. Plötzlich sahen sie ein seltsames
kleines Häuschen. Es war aus Brot
50 gebaut, das Dach war mit süßen Kuchen
gedeckt und die Fenster waren aus
hellem Zucker. Voll Freude brachen die
hungrigen Kinder Stücke von dem Dach
ab und bissen hinein. Da hörten sie eine
55 feine Stimme aus dem Häuschen:

> „Knusper, knusper, Knäuschen,
> wer knuspert[3] an meinem Häuschen?"

Die Kinder antworteten:

> „Der Wind, der Wind,
60 das himmlische Kind."

und ließen sich beim Essen nicht stören.

---
[3]**knuspern** laut essen

Da öffnete sich plötzlich die Tür
und eine hässliche steinalte Frau mit
einem Stock[4] kam heraus. Die Kinder
65 erschraken furchtbar, aber die Alte
wackelte mit dem Kopf und sagte ganz
freundlich: „Ei, ihr lieben Kinder,
kommt nur in mein Häuschen und
bleibt bei mir. Ich tue euch nichts." Da
70 vergaßen die Kinder ihre Angst und gingen mit der Alten ins Haus, wo sie gutes
Essen und weiche Betten zum Schlafen
fanden.

Die Alte war aber eine böse Hexe[5], ob-
75 wohl sie zu den Kindern so freundlich
gesprochen hatte. Sie wartete nur darauf,
dass kleine Kinder zu ihrem Kuchen-
häuschen kamen. Diese Kinder fing sie
dann, um sie zu braten und zu fressen.
80 Am nächsten Morgen sperrte die Hexe den
armen Hänsel in einen kleinen Stall. Gre-

tel musste im Haus helfen und Hänsel zu
essen bringen, damit er fett wurde; denn
die Hexe wollte ihn erst auffressen,
85 wenn er fett genug war. Jeden Morgen
musste Hänsel seinen Finger durch das
Gitter stecken und die Hexe fühlte, ob er
fett geworden war. Hänsel aber war
nicht dumm und steckte einen Knochen
90 oder ein Holzstückchen heraus. Die Alte
merkte es nicht, weil sie so schlecht sah,
und wunderte sich darüber, dass der
Junge so mager blieb.

Eines Tages aber wurde sie ungedul-
95 dig[6] und heizte den Backofen, um
Hänsel zu braten. Gretel weinte,
während sie Wasser holte. Jetzt sagte
die Alte zu Gretel: „Nun sieh mal nach,
ob das Feuer im Ofen richtig brennt!"
100 Sie wollte aber das Mädchen in den
Ofen stoßen und auch braten. Gretel

---

[4]**der Stock** eine Gehhilfe; ältere Menschen können manchmal nicht mehr gut laufen, sie brauchen einen Stock
[5]**böse Hexe** eine böse alte Frau mit einer langen Nase   [6]**ungeduldig** wenn man nicht mehr warten will

Nun befreite Gretel schnell ihren
120 Bruder aus dem Stall. Sie sangen und
tanzten vor Freude, weil die böse Hexe
tot war. Im Häuschen fanden sie Gold
und Edelsteine[8] und füllten sich alle
Taschen. Nun machten sie sich auf und
125 fanden auch bald den Weg nach Haus.
Die Eltern der beiden saßen traurig zu
Haus, denn es hatte ihnen schon lang
Leid getan, dass sie ihre Kinder in den
Wald geschickt hatten. Wie froh waren
130 sie jetzt, als die Kinder ins Haus traten!
Alle Not hatte nun ein Ende, denn die
Kinder hatten ja so viele Reichtümer
mitgebracht, und sie lebten glücklich
zusammen.

—Quelle: Rosemarie Griesbach,
Deutsche Märchen und Sagen, 1995

merkte das und sagte:
„Ich weiß nicht, wie ich
das machen soll!"
105 „Dumme Gans!" rief die
Hexe, „du musst nur so
hineinkriechen", und sie
steckte selbst ihren Kopf
in den Ofen. Da stieß Gre-
110 tel mit aller Kraft die
Hexe in den Ofen hinein
und schlug die Tür hinter
ihr zu. Die böse Alte
schrie und heulte entsetz-
115 lich[7], aber es half ihr
nichts, sie musste in
ihrem eigenen Backofen
verbrennen.

---

[7]**entsetzlich** furchtbar, schrecklich   [8]**der Edelstein** ein sehr teurer Stein, z.B. ein Diamant

Strukturen ◆ Präteritum

A **Verben einordnen** Nehmen Sie ein Blatt Papier und zeichnen Sie die Tabelle unten. Tragen Sie alle Präteritumsformen, die Sie im Märchen unterstrichen haben, in die Tabelle ein. Unterscheiden Sie zwischen regelmäßigen und unregelmäßigen Verben und Modalverben.

regelmäßige Verben		unregelmäßige Verben		Modalverben	
Präteritum	**Infinitiv**	**Präteritum**	**Infinitiv**	**Präteritum**	**Infinitiv**
wohnte	*wohnen*	*war*	*sein*	*mussten*	*müssen*
⋮	⋮	⋮	⋮	⋮	⋮
⋮	⋮	⋮	⋮	⋮	⋮

B **Infinitive zuordnen** Ordnen Sie jetzt jeder Präteritumsform in der Tabelle den Infinitiv zu.

C **Verben im Präteritum konjugieren** Konjugieren Sie jetzt die folgenden Verben im Präteritum. Ihr Kursleiter / Ihre Kursleiterin hilft Ihnen.

	wohnen	**kommen**
ich	*wohnte* _____	*kam* _____
du	_____	_____
er/sie/es	_____	_____
wir	_____	_____
ihr	_____	_____
sie/Sie	_____	_____

D **Präteritum der Modalverben** Schreiben Sie die Präteritumsformen der Modalverben in die Tabelle.

	können	**dürfen**	**sollen**	**wollen**	**müssen**	**möchten**
ich	*konnte*					
du		*durftest*				
er/sie/es			*sollte*			
wir				*wollten*		
ihr					*musstet*	
sie/Sie						*wollten**

———————
*Die Verbform **möchten** hat keine eigene Präteritumsform. Man gebraucht die Präteritumsform von **wollen** als Präteritum von **möchten**.

2 **Zweites Lesen oder Hören** Lesen Sie das Märchen noch einmal oder hören Sie es. Füllen Sie anschließend oder während des Lesens/Hörens die Tabelle aus.

 Das Märchen befindet sich auf der *Anders gedacht Instructor's Audio CD.*

wo?	wer?	was?	warum?
zu Hause			
im Wald			
bei der Hexe			
wieder zu Hause			

3 **Märchen erzählen** Erzählen Sie jetzt anhand Ihrer Notizen und der Fragen das Märchen im Präteritum. Bilden Sie pro Frage mehrere Antwortsätze.

1. Warum wollten die Eltern Hänsel und Gretel von zu Hause wegschicken?
2. Wie konnte Hänsel das erste Mal den Weg aus dem Wald finden?
3. Warum fanden die Kinder den Weg das zweite Mal nicht mehr?
4. Wie sah das Haus aus, das die Kinder im Wald fanden?
5. Was mussten Hänsel und Gretel bei der Hexe tun?
6. Was plante die Hexe und warum erreichte sie ihr Ziel nicht?
7. Was passierte, nachdem die Hexe gestorben war?

Weiterführendes Gruppenprojekt

4 **Den Mythos Wald in Grimms Märchen recherchieren** Arbeiten Sie in Gruppen mit mindestens drei Personen. Recherchieren Sie im Internet auf einer deutschsprachigen Leitseite oder in Büchern.

 ◇ Suchen Sie ein anderes deutsches Märchen von den Brüdern Grimm, in dem der Wald eine Rolle spielt.
 ◇ Lesen Sie das Märchen.
 ◇ Welche Bedeutung hat der Wald? Was symbolisiert er?
 ◇ Präsentieren Sie Ihre Ergebnisse in der Klasse und vergleichen Sie.

E Der Wald

In diesem Abschnitt werden Sie mehr über die Deutschen und ihre
Affinität zum Wald erfahren. Anhand eines Gedichtes von Goethe sehen
Sie, wie dieses Waldgefühl in der Literatur zum Ausdruck kommt. Dann
werden Sie sich mit dem Leben und Wirken Goethes beschäftigen.

Lesen ◆ Selektives Lesen

 1 **Elias Canetti** Elias Canetti schreibt im folgenden Zitat über die
Deutschen und ihre Verbindung zum Wald.

a. Lesen Sie mit Ihrem Partner/Ihrer Partnerin das folgende Zitat und unterstreichen Sie drei Dinge, die Canetti über Deutschland und die
Deutschen im Zusammenhang mit dem Wald sagt.

Zitat

„In keinem modernen Lande der Welt ist das Waldgefühl so
lebendig geblieben wie in Deutschland. [Der Wald] … erfüllt[1] das
Herz des Deutschen mit tiefer und geheimnisvoller[2] Freude. Er
sucht den Wald, …, noch heute gern auf[3] und fühlt sich eins[4] mit
5 den Bäumen."

—Quelle: Elias Canetti, *Masse und Macht*,
Claasen Verlag, Hamburg 1960, S. 195

---

[1]**erfüllen** füllen   [2]**geheimnisvoll** mysteriös   [3]**den Wald aufsuchen** in den Wald gehen
[4]**sich eins fühlen mit** sich identifizieren mit

---

b. Besprechen Sie jetzt die folgenden Fragen mit Ihrem Partner/Ihrer
Partnerin.

◇ In Ihren Worten: Was sagt der Autor über das Waldgefühl der
Deutschen?
◇ Ihre Erfahrung: Stimmen Sie Canetti zu? Haben Sie Erfahrungen
mit „den Deutschen und dem Wald"?

2 **Assoziationen finden** Überlegen Sie gemeinsam mit einem Partner/ einer Partnerin, was Sie mit den folgenden Begriffen assoziieren.

Baum   **Wald**

_____   _____

_____   _____

_____   _____

Wandrers Nachtlied (Ein Gleiches)

Goethe schrieb das Gedicht „Wandrers Nachtlied" 1780, als er 31 Jahre alt war. 51 Jahre später an seinem 82. Geburtstag, der übrigens sein letzter war, erinnerte er sich an dieses Gedicht. Mit seinen beiden Enkeln Walter und Wolfgang stieg er in eine Kutsche[1], fuhr nach Ilmenau und ging mit den beiden Jungen zu diesem Gedicht, da man es nämlich nicht in einem Buch lesen und es nirgendwo gedruckt sehen konnte. Goethe hatte es in die Holzwand einer einsamen Waldhütte geritzt[2], in der er als 31-Jähriger übernachtet hatte. Der Greis[3] stand vor der Wand und las seinen Enkelsöhnen vor.

Goethes Waldhütte bei Ilmenau

---

[1]**die Kutsche** ein Wagen, der von Pferden gezogen wird [2]**ritzen** mit einem scharfen Messer in Holz schneiden [3]**der Greis** ein alter Mann

◆ Das vollständige Gedicht befindet sich im Anhang des Buches.

1 **Ein Gedicht** Arbeiten Sie mit einem Partner/einer Partnerin und machen Sie die folgenden Aufgaben zum Gedicht.

a. Lesen Sie das Gedicht und ergänzen Sie die passenden Verben aus dem Kasten darunter. Was bedeuten sie? Wenn die Verben neu für Sie sind, schlagen Sie sie im Wörterbuch nach.

Wandrers Nachtlied (Ein Gleiches)

Über allen Gipfeln[1]

_____ Ruh,

In allen Wipfeln[2]

_____ du

5 Kaum einen Hauch[3];

Die Vöglein _____ im Walde.

_____ nur, balde

_____ du auch.

—von Johann Wolfgang von Goethe

_____

[1]**der Gipfel** der oberste Teil eines Berges   [2]**der Wipfel** der oberste Teil eines Baumes
[3]**der Hauch** ein sehr leichter Wind; die Luft, die jemand ausatmet

---

warte   schweigen
          spürest
ist   ruhest

b. Beschreiben Sie die Stimmung[1] in diesem Gedicht. Überlegen Sie mit Ihrem Partner/Ihrer Partnerin, wovon Goethe spricht. Überlegen Sie, was Goethe mit diesem Gedicht ausdrückt.

c. Versuchen Sie, das Gedicht einem Partner/einer Partnerin vorzutragen. Überlegen Sie, wie es gelesen werden sollte.

_____

[1]**die Stimmung** die Atmosphäre

1 **Chronologie** Lesen Sie die folgende Chronologie.

Leben und Wirken Johann Wolfgang von Goethes

1749	geboren in Frankfurt am Main (28.8.)
1765–68	Jurastudium[1] in Leipzig
1770–71	Abschluss des Studiums in Straßburg; Liebe zu Friederike Brion
1774	Fertigstellung des Romans[2] *Die Leiden des jungen Werther;* erste Begegnung mit Herzog Karl August
1775–76	Einladung des Herzogs und Niederlassung[3] in Weimar und Eintritt in den weimarischen Staatsdienst[4]
1782	Verleihung[5] des Adelstitels
1786–88	Reise nach Italien (29.10.1786 Ankunft in Rom); Vollendung[6] des Dramas *Egmont;* Arbeit an den Dramen *Faust* und *Torquato Tasso;* Abreise von Rom (23.4.1788); Heimkehr (18.6.)
1788	Begegnung mit Christiane Vulpius
1789	Geburt des Sohnes August; Vollendung von *Torquato Tasso*
1791–92	Übernahme der Leitung des Weimarer Hoftheaters[7]; Teilnahme am Feldzug[8] in Frankreich
1793–94	Beginn der Freundschaft mit Friedrich Schiller
1805	Eheschließung[9] mit Christiane Vulpius; Abschluss von *Faust I*
1811–12	Begegnung mit Ludwig van Beethoven
1816	Tod[10] Christianes (6.6.); *Italienische Reise I und II*
1828–29	Tod des Großherzogs Karl August; Vollendung des Romans *Wilhelm Meisters Wanderjahre;* zweiter Aufenthalt in Rom
1830	Tod des Sohnes August in Rom
1832	gestorben in Weimar (22.3.)

[1]**Jura** (*ohne Artikel*) die Wissenschaft, die sich mit dem Recht beschäftigt   [2]**der Roman** eine lange Geschichte in Prosa   [3]**die Niederlassung; sich niederlassen** an einen Ort ziehen, um dort zu wohnen   [4]**Eintritt in den weimarischen Staatsdienst** Goethe begann im Weimarer Staatsdienst zu arbeiten   [5]**die Verleihung** offizielle Übergabe   [6]**die Vollendung** die Fertigstellung, das Fertigmachen   [7]**Übernahme der Leitung des Weimarer Hoftheaters** Goethe begann das Hoftheater in Weimar zu leiten   [8]**der Feldzug** große militärische Aktion; Krieg   [9]**die Eheschließung** die Heirat   [10]**der Tod** das Ende des Lebens

Strukturen ◆ *wo-*Komposita

In Aufgabe 2 auf der nächsten Seite („Zusammenfassung: Jeopardy")
finden Sie Antworten zu der Chronologie in Aufgabe 1, aber keine
Fragen. Sie werden gleich die Fragen dazu schreiben. Erinnern Sie sich
vorher an die folgenden drei Regeln für **wo-**Komposita:

> **Regel 1:** Benutzt man in einer Frage ein Verb mit fester
> Präposition, so heißt das Fragewort: **wo(r)** + Präposition.

BEISPIEL: — **Wofür** interessierte sich Goethe? (*Infinitiv:* sich
interessieren für)
— Für <u>Literatur</u>.

> **Regel 2:** Ist die Antwort auf eine Frage aber eine Person, so
> heißt es: Präposition + **wen** (*Akkusativ*) oder **wem** (*Dativ*)

BEISPIEL: — **Für wen** interessierte sich Goethe?
— Für <u>Friederike Brion</u>. (Friederike Brion ist eine Person!)

(A) Übung Setzen Sie die richtige Form ein.

worin oder **in wen**

1. — _____ verliebte sich Goethe 1770?
   — In Friederike Brion. (*Infinitiv:* sich verlieben in + *Akkusativ*)

woran oder **an wem**

2. — _____ arbeitete Goethe bis 1774?
   — An *Die Leiden des jungen Werther.* (*Infinitiv:* arbeiten an + *Dativ*)

> **Regel 3:** Sie haben es bei den *da-*Komposita schon gesehen:
> Sie brauchen ein **r** zwischen **wo** und der Präposition, wenn
> die Präposition mit einem Vokal beginnt, z.B. **wofür** und
> **womit** aber **wor̲an** und **wor̲auf.**

Infinitiv	*wo-*Kompositum	Erklärung
sich interessieren für	wo + für = **wofür**	Die Präposition beginnt mit einem Konsonanten (**f**).
sich beschäftigen mit	wo + mit = **womit**	Die Präposition beginnt mit einem Konsonanten (**m**).
arbeiten an + *Dativ*	wo + r + an = **wor̲an**	Die Präposition beginnt mit einem Vokal (**a**).
sich freuen auf + *Akkusativ*	wo + r + auf = **wor̲auf**	Die Präposition beginnt mit einem Vokal (**a**).

B Übung Setzen Sie **wo**-Komposita ein.

1. — _____ interessierte sich Goethe?
   — Für Naturwissenschaften.

2. — _____ beschäftigte sich Caspar David Friedrich?
   — Mit dem Menschen und der Natur.

3. — _____ arbeitete Goethe während seiner ersten Italienreise?
   — An *Faust* und *Torquato Tasso*.

4. — _____ freuten sich die Wanderburschen?
   — Aufs Wandern.

2 Zusammenfassung: Jeopardy Schreiben Sie Fragen zu den folgenden Antworten! Spielen Sie dann mit Ihrem Partner/Ihrer Partnerin „Jeopardy!"

Erinnerung:
Benutzt man in einer Frage ein Verb *ohne* feste Präposition, so heißen die Fragewörter einfach wo, wann, wie, warum, usw.

BEISPIEL:

Wo wurde Goethe geboren?

— Goethe wurde in Frankfurt am Main geboren. (*Infinitiv:* geboren werden)

1. _____ ?

— Goethe studierte Jura in Leipzig. (studieren)

2. _____ ?

— Goethe verliebte sich 1770 in Friederike Brion. (sich verlieben in + *Akkusativ*)

3. _____ ?

— Der Herzog von Weimar lud Goethe zum Eintritt in den Staatsdienst ein. (einladen zu)

4. _____ ?

— 1786 reiste Goethe nach Italien. (reisen)

5. _____ ?

— Während seines Aufenthalts in Italien arbeitete Goethe an *Faust* und *Torquato Tasso*. (arbeiten an + *Dativ*)

6. _____ ?

— 1789 wurde Goethes erster Sohn geboren. (geboren werden)

7. _____ ?

— Er nahm 1792 an dem Feldzug in Frankreich teil. (teilnehmen an + *Dativ*)

8. _____ ?

— 1793 oder 1794 freundete er sich mit Friedrich Schiller an. (sich anfreunden mit[1])

9. _____ ?

— 1805 heiratete er Christiane Vulpius. (heiraten)

Strukturen ◇ Verben und verwandte Nomen

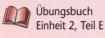

Übungsbuch
Einheit 2, Teil E

In der Tabelle unten finden Sie Verben in der Infinitivform. Suchen Sie die passenden Nomen aus der Chronologie in Aufgabe 1 heraus und notieren Sie alle Verbformen im Präteritum und Perfekt. Arbeiten Sie mit Ihrem Partner/Ihrer Partnerin zusammen. Verbformen, die Sie nicht kennen, erfahren Sie von Ihrem Lehrer/Ihrer Lehrerin. Schreiben Sie, wenn Sie können, den Artikel zu den Nomen.

Nomen	Verb: Infinitiv	Verb: Präteritum	Verb: Perfekt
das Studium	studieren	studierte	hat ... studiert
der Abschluss	abschließen	schloss ... ab	hat ... abgeschlossen
_____	lieben;	_____	_____
_____	sich verlieben in + *Akkusativ*	_____	_____
_____	fertig stellen	_____	_____
_____	begegnen + *Dativ*	_____	ist ... begegnet
_____	einladen zu	lud ... (zu) ... ein	_____
_____	sich niederlassen	ließ sich ... nieder	hat sich ... niedergelassen
_____	eintreten	_____	_____
_____	verleihen	verlieh	hat ... verliehen
_____	reisen	_____	_____
_____	ankommen	_____	_____
_____	vollenden	_____	_____
_____	arbeiten an + *Dativ*	_____	_____
_____	abreisen	_____	_____
_____	heimkehren	_____	_____
_____	geboren werden	wurde ... geboren	ist ... geboren worden

---

[1]**sich anfreunden mit** eine Freundschaft beginnen

_____	übernehmen	_____	_____
_____	teilnehmen an + *Dativ*	_____	_____
_____	beginnen	_____	_____
die Eheschließung	heiraten		
der Tod	sterben		*ist gestorben*
_____	sich aufhalten	_____	_____

3 **Einen Fließtext schreiben** Schreiben Sie nun Goethes Biographie als Fließtext im Präteritum. Beginnen Sie so:

Johann Wolfgang von Goethe ist/wurde am ... geboren. Von 1765 bis 1768 ... .

F Der Mond

In diesem Abschnitt werden Sie sich mit dem Mond als Symbol in der Lyrik und Malerei beschäftigen. Sie werden mit einem Bild von Caspar David Friedrich arbeiten und zwei Gedichte lesen, in denen der Mond von Bedeutung ist.

Ein Bild von Caspar David Friedrich

 1 **Bildbetrachtung** Arbeiten Sie mit einem Partner/einer Partnerin an den folgenden Aufgaben.

◆ Sehen Sie Bild 3 im Farbteil von *Anders gedacht.*

a. Bilddiktat Eine Person schaut das Bild an und liest die Redemittel durch (das Bild ist auch im Farbteil von ***Anders gedacht*** zu finden), die andere macht das Buch zu. Die Person, die das Bild sieht, beschreibt es dem Partner/der Partnerin und der/die zeichnet es. Sie müssen also sehr genau formulieren und Ihren Partner/Ihre Partnerin kontrollieren und korrigieren. Wenn die Zeichnung fertig ist, geben Sie ihr einen Titel.

Redemittel und Wortschatz

Auf dem Bild ist/sind/sieht man …
Vorne/Hinten ist/erkennt man …
Im Vordergrund/Im Hintergrund ist/befindet
  sich …
In der Bildmitte …
Auf der rechten/linken Seite des Bildes …
In der rechten/linken Bildhälfte …
Davor/Dahinter/Daneben/Darüber …

Rechts/Links von …
… ist gerade damit beschäftigt … zu …
der Mond, (Vollmond, Neumond, Halbmond)
der Felsen, -
die Wurzel, -n
der Nadelbaum, Nadelbäume
der Laubbaum, Laubbäume

b. Dialog schreiben Schreiben Sie einen Dialog zwischen den beiden Männern.

 ② **Das Bild deuten** Caspar David Friedrich nannte dieses Bild „Zwei Männer in Betrachtung des Mondes". Diskutieren Sie die folgenden Fragen mit Ihrem Partner/Ihrer Partnerin. Dann beantworten Sie die Fragen schriftlich.

- ◇ Welche Bedeutung hatte wohl der Mond für die Menschen der damaligen Zeit? Wie ist das heute?
- ◇ Wie stellt Friedrich die Bäume und den Himmel dar?
- ◇ Was ist der Mittelpunkt des Bildes?
- ◇ Welche Farben verwendet der Künstler?
- ◇ Wie ist die Atmosphäre in dem Bild?
- ◇ Was drückt das Bild für Sie aus?

Abendlied

Bevor Sie mit der ersten Strophe des Gedichtes „Abendlied" arbeiten, lesen Sie einige Informationen über den Dichter Matthias Claudius. Finden Sie heraus, welche Art von Lyrik typisch für ihn ist.

Zum Dichter

Matthias Claudius wurde 1740 in Reinfeld bei Lübeck als Pfarrerssohn geboren. Er studierte Theologie und Jura und wurde 1768 in Hamburg Redakteur. Von 1771–75 war er Herausgeber der Zeitschrift „Der Wandsbecker Bote". Er starb 1815. Matthias Claudius ist dafür berühmt, schlichte[1], zeitlos gültige[2] Lyrik und geistliche Schriften geschrieben zu haben.

Lesen ◇ Detailverständnis

◆ Das vollständige Gedicht befindet sich im Anhang des Buches.

1 **Die erste Strophe lesen**

a. Lesen Sie vorerst nur die erste Strophe. Was beschreibt Claudius?

Abendlied

1. Strophe Der Mond ist aufgegangen,
Die goldnen Sternlein prangen[1]
Am Himmel hell und klar;
Der Wald steht schwarz und schweiget[2],
5 Und aus den Wiesen[3] steiget
Der weiße Nebel wunderbar.

---
[1]**prangen** hell scheinen, leuchten [2]**schweigen** nicht sprechen, still sein [3]**die Wiese** großes Areal, auf dem Gras wächst

---
[1]**schlicht** einfach, simpel
[2]**zeitlos gültig** immer aktuell

b. Versuchen Sie das Landschaftsbild zu zeichnen. Falls Sie Farbstifte haben, arbeiten Sie auch mit Farben.

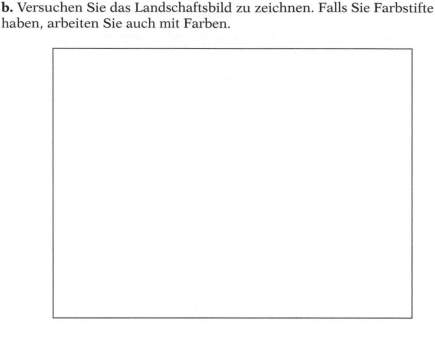

2 **Weitere Strophen des Gedichtes lesen** Lesen Sie jetzt die restlichen Strophen und beantworten Sie jeweils die Fragen.

Womit vergleicht Claudius den Schutz der Dämmerung in der zweiten Strophe?

2. Strophe   Wie ist die Welt so stille,
Und in der Dämmrung¹ Hülle²
So traulich und so hold³!
10 Als eine stille Kammer⁴,
Wo ihr des Tages Jammer⁵
Verschlafen und vergessen sollt.

―――――
¹**Dämmrung,** *auch* **Dämmerung** es ist nicht mehr hell, aber auch noch nicht dunkel
²**die Hülle** etwas, mit dem ein Gegenstand zum Schutz bedeckt ist ³**hold** hübsch, zart ⁴**die Kammer** das Zimmer ⁵**der Jammer** der Kummer, die Sorgen

In der dritten Strophe spricht Claudius über den Mond. Was meint er mit: „Er ist nur halb zu sehen und ist doch rund und schön."? Womit vergleicht er dieses Bild?

3. Strophe   Seht ihr den Mond dort stehen? –
Er ist nur halb zu sehen
15   Und ist doch rund und schön.
So sind wohl manche Sachen,
Die wir getrost[1] belachen[2],
Weil unsre Augen sie nicht sehn.

———
[1]**getrost** ohne etwas fürchten zu müssen   [2]**belachen** sich über etwas lustig machen

Was sagt Claudius in der vierten Strophe über die Menschen?

4. Strophe   Wir stolze Menschenkinder
20   Sind eitel[1] arme Sünder[2]
Und wissen gar nicht viel;
Wir spinnen Luftgespinste[3]
Und suchen viele Künste
Und kommen weiter von dem Ziel.

———
[1]**eitel** wenn man immer gut aussehen will   [2]**der Sünder** Person, die etwas Falsches macht   [3]**Luftgespinste spinnen** fantasieren

Wozu fordert Claudius die Menschen in der fünften Strophe auf?

5. Strophe 25 So legt euch denn, ihr Brüder,
In Gottes Namen nieder,
Kalt ist der Abendhauch[1];
Verschon uns[2] Gott mit Strafen
Und laß uns ruhig schlafen
30   Und unsern kranken Nachbarn auch.

—von Matthias Claudius

———
[1]**der Abendhauch** leichter Abendwind   [2]**jemanden verschonen** jemandem nichts Böses tun

Übungsbuch
Einheit 2, Teil F

3 **Elemente aus der Natur deuten** Matthias Claudius verwendet in seinem Gedicht Elemente aus der Natur: den Mond, die Sternlein, den Himmel, den Wald, die Wiese, den Nebel, die Dämmerung, den Abendhauch. Überlegen Sie, was diese Elemente symbolisieren könnten. Welche Bedeutung haben sie?

Element der Natur	Symbol für ...
der Nebel	*das, was man nicht klar sehen kann; das Unerklärbare.*
_____	_____
_____	_____
_____	_____
_____	_____
_____	_____

4 **Weiterführende Fragen** Besprechen Sie die folgenden Fragen mit einem Partner/einer Partnerin.

  ◇ Welche Bitte drückt der Autor aus und welche Stimmung wählt er dafür?
  ◇ Worauf soll der Mensch vertrauen?
  ◇ Claudius schrieb sein Gedicht an den Mond. Es zeigt eine große Faszination für die Nacht. Wie erklären Sie das?

Hören

Das Lied befindet sich auf der *Anders gedacht Instructor's Audio CD*.

5 **Hören des Gedichtes** Das Gedicht wurde von Johann Abraham Peter Schulz (1747–1800) vertont. Inzwischen wurde es zu einem Volkslied. Hören Sie jetzt das Lied und achten Sie auf die Melodie. Wie würden Sie sie charakterisieren? Passt die Melodie Ihrer Meinung nach zu dem Text?

Abendlied von Karlhans Frank

Karlhans Frank schrieb 1973 eine literarische Parodie zu dem Abendlied von Claudius. Anhand des alten Textes versuchte er aktuelle Ideen zu verarbeiten.

Lesen • Selektives Lesen

◆ Das vollständige Gedicht befindet sich im Anhang des Buches.

1 **Erste Strophe** Lesen Sie die erste Strophe und überlegen Sie, wodurch sich Franks Text von Claudius' Text unterscheidet. Über welche Themen spricht Frank in der ersten Strophe? Achten Sie auf Franks Orthographie. Warum verwendet er diese und nicht die normale?

Abendlied

1. Strophe   Der mond ist aufgegangen,
die goldnen sternlein prangen
mein freund du siehst es nicht,
weil aus profitfabriken[1]
die menschen nebel schicken
5   gefährlich, giftig[2], stinkend, dicht.

---

[1]**die Fabrik** ein Gebäude, meist ausgestattet mit Maschinen, in dem etwas produziert wird   [2]**giftig** schlecht für die Gesundheit, kann auch zum Tod führen; toxisch

---

Übungsbuch
Einheit 2, Teil F

2 **Das Gedicht weiterlesen** In dem Kasten unten finden Sie eine Liste von Themen, die im Gedicht von Frank relevant sein könnten. Lesen Sie zunächst die Themen. Dann lesen Sie die weiteren Strophen des Gedichtes. Schreiben Sie jeweils, nachdem Sie eine weitere Strophe gelesen haben, die passenden Themen aus dem Kasten in die Spalte „Franks Themen." Notieren Sie auch Elemente, die Frank direkt aus dem Gedicht von Claudius übernommen hat, in der anderen Spalte.

Umweltverschmutzung[1]
Kritik am Medium Fernsehen
Heute hat man keine Zeit mehr.
Um das Schlechte zu vergessen, flüchtet man zum Fernsehen.
Kritik am Kapitalismus
tägliche Sorgen, Angst vor der Zukunft
Kohlendioxyd in der Luft
Das romantische Weltbild hat keine Relevanz mehr, auch wenn Sandmännchen es via Fernsehen ins Zimmer bringt.
Menschen sollen herausfinden, wer ihnen die Ruhe genommen hat. Sie sollen sich ihr Recht zu denken und zu handeln wieder zurückholen.
Die Menschen werden dazu manipuliert, immer weniger nachzudenken.
Menschen, die Macht und Geld haben, haben nur ein Ziel: Sie wollen uns den Verstand nehmen, damit wir nicht nachdenken können.
Es gibt viel zu viele Probleme, um ruhig schlafen zu können.

---

[1]**die Umweltverschmutzung** wenn die Natur und die Luft nicht mehr sauber sind, z.B. durch Emissionen von Autos

2. Strophe   Wie war die welt so stille
und in der dämmrung hülle
gabs zeit zu tanz und lust,
10 preßten nicht tagessorgen,
gedanken[1] an das morgen
noch auf das abgas[2] in der brust.

——————

[1]**der Gedanke** das Denken   [2]**das Abgas** das giftige Gas, das Autos und Fabriken verbreiten

Franks Themen

_____

_____

_____

Elemente von Claudius

_____

_____

_____

3. Strophe   Jammer nur halb zu sehen,
dem denken zu entgehen[1]
15 vergessen den verdruß[2]
schaust du den fernsehflimmer[3]
sandmännchen[4] bringt ins zimmer
das abendlied von claudius.

——————

[1]**dem Denken entgehen** nicht denken müssen   [2]**der Verdruss** die Frustration   [3]**der Fernsehflimmer** das Fernsehen   [4]**das Sandmännchen** Figur im Kinderprogramm

Franks Themen

_____

_____

_____

Elemente von Claudius

_____

_____

_____

4. Strophe
20 So werden menschenkinder
täglich ein wenig blinder
und wissen gar nicht viel,
weil die paar, die besitzen[1],
uns den verstand[2] stibitzen[3]
das bringt sie näher an ihr ziel.

_____
[1]**besitzen** etwas haben   [2]**der Verstand** die Intelligenz   [3]**stibitzen** wegnehmen

Franks Themen

_____

_____

_____

Elemente von Claudius

_____

_____

_____

5. Strophe 25 So legt euch denn, ihr brüder,
in dieser nacht nicht nieder.
besprecht das schlechte stück[1]
habt ihr herausbekommen,
wer abendruh genommen,
30 dann holt sie euch von ihm zurück.

—von Karlhans Frank

_____
[1]**das Stück** _hier:_ das Theaterstück

Franks Themen

_____

_____

_____

Elemente von Claudius

_____

_____

_____

3 Diskussion Arbeiten Sie in Dreiergruppen. Besprechen Sie die folgenden Punkte. Ein Gruppensprecher/eine Gruppensprecherin macht Notizen und berichtet anschließend im Forum.

a. Überlegen Sie, wozu Frank die Menschen auffordern möchte, was er kritisiert und welche Stimmung er dabei zu erwecken sucht.
b. Fassen Sie zusammen, welche Themen, die für die Deutschen in den 70er Jahren wichtig waren, Frank in seinem Gedicht verarbeitet.
c. Welche Funktion hat die Natur in seinem Gedicht?
d. Wie könnte das Gedicht für unsere Zeit abgeändert werden?

 4 Schreiben – Kreatives Schreiben Arbeiten Sie mit einem Partner / einer Partnerin und verfassen Sie ein ein- oder zweistrophiges ähnliches Gedicht wie Frank. Beziehen Sie sich auf die heutige Zeit.

5 Schreiben – Textproduktion Wählen Sie eines der zwei Themen und schreiben Sie einen zusammenhängenden Text, in welchem Sie auf die angeführten Punkte eingehen. Die Satzanfänge im Kasten können Ihnen helfen.

> ### Schreibmittel
>
> Es scheint mir …
> Ich bin der Meinung, …
> Meiner Ansicht nach …
> Für mich bedeutet …

Thema A Schreiben Sie über ein Gedicht. Gehen Sie in die Bibliothek und suchen Sie ein deutschsprachiges Gedicht, das Ihnen besonders gut gefällt. Vielleicht steht ihr Lieblingsgedicht auch schon bei Ihnen im Bücherregal.

◇ Wovon erzählt das Gedicht?
◇ Warum gefällt Ihnen das Gedicht?
◇ Woran denken Sie, wenn Sie dieses Gedicht lesen?
◇ Was wissen Sie über den Autor des Gedichtes?

Thema B Reflektieren Sie über den Mythos Wald.

◇ Was bedeutet der Wald für die Deutschen? (Gehen Sie auf die Gedichte, die Sie gelesen haben, ein[1].)
◇ Welche Parallelen könnten zwischen dem Wald und den Deutschen gezogen werden?
◇ Gibt es Bereiche, in denen sich eine nationale Identität für Ihr Land verkörpern[2] lässt?

---

[1]**eingehen auf etwas** sich mit etwas beschäftigen
[2]**verkörpern** darstellen, zeigen

Verben

komponieren: er/sie/es komponiert, komponierte, hat ... komponiert
malen: er/sie/es malt, malte, hat ... gemalt
sich reimen: er/sie/es reimt sich, reimte sich, hat sich ... gereimt
sterben: er/sie/es stirbt, starb, ist ... gestorben
wandern: er/sie/es wandert, wanderte, ist ... gewandert
zeichnen: er/sie/es zeichnet, zeichnete, hat ... gezeichnet

Nomen

die Aufklärung
der Dichter, -
die Erfahrung, -en
das Gedicht, -e
das Gemälde, -
der Komponist, -en
das Konzert, -e
die Landschaft, -en
der Maler, -
das Märchen, -
der Mond, -e
die Natur

die Oper, -n
der Reim, -e
die Romantik
der Schriftsteller, -
die Stimmung, -en
die Strophe, -n
der Sturm und Drang
der Wald, die Wälder
die Wiese, -n
die Zeichnung, -en
die Zeile, -n

Adjektive und Adverbien

froh
furchtbar
gefährlich
hell
hungrig

klar
ruhig
rund
traurig
wunderbar

Andere Ausdrücke

Erfahrung machen
Erfahrungen sammeln

Die Grünen und ihre Politik

Umweltbewusstsein und grüne Technologie

Grün wirkt

Außen Minister, innen grün.

BÜNDNIS 90
DIE GRÜNEN

www.gruene.de

Joschka Fischer, deutscher Außenminister und Mitglied der Grünen

Abschnitte

A Umweltbewusstsein
B Grüne Politik
C Joschka Fischer, der Liebling der Deutschen
D Der Traum vom grünen Auto

Texte

- Drei kurze Artikel zum Thema Umweltschutz (Zeitungs- und Internetartikel)
- Auszüge aus dem Wahlprogramm der Grünen in Deutschland (Internettexte)
- Alexander Van der Bellen: Über die Grünen in Österreich (Briefauszug)
- Beschreibungen von drei umweltfreundlichen Automodellen (Kommerzielle Texte)

Statistiken

- Wahlergebnisse in Deutschland, Österreich und der Schweiz

Porträt

- Joschka Fischer

Internet-Aktivitäten

- Der deutsche Bundestag
- Politische Parteien in Österreich
- Die Grünen in der Schweiz
- Erneuerbare Energien: Wind, Wasser, Solarenergie

Sprachliche Strukturen

- Genitiv
- Zweiteilige Konjunktionen: **sowohl … als auch, weder … noch**
- Perfekt
- Präpositionen mit Genitiv: **während, trotz, wegen, anstatt/statt**
- Futur

Strategien

- Strategien für das Halten von Referaten

In dieser Einheit

Die Liebe zu Natur und Umwelt hat in Deutschland und in den anderen deutschsprachigen Ländern Tradition. Da die industrialisierte moderne Welt durch Abgase[1], Müll, Atomkraft und menschliche Verschwendung[2] eine Gefahr für die Umwelt darstellt, werden jetzt Wege gesucht, die Umwelt vor dieser Gefahr zu schützen[3].

---

[1]**das Abgas** die schlechte Luft, die z.B. aus Autos oder Fabriken kommt   [2]**die Verschwendung** wenn man Dinge kauft, die man gar nicht braucht und sie dann wieder wegwirft   [3]**die Umwelt schützen** sich darum kümmern, dass die Umwelt nicht zerstört wird

Vorwissen sammeln Diskutieren Sie mit Ihren Kommilitonen/ Kommilitoninnen in Gruppen zu dritt oder zu viert und tauschen Sie Ihre persönlichen Erfahrungen aus.

1. Was haben Sie über den Umweltschutz in den deutschsprachigen Ländern Deutschland, Österreich und der Schweiz gehört oder sogar schon bei einem Aufenthalt in diesen Ländern miterlebt? Notieren Sie im Kasten.

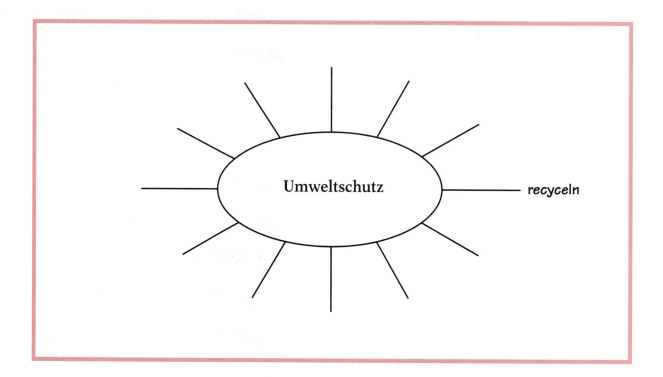

2. Was tun Sie persönlich für den Umweltschutz? Erzählen Sie von Ihren Erfahrungen.

A Umweltbewusstsein

In diesem Abschnitt beschäftigen Sie sich mit unterschiedlichen Projekten in deutschsprachigen Ländern, die zum Schutz der Umwelt beitragen. Anschließend erfahren Sie, wie Müll in Deutschland sortiert und recycelt wird.

Drei Artikel zum Thema Umweltschutz

Lesen ◆ Selektives Lesen

 1 **Mit drei Artikeln arbeiten** Arbeiten Sie in drei Gruppen. Jede Gruppe übernimmt einen der drei Artikel A–C und macht die entsprechenden Aufgaben.

A „Ein Kick für die Nachhaltigkeit"
B „Fahrradparkhaus für Grazer Hauptbahnhof"
C „Autofreier Tag in Europa: Geringes Interesse in Deutschland"

a. Artikel A lesen Lesen Sie den Text „Ein Kick für die Nachhaltigkeit" und beantworten Sie die Fragen in der Gruppe.

1. Was ist das Besondere an der Fußballweltmeisterschaft 2006?

   _____

   _____

2. Nennen Sie vier Maßnahmen, durch die bei der WM das Klima geschont[1] werden soll.

   Mehrweggeschirr benutzen _____

   _____

   _____

   _____

   _____

---

[1]**schonen** schützen

(A) Ein Kick für die Nachhaltigkeit[1]

Aufräumen nach einer Großveranstaltung

Die Fußballweltmeisterschaft 2006 in Deutschland soll ökologisch sein und das Klima schonen. ... Erster Schritt zur

Realisierung des Öko-Plans war eine
5 Untersuchung[2] der 16 Stadien, die sich für die WM beworben[3] hatten. ... So wurde gefragt, ob der Betreiber[4] Mehrweggeschirr[5] einsetzt[6], ob er daran denkt, Strom[7] aus Wind- oder
10 Wasserkraft[8] zu beziehen[9], ob im Stadion bereits Energiespartechnik[10] installiert ist. ... Im nächsten Schritt wollen Ökoinstitut und die Umweltorganisation World Wildlife Fund (WWF) ... konkrete
15 Öko-Ziele für die teilnehmenden zwölf Stadien festlegen[11]. Solche Ziele könnten sein, dass ... die Städte ihr Verkehrsangebot[12] so optimieren, dass ein bestimmter Anteil der Fans bequem[13] mit Zug und
20 Bus zu den Stadien findet. ...

—Quelle: *Berliner Zeitung*, 1.7.2002

---

[1]**die Nachhaltigkeit** die Langfristigkeit; man denkt an die Zukunft, nicht nur an das „Jetzt" [2]**die Untersuchung** die Inspektion [3]**sich bewerben** sagen, dass man teilnehmen möchte [4]**der Betreiber** der Manager, Besitzer [5]**das Mehrweggeschirr** Geschirr, das nicht aus Plastik ist und viele Male benutzt werden kann [6]**einsetzen** *hier:* benutzen [7]**der Strom** die Elektrizität [8]**die Windkraft, die Wasserkraft** Energie, die mit Hilfe von Wind oder Wasser produziert wird [9]**beziehen** *hier:* kaufen [10]**die Energiespartechnik** Technik, durch die weniger Energie verbraucht wird [11]**festlegen** aufschreiben [12]**das Verkehrsangebot** z.B. U-Bahnen, Busse, Züge, ...
[13]**bequem** *hier:* einfach, leicht, praktisch

b. Artikel B lesen Lesen Sie den Text „Fahrradparkhaus für Grazer Hauptbahnhof" und beantworten Sie die Fragen in der Gruppe.

1. Die Stadt Graz plant zwei Dinge am Bahnhof zu bauen. Welche? Erklären Sie auch, was das ist.

_____

_____

2. Warum sollen diese Dinge gebaut werden?

_____

_____

(B) Fahrradparkhaus für Grazer Hauptbahnhof

Fahrradstation: überdacht und überwacht

Fahrrad und Eisenbahn[1] sollen wieder näher zusammenrücken. ... Im Rahmen der zur Zeit heftig diskutierten Bahnhofsoffensive
5 sollen ... die wichtigsten österreichischen Bahnhöfe mit „Fahrradstationen" ausgestattet[2] werden: Überdachte[3] und bewachte[4] Einstellmöglichkeit[5]
10 zu geringem Entgelt[6] sowie ein Rad-Verleih[7] sollen ... den ... Schienenverkehr[8] entscheidend attraktivieren. ...

—Quelle: *Korso* (Graz), www.korso.at

---

[1]**die Eisenbahn** der Zug   [2]**ausstatten** *hier:* bauen   [3]**überdacht** mit einem Dach darüber   [4]**bewacht** sicher; jemand passt auf die Fahrräder auf, damit sie nicht gestohlen werden; **bewachen** aufpassen   [5]**die Einstellmöglichkeit** der Parkplatz, das Parkhaus; der Ort, wo man parken kann   [6]**das Entgelt** der Preis   [7]**der Rad-Verleih** der Ort, wo man sich ein Fahrrad mieten kann   [8]**der Schienenverkehr** alles, was auf Schienen fährt, z.B. Züge, Straßenbahnen, U-Bahnen

c. Artikel C lesen Lesen Sie den Text „Autofreier Tag in Europa" und beantworten Sie die Fragen in der Gruppe.

1. Was passiert jedes Jahr am 22. September? Wo?

   _____

   _____

2. Wo und wann ist die Idee entstanden?

   _____

   _____

3. Wie groß war 2003 das Interesse an dieser Aktion? Erklären Sie.

   _____

   _____

(C) Autofreier Tag in Europa: Geringes Interesse in Deutschland

Zum „autofreien Tag" hatte das „Klima-Bündnis" aufgerufen. Die Aktion war 1998 in Frankreich entstanden. Seit 2000 wird der Tag europaweit begangen.

5 In der Schweiz stieß[1] die Aktion bei 57 Kommunen auf Interesse, 13 weniger als im Vorjahr. Wie das Schweizer Bundesamt für Energie am Montag mitteilte[2], nahmen auch Kantonshauptstädte wie Basel, Genf, 10 Lausanne und Luzern teil.

An der Umwelt-Aktion beteiligten sich am Montag 72 französische Städte und damit weniger als im Vorjahr (98). In Paris wurden 188 Kilometer Straße für 15 Autos gesperrt[3]. Busse, Taxis, Anwohner und „saubere" Wagen wie Elektroautos durften die Straßen bei Tempo-Limit 30 nutzen. Die Stadt verlieh[4] kostenlos Fahrräder.

20 In Spanien beteiligten sich 237 Städte am „autofreien Tag". In Madrid wurde das Zentrum vier Stunden lang für Privatautos gesperrt. Nur Busse, Radfahrer und Krankenwagen durften passieren.

—Quelle: http://www.vistaverde.de/news/ Wirtschaft/0309/22_autofrei.htm 22.09.2003

---

[1]**auf Interesse stoßen** es ist interessant [2]**mitteilen** berichten, sagen [3]**sperren** schließen [4]**verleihen** man gibt jemandem etwas, will es aber zurück haben

Übungsbuch
Einheit 3, Teil A

2 Artikel präsentieren Beschäftigen Sie sich weiterhin mit Ihrem Artikel aus Aufgabe 1.

a. Präsentation vorbereiten Was steht in dem Artikel, den Sie in Aufgabe 1 gelesen haben? Bereiten Sie eine Präsentation Ihres Artikels vor. Bilden Sie dabei 2–3 Sätze mit **um … zu, damit** oder **weil**. In dem Kasten auf Seite 85 finden Sie Wörter, die Ihnen helfen.

BEISPIEL: Viele Leute benutzen keine Plastiktüten, um Müll zu vermeiden.

vermeiden[1]
reduzieren
der Müll
umweltfreundlich/umweltbewusst
umweltbewusst handeln
die Umwelt schützen/schonen
wieder verwerten[2]
produzieren
verringern[3]
aufhalten[4]
Energie verschwenden[5]
recyceln
begrenzen[6]
entsorgen[7]
einschränken[8]
der Verkehr
die Emission/der Schadstoffausstoß
öffentliche Verkehrsmittel[9] benutzen

b. Informationen austauschen Berichten Sie jetzt in der Klasse über den Artikel, den Sie gelesen haben. Schreiben Sie, wenn nötig, eine Vokabelliste für Ihre Kommilitonen/Kommilitoninnen an die Tafel.

Weiterführende Aufgaben

3 **Müll sortieren** Ein weiteres Beispiel für Umweltbewusstsein ist Recycling. In Deutschland muss Müll sortiert werden, damit er besser recycelt werden kann. Es gibt 5 Kategorien: Papier, Glas, organischer Müll, Verpackungsmüll und Restmüll. Auf Seite 86 sehen Sie die verschiedenen Abfallbehälter, die Deutsche zu Hause haben. Glas und oftmals auch Altpapier muss zu öffentlichen Containern gebracht werden. Wer nicht richtig sortiert, muss eine Strafe bezahlen.

---

[1]**vermeiden** etwas nicht tun   [2]**wieder verwerten** noch einmal benutzen   [3]**verringern** reduzieren   [4]**aufhalten** stoppen   [5]**Energie verschwenden** *Gegenteil von* Energie sparen   [6]**begrenzen** limitieren   [7]**entsorgen** weggeben, wegwerfen   [8]**einschränken** verringern, reduzieren   [9]**öffentliche Verkehrsmittel** (*Plural*) z.B. Busse, Züge, U-Bahnen

*Alle Verben in diesem Kasten brauchen Akkusativ.

die grüne Tonne, für
kompostierbare Stoffe

die graue Tonne, für
Restmüll

die blaue Tonne, für
Altpapier

der gelbe Sack, für
Verpackungsstoffe[1]

 a. Abfall sortieren Arbeiten Sie in vier Gruppen. Jede Gruppe übernimmt einen Behälter. Unten sehen Sie verschiedene Abfallprodukte, die
nicht richtig sortiert sind. Welcher Abfall gehört in Ihre Tonne oder Ihren
Sack? Sortieren Sie.

Windeln[2]
Joghurtbecher
Speisereste[3]
Knochen[4]
Shampoobehälter
Zeitungen und Illustrierte
Asche[5]
Bücher
Papiertaschentücher
Packpapier[6]

Schreib- und Computerpapier
Teppich
Milch- oder Safttüten
Laub, Äste
Dosen
Kunststoff- und Plastikverpackungen
Eierschalen[7]
Pappe[8]
Staubsaugerbeutel[9]
Obstschalen und Obstreste

---

[1]**Verpackungsstoffe** Behälter und Material, in das Lebensmittel oder andere Produkte
eingepackt sind, z.B. Joghurtbecher [2]**die Windel** Babys brauchen Windeln, weil sie noch
nicht zur Toilette gehen können. [3]**der Speiserest** das, was nicht mehr gegessen wird
[4]**der Knochen** Teil, z.B. von einem Steak, den man nicht essen kann [5]**die Asche** das, was
nach dem Verbrennen übrig bleibt [6]**das Packpapier** Papier, mit dem Pakete verpackt werden [7]**die Eierschale** der äußere harte weiße oder braune Teil vom Ei [8]**die Pappe** sehr
dickes papierartiges Material [9]**der Staubsaugerbeutel** die Tüte, die sich im Staubsauger
befindet, in der sich der Staub sammelt

b. Kontrollieren Berichten Sie im Kursforum, zu welchen Ergebnissen Sie in Ihren Gruppen gekommen sind. Kein Abfall darf doppelt entsorgt worden sein.

Redemittel und Wortschatz

der Abfall[1]
trennen
sortieren
entsorgen
In unsere Tonne gehören …
Nein, das gehört in unsere Tonne, weil …
… muss in die … Tonne geworfen/entsorgt werden.

---

4 **Die eigene Meinung äußern** Arbeiten Sie in Kleingruppen (3–4 Personen) und besprechen Sie die folgenden Fragen. Berichten Sie dann im Klassenforum.

◇ Was wird bei Ihnen an der Universität wieder verwertet?
  Macht man Ihrer Meinung nach genug?
  Wie könnte man die Situation verbessern?

◇ Wie sieht man Umweltbewusstsein in Ihrer Stadt oder
  in Ihrem Land?
  Was ist Ihre Meinung dazu?

◇ Was wird bei Ihnen zu Hause wieder verwertet?

---

[1]**der Abfall** der Müll

B Grüne Politik

Anhand von Wahlplakaten, Statistiken und Sachtexten beschäftigen Sie sich in diesem Abschnitt mit den politischen Zielen der Grünen Parteien und ihrem Anteil an den Regierungen in den drei deutschsprachigen Ländern Deutschland, Österreich und der Schweiz.

Politische Ziele der Grünen in Deutschland

„Bündnis 90/Die Grünen" sind eine politische Partei in Deutschland, die aus zwei früheren Gruppen hervorgegangen ist. Die Partei wurde 1998 Koalitionspartner der SPD* und ist somit an der deutschen Regierung beteiligt.

Das Logo von Bündnis 90/Die Grünen

1 Hypothesen aufstellen Überlegen Sie, welche politischen Ziele die Partei haben könnte. Leiten Sie aus dem Namen der Partei ihr wichtigstes politisches Ziel ab. Sehen Sie sich auch die Slogans auf den Postern auf der nächsten Seite und das Logo der Grünen an.

Redemittel

Das wichtigste Ziel der Partei „Bündnis 90/Die Grünen" ist wohl …
… scheint … zu sein.
Mir scheint, dass das wichtigste Ziel der Grünen … ist.

---

*Sozialdemokratische Partei Deutschlands

grün**2020**

wir denken bis übermorgen!

2 **Themen und Slogans zuordnen** Im Wahlkampf 2002 haben die Grünen zwölf Themen vorgestellt. Unten sind sieben dieser Wahlkampfthemen aufgelistet (1–7). Lesen Sie die Themen und sehen Sie sich dann die sieben Slogans (a–g) an.

⬦ Welcher Slogan passt zu welchem Thema?
⬦ Versuchen Sie, die Slogans zu erklären.

___c___ 1. demokratische Teilhabe[1]

_____ 2. Einwanderung[2]

_____ 3. Energiewende[3]

_____ 4. Frauenpolitik

_____ 5. Globalisierung gerecht[4] gestalten[5]

_____ 6. Leben mit Kindern

_____ 7. Ostdeutschland

Slogan a. _____

_____

---

[1]**die Teilhabe** die Partizipation   [2]**die Einwanderung** die Immigration   [3]**die Wende** Zeitpunkt, an dem sich etwas ändert   [4]**gerecht** fair   [5]**gestalten** organisieren

Slogan b. _____

_____

Slogan c. _____

_____

Slogan d. _____

_____

Slogan e. _____

_____

Slogan f. _____

Slogan g. _____

_____

_____

Weitere Themen der Grünen sind: Europäische Demokratie, Gesundes und sicheres Essen, Grüne Arbeitsplätze, Klimaschutz und Bildungspolitik.

Lesen ◆ Globalverständnis

3 **Texte zuordnen, Schlüsselwörter finden** Bilden Sie Gruppen. Jede Gruppe liest einen oder zwei der folgenden sieben Wahlkampftexte (A–G), die die deutschen Grünen 2002 benutzt haben. Versuchen Sie herauszufinden, zu welchem Thema / Slogan aus Aufgabe 2 der Text passen könnte. Begründen Sie Ihre Meinung. Welche Wörter haben Ihnen geholfen, sind also Schlüsselwörter? Schreiben Sie mit den Schlüsselwörtern kurze einfache Sätze, die zum Text passen.

BEISPIEL: Text A gehört zu Thema 3, Energiewende; Schlüsselwörter sind erneuerbare Energien, Windkraftnutzung und Atomausstieg.

Die Grünen wollen Strom aus erneuerbaren Energien wie Wind, Wasser und Sonne gewinnen ...

Sieben Wahlkampftexte

(A) ... und Deutschland steigt ein[1] ins Solarzeitalter

Das Erneuerbare-Energien[2]-Gesetz hat Deutschland zum Weltmeister bei der Windkraftnutzung gemacht. Bereits 120.000 Menschen haben damit Arbeit in
5 der boomenden Branche der erneuerbaren Energien gefunden. CDU/CSU und FDP wollen den eingeleiteten[3] Atomausstieg rückgängig machen[4]. Nur mit BÜNDNIS 90/DIE GRÜNEN werden ab 2003 die
10 ersten Kraftwerke abgeschaltet[5].

(B) Freiheit oder Sicherheit? Freiheit und Sicherheit!

Wer die Freiheit im Namen der Sicherheit aufgibt[6], wird am Ende beides verlieren. Auch nach dem 11. September 2001 gilt: Wir dürfen dem Terrorismus und dem
15 Rechtsradikalismus nicht den Erfolg gönnen[7], Bürgerrechte[8] und Rechtsstaatlichkeit[9] zu schwächen[10]. Gegen eine überzogene[11] Law-and-Order-Politik greifen BÜNDNIS 90/DIE
20 GRÜNEN als rechtsstaatliches Korrektiv ein[12].

(C) Eine Welt für alle?

Bisher haben zwar unter anderem wir Mitteleuropäer sowie die US-Amerikaner von der Globalisierung profitiert – aber
25 zu wenig Menschen in anderen Teilen der Welt. Das Einkommensgefälle[13] zwischen Nord und Süd, aber auch innerhalb vieler Länder, hat sich dramatisch vergrößert. Fast 3 Milliarden Menschen
30 haben heute weniger als 2 US Dollar pro Tag zum Leben.

(D) Die besten Bedingungen für jedes Kind

Egal, ob Vater, Mutter und Kind, Alleinerziehende[14] mit Kind, Patchwork-Familien oder gleichgeschlechtliche
35 Lebensgemeinschaften[15] mit Kind – alle Kinder sind uns gleich viel wert[16]. Die Aufgabe unserer Politik muss es sein, verlässliche[17] Rahmenbedingungen für das Leben mit Kindern zu schaffen,
40 [z.B. ...] die Vereinbarkeit[18] von Familie und Beruf, ein angemessenes[19] Kinderbetreuungsangebot[20], ... ein fairer Familienlastenausgleich[21] [und] Schutz der Kinder vor Gewalt[22].

---

[1]**einsteigen** *hier:* beginnen   [2]**erneuerbare Energien** Energien aus Stoffen, die es immer gibt, z.B. Sonne, Wind, Wasser; *Gegenteil von* **nicht erneuerbare Energie:** z.B. Erdöl, das irgendwann verbraucht ist   [3]**einleiten** beginnen, anfangen   [4]**etwas rückgängig machen** etwas wieder so machen, wie es vorher war   [5]**abschalten** ausschalten   [6]**aufgeben** *hier:* beenden   [7]**gönnen** *hier:* geben   [8]**die Bürgerrechte** (*Plural*) Rechte, die ein Mensch in einem Staat hat, z.B. die Meinungsfreiheit   [9]**die Rechtsstaatlichkeit** der Staat muss die Bürgerrechte akzeptieren   [10]**schwächen** schwach machen   [11]**überzogen** zu stark, zu streng   [12]**eingreifen** intervenieren   [13]**das Einkommensgefälle** der Einkommensunterschied (**das Einkommen** was jemand verdient, das Gehalt, der Lohn; **das Gefälle** der Unterschied)   [14]**die/der Alleinerziehende** die Mutter oder der Vater erzieht das Kind allein   [15]**gleichgeschlechtliche Lebensgemeinschaften** homosexuelle Partnerschaften   [16]**wert sein** wichtig sein   [17]**verlässlich** zuverlässig, sicher   [18]**die Vereinbarkeit** wenn man zwei Dinge gleichzeitig machen kann   [19]**angemessen** passend, geeignet   [20]**das Kinderbetreuungsangebot** wo Kinder hingehen können, wenn die Eltern arbeiten, z.B. Kindergarten oder Ganztagsschule   [21]**der Familienlastenausgleich** Familien bekommen Geld vom Staat, um genug Geld für die Kinder zu haben   [22]**die Gewalt** die Brutalität

(E) Wann geht im Osten die Sonne auf?

45 Es hat sich viel getan[23] in Ostdeutschland. Jedoch[24] allen Anstrengungen und Finanztransfers der letzten 10 Jahre zum Trotz[25] hat der Osten in vielen Regionen nach wie vor Probleme. Dazu gehören die
50 anhaltende[26] Wirtschaftsschwäche und eine hohe Arbeitslosigkeit. Um ... die Angleichung[27] der Lebensverhältnisse in Deutschland zu fördern ... hat Rot-Grün für die kommenden 8 Jahre 1,1 Milliarden
55 Euro bereitgestellt.*

(F) ... aber die andere Hälfte den Frauen!

Frauen beanspruchen[28] heute ganz selbstverständlich Führungspositionen[29] in Politik und Wirtschaft. Aber immer noch ist unsere Gesellschaft weit davon
60 entfernt[30], Frauen die Hälfte der Macht zuzugestehen[31]. Diesem Ziel sind wir in unserer Partei durch die Frauenquote sehr nahe gekommen und nehmen damit eine Vorreiterrolle[32] für andere politi-
65 sche Parteien, für Unternehmen[33] und gesellschaftliche Einrichtungen[34] ein.

(G) Einwanderung neu gestalten

Die Gestaltung von Einwanderung gehört zu den zentralen politischen Fragen der nächsten Jahre – sowohl in Deutschland,
70 als auch in Europa. Es gilt Abschied zu nehmen von[35] Anwerbestopps[36], wie wir sie in Deutschland während der 16-jährigen Kohl-Ära erlebt haben.

—Quelle: BÜNDNIS 90/DIE GRÜNEN (Bundesgeschäftsstelle), www.gruene.de

---

[23]**es hat sich viel getan** viel Gutes ist passiert   [24]**jedoch** aber   [25]**zum Trotz** trotzdem   [26]**anhaltend** kontinuierlich
[27]**die Angleichung** die Gleichmachung   [28]**beanspruchen** wollen   [29]**die Führungsposition** eine hohe, gut bezahlte Position   [30]**weit davon entfernt sein** es ist noch lange nicht so   [31]**zugestehen** geben   [32]**eine Vorreiterrolle einnehmen** der Erste sein, der etwas Wichtiges macht; alle anderen sollen diesem Beispiel folgen   [33]**das Unternehmen** die Firma   [34]**die Einrichtung** die Institution   [35]**Abschied nehmen von** *hier:* aufhören mit   [36]**der Anwerbestopp** Gesetz, das sagt, dass keine Ausländer mehr zum Arbeiten nach Deutschland kommen sollen

*Die Menschen in Ostdeutschland verdienen weniger als die Menschen in Westdeutschland. Die Grünen wollen die Gehälter gleich machen.

Strukturen ◆ Genitiv

Artikel und Endungen des Nomens im Genitiv:

	maskulin	feminin	neutrum	Plural
Artikel	des	der	des	der
Endungen	-(e)s	-	-(e)s	-

→ **Übung** Ergänzen Sie die folgenden Sätze. Wählen Sie dazu das jeweils passende Nomen aus dem Kasten unten.

Die Grünen wollen ...

1. die Ausbildung <u>der</u> <u>Schüler</u> verbessern.

2. die Aufrechterhaltung[1] _____ _____ sichern.

3. die Integration _____ _____ unterstützen[2].

4. für ein Umdenken[3] _____ _____ zum Thema Energie sorgen.

5. die Erweiterung[4] _____ europäischen _____ vorantreiben[5].

6. die Gleichberechtigung[6] _____ _____ verbessern.

7. die Qualität _____ _____ verbessern.

8. für die Gerechtigkeit _____ globalen _____ sorgen.

9. die Anzahl _____ _____ im Bereich der erneuerbaren Energien erhöhen.

10. die Erwärmung _____ _____ verhindern.

11. die Bedürfnisse[7] _____ _____ und _____ _____ vertreten[8].

12. für die Angleichung _____ _____ in Ostdeutschland sorgen.

---

die Frauen (*Plur.*) schweigen die Löhne[9] (*Plur.*)

~~die Schüler (*Plur.*)~~ die Union die Wirtschaft die Familie

die Arbeitsplätze (*Plur.*) das Klima die Bürgerrechte (*Plur.*)

das Essen die Ausländer (*Plur.*) das Kind der Bürger

---

[1]**die Aufrechterhaltung** etwas soll weiterhin existieren [2]**unterstützen** fördern, dabei helfen [3]**das Umdenken** die Meinung ändern, anders denken als vorher [4]**die Erweiterung** die Vergrößerung [5]**vorantreiben** unterstützen, beschleunigen [6]**die Gleichberechtigung** wenn es keinen Unterschied zwischen Männern und Frauen gibt, z.B. auf dem Arbeitsmarkt [7]**das Bedürfnis** das, was jemand braucht [8]**vertreten** repräsentieren [9]**der Lohn** das Geld, das jemand durch Arbeit verdient

Abkürzungen

SPD = Sozialdemokratische
Partei Deutschlands

CDU = Christlich
Demokratische Union
Deutschlands

CSU = Christlich-Soziale
Union in Bayern

FDP = Freie Demokratische
Partei

PDS = Partei des
Demokratischen
Sozialismus

4 Statistiken verbalisieren: der Grüne Anteil an der deutschen Regierung Sehen Sie sich die beiden Statistiken zur Bundestagswahl 2002 an und verbalisieren Sie sie. Auf der nächsten Seite finden Sie die Redemittel. Vergleichen Sie die Parteien miteinander und auch das Ergebnis im Vergleich zur letzten Wahl 1998. Achten Sie besonders auf die Grünen.*

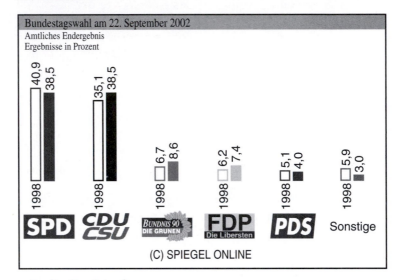

—Quelle: *Der Spiegel*

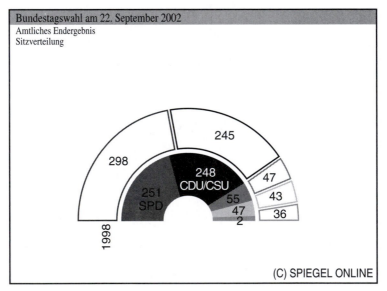

—Quelle: *Der Spiegel*

_____

*Grammatische Anmerkung: Die Parteien haben alle den Artikel **die** (Singular): die SPD, die CDU, die CSU, die FDP, die PDS. Bei den Grünen sagt man „Bündnis 90/Die Grünen" (ohne Artikel aber mit Verb im Plural!) oder einfach „die Grünen" (im Plural).

BEISPIEL: Bei der Bundestagswahl 2002 bekam die SPD 38,5% der Wählerstimmen und 251 der 603 Sitze des Parlaments.

Redemittel

Die Grünen bekamen ...
Bündnis 90/Die Grünen bekamen ...
... genauso viele wie ...
... mehr als ...
... weniger als ...
Im Vergleich zur Bundestagswahl 1998 ...
Im Vergleich zur letzten Bundestagswahl ...
... hat/ haben ... Prozent der Stimmen dazugewonnen.
... hat/ haben ... Prozent der Stimmen verloren.

Internet

5 **Mit dem Internet arbeiten** Recherchieren Sie im Internet und beantworten Sie die folgenden Fragen.

◇ Wie viel Prozent der Stimmen braucht eine Partei, um in den deutschen Bundestag einzuziehen[1]?
◇ Wie lange ist die Amtszeit[2] eines deutschen Bundeskanzlers?
◇ Wie viele Amtszeiten darf ein deutscher Bundeskanzler im Amt bleiben?

Politische Ziele der Grünen in Österreich

Die Grünen gibt es auch in Österreich. Seit 1986 sind sie im österreichischen Parlament.

Lesen ◇ Globalverständnis

1 **Brieftext lesen** Lesen Sie Auszüge aus einem Brief des Parteiobmannes der Grünen in Österreich, Alexander Van der Bellen. Unterstreichen Sie im Text die politischen Ziele der Grünen in Österreich und schreiben Sie entsprechende Schlüsselwörter an den Rand des Textes.

---

[1]**einziehen** *hier:* kommen   [2]**die Amtszeit** die Zeitspanne, in der jemand ein Amt hat, z.B. das Amt des Bundeskanzlers

Ein Brief von Alexander Van der Bellen

Sehr geehrte Damen und Herren,
liebe Leserin, lieber Leser!

Das hervorragende Ergebnis der Grünen bei den
Europawahlen hat gezeigt, dass es sich lohnt, oppositionelle
5 Politik zu machen. Die Vorstellungen von uns Grünen – zum
<u>Schutz unserer Umwelt</u>, zur <u>Bekämpfung</u>[1] der <u>Arbeits-</u>
<u>losigkeit</u>, zur Sicherung der Neutralität[*], um nur einige zu
nennen – finden immer stärkere Zustimmung[2]. Je mehr
Unterstützung[3] wir von den BürgerInnen[†] erhalten, desto
10 mehr können wir bewegen. ...

Lebensqualität ist uns Grünen ein zentrales Anliegen[4].
Auch unseren Kindern und Enkelkindern soll eine intakte[5]
Umwelt erhalten bleiben. Damit auch sie noch Natur
erleben können. Deshalb wollen wir das Leben um uns vor
15 dem Aussterben schützen: Die Au bei Hainburg[‡] ebenso wie
den Regenwald am Amazonas.

Doch ohne soziale Sicherheit geht gar nichts. Dazu gehört,
einen Arbeitsplatz zu finden, der die eigenen Lebensum-
stände[6] berücksichtigt[7]. Dazu gehört das Recht auf
20 Kinderbetreuung[8], um Beruf und Familie unter einen Hut zu
bringen[9] und ganz besonders Frauen mit Kindern eine berufliche Laufbahn[10] zu ermöglichen. Dazu gehört auch das

Umwelt

Arbeitslosigkeit

---

[1]**die Bekämpfung** das Kämpfen gegen etwas   [2]**Zustimmung finden** man ist mit einer Idee einverstanden
[3]**die Unterstützung** die Hilfe   [4]**das Anliegen** ein wichtiges Thema   [5]**intakt** gesund, funktionsfähig   [6]**der**
Lebensumstand wie man lebt; die Situation, in der man sich befindet   [7]**berücksichtigen** einbeziehen   [8]**die**
Kinderbetreuung die Versorgung der Kinder, während die Eltern arbeiten   [9]**unter einen Hut bringen** verbinden,
kombinieren   [10]**die berufliche Laufbahn** die Karriere

[*]Österreich unterzeichnete 1955 den Staatsvertrag und ist seitdem ein neutrales Land. Diese Neutralität ist für viele
Österreicher ein Teil der österreichischen Identität. Das Land gehört seit 1995 zur EU (Europäische Union).
[†]Die Schreibweise mit großem „I" steht für „Bürger und Bürgerinnen".
[‡]Die Au bei Hainburg ist eine Landschaft an der Donau (Fluss); 1985 wurde von 353.906 Österreichern nach
zahlreichen Demonstrationen ein Volksbegehren (Referendum) gegen den Bau eines Wasserkraftwerkes in den
Donauauen bei Hainburg unterzeichnet.

Recht auf Aus- und Weiterbildung[11], um sich persönlich zu entfalten und die Lust am Neuen wieder zu entdecken. Aber
25 auch finanziell abgesicherte Zeit „zum Verschnaufen" ist wichtig: Oft genügt ein befristeter Ausstieg[12] aus dem gewohnten beruflichen Alltagstrott[13], um neue Perspektiven zu entwickeln.

... Ein NATO-Beitritt[14], der Österreich nichts bringt, aber
30 viel kostet, kommt für uns Grüne nicht in Frage[15]. Ganz im Gegenteil: In der Neutralität liegt Österreichs Stärke, sie ist die Basis für eine aktive Vermittlerrolle[16] in der internationalen Gemeinschaft – für eine aktive Friedenspolitik.

Kein feindlicher Nachbar bedroht[17] Österreich
35 militärisch. Tatsächlich bedroht ist Österreich jedoch von Atomkraftwerken rund um Österreich. Panzer[18] und Abfangjäger[19] erhöhen unsere Sicherheit nicht; unseren Nachbarn beim Ausstieg aus der Atomenergie zu helfen, sollte uns hingegen etwas wert sein. Dafür kämpfen wir Grüne.
40 Grüne Politik umfasst mehr als den klassischen Naturschutz, so wichtig uns dieser ist. Vollbeschäftigung[20] und soziale Sicherheit, endlich Gleichberechtigung der Frauen, Sicherung der Menschen- und BürgerInnenrechte, die Freiheit der Kunst, ein lustvolles Ambiente in unseren
45 Städten – auch das sind Ziele, für die wir kämpfen mit Ihrer Unterstützung.

Alexander Van der Bellen

—Quelle: Grüne Österreich, www.gruene.at

---

[11]**die Ausbildung** alles, was auf den Beruf vorbereitet: Schule, Lehre, Studium, Praktika; **die Weiterbildung** Training, das nach der Ausbildung stattfindet   [12]**der befristete Ausstieg** eine Zeit, in der man nicht in seinem Beruf arbeitet und andere Dinge macht; danach kann man wieder auf den alten Arbeitsplatz zurückkommen   [13]**der Alltagstrott** die tägliche Routine   [14]**der Beitritt** man wird Mitglied einer Organisation   [15]**es kommt nicht in Frage** es ist ausgeschlossen, auf keinen Fall   [16]**die Vermittlerrolle** die Rolle haben, in der man zwei Gruppen hilft, einen Konsens zu finden   [17]**bedrohen** Angst machen   [18]**der Panzer** großes Militärfahrzeug   [19]**der Abfangjäger** ein Flugzeug, das gegen angreifende Flugzeuge eingesetzt wird   [20]**die Vollbeschäftigung** alle Menschen haben Arbeit

Schreiben

2 **Zusammenfassen** Schreiben Sie (wo möglich im Genitiv) die wichtigsten Ziele der Grünen in Österreich auf. Versuchen Sie auch die entsprechenden Verben zu den Nomen zu finden. Nennen Sie mindestens acht Ziele.

Ziele der Grünen in Österreich	Verb
der Schutz der Umwelt	*schützen*

Worauf haben die Österreicher ein Recht? Schreiben Sie mindestens zwei Sätze.

BEISPIEL: *Die Österreicher haben ein Recht auf … (+ Akkusativ)*

1. _____

2. _____

3 **Vergleichen** Schreiben Sie nun einen Fließtext, in dem Sie die Ziele der Grünen in Deutschland und Österreich vergleichen.

4 **Statistik verbalisieren: der Grüne Anteil im österreichischen Nationalrat** Sehen Sie sich die Statistiken zur österreichischen Nationalratswahl 2002 auf Seite 101 an und verbalisieren Sie sie. Vergleichen Sie die Parteien miteinander und die österreichischen Ergebnisse mit Deutschland. Achten Sie besonders auf die Grünen. Nehmen Sie dazu die Redemittel von Seite 97 wieder zu Hilfe.

◇ Welche Parteien bilden in Österreich eine Koalition? Vermuten Sie. Ihr Kursleiter/Ihre Kursleiterin hilft Ihnen.
◇ Den Parteien werden auch Farben zugeordnet: die Schwarzen, die Roten, die Blauen, die Grünen. Welche Partei hat welche Farbe? Vermuten Sie.

Abkürzungen
SPÖ = Sozialdemokratische
  Partei Österreichs
FPÖ = Freiheitliche Partei
  Österreichs
ÖVP = Österreichische
  Volkspartei

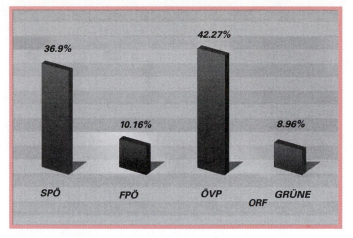

Ergebnisse der Nationalratswahl in Österreich am 24.11.2002
Quelle: ZDF

Internet

5   **Mit dem Internet arbeiten** Wählen Sie eine der politischen Parteien Österreichs aus. Suchen Sie drei wichtige Grundsätze[1] der Partei. Präsentieren Sie Ihre Ergebnisse.

Die Grünen in der Schweiz

1   **Vermuten** Die Devise der Schweizer Grünen ist: „Global denken – lokal handeln". Was könnte diese Devise bedeuten? Versuchen Sie sie zu erklären.

Internet

2   **Mit dem Internet arbeiten** Gehen Sie ins Internet, um folgende Aufgaben zu lösen.

a. Finden Sie Informationen zu den folgenden Fragen. Vielleicht wissen Sie die Antworten auch schon.

Übungsbuch
Einheit 3, Teil B

  ◇ Ist die Schweiz Mitglied der EU?
  ◇ Ist die Schweiz Mitglied der UNO?
  ◇ Ist die Schweiz Mitglied der NATO?

---

[1]**der Grundsatz** Basisidee

Grüne Politik   **101**

Präsentieren Sie die Informationen, die Sie gefunden haben, im Kurs. Verwenden Sie dabei die zweiteiligen Konjunktionen **sowohl ... als auch** und **weder ... noch**.

> ## Redemittel
>
> Die Schweiz ist sowohl Mitglied der ... als auch Mitglied der ...
> Die Schweiz ist weder Mitglied der ... noch Mitglied der ...

b. Was ist wohl die Position der Grünen zu diesen Punkten? Schauen Sie ebenfalls im Internet nach und präsentieren Sie Ihre Ergebnisse.

3 **Statistik verbalisieren: der Grüne Anteil im Nationalrat der Schweiz**
Die Schweizer Regierung setzt sich nach dem Konsensprinzip zusammen. Das heißt, dass sich die vier größten Parteien des Landes die sieben Ministerposten teilen. Die Sozialdemokraten, die Freisinnig-Demokratische Partei und die Christlichen Demokraten halten je zwei Resorts. Die Schweizerische Volkspartei, als ehemals kleinste Partei stellt lediglich einen Minister. Diese sogenannte „Zauberformel" besteht seit 1959.

Abkürzungen
SVP = Schweizerische
  Volkspartei
SP = Sozialdemokratische
  Partei
FDP = Freisinnig-
  Demokratische Partei
CVP = Christlich
  Demokratische Volkspartei
Div. = diverse andere
  Parteien

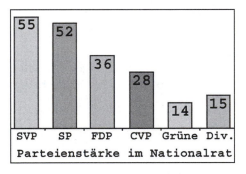

Ergebnis der Nationalratswahl in der Schweiz 2003 (Sitze)
—Quelle: Das Schweizerische Parlament, www.parlament.ch

a. Welche Parteien bilden in der Schweiz die Regierung? Betrachten Sie die Statistik und formulieren Sie ganze Sätze.

BEISPIEL: Die SVP (Schweizerische Volkspartei) hat 55 Sitze im Nationalrat.

b. Vergleichen Sie die politische Parteienlandschaft in der Schweiz mit Deutschland und Österreich. Nehmen Sie dazu die Redemittel von Seite 97 zu Hilfe.

Projektarbeit

4 **Recherchieren** Suchen Sie Fakten über die Grünen in Ihrem Land. Benutzen Sie das Internet, die Bibliothek oder andere Quellen. Vergessen Sie nicht die benutzten Quellen anzugeben. Bereiten Sie dann eine mündliche Präsentation vor. Gehen Sie auf die folgenden Fragen ein:

◇ Was sind die politischen Ziele der Grünen in Ihrem Land, in Ihrem Bundesstaat oder in Ihrer Stadt?
◇ Wie hoch ist ihr politischer Einfluss?
◇ Wie viel Prozent der Stimmen haben sie bei der letzten Wahl bekommen?

Joschka Fischer, der Liebling der Deutschen

In diesem Abschnitt lernen Sie Joschka Fischer als Person und als Politiker kennen.

Joschka Fischer

Derzeit ist Joschka Fischer deutscher Außenminister und ein sehr beliebter Politiker. Im Jahr 1982 wurde er Mitglied der Grünen.

1 **Vorwissen sammeln** Beantworten Sie gemeinsam mit Ihrem Partner/ Ihrer Partnerin die folgenden Fragen.

◇ Welche deutschen Politiker kennen Sie? Was wissen Sie über sie?
◇ Welche Grünen Politiker kennen Sie? Was wissen Sie über sie?

 2 **Joschka privat kennen lernen** Lesen Sie ein paar private Informationen über Joschka Fischer und schreiben Sie die Informationen in den Steckbrief auf Seite 107. Arbeiten Sie arbeitsteilig in Gruppen, d.h. Gruppe 1 beschäftigt sich mit seiner Familie, Gruppe 2 mit seiner Ausbildung, Gruppe 3 mit seinem Beruf, Gruppe 4 mit seinen Hobbys und Gruppe 5 mit seinen Auszeichnungen.

Joschka Fischer, der Liebling der Deutschen

Joschka Fischer mit seiner vierten Ehefrau Nicola Leske auf dem Bundespresseball 2000.

Familie

Joseph (Joschka) Martin Fischer wurde am 12. April 1948 in Gerabronn (Baden-Württemberg) geboren. Als Ungarndeutsche hatten seine Eltern
5 zuvor Budapest verlassen[1].

Joschka Fischer ist seit September 2003 von seiner vierten Ehefrau geschieden. Aus seiner zweiten Ehe hat er eine Tochter und einen Sohn.

Ausbildung

10 Joschka Fischer besuchte das Gottlieb-Daimler-Gymnasium in Stuttgart-Bad Cannstatt. Nach der 10. Klasse begann er eine Fotografenlehre[2]. Er engagierte sich in der 1968er-
15 Studentenbewegung und widmete sich[3], obwohl nie regulär an der Universität eingeschrieben[4], in Frankfurt/Main intensiv gesellschaftspolitischen Studien.

---

[1]**verlassen** weggehen   [2]**die Lehre** eine praktische Ausbildung   [3]**sich widmen** teilnehmen an, sich interessieren für
[4]**eingeschrieben** an der Universität registriert

Fischer an der Frankfurter Universität

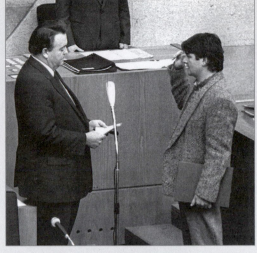

(Er trug Turnschuhe.): Fischer 1985 bei seiner Vereidigung als hessischer Umweltminister (mit Turnschuhen)

Beruf

Seinen Lebensunterhalt[5] verdiente
20 Joschka Fischer mit verschiedenen
Arbeiten, unter anderem als Buchhändler[6]. 1968–1975 beteiligte[7] er sich
als Mitglied[8] der Gruppe „Revolutio-
närer Kampf" (RK) an Demonstrationen
25 und Hausbesetzungen[9]. Eine ...
politische Heimat[10] fand Joschka Fischer
bei den neu gegründeten GRÜNEN, für
die er im März 1983 in den Bundestag
gewählt wurde. Nach dem Wahlsieg von
30 Rot-Grün bei der Bundestagswahl vom
27. September 1998 wurde Joschka
Fischer Außenminister[11] und Vize-
Bundeskanzler.*

Fischer beim Marathonlauf

---

[5]**der Lebensunterhalt** das Geld, das man zum Leben braucht   [6]**der Buchhändler** jemand, der Bücher verkauft
[7]**sich beteiligen** teilnehmen an   [8]**das Mitglied** jemand, der z.B. zu einer Partei gehört   [9]**die Hausbesetzung** Menschen leben in alten kaputten Häusern, damit diese nicht von der Stadt zerstört werden können   [10]**die Heimat** das
Zuhause   [11]**der Außenminister** z.B. Madeleine Albright, Colin Powell

*Dieser Satz wurde von den Autorinnen leicht verändert.

2002 Haifa: Fischer erhält die Ehrendoktorwürde

Hobbys

Mit Joggen und der Teilnahme an
35 Marathonläufen hält sich Joschka
Fischer fit. Im Herbst 1996 nahm er
durch sein intensives Laufen und
gesunde Ernährung 35 Kilogramm ab.
Den weltberühmten New-York-Marathon
40 bewältigte er im November 1999 in drei
Stunden und 55 Minuten.

Wenn er die Zeit dazu findet, schätzt
er auch die sanften Töne: Er ist ein
großer Fan der klassischen Musik von
45 W. A. Mozart.

In der Toskana entdeckte Fischer die
Vorzüge[12] der italienischen Küche mit
„Olivenöl, Gemüse, Salat, Fisch, ein
bisschen Fleisch"... „Es macht mir große
50 Freude, Leute einzuladen und für sie zu
kochen."

Auszeichnungen[13]

Joschka Fischer wurde unter anderem
mit dem „Prix du Trombinoscope" als
Europäer des Jahres 2001 ausgezeichnet.
55 Zudem gab im April 2002 der Deutsche
Koordinierungsrat der Gesellschaften für
Christlich-Jüdische Zusammenarbeit
bekannt, Außenminister Joschka Fischer
mit der Buber-Rosenzweig-Medaille
60 auszuzeichnen. Im Mai 2002 erhielt[14]
er die Ehrendoktorwürde[15] von der
Universität Haifa (Israel). An der Universität studieren israelische und arabische
Studentinnen und Studenten
65 gemeinsam[16].

—Quelle: BÜNDNIS 90/DIE GRÜNEN
(Bundesgeschäftsstelle),
www.joschka.de

---

[12]**der Vorzug** der Vorteil, das Positive   [13]**die Auszeichnung** ein Preis für etwas, das man gemacht hat   [14]**erhalten**
bekommen   [15]**die Ehrendoktorwürde** ein Doktortitel, den man bekommt, weil man etwas Wichtiges gemacht hat;
für diesen Doktortitel muss man keine Doktorarbeit schreiben   [16]**gemeinsam** zusammen

GESUCHT

Familie
geb. am: _____ in: _____
Familienstand: _____
Kinder: _____

Ausbildung
Schule: _____
Abitur: _____
Lehre: _____
Studium:_____

Beruf
Jobs: _____
Aktivitäten als Revolutionär: _____
heutige Position: _____

Hobbys: _____

Auszeichnungen: _____

Steckbrief: Joschka Fischer

Strukturen ◆ Perfekt

Übungsbuch
Einheit 3, Teil C

A Bilden Sie gemeinsam das Perfekt zu folgenden Verben und formulieren Sie die Regeln:

BEISPIEL:

machen: *er/sie/es hat ... gemacht*

Regel: *Die meisten Verben brauchen im Perfekt das Hilfsverb*

„haben". Die Endung des Partizips Perfekt

ist meistens -t.

1. gehen: _____

Regel: _____

_____

2. studieren: _____

Regel: _____

_____

3. bezahlen: _____

Regel: _____

_____

4. anrufen: _____

Regel: _____

_____

◇ Wann benutzt man das Perfekt?

B Bilden Sie Beispielsätze mit den vier Verben aus A.

BEISPIEL: *Ich habe mit 18 Jahren meinen Schulabschluss gemacht.*

1. _____

2. _____

3. _____

4. _____

◇ An welcher Position stehen die beiden Teile des Perfekts?

C Formen notieren Notieren Sie die Präteritum- und die Perfekt-Formen der Verben in der Tabelle. Diskutieren Sie mit Ihrem Partner/Ihrer Partnerin.

Infinitiv	Präteritum	Perfekt
geboren werden	*wurde ... geboren*	*ist ... geboren (worden)**
heiraten		*hat ... geheiratet*
(die Schule) besuchen		
(das Abitur, eine Lehre) machen		
studieren		
arbeiten		
sich an (Demonstrationen) beteiligen		
(eine Auszeichnung) bekommen		

---
*Meistens verwendet man **ist ... geboren** statt **ist ... geboren worden**.

3 Informationen versprachlichen Teilen Sie jetzt Ihren Kommilitonen/Kommilitoninnen die Informationen über Joschka Fischer, die Sie mit Ihrer Gruppe erarbeitet haben, mit. Benutzen Sie, wo es notwendig ist, das Perfekt. Vervollständigen Sie den Steckbrief mit den Informationen der anderen Gruppen.

BEISPIEL: Joschka Fischer **ist** am 12. April 1948 **geboren.** Er **hat** ...

4 Rollenspiel: ein Interview machen Für einen Tag sind Sie Joschka Fischer! Ein Journalist möchte Sie interviewen. Er hat Ihnen vorher die Fragen geschickt und Sie machen sich ein paar Notizen. Schreiben Sie Antworten auf die Fragen. Spielen Sie dann das Interview mit einem Partner/einer Partnerin.

a. „Guten Tag Herr Fischer, wir danken Ihnen dafür, dass Sie sich für uns Zeit genommen haben. Könnten Sie unseren Lesern vielleicht zuerst ein paar persönliche Informationen geben?"

_____

_____

_____

b. „Natürlich wissen viele unserer Leser das schon, aber könnten Sie trotzdem noch einmal Ihre Position zum Thema Umweltschutz erklären?"

_____

_____

c. „Ihre Partei fordert ja einen Ausstieg aus der Atomkraft. Wie, denken Sie, kann die Atomkraft ersetzt[1] werden?"

_____

_____

d. „Was ist Ihre Meinung zur Globalisierung?"

_____

_____

e. „Denken Sie, dass die Ereignisse vom 11. September 2001 langfristig[2] einen Einfluss auf die Bürgerrechte haben werden?"

_____

_____

f. „Was ist Ihre Meinung zum Thema Einwanderung?"

_____

_____

g. „Eine letzte politische Frage. Was ist Ihre Einstellung zum Thema Frauen und Arbeit?"

_____

_____

h. „Und jetzt noch eine persönliche Frage zum Schluss. Wie wir wissen, kochen Sie gern. Was ist dabei für Sie besonders wichtig?"

_____

_____

„Herr Fischer, wir danken Ihnen für dieses Gespräch."

---

[1]**etwas ersetzen** etwas anderes benutzen, das das Gleiche macht   [2]**langfristig** für eine lange Zeit in der Zukunft

D Der Traum vom grünen Auto

In diesem Abschnitt beschäftigen Sie sich mit den Fragen, was ein so genanntes „grünes Auto" ist und inwiefern es zum Umweltschutz beitragen kann.

Das grüne Auto

Anhand von drei kurzen Texten zum Thema „grünes Auto" werden verschiedene Modelle von umweltfreundlichen Autos vorgestellt.

Lesen ◆ Global- und Detailverständnis

1 **Hypothesen aufstellen** Sehen Sie sich das Bild an. Überlegen Sie, was ein „grünes Auto" sein könnte? Welche Funktionen sollte es Ihrer Meinung nach haben?

Ein grünes Auto?

2 **Ein grünes Auto designen** Entwerfen Sie in Gruppen ein „grünes Auto". Überlegen Sie, welche Umweltvorteile Ihr Auto im Gegensatz zu einem herkömmlichen Auto hat. Die Wörter und Ausdrücke im Kasten können Ihnen bei der Formulierung helfen. Präsentieren Sie Ihr Modell des „grünen Autos" im Forum.

BEISPIEL: Unser grünes Auto ist schadstoffarm und verbraucht wenig Benzin, es ist also sehr sparsam. Der Motor ist ein Elektromotor.

Wortschatz

das Benzin	emissionsfrei
die Emission	emissionsarm
sparen	verbrauchsgünstig[4]
der Motor	der Antrieb[5]
der Schadstoff[1]	die Geschwindigkeit
sparsam	das Fahrzeug[6]
schadstoffarm	der Tank
günstig[2]	der Sprit[7]
bleifreies Benzin[3]	der Verbrauch = der Spritverbrauch[8]
viel/wenig verbrauchen	umweltfreundlich
recycelbar	100km/h (*man sagt:* hundert Stundenkilometer)
	der Kraftstoff = der Treibstoff[9]

---

3 **Hypothesen aufstellen** Das erste Auto, das vorgestellt wird, ist das Hybrid-Auto. Überlegen Sie vor dem Lesen gemeinsam in der Klasse, um was für ein Auto es sich handeln könnte.

4 **Ein Modell für ein umweltfreundliches Auto kennen lernen** Überfliegen Sie den Text auf der nächsten Seite und suchen Sie alle Komposita heraus. Erklären Sie die Bedeutung der Wörter, indem Sie sie in Teile zerlegen.

---

[1] **der Schadstoff** Stoff, der nicht umweltfreundlich ist, z.B. CO_2 [2] **günstig** billig, nicht teuer [3] **bleifrei** es gibt Super, Diesel und bleifreies Benzin [4] **verbrauchsgünstig** das Auto verbraucht nicht viel Benzin [5] **der Antrieb** der Motor [6] **das Fahrzeug** das Auto, der Wagen [7] **der Sprit** das Benzin [8] **der (Sprit)Verbrauch** wie viel Benzin oder Diesel ein Auto braucht [9] **der Kraftstoff, der Treibstoff** das Benzin, der Sprit, der Diesel

Das Hybrid-Auto

Seit 2001 gibt es ein <u>weltweitgefertigtes</u> Auto mit <u>Hybridantrieb</u>, es unterschreitet[1] die Abgasnorm zu 50 Prozent, bietet solide Mittelklasse-Fahrleistungen, guten Komfort und eine interessante Antriebskombination aus zwei Motoren: einem emissionsarmen 1,5-Liter-Benziner und einem Elektromotor. Diese Kraftwerke bringen, gemeinsam oder einzeln aktiv, das viertürige Auto in 13,4 Sekunden aus dem Stand[2] auf 100km/h und sorgen dafür, dass der Wagen auch über längere Strecken mit Tempo 160 km/h gefahren werden kann. Der Gesamtverbrauchsdurchschnitt liegt bei 5,1 Liter Super bleifrei. Den Strom für den E-Motor liefert ein Generator, der den sonst üblichen Anlasser[3] sowie die Lichtmaschine ersetzt und sogar die Bremsen[4] zur Stromerzeugung[5] nutzt.

—Quelle: *Neue Osnabrücker Zeitung*, www.neue-oz.de, 28.10.2000 (adaptiert)

_____

[1]**unterschreiten** niedriger sein   [2]**das Auto in 13,4 Sekunden aus dem Stand bringen** das Auto braucht 13,4 Sekunden, um aus dem Stehen auf 100 Stundenkilometer beschleunigt zu werden   [3]**der Anlasser** damit startet das Auto   [4]**die Bremse** damit stoppt man das Auto   [5]**die Erzeugung** die Produktion

Kompositum	Erklärung
welt/weit/gefertigt	es wird auf der ganzen Welt gefertigt, produziert
Hybrid/antrieb	das Auto wird von zwei verschiedenen Motoren angetrieben
_____	_____
_____	_____
_____	_____
_____	_____
_____	_____
_____	_____

5 **Details verstehen** Lesen Sie nun den Text genauer um herauszufinden, was das Hybrid-Auto bietet. Welche Vorteile hat es? Machen Sie Notizen.

_____

_____

_____

_____

6 **Andere Modelle kennen lernen** Arbeiten Sie in Gruppen. Wählen Sie einen der zwei folgenden Texte (A oder B), die jeweils ein Modell eines umweltfreundlichen Autos beschreiben. Diesmal sind für Sie wichtige Komposita im Text unterstrichen.

◇ Versuchen Sie die Bedeutung der Komposita zu erklären oder schauen Sie im Wörterbuch bzw. Lexikon nach.
◇ Notieren Sie wieder die Vorteile, die das Auto bietet.

(A) Das 3-Liter-Auto

In Zeiten hoher Kraftstoffpreise haben so genannte Spritsparautos Hochkonjunktur. VW beispielsweise kann mit der Fertigung[1] des ersten
5 3-Liter-Autos, dem „Lupo 3L TDI", gar nicht mehr nachkommen[2]. Zurzeit ist es schwierig, ein solches Auto kurzfristig zu ordern. Doch die Frage ist: Lohnt[3] sich die Anschaffung[4] eines solchen Sprit-
10 sparers überhaupt? Denn der Spar-Lupo ist für ein Auto seiner Klasse sehr teuer. Die Basisausstattung kostet 13.691 Euro. Zum Vergleich: der günstigste „normale" Lupo kostet gerade einmal 9.402 Euro.
15 ... Und die Sache hat noch einen

Schönheitsfehler, meint zumindest der ADAC[5]. Bei praxisnahen Messungen kamen die Tester des Clubs auf einen Durchschnittsverbrauch von 4,2 Litern
20 Normalbenzin für das 3-Liter-Auto (ADAC-Fahrbericht Lupo) beziehungsweise bei einem anderen Test auf 3,8 Liter Diesel auf 100 Kilometer. Trotzdem ist der Lupo weiterhin in punkto
25 Sprit das sparsamste Serienauto der Welt, ... ähnliche Verbrauchswerte soll auch der Smart Diesel liefern; ...

—Quelle: WDR-Sendung *ServiceZeit Geld,* www.wdr.de, 12.10.2000

---

[1]**die Fertigung** die Produktion, die Herstellung [2]**man kann mit etwas nicht nachkommen** man kann etwas nicht so schnell machen, wie jemand es haben will [3]**sich lohnen** es gibt einen Vorteil [4]**die Anschaffung** der Kauf [5]**ADAC** = Allgemeiner Deutscher Automobil-Club

---

(B) Das Brennstoffzellen-Auto

Die Brennstoffzellen[1]-Technik – elementare Antwort zur Energiefrage

Die Brennstoffzelle in Verbindung mit dem Elektroantrieb – das ist das Herzstück und Antriebsprinzip unserer NECAR (New Electric Car)-Fahrzeuge
5 und des Brennstoffzellen-Sprinters. Dahinter steckt eine Technologie, die

zukunftsweisend ist: sie schont Ressourcen, weil ihr Betrieb mit alternativen bzw. regenerativen Kraftstoffen
10 funktioniert. Sie ist emissionsarm oder sogar absolut emissionsfrei – je nachdem, ob der Energieträger Methanol oder Wasserstoff[2] beteiligt ist. In der Brennstoffzelle wird Wasserstoff aus dem

---

[1]**die Brennstoffzelle** *fuel cell* [2]**der Wasserstoff** H_2

15 <u>Fahrzeugtank</u> mit Sauerstoff[3] aus der Luft <u>zusammengeführt</u>: ... Bei der kontrollierten Reaktion beider Gase entsteht <u>umweltneutraler</u> Wasserdampf[4] und elektrische Energie. ... Und damit hat

20 der Brennstoffzellen-Antrieb die besten Chancen für die Zukunft – er produziert keinerlei <u>Schadstoffe</u>, arbeitet extrem leise, komfortabel und genügsam[5]. Der regenerative Energieträger Wasserstoff

25 (bzw. Methanol) schont die Ressourcen und macht uns vom <u>Erdöl</u>[6] unabhängig.

—Quelle: www.mercedes-benz.com

---

[3]**der Sauerstoff** O_2 [4]**der Wasserdampf** gasförmiges Wasser   [5]**genügsam** braucht nicht viel   [6]**das Erdöl** im Irak und in Saudi Arabien gibt es viel Erdöl

7 **Vergleichen** Vergleichen Sie die drei Modelle. Tragen Sie die Informationen in die Tabelle ein. Versprachlichen Sie dann den Inhalt der Tabelle mit Hilfe der angegebenen Verben.

BEISPIEL: Der Antrieb des Hybrid-Autos besteht aus zwei Motoren: einem Elektromotor und einem 1,5-Liter-Benziner.

	das Hybrid-Auto	das 3-Liter-Auto	das Brennstoffzellen-Auto
Antrieb (bestehen aus)	*Elektromotor +* *1,5-Liter-Benziner*		
Emission (betragen)			
Verbrauch (sein, betragen)			
Sonstiges			

Strukturen ◆ Präpositionen mit Genitiv *während, trotz, wegen* und *statt/anstatt*

Übungsbuch
Einheit 3, Teil D

A Lesen Sie die folgenden Sätze. Welcher Kasus folgt diesen Präpositionen?

1. <u>Während</u> der letzten Jahre haben viele große Autofirmen Autos mit geringerem Verbrauch gebaut.
2. <u>Trotz</u> der Vorteile eines Autos sollte man öfter mit öffentlichen Verkehrsmitteln fahren.

3. <u>Wegen</u> der Vergrößerung des Ozonlochs müssen noch umweltfreundlichere Autos gebaut werden.

4. <u>Statt/Anstatt</u> des Autos sollte man, wenn möglich, das Fahrrad benutzen.

B Setzen Sie die vier Genitiv-Präpositionen **trotz, wegen, anstatt/statt** oder **während** ein.

1. _____ der Kombination aus Elektromotor und Benzinmotor verbraucht das Hybrid-Auto nur 5,1 Liter.

2. _____ der Kombination aus Elektromotor und Benzinmotor verbraucht das Hybrid-Auto mehr Benzin als das 3-Liter-Auto.

3. _____ Hybrid-Autos und 3-Liter-Autos sollten die Autohersteller[1] lieber serienmäßig Brennstoffzellen-Autos bauen.

4. _____ der letzten Jahre haben die Autohersteller große Fortschritte[2] auf dem Gebiet der Umwelttechnologie gemacht.

C Bilden Sie fünf eigene Sätze zum Thema umweltfreundliche Autos mit den vier Genitiv-Präpositionen **trotz, wegen, anstatt/statt** und **während**.

1. _____

2. _____

3. _____

4. _____

5. _____

Strukturen ◆ Futur

Übungsbuch
Einheit 3, Teil D

Zukunftsprognosen Lesen Sie die folgenden Prognosen. Unterstreichen Sie das Futur.

1. Die modernen Autos werden bald ganz ohne Benzin fahren.
2. Im Jahr 2010 wird das Benzin 3 Euro pro Liter kosten!
3. Die Grünen werden in der Zukunft immer mehr Wählerstimmen bekommen, weil „grünes" Denken wichtig ist.

◆ Aus wie vielen Teilen besteht das Futur? Aus welchen?
◆ An welchen Positionen stehen diese Teile?
◆ Stellen Sie die Regel grafisch dar.

---

[1]**der Hersteller** der Produzent   [2]**der Fortschritt** der Progress

Bilden Sie jetzt Ihre eigenen Zukunftsprognosen. Schreiben Sie fünf Sätze im Futur.

1. _____

2. _____

3. _____

4. _____

5. _____

Zusammenfassung

Internet

1 **Referate halten** Die Grünen erwähnen immer wieder erneuerbare Energien wie Windenergie, Wasserkraft und Solarzellen. Suchen Sie im Internet zu diesen Themen Informationen und halten Sie ein Referat darüber. Beschreiben Sie die Situation in Deutschland und in Ihrem Land. Gehen Sie auf die folgenden Fragen ein.

1. Welche Anbieter[1] gibt es?
2. Wie hoch sind die Kosten?
3. Welche Anreize[2] gibt es?
4. Wie viel Prozent des Stroms wird „alternativ" produziert?

Strategien – Referate halten

- ◇ Berichten Sie in Ihren eigenen Worten! Formulieren Sie die Informationen so, dass Ihre Kommilitonen/Kommilitoninnen sie verstehen können.
- ◇ Schreiben Sie eine Wortschatzliste und geben Sie diese Ihren Kommilitonen/Kommilitoninnen, bevor Sie mit dem Referat beginnen.
- ◇ Lesen Sie Ihre Notizen nicht vor! Sie können sich ruhig Notizen machen. Halten Sie Ihr Referat aber frei, da es für Ihre Kommilitonen/ Kommilitoninnen sehr langweilig ist, wenn Sie vorlesen.
- ◇ Benutzen Sie Medien für Ihr Referat, z.B. Bilder, Overhead-Folien, Dias, Video, usw.
- ◇ Sie können nicht alle Informationen, die Sie finden, im Kurs berichten. Wählen Sie wichtige, interessante Informationen aus.
- ◇ Denken Sie darüber nach, ob Sie Ihr Referat interessant finden würden, wenn Sie zuhören müssten.

---

[1]**der Anbieter** der Hersteller, Produzent   [2]**der Anreiz** die Motivation

2 **Rollenspiel: An einer Diskussionsrunde teilnehmen** Einige Regionalpolitiker der Grünen haben zu einer Diskussionsrunde in eine Kneipe eingeladen, um über das Thema Umweltschutz zu diskutieren. Sie wollen dafür sorgen, dass die CO_2-Emission gesenkt wird und sie wollen wissen, was die Meinung der Bürger dazu ist. Da die Leute ganz unterschiedliche Meinungen haben, kommt es zu einer heftigen[1] Diskussion. Sie nehmen an dieser Diskussionsrunde teil.

Sie: _____

_____

[1]**heftig** stark

a. Vorbereitung auf die Diskussion Lesen Sie in den Abbildungen auf Seite 118, wie die Teilnehmer denken und suchen Sie sich eine Rolle aus. Sie können auch Ihre eigene Meinung (leere Sprechblase) haben. Jeder Student/jede Studentin übernimmt eine Rolle. Machen Sie sich für Ihre Rolle Notizen. Schreiben Sie Gründe für Ihre Meinung auf. Suchen Sie Argumente für Ihren Vorschlag.

b. Diskussion Diskutieren Sie im Kurs. Der Kasten mit argumentativen Redemitteln hilft Ihnen.

Argumentative Redemittel

Ich bin der Meinung, dass ...   Das sehe ich völlig anders.
Meiner Meinung nach ...   Wie meinen Sie das?
Ich denke, dass ...   Sind Sie da ganz sicher?
Da bin ich anderer Meinung.   Sie haben Recht, aber ...

---

3 **Einen Aufsatz schreiben** Suchen Sie sich ein Thema aus und schreiben Sie einen Aufsatz darüber.

a. **Die Grünen: eine Zukunftsvision**
   Schreiben Sie im Futur. Stellen Sie sich vor, die Grünen in Deutschland, Österreich oder der Schweiz bekommen bei der nächsten Wahl 40% der Stimmen. Was wird passieren? Was werden sie machen?*

b. **Die Grünen in meinem Land**
   Beschreiben Sie die Grünen in Ihrem Land. Vergleichen Sie sie mit den Grünen in Deutschland, Österreich oder der Schweiz.

c. **Die Grünen in meiner Stadt**
   Beschreiben Sie Ziele und Politik der Grünen in Ihrer Stadt oder in Ihrem Bundesstaat.

Wichtig! Ihr Aufsatz sollte drei Teile haben:

◇ Einleitung: Hier erklären Sie kurz das Thema und den Aufbau Ihres Aufsatzes.
◇ Hauptteil: Hier diskutieren Sie das Thema.
◇ Schluss: Hier fassen Sie das Ergebnis noch einmal kurz zusammen und bewerten es.

---

*Oft wird statt des Futurs mit **werden** auch einfach das Präsens gebraucht, und zwar dann, wenn durch eine Zeitangabe (z.B. in zwei Jahren, morgen, 2010, ...) ausgedrückt wird, dass es sich um eine Aktivität in der Zukunft handelt. Lesen Sie auch die Erklärung im Übungsbuch.

Grundwortschatz

Verben

aus•steigen: er/sie/es steigt ... aus, stieg ... aus, ist ... ausgestiegen
begrenzen: er/sie/es begrenzt, begrenzte, hat ... begrenzt
entsorgen: er/sie/es entsorgt, entsorgte, hat ... entsorgt
erhöhen: er/sie/es erhöht, erhöhte, hat ... erhöht
recyceln: er/sie/es recycelt, recycelte, hat ... recycelt
sortieren: er/sie/es sortiert, sortierte, hat ... sortiert
sparen: er/sie/es spart, sparte, hat ... gespart
trennen: er/sie/es trennt, trennte, hat ... getrennt
verbessern: er/sie/es verbessert, verbesserte, hat ... verbessert
vermeiden: er/sie/es vermeidet, vermied, hat ... vermieden
vermindern: er/sie/es vermindert, verminderte, hat ... vermindert
verschwenden: er/sie/es verschwendet, verschwendete, hat ...
    verschwendet
wieder verwerten: er/sie/es verwertet ... wieder, verwertete ... wieder,
    hat ... wieder verwertet

Nomen

der Abfall
das Altpapier
die Atomkraft
das Benzin
die Emission, -en
die Energieverschwendung
die Entsorgung
das Fahrzeug, -e
der Motor, -en
der Müll
die Ökologie

die Partei, -en
das Recycling
der Restmüll
der Schadstoff, -e
die Umwelt
der Umweltschutz
der Verkehr
die Verpackung, -en
   die Mehrwegverpackung
   die Einwegverpackung
die Wiederverwertung

Adjektive und Adverbien

bleifrei
ökologisch
politisch
recycelbar

schadstoffarm
umweltbewusst
umweltfreundlich

Andere Ausdrücke

die öffentlichen Verkehrsmittel

Planet Germany

Deutschland, ein Einwanderungsland?

Türkische Mädchen vor dem Brandenburger Tor

Abschnitte

A Migration
B Deutschsein und Fremdsein
C Einwanderung und Einbürgerung
D Film: *Schwarzfahrer* von Pepe Danquart

Texte

- Meinungen über die Deutschen (Auszüge aus einem Zeitschriftenartikel)
- Aziza-A: Es ist Zeit (Hip-Hop)
- Junge Ausländer in Deutschland: Was denken Sie? (Zitate)
- Wladimir Kaminer: Auszug aus *Russendisko* (Erzählsammlung)
- Wladimir Kaminer (Interview)

Statistik

- Ausländische Bevölkerung in Deutschland nach Geburtsland

Film

- Pepe Danquart: *Schwarzfahrer*, 1993

Internet-Aktivitäten

- Einbürgerung in Deutschland und im eigenen Land
- Wladimir Kaminers *Russendisko*
- „Berühmte" Ausländer

Sprachliche Strukturen

- Infinitiv mit **zu**
- Konjunktiv II: Irrealis
- Modalverben
- **bekommen** versus **werden**
- Infinitiv ohne **zu**

In dieser Einheit

In Deutschland leben zurzeit circa 7,3 Millionen Menschen, die keinen deutschen Pass haben. Das sind fast 9% der Gesamtbevölkerung. Einwanderung[1] ist ein viel diskutiertes Thema in Deutschland.

---

[1]**die Einwanderung** die Immigration

123

Einstimmung auf das Thema

Erfahrungen und Vorwissen zum Thema

 1 **Ein Gruppengespräch führen** Arbeiten Sie in Gruppen. Sprechen Sie über folgende Fragen.

- ◇ Die USA und Kanada sind Einwanderungsländer. Was denken Sie, warum möchten Ausländer in die USA oder nach Kanada immigrieren?
- ◇ Die meisten nordamerikanischen Familien sind irgendwann selbst in die USA oder nach Kanada eingewandert, manche vor kurzem, bei anderen sind schon die Großeltern oder die Urgroßeltern immigriert. Ist Ihre Familie eingewandert? Wenn ja, warum? Woher? Wann ist sie ausgewandert?
- ◇ Viele Menschen würden gern in den USA oder Kanada leben und arbeiten, aber nicht alle dürfen das. Welche Bedingungen müssen erfüllt sein? Kennen Sie die Gesetze?
- ◇ Manchmal möchten Einwanderungsländer, dass Ausländer ins Land kommen. Warum?
- ◇ Auch in Deutschland leben viele Ausländer. Können Sie sich vorstellen, aus welchen Gründen Ausländer nach Deutschland kommen?
- ◇ Könnten Sie sich vorstellen, in Deutschland, Österreich oder der deutschsprachigen Schweiz zu leben?

2 **Vorwissen sammeln** Tragen Sie Ihr Vorwissen im Plenum zusammen. Was wissen Sie über Ausländer in Deutschland, Österreich oder der Schweiz?

- ◇ Wie viele Ausländer leben dort?
- ◇ Welche Gruppe ist die größte?
- ◇ Woher kommen sie?
- ◇ Warum leben sie dort?

Türkischer Supermarkt in Berlin

A Migration

In diesem Abschnitt werden Sie Hintergrundwissen über die Themen Einwanderung und multikulturelle Gesellschaft bekommen. Sie befassen sich unter anderem mit dem Begriff Gastarbeiter und der ausländischen Bevölkerung in Deutschland und was sie über die Deutschen denkt.

Hintergrundwissen

1 **Das Wort „Gast" definieren** Die meisten Menschen bekommen gern Gäste. Definieren Sie den Begriff *Gast*.

_____

_____

_____

_____

Übungsbuch
Einheit 4, Teil A

2 **Chronologisch ordnen** Die Sätze der folgenden Chronologie sind in der falschen Reihenfolge. Bringen Sie sie in die richtige Reihenfolge, indem Sie sie von 1–8 durchnummerieren.

____ Deutschland ist heute eine multikulturelle Gesellschaft.

____ Durch den Marshall-Plan begann Mitte der 50er Jahre in Deutschland das Wirtschaftswunder: der größte Aufschwung[1] in der Geschichte des Landes.

____ Zur Lösung dieses Problems fing die Bundesregierung 1955 an, Gastarbeiter aus den Mittelmeerländern anzuwerben[2]: aus Italien, Spanien, Griechenland, Marokko, Portugal, Tunesien, dem ehemaligen Jugoslawien und der Türkei.

____ Gründe dafür waren die geburtenschwachen Nachkriegsjahrgänge*, der Aufbau[3] der Bundeswehr[4] im Jahre 1955 und der Bau der Berliner Mauer 1961, da nun keine Arbeiter mehr aus der DDR[5] und Osteuropa kommen konnten.

_1_ 1949 nahmen die USA Westdeutschland in den Marshallplan auf.

____ Die Gastarbeiter sollten für ein paar Jahre in Deutschland arbeiten und danach wieder zurück in ihre Heimat gehen.

____ Nachdem die Gastarbeiter 10–20 Jahre in Deutschland gelebt hatten, wollten viele von ihnen nicht mehr in ihre Heimat zurückkehren und sind in Deutschland geblieben.

____ Dieser Aufschwung erforderte[6] Arbeitskräfte, von denen es aber im Nachkriegsdeutschland nicht genug gab.

---

[1]**der Aufschwung** der Boom, die Konjunktur   [2]**anwerben** Arbeit anbieten/geben, einstellen   [3]**der Aufbau** der Start, der Beginn   [4]**die Bundeswehr** die deutsche Armee   [5]**die DDR** die Deutsche Demokratische Republik   [6]**erfordern** brauchen

*Während und nach dem Ersten Weltkrieg sind weniger Kinder geboren worden. Deshalb werden die Jahre nach dem Ersten Weltkrieg als „geburtenschwach" bezeichnet

Strukturen ◆ Infinitiv mit *zu*

Übungsbuch
Einheit 4, Teil A

A Jeder der folgenden Beispielsätze hat einen Infinitiv mit **zu.**
Lesen Sie die Sätze und achten Sie auf die Stellung von **zu.**

1949 begannen die USA Deutschland im Rahmen des Marshallplans
finanziell <u>zu</u> unterstützen.
Sie hofften, die deutsche Wirtschaft stimulieren <u>zu</u> können.
Sie hatten die Absicht, eine starke Wirtschaft auf<u>zu</u>bauen.

Beschreiben Sie die Position des Wortes **zu.**

_____

_____

_____

B Nun beenden Sie die folgenden Sätze mit einem Infinitiv mit **zu.**
Benutzen Sie dazu die Wörter im Kasten.

---

in die Heimat zurückkehren   wachsen

in Deutschland arbeiten

Gastarbeiter anwerben   genug Arbeitskräfte finden

---

1. Deshalb fing die Wirtschaft an _____

2. Jetzt hatte Deutschland Probleme _____

3. Deshalb war es notwendig, _____

4. Sie erlaubten den Gastarbeitern, für eine begrenzte[1] Zeit _____

   _____

5. Als die Gastarbeiter 10–20 Jahre in Deutschland gelebt hatten, hatten

   sie nicht mehr vor[2] _____

_____

[1]**begrenzt** limitiert   [2]**vorhaben** planen

3 **Fragen zum Thema beantworten** Besprechen Sie mit Ihrem
Partner/Ihrer Partnerin die folgenden Fragen.

◇ Auf Seite 126 haben Sie den Begriff *Gast* definiert. Versuchen Sie
nun, das Wort *Gastarbeiter* zu erklären.
◇ Das Wort *Gastarbeiter* ist heute nicht mehr sinnvoll. Warum nicht?

4 **Statistik versprachlichen: Ausländische Bevölkerung in Deutschland**
Sehen Sie sich die Tabelle des Statistischen Bundesamtes an. Greifen Sie einen Aspekt heraus, den Sie besonders interessant finden und verbalisieren Sie ihn. Vermuten Sie auch, warum Leute dieser Nationalitäten in Deutschland sind; begründen Sie Ihre Meinung. Vergleichen Sie die Zahlen auch mit Ihrem Land.

BEISPIEL: Ich finde es interessant, dass so viele Türken in Deutschland leben. Sie sind vermutlich ehemalige Gastarbeiter. Bei uns gibt es nicht so viele Türken.

Redemittel

Besonders interessant finde ich, dass ...
Es überrascht/erstaunt mich, dass ...
Ich finde (es) besonders interessant/ überraschend,
    dass ...
Ich hätte nicht gedacht, dass ...
Was ich nicht verstehe ist, dass/ warum/...

Wortschatz

Angestellte von ausländischen Firmen
Asylanten
Flüchtlinge
aus beruflichen Gründen
ehemalige Gastarbeiter
Mitarbeiter (von) einer europäischen Institution
Studenten
Wissenschaftler

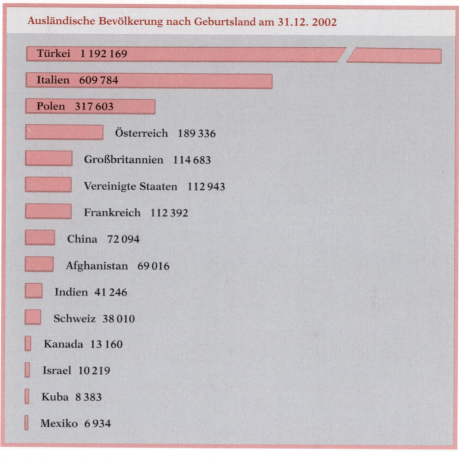

Ausländische Bevölkerung nach Geburtsland am 31.12. 2002

Türkei   1 192 169

Italien   609 784

Polen   317 603

Österreich   189 336

Großbritannien   114 683

Vereinigte Staaten   112 943

Frankreich   112 392

China   72 094

Afghanistan   69 016

Indien   41 246

Schweiz   38 010

Kanada   13 160

Israel   10 219

Kuba   8 383

Mexiko   6 934

Ausländische Bevölkerung in Deutschland nach Geburtsland am 31.12.2002*

—Quelle: Statistisches Bundesamt

Deutschlandbild: So sehen Ausländer die Deutschen

1 **Meinung äußern** Beantworten Sie für sich selbst die Fragen unten. Auch wenn Sie noch nie in Deutschland waren, fällt Ihnen sicher etwas ein.

◇ Was ist gut an Deutschland?
◇ Was ist schlecht an Deutschland?

*Es wurde eine Auswahl getroffen, da nicht alle 191 Staaten aufgelistet werden können.

Lesen ◆ Globalverständnis

2 **Andere Meinungen kennen lernen** Was denken die Ausländer über die Deutschen? Lesen Sie jetzt, was vier Ausländer, die in Deutschland leben, über die Deutschen sagen.

◇ Wie finden Sie die Meinungen? Denken Sie auch so?
◇ Vermuten Sie, warum die Leute hier sind.

Wie sehen Ausländer die Deutschen?

Murhan Demirowski, 25, Elektroinstallateur aus Mazedonien, seit 1991 in Deutschland: Gut an Deutschland ist, „dass alles so ordentlich und fast umwelt-
5 freundlich ist". Schlecht an den Deutschen sind „die Bürokratie und der große Arbeitsdrang".

Carmen Alvarez-Gallero, 72, Rentnerin aus Spanien, seit 1961 in Deutschland:
10 Gut an Deutschland ist „die Hilfsbereitschaft". Schlecht an den Deutschen ist „das schlechte Wetter. Die Menschen aber sind überall gleich".

Daniela Goldman, 27, Grafikdesignerin
15 aus Argentinien, seit 1997 in Deutschland: Gut an Deutschland ist, „dass man überall Natur findet, selbst in der Großstadt". Schlecht an den Deutschen ist „ihr Mangel an Spontaneität".

20 **Rodrigo Patricio Barros-Medina,** 34, Künstler aus Chile, seit 1993 in Deutschland: Gut an Deutschland sind „die Ausländer, die internationale Kultur". Schlecht an den Deutschen ist „vor allem
25 ihr Provinzialismus".

—Quelle: *SPIEGEL reporter,*
Nr. 2/Februar 2000

Strukturen ◆ Konjunktiv II im Präsens

Gebrauch Den Konjunktiv II benutzt man vor allem, wenn man über irreale Situationen spricht. Ein Beispiel dazu sind Konditionalsätze, die mit **wenn** beginnen.

Formen In der gesprochenen Sprache verwendet man mit den meisten Verben heute die Konstruktion **würde** + Infinitiv statt der Konjunktiv II-Form. Man nennt diese Form auch die Konditionalform.

> Wenn ich in Deutschland <u>wohnen würde</u>, <u>würde</u> ich mit dem Fahrrad zur Uni <u>fahren</u>.

In der geschriebenen Sprache wird oft die Konjunktiv II-Form des Verbs verwendet. Bei einigen Verben kann man diese Form auch mündlich benutzen. Hier ist eine Liste von Verben, die auch beim Sprechen in der Konjunktiv II-Form verwendet werden können.

Infinitiv	Konjunktiv II	Infinitiv	Konjunktiv II
haben	ich hätte	bleiben	ich bliebe
sein	ich wäre	brauchen	ich brauchte
werden	ich würde	geben	ich gäbe
dürfen	ich dürfte	gehen	ich ginge
können	ich könnte	kommen	ich käme
müssen	ich müsste	lassen	ich ließe
sollen	ich sollte	nehmen	ich nähme
wollen	ich wollte	wissen	ich wüsste

A Setzen Sie die Formen ein.

Wenn ich in Deutschland <u>leben</u> 1 <u>würde</u> 2 (leben), _____3 (sein)
mein Leben ganz anders. Ich _____4 jeden Tag Deutsch _____5
(sprechen) und Brot zum Frühstück _____6 (essen). Ich _____7
(haben) wahrscheinlich Deutschunterricht, damit ich besser Deutsch
sprechen _____8 (können). Ich _____9 (müssen) meinen Müll trennen
und _____10 alle Hollywood-Filme auf Deutsch _____11 (sehen). Ich
_____12 (dürfen) Alkohol trinken und _____13 wahrscheinlich jeden
Tag Fahrrad _____14 (fahren), weil alle Schüler und Studenten das so
machen. Ich _____15 auch viel länger _____16 (schlafen), weil ich
immer erst um 12 Uhr zur Uni _____17 (gehen). Außerdem _____18
(brauchen) ich für die Universität nicht zu bezahlen.

B Bilden Sie mindestens drei eigene **wenn**-Sätze.

BEISPIEL: Wenn ich in der Schweiz leben würde, hätte ich
Schwierigkeiten, die Sprache zu verstehen.

_____

_____

_____

_____

_____

_____

3 **Könnten Sie sich vorstellen, ...** Beantworten Sie die Fragen
zunächst allein. Benutzen Sie für Ihre Antwort den Konjunktiv II.
Tauschen Sie sich dann mit Ihren Kommilitonen/Kommilitoninnen aus.

◇ Könnten Sie sich vorstellen, im Ausland zu leben?
◇ Aus welchem Grund würden Sie ins Ausland gehen?
◇ Wohin würden Sie gehen, wenn Sie wählen könnten? Warum?

B Deutschsein und Fremdsein

In diesem Abschnitt werden Sie einen deutsch-türkischen Hip-Hop-Song
hören. Sie befassen sich mit der Frage des Fremdseins und der Identität
und lesen Zitate von jungen Ausländern in Deutschland, die sich zum
Thema Deutschland und den Deutschen äußern.

„Es ist Zeit" von Aziza-A

Zur Person Die 1971 in Berlin geborene Aziza-A ist die erste deutsch-türkische Rapperin und Hip-Hop-Musikerin. Sie hat den „Oriental Hip-Hop", ihren eigenen musikalischen Stil, entwickelt, der traditionelle türkische Elemente mit purem Hip-Hop verbindet. Sie rappt zweisprachig auf Türkisch und Deutsch über Probleme der Migration und die Situation von modernen Türkinnen der „zweiten Generation" in Deutschland, versteht sich aber nicht als Feministin. 1997 ist ihre CD mit der Hit-Single „Es ist Zeit" erschienen. Sie hat eine Fernsehshow moderiert und präsentiert eine eigene Radiosendung. Aziza-A lebt in Berlin-Kreuzberg.

Deutsch-türkische Rapperin Aziza-A

1 **Begriff klären** Erklären Sie das Wort *fremd*. Was bedeutet es Ihrer Meinung nach, fremd zu sein? Haben Sie sich schon einmal irgendwo fremd gefühlt? Führen Sie ein Gespräch mit Ihrem Partner/Ihrer Partnerin.

2 **Liedtext vervollständigen** Unten finden Sie den Text des Liedes „Es ist Zeit" von Aziza-A. Vervollständigen Sie zunächst den Liedtext mit den Wörtern aus dem Kasten. (Der Refrain lautet „Daracik, daracik sokaklar kizlar misket yuvarlar" und ist aus einem türkischen Volkslied übersetzt: „Enge, enge Gassen[1], in denen Mädchen Murmeln[2] spielen".)

~~braune~~	Haar	schweigsam[4]
Angst	Kulturen	selbständig
denk'	Mann	Unterschied (2x)
festhalten	Mund	vermischt
Finger	Pflicht[3]	Wind
Freiheit	richtig	wollen
Gewicht		

Es ist Zeit

von Aziza-A

Ich habe <u>braune</u> Augen, habe schwarzes _____.

Und komm aus einem Land wo der _____ über der Frau steht

und dort nicht wie hier ein ganz anderer _____ weht!

In den zwei _____, in denen ich aufgewachsen bin,

5 ziehen meine lieben Schwestern meist den kürzeren

weil nicht nur die zwei Kulturen aufeinander krachen[1],

weil auch Väter über ihre Töchter wachen:

„Du bist die Ehre der Familie, klar, gehorsam[2], _____,

wie deine Mutter auch mal war."

———————
[1]**aufeinander krachen** nicht die gleiche Meinung haben; sich streiten   [2]**gehorsam** wenn jemand macht, was man ihm/ihr sagt

———————
[1]**die Gasse** eine enge Straße   [2]**die Murmel** ein sehr kleiner Glasball; Kinder spielen damit
[3]**die Pflicht** das, was man tun muss   [4]**schweigsam** jemand, der nicht viel spricht, ist schweigsam; ruhig, still

10 So ein Mist, du hast _____, kein Ast[3],

an dem du dich _____ kannst, ist in Sicht …

Du überlegst: ist es meine _____,

das Leben meiner Eltern so zu leben, wie sie es bestreben[4]?

Mit Autorität mir meinen _____ zukleben!

15 Ja, ja, nun ich nehme mir die _____!

AZIZA-A tut das, was sie für _____ hält,

auch wenn sie aus den Augen der ganzen Sippe[5] fällt

und niemand sie zu den gehorsamen Frauen zählt!

Ist es mir egal, ich muß sagen, was ich _____, und zwar …

20 Frau, Mutter, Mädchen oder Kind,

egal aus welchem Land sie kamen: jeder ein Mensch,

der _____ denken kann, verstehst du Mann!

Sah und sehe, was geschieht[6]: nämlich nichts, kein _____!

Es ist Zeit, steht auf! Angesicht[7] zu Angesicht,

25 erkennt: wir haben das _____!

Mit Hip-Hop _____,

erwischt[8] meine Stimme auch die Ohren derer,

die ihre dicken _____ in ihre Ohren bohren.

Nichts sehen, nicht hören _____, wie die drei Affen,

30 nur mit einem _____:

sie reden, ohne zu wissen, was in uns geschieht!!!

◆ Der vollständige Liedtext befindet sich im Anhang des Buches.

---

[3]**der Ast** Teil von einem Baum; ein Baum hat viele davon; daran sind die Blätter; Zweig [4]**bestreben** wollen [5]**die Sippe** die Familie [6]**geschehen** passieren [7]**das Angesicht** das Gesicht [8]**erwischen** *hier:* den Weg finden zu etwas

Das Lied befindet sich auf der *Anders gedacht Instructor's Audio CD.*

Übungsbuch Einheit 4, Teil B

Erinnern Sie sich: Ein Modalverb hat meistens einen Infinitiv bei sich.

③ Lied hören Hören Sie jetzt zum Vergleich die Musik von Aziza-A.

④ Fragen zum Liedtext diskutieren Beantworten Sie die Fragen zum Text schriftlich, bevor Sie im Kurs darüber diskutieren. Viele Ihrer Antworten werden ein Modalverb enthalten. Besprechen Sie die Regeln für Modalverben im Kurs.

BEISPIEL: Aziza-A <u>will</u> mit dem Lied etwas <u>kritisieren</u>.

a. Was will Aziza-A mit dem Lied sagen?

_____

_____

b. Wen möchte sie mit diesem Lied ansprechen?

_____

_____

c. Was sollen die türkischen Frauen ihrer Meinung nach tun?

_____

_____

d. Aziza-A vergleicht die zwei Kulturen, in denen sie aufgewachsen ist, miteinander. Was darf man in der einen Kultur nicht machen, in der anderen aber schon? Was muss man in der einen Kultur tun, in der anderen aber nicht?

_____

_____

e. Wie beschreibt Aziza-A sich selbst?

_____

_____

f. Was kann diese Art von Musik bewirken?

_____

_____

Junge Ausländer in Deutschland: Was denken sie?

① Lesen: Globalverständnis Lesen Sie die folgenden Aussagen von jungen Leuten, die aus einer nichtdeutschen Kultur kommen, aber schon seit einiger Zeit in Deutschland leben bzw. auch in Deutschland zur Schule gehen. Diskutieren Sie die Aussagen, die Ihnen besonders interessant erscheinen, im Plenum.

Junge Ausländer zitiert

CANAN: „Ich verstehe den Ärger darüber, dass Türken, obwohl sie seit Jahrzehnten hier leben, sich nicht integrieren und immer noch kein Deutsch können. Allerdings liefere ich sofort eine Rechtfertigung[1]: Die Türken identifizieren sich nicht mit dem Land, in dem
5 sie Pflichten, aber keinerlei politische Rechte haben." (Canan ist in der Türkei geboren und lebt seit 26 Jahren in Deutschland.)

TRAN: „Mein Ideal? Frei denken wie eine Deutsche und sich höflich benehmen wie eine Vietnamesin." (Tran ist in Vietnam geboren.)

FARID: „Der Unterschied zwischen Deutschen und Ausländern ist
10 künstlich[2]." (Farid ist in Iran geboren.)

TAMER: „Wenn du eine bestimmte Kultur hast, dann brauchste doch kein Land... . Immer wenn ich das Wort [Integration] höre, raste ich voll aus[3]... . Anpassen[4] heißt eben, dass sie genauso einen Lebensstil haben wie die Deutschen. Das geht nicht so." (Tamer ist
15 in der Türkei geboren.)

TINO: „Ich sitze irgendwie auf zwei Stühlen... Ich bin ein Multikulti! Ich sehe das Ganze wie einen Marktplatz. Es gibt lauter verschiedene Stände, und jeder bietet etwas anderes an." (Tino ist in Deutschland geboren, seine Eltern kamen vor 30 Jahren aus Italien.)

20 ALI: „Ich wünsche mir, dass Menschen nach ihrem Charakter beurteilt[5] werden, statt nach ihrer Herkunft[6]." (Ali ist in Deutschland geboren, seine Eltern sind in der Türkei geboren.)

—Quelle: *PZ Politische Zeitschrift,*
Nr. 102, Juni 2000

---

[1]**die Rechtfertigung** Erklärung   [2]**künstlich** nicht echt   [3]**ausrasten** böse, wütend werden   [4]**anpassen** adaptieren   [5]**beurteilen** denken über; sagen, ob etwas gut oder schlecht ist   [6]**die Herkunft** woher man kommt

2 Begriffe klären: Integration versus Assimilation Besprechen Sie mit Ihren Kommilitonen/Kommilitoninnen die Begriffe **Integration** und **Assimilation.** Was ist Ihrer Meinung nach der Unterschied? Nachdem Sie Ihre Meinung besprochen haben, lesen Sie die Definitionen unten.

◇ **Integration** ist die Aufnahme ausländischer Bürger in die Gesellschaft, ohne dass sie ihre nationale und kulturelle Eigenständigkeit aufgeben müssen.

◇ Von **Assimilation** spricht man, wenn Sprache und Kultur des Herkunftslandes allmählich verloren gehen.

Einwanderung und Einbürgerung

In diesem Abschnitt erfahren Sie, wie sich das Einwanderungsgesetz in Deutschland seit dem 1. Januar 2000 geändert hat und vergleichen es mit dem Gesetz in Ihrem Land. Sie werden auch einen Auszug aus dem Roman *Russendisko* von Wladimir Kaminer lesen.

Gesetzlicher Hintergrund: *Ius sanguinis* vs. *Ius soli*

Hinführung zum Thema Bis Ende 1999 galt[1] in Deutschland das *Ius sanguinis*[2], das Abstammungsrecht. Das heißt, dass nur Deutscher war, wer eine deutsche Familie hatte. Für Ausländer war es sehr schwer, einen deutschen Pass zu bekommen. Auch in Deutschland geborene Kinder von Ausländern waren Ausländer. Seit dem 1.1.2000 gibt es ein neues Einbürgerungsgesetz, das das Abstammungsprinzip um das Geburtsrecht, das *Ius soli*[3], ergänzt. Das heißt, dass in Deutschland geborene Kinder von Ausländern leicht deutsche Staatsbürger werden können. Aber auch hierfür müssen bestimmte Bedingungen erfüllt sein. Auch für erwachsene Ausländer ist es leichter geworden, die deutsche Staatsangehörigkeit zu bekommen.

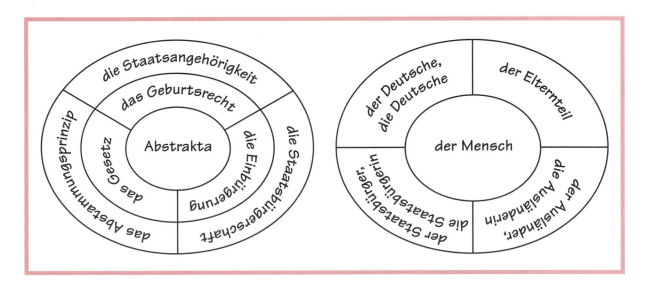

---

[1]**galt** *Präteritum von* gelten: gültig sein [2]**Ius sanguinis** *Latein* **ius**: das Recht, **sanguis**: das Blut; Blutsrecht [3]**Ius soli** *Latein* **solum**: der Boden, die Erde, das Land; Landesrecht

1 **Wortschatz** Lesen Sie die Wortfelder auf Seite 138 und setzen Sie die richtigen Wörter ein. Sie brauchen nicht alle Wörter aus dem Wortfeld.

Bis 1999 galt in Deutschland das <u>Abstammungsprinzip</u>[1], das heißt, dass man nur Deutscher oder Deutsche werden konnte, wenn mindestens ein _____[2] deutsch war. Kinder von ausländischen Eltern, die in Deutschland geboren waren, waren _____[3]. Es war sehr schwierig, die deutsche _____[4] zu bekommen. Das neue _____[5] ergänzt das Abstammungsprinzip um das _____[6], das heißt, Kinder, die in Deutschland geboren sind, können leichter _____[7] werden. Auch für Erwachsene ist es leichter geworden, deutsche _____[8] zu werden und einen deutschen Pass zu bekommen. Die _____[9] kostet allerdings Geld und man muss bestimmte Bedingungen erfüllen.

Übungsbuch
Einheit 4, Teil C

Strukturen ◆ bekommen versus werden

Das Verb **bekommen** benutzt man im Deutschen z.B. in folgenden Zusammenhängen: eine Note, ein Geschenk, Angst, einen Sonnenbrand, Kopfschmerzen bekommen.

Das Verb **werden** benutzt man auf Deutsch, wenn man eine Veränderung ausdrücken will, z.B. deutscher Staatsbürger, Mitglied, alt, gesund werden.

→ Setzen Sie **bekommen** oder **werden** ein.

1. Vor dem 1. Januar 2000 war es sehr schwierig, Deutscher zu _____.

2. Es war nicht leicht, einen deutschen Pass zu _____.

3. Jetzt können Ausländer leichter deutsche Staatsbürger _____ und die deutsche Staatsbürgerschaft _____.

4. Ist es schwierig, amerikanischer Staatsbürger zu _____?

5. _____ Ausländer leicht einen amerikanischen Pass?

6. Und eine Arbeitserlaubnis? Ist es leicht, sie zu _____?

Gehen Sie zur
Houghton Mifflin
College Website
unter http://college.hmco.
com/languages/german/
students/ und klicken Sie
auf *Anders gedacht* im
Dropdown-Menu
Intermediate German.

Übungsbuch
Einheit 4, Teil C

2 **Mit dem Internet arbeiten** Suchen Sie im Internet die Antworten auf die folgenden Fragen in Bezug auf Deutschland. Schreiben Sie die Antworten in die linke Spalte der Tabelle. Die rechte Spalte (Ihr Land) brauchen Sie später, tragen Sie dort noch nichts ein. Benutzen Sie Ihre eigenen Worte. Schreiben Sie also *nicht* den genauen Text vom Internet ab! Formulieren Sie mit Modalverben, wo möglich. Berichten Sie dann im Kurs.

Deutschland   **Ihr Land**

a. Unter welchen Bedingungen können Ausländer Staatsbürger werden?

_____   _____

_____   _____

_____   _____

_____   _____

b. Welche Staatsangehörigkeit haben in Deutschland/Ihrem Land geborene Kinder von Ausländern?

_____   _____

_____   _____

_____   _____

_____   _____

c. Ist die doppelte Staatsbürgerschaft erlaubt? Unter welchen Bedingungen?

_____   _____

_____   _____

_____   _____

_____   _____

d. Was halten Sie von diesem Gesetz?

3 **Mit Ihrem Land vergleichen** Vergleichen Sie das deutsche Gesetz mit den Gesetzen in Ihrem Land. Suchen Sie wieder Informationen im Internet und beantworten Sie die Fragen oben für Ihr Land. Schreiben Sie die Antworten in die rechte Spalte der Tabelle in Aufgabe 2. Berichten Sie dann im Plenum.

Wladimir Kaminer

Lesen ◆ Globalverständnis

Zur Person Lesen Sie die folgenden Informationen über den deutsch-russischen Schriftsteller Wladimir Kaminer.

1 **Fragen zur Person beantworten** Lesen Sie zunächst die Fragen und dann den Text. Beantworten Sie anschließend die Fragen.

- ◇ Woher stammt Wladimir Kaminer?
- ◇ Wo lebt er jetzt?
- ◇ Wann ist er emigriert?
- ◇ Warum hat er seine Heimat verlassen?
- ◇ Warum ist er nach Deutschland gekommen und nicht in die USA immigriert?
- ◇ Was ist er von Beruf?

Bestseller-Autor Wladimir Kaminer

Die Gründe, den postsozialistischen Staaten der ehemaligen Sowjetunion den Rücken zu kehren[1], sind vielfältig: nationalistische Exzesse, wachsender Antisemitismus, ökonomische Instabilität oder ganz einfach die Hoffnung auf ein besseres Leben. Der Ankunftsort spielt für die Fortgegangenen dabei meist eine untergeordnete Rolle[2]. „Die Emigration nach Deutschland (war) viel leichter als nach Amerika: Die Fahrkarte kostete nur 96 Rubel[3]", schreibt der Schriftsteller und Plattenaufleger Wladimir Kaminer. 1967 in Moskau geboren, emigrierte er 1990 nach Ost-Berlin, wo alle jüdischen Emigranten unbürokratisch[4] eine Aufenthalts- und Arbeitserlaubnis[5] erhielten[6]. Seitdem lebt er mit seiner Frau und seinen beiden Kindern in Berlin. Kaminer veröffentlicht[7] regelmäßig Texte in verschiedenen deutschen Zeitungen und Zeitschriften, hat eine wöchentliche Sendung namens „Wladimirs Welt" beim SFB4 Radio MultiKulti sowie eine Rubrik[8] im ZDF[9] -Morgenmagazin und organisiert im Kaffee Burger* Veranstaltungen[10] wie seine inzwischen berüchtigte[11] Russendisko. Mit der gleichnamigen Erzählsammlung sowie dem Roman *Militärmusik* avancierte das kreative Multitalent zu einem der beliebtesten und gefragtesten Jungautoren in Deutschland.

Internet

Übungsbuch
Einheit 4, Teil C

2 **Mit dem Internet arbeiten** Oben wurde die „Russendisko" von Wladimir Kaminer erwähnt. Suchen Sie im Internet nach Informationen darüber.

◇ Wo und wie oft findet die Russendisko statt?
◇ Was macht man dort?

Lesen

3 **Titel analysieren** Sie werden einen Auszug aus Kaminers Buch *Russendisko* lesen. Das Kapitel hat den Titel „Der Sprachtest". Notieren Sie Situationen, in denen ein Sprachtest notwendig ist.

_____

_____

_____

4 **Den ersten Teil lesen** Lesen Sie den folgenden Teil des Auszugs und beantworten Sie die Frage: Was hat Wladimirs Vater vor?

---

[1]**den Rücken kehren** weggehen, verlassen   [2]**eine untergeordnete Rolle spielen** weniger wichtig sein   [3]**der Rubel** *russische Währung*   [4]**unbürokratisch** man muss nur wenige Formulare ausfüllen; es ist organisatorisch leicht   [5]**die Erlaubnis** man darf etwas machen   [6]**erhielten** *Präteritum von* erhalten: bekommen   [7]**veröffentlichen** publizieren   [8]**die Rubrik** die Kolumne   [9]**ZDF** Zweites Deutsches Fernsehen   [10]**die Veranstaltung** das Event   [11]**berüchtigt** berühmt, etwas wild

*„Tanzwirtschaft Kaffee Burger" ist der Name der Kneipe, in der die Russendisko stattfindet, nicht Café Burger, wie es heißen müsste.

Der Sprachtest
von Wladimir Kaminer

Eine große Einbürgerungswelle steht vor der Tür. Bald werden viele Ausländer dem „Deutschland"-Verein[1] angehören[2], wenn man den Zeitungen glauben darf. Auch viele meiner Landsleute spielen mit dem Gedanken, ihren Fremdenpass umzutauschen und richtige

5 deutsche Bürger zu werden. Die Eintrittsregeln sind bekannt: Man füllt einige Formulare aus, bringt einige Bescheinigungen mit – aber Achtung! Wie bei jedem großen Verein gibt es auch hier versteckte Fallen[3] und Unklarheiten. Viele Russen, die schon länger hier leben, können sich noch gut daran erinnern, wie es damals mit dem

10 Eintritt in die Partei war. Der war scheinbar auch ganz einfach: jeder, der zwei Jahre kandidiert und gut gearbeitet hatte, durfte Mitglied werden. Doch nur die wenigsten sind es geworden. Mein Vater zum Beispiel hatte in der Sowjetunion dreimal versucht, in die Partei einzutreten, immer vergeblich[4]. Jetzt will er in Deutsch-

15 land eingebürgert werden. Seit acht Jahren lebt er hier, und diesmal will er sich seine Chancen nicht durch Unwissenheit vermasseln[5]. Die schlauen Russen haben auch bereits herausgefunden, was bei der Einbürgerung die entscheidende Rolle spielt: der neue geheimnisvolle Sprachtest für Ausländer, der gerade in

20 Berlin eingeführt wurde. Mit seiner Hilfe will die Staatsmacht beurteilen[6], wer Deutscher sein darf und wer nicht. Das Dokument wird zwar noch geheim[7] gehalten, doch einige Auszüge[8] davon landeten trotzdem auf den Seiten der größten russischsprachigen Zeitung Berlins.

---

[1]**der Verein** der Club [2]**angehören** Mitglied sein, dazugehören [3]**versteckte Fallen** *hier:* Schwierigkeiten, die man nicht sofort sehen kann [4]**vergeblich** ohne Erfolg [5]**vermasseln** kaputt machen [6]**etwas beurteilen** sagen, ob etwas gut oder schlecht ist [7]**geheim** niemand darf es sehen [8]**der Auszug** ein Teil von einem Buch, Artikel oder Dokument; Exzerpt

5 Fragen zum Text Beantworten Sie, bevor Sie weiterlesen, die Fragen.

◇ In welcher Zeit wurde der Text wohl geschrieben?
◇ Wer muss einen Sprachtest machen und warum?

6 Den zweiten Teil lesen Lesen Sie jetzt den zweiten Teil des Auszugs und beantworten Sie folgende Frage: Was wird in dem Sprachtest gefragt?

25 Diese Auszüge schrieb mein Vater sogleich mit der Hand ab, um sie gründlich zu studieren. Denn jedem Kind ist wohl klar, dass es bei dem Sprachtest weniger um die Sprachkenntnisse als solche geht, als um die Lebenseinstellung[9] des zukünftigen deutschen Bürgers. In dem Test werden verschiedene Situationen
30 geschildert[10] und dazu Fragen gestellt. Zu jeder Frage gibt es drei mögliche Antworten. Daraus wird dann das psychologische Profil des Kandidaten erstellt.

Variante I: Ihr Nachbar lässt immer wieder spätabends laut Musik laufen. Sie können nicht schlafen. Besprechen Sie mit Ihrem
35 *Partner das Problem und überlegen Sie, was man tun kann.*

Warum stört Sie die Musik?
Gibt es noch andere Probleme mit dem Nachbarn?
Welche Vorschläge haben Sie, um das Problem zu lösen?

Dazu verschiedene Antworten, a, b und c. Unter c steht „Er-
40 schlagen[11] Sie den Nachbarn". Darüber lacht mein Vater nur. So leicht lässt er sich nicht aufs Kreuz legen[12].

Variante II: Der Winterschlussverkauf [13] (Sommerschlussverkauf) hat gerade begonnen. Sie planen zusammen mit Ihrem Partner einen Einkaufsbummel.

45 *Wann und wo treffen Sie sich? Was wollen Sie kaufen?*
Warum wollen Sie das kaufen?

Mein Vater ist nicht blöd. Er weiß inzwischen genau, was der Deutsche kaufen will und warum.

Doch die dritte Variante macht ihm große Sorgen, da er den
50 Subtext noch nicht so richtig erkennen kann.

Variante III: „Mit vollem Magen gehst du mir nicht ins Wasser, das ist zu gefährlich", hören Kinder häufig von ihren Eltern. Wer sich gerade den Bauch voll geschlagen[14] hat, sollte seinem Körper keine Hochleistungen[15] abfordern[16]. Angst vor dem Ertrinken[17],
55 *weil ihn die Kräfte verlassen, braucht allerdings keiner zu haben.*

Schwimmen Sie gern?
Haben Sie danach Gesundheitsprobleme?
Was essen Sie zum Frühstück?

Diesen Text reichte[18] mir mein Vater und fragte, was die
60 Deutschen meiner Meinung nach damit gemeint haben könnten? O-o, dachte ich, das ist ja ein richtig kompliziertes Ding. Den ganzen Abend versuchte ich, Variante III zu interpretieren. Danach

---

[9]**die Einstellung** die Denkweise, innere Haltung, Attitüde   [10]**schildern** beschreiben   [11]**erschlagen** töten   [12]**sich aufs Kreuz legen lassen** *hier:* so leicht gibt er keine falschen Antworten   [13]**der Winterschlussverkauf** am Ende des Winters wird Winterkleidung billiger verkauft   [14]**sich den Bauch voll schlagen** sehr viel essen   [15]**die Hochleistung** große Anstrengung   [16]**abfordern** machen wollen   [17]**das Ertrinken** wenn man nicht schwimmen kann, ertrinkt man leicht   [18]**reichen** geben

wandte[19] ich mich an meinen Freund Helmut, der bei uns in der Familie als Experte in Sachen Deutschland gilt. Doch selbst er
65 konnte den Text nicht so richtig deuten[20]. Ich habe bereits so eine Vorahnung[21], dass mein Vater bei dem Sprachtest durchfallen[22] wird.

—Quelle: Wladimir Kaminer, aus *Russendisko*, Goldmann Verlag, 2000, S. 186–188

---

[19]**sich wenden an** fragen   [20]**deuten** interpretieren   [21]**die Vorahnung** die Vermutung
[22]**durchfallen** eine Prüfung nicht bestehen, nicht gut genug machen

7 **Diskussion** Diskutieren Sie in der Gruppe, warum diese Fragen Ihrer Meinung nach gestellt werden. Berichten Sie dann im Plenum.

Übungsbuch
Einheit 4, Teil C

8 **Zusammenfassen** Beenden Sie die folgenden Sätze mit den Informationen aus dem Text. Benutzen Sie die Verben im Kasten. Entscheiden Sie immer, ob Sie das Wort **zu** benutzen müssen oder nicht. Achtung: Modalverben und die Verben **lassen, hören, sehen, fühlen, bleiben, gehen, fahren** und **kommen** brauchen kein **zu**.

bestehen	ausfüllen, mitbringen	machen (2x)
lernen (2x)	~~beantragen~~	fragen
helfen	durchfallen	beantworten

BEISPIEL: Viele von Wladimir Kaminers Freunden möchten

einen deutschen Pass beantragen.

a. Um einen deutschen Pass zu bekommen, muss man _____.

b. Man muss auch einen Sprachtest _____.

c. Es ist nicht so einfach, den Test _____.

d. Auch Kaminers Vater hat die Absicht, _____.

e. Er hat Angst davor, _____.

f. Deshalb versucht er, für den Sprachtest _____.

g. Aber er hat Probleme, alle Fragen _____.

h. Sein Sohn hilft ihm _____.

i. Aber auch sein Sohn kann ihm bei der dritten Frage _____.

j. Deshalb geht er seinen Freund Helmut _____.

Weiterführende Aufgaben

 9 **Rollenspiel: Fiktives Interview mit Wladimir Kaminer** Wenn Sie mit Herrn Kaminer ein Interview machen könnten, welche Fragen würden Sie ihm stellen? Notieren Sie mindestens fünf Fragen. Danach spielen Sie das Interview mit Ihrem Partner/Ihrer Partnerin. Üben Sie es gut ein, achten Sie auf Aussprache und Intonation. Spielen Sie es auch Ihren Kommilitonen/Kommilitoninnen vor.

a. _____

b. _____

c. _____

d. _____

e. _____

Das tatsächliche Interview befindet sich auf der *Anders gedacht Instructor's Audio CD.*

◆ Das Transkript des Interviews befindet sich im Anhang des Buches.

10 **Hören: Tatsächliches Interview mit Wladimir Kaminer** Hören Sie sich das Interview zweimal an. Beim ersten Hören, notieren Sie fünf Fragen, die Herrn Kaminer von den Autorinnen gestellt wurden. Welche davon haben Sie auch geschrieben? Beim zweiten Hören versuchen Sie, Herrn Kaminers Antworten kurz aufzuschreiben.

a. Frage:_____

   Antwort:_____

   _____

b. Frage:_____

   Antwort:_____

   _____

c. Frage:_____

   Antwort:_____

   _____

d. Frage:_____

   Antwort:_____

   _____

e. Frage:_____

   Antwort:_____

   _____

Internet

11 **Projektarbeit: „Berühmte" Ausländer** Alle unten genannten Personen sind „berühmte" Ausländer oder Personen ausländischer Abstammung. Alle leben und arbeiten in Deutschland. Suchen Sie im Internet Informationen über die Person, die Sie am interessantesten finden und halten Sie ein Referat über sie. Finden Sie unter anderem Informationen zu den folgenden Fragen:

◇ Wo genau lebt und arbeitet diese Person?
◇ Welchen Pass hat er/sie?
◇ Woher stammt seine/ihre Familie?
◇ Sonstiges

> Tarek Al-Wazir, Politiker von Bündnis 90/DIE GRÜNEN
> Gerald Asamoah, Fußballspieler
> Daniel Libeskind, Architekt
> Mousse T., Musikproduzent, DJ
> Xavier Naidoo, Sänger

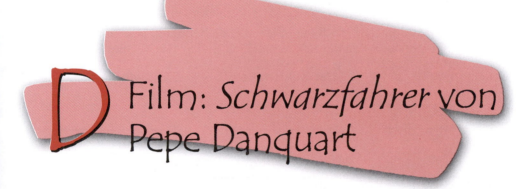

D Film: *Schwarzfahrer* von Pepe Danquart

In diesem Abschnitt werden Sie mit dem Kurzfilm *Schwarzfahrer* arbeiten. Der Film wurde 1993 von Pepe Danquart gedreht.

Schwarzfahrer

Übungsbuch
Einheit 4, Teil D

1 **Wortschatz: Das Wortfeld „schwarz"** Lesen Sie die folgenden Ausdrücke, in denen das Adjektiv **schwarz** vorkommt. Vermuten Sie zunächst, was sie bedeuten könnten. Ihr Kursleiter/Ihre Kursleiterin hilft Ihnen anschließend.

der Schwarzmarkt   _____

schwarz auf weiß   _____

schwarzes Gold   _____

schwarze Zahlen schreiben   _____

schwarzarbeiten   _____

schwarzes Schaf   _____

schwarz sehen   _____

schwarze Kasse   _____

schwarzer Tag   _____

sich schwarz ärgern   _____

warten, bis man schwarz wird   _____

schwarzfahren   _____

In einigen dieser Ausdrücke hat **schwarz** die gleiche Bedeutung: die schwarze Kasse, der Schwarzmarkt, schwarzarbeiten und schwarzfahren. Durch welches andere Adjektiv kann man **schwarz** in diesen Ausdrücken ersetzen? Was ist dann wohl ein Schwarzfahrer?

Film sehen

2 **Erste Sequenz sehen** Sehen Sie die erste Sequenz. Beobachten Sie die Leute, die Sie in der Sequenz sehen. Stellen Sie Vermutungen an.

Person	Hat welchen Beruf?	Sieht wie aus?
_____	_____	_____
_____	_____	_____
_____	_____	_____
_____	_____	_____
_____	_____	_____

Filmsequenz
Sequenz: 1
Start: Anfang
Stopp: Alle Leute an der
   ersten Haltestelle sind
   in die Straßenbahn
   eingestiegen.
Länge: circa 3.30

3 **Hypothesen aufstellen** Arbeiten Sie mit Ihrem Partner/Ihrer Partnerin. Sehen Sie sich das Bild auf Seite 149 an und beantworten Sie die Fragen.

◇ Wo sind die Leute? In welcher Situation befinden sie sich?

_____

_____

◇ Was denkt die alte Frau? Was denkt der Mann neben ihr? Schreiben Sie die Gedanken auf.

Die alte Frau denkt: _____

_____

Der Mann denkt: _____

_____

_____

Filmsequenz
Sequenz: 2
Start: Alle Leute an der
  ersten Haltestelle sind
  in die Straßenbahn
  eingestiegen.
Stopp: Der junge Mann mit
  dem Kopfhörer steigt in
  die Straßenbahn ein.
Länge: circa 3.00

4 **Zweite Sequenz ohne Ton sehen** Sehen Sie die zweite Sequenz vorerst ohne Ton und konzentrieren Sie sich auf folgende Aspekte.

  ◇ Was sehen Sie? Was passiert hier?
  ◇ Was macht die alte Frau? Beachten Sie ihre Mimik und Gestik.
  ◇ Wie reagiert der schwarze Junge? Beachten Sie seine Mimik und Gestik.

5 **Ansichten antizipieren** Lesen Sie die Aussagen hier und auf Seite 150, bevor Sie die Sequenz mit Ton sehen. Unterstreichen Sie die Sätze, die Ihrer Meinung nach in dieser Sequenz von der alten Frau gebraucht werden.

> „Als ob man sich nicht an unsere Sitten[1] anpassen[2] könnte."
> „Ich bin sehr zufrieden mit meinem Leben."

---

[1]**die Sitte** der Brauch, die Tradition; die Art, wie man sich in einem Land benimmt   [2]**sich anpassen** sich adaptieren, assimilieren, angleichen

„Ich habe keine Angst, deshalb gehe ich abends oft allein aus dem Haus."

„Man müsste wenigstens verlangen können, dass sie ihre Namen ändern, bevor sie zu uns kommen, sonst hat man ja gar keinen Anhaltspunkt[1]."

„Leider kann er nicht gut Deutsch, aber das macht ja nichts."

„Und dann arbeiten die alle noch schwarz. Als ob das jemand kontrollieren könnte, wo von denen einer aussieht wie der andere."

„Ich vertraue auf meine Mitmenschen."

„Warum kommt ihr überhaupt alle hierher, hat euch denn jemand eingeladen?"

„Wer von unseren Steuern profitiert, könnte sich wenigstens anständig[2] benehmen[3]."

„Mit so vielen verschiedenen Menschen fahre ich immer gern in der Straßenbahn."

„Wir haben es alleine geschafft, wir brauchen keine Hottentotten[4], die uns auf der Tasche herumliegen[5], jetzt, wo wir selber so viele Arbeitslose haben."

6 **Zweite Sequenz mit Ton sehen** Sehen Sie dieselbe Sequenz noch einmal, dieses Mal mit Ton. Was haben Sie gehört? Was sagt die Frau? Fassen Sie ihre ausländerfeindlichen Bemerkungen zusammen.

Ausländer passen sich nicht an die deutschen Sitten an.

_____

_____

_____

_____

_____

---

[1]**der Anhaltspunkt** der Orientierungspunkt [2]**anständig** freundlich, nett, höflich [3]**sich benehmen** sich verhalten; die Art, wie man redet, was man macht, wie man mit Leuten spricht [4]**der Hottentotte** Angehöriger eines Volkes in Südwestafrika; *hier:* Schimpfwort für Schwarze [5]**jemandem auf der Tasche liegen** sich von jemandem finanzieren lassen

Filmsequenz

Sequenz: 3
Start: Der junge Mann mit
    dem Kopfhörer steigt ein.
Stopp: Der Fahrkarten-
    kontrolleur steigt ein.
Länge: circa 2.30

7 **Dritte Sequenz sehen** Lesen Sie vor dem Sehen die folgenden Fragen. Diskutieren Sie nach dem Sehen mit Ihren Kommilitonen/ Kommilitoninnen.

◇ Warum hat die alte Frau Ihrer Meinung nach solche Vorurteile[1] gegen Ausländer?
◇ Warum reagiert der Mann nicht darauf?
◇ Wie reagieren die anderen Fahrgäste auf die ausländerfeindlichen Bemerkungen der Frau? Warum?
◇ Wenn Sie an der Stelle des jungen Schwarzen wären, wie würden Sie reagieren?
◇ Wie wird der Film Ihrer Meinung nach weitergehen?

Filmsequenz

Sequenz: 4
Start: Der Fahrkarten-
    kontrolleur steigt ein.
Stopp: Ende
Länge: circa 3.30

8 **Vierte Sequenz sehen** Sehen Sie das Ende des Films und besprechen Sie danach:

◇ Was macht der junge Schwarze?
◇ Was passiert mit der Frau?
◇ Wer ist der eigentliche Schwarzfahrer?
◇ Wie reagieren die Fahrgäste auf die Situation?
◇ Warum ist der Titel des Films ironisch?

Weiterführende Aufgaben

9 **Diskussion** Keiner der anderen Fahrgäste hat verbal auf die ausländerfeindlichen Bemerkungen der Frau reagiert. Diskutieren Sie die folgenden Fragen.

◇ Wie würden Sie reagieren?
◇ Würden Sie etwas zu der alten Frau sagen oder würden Sie sie ignorieren?
◇ Wie sollte man sich in so einer Situation verhalten?

Übungsbuch
Einheit 4, Teil D

10 **Zusammenfassung schreiben** Fassen Sie den Film zusammen. Schreiben Sie aus einer der folgenden Perspektiven.

◇ aus der Perspektive des Schwarzen
◇ aus der Perspektive der alten Frau
◇ aus der Perspektive eines anderen Fahrgastes

---

[1] **das Vorurteil** (*negativ*) Meinung von einer Person, ohne die Person zu kennen; z.B. ein Vorurteil gegen Ausländer, Menschen anderer Religion, …

Grundwortschatz

Verben

sich an•passen: er/sie/es passt sich ... an, passte sich ... an, hat sich ... angepasst

an•werben: er/sie/es wirbt ... an, warb ... an, hat ... angeworben

sich assimilieren: er/sie/es assimiliert sich, assimilierte sich, hat sich ... assimiliert

aus•füllen: er/sie/es füllt ... aus, füllte ... aus, hat ... ausgefüllt

aus•wandern: er/sie/es wandert ... aus, wanderte ... aus, ist ... ausgewandert

beantragen: er/sie/es beantragt, beantragte, hat ... beantragt

bestehen: er/sie/es besteht, bestand, hat ... bestanden

durch•fallen: er/sie/es fällt ... durch, fiel ... durch, ist ... durchgefallen

ein•wandern: er/sie/es wandert ... ein, wanderte ... ein, ist ... eingewandert

immigrieren: er/sie/es immigriert, immigrierte, ist ... immigriert

sich integrieren: er/sie/es integriert sich, integrierte sich, hat sich ... integriert

zurück•kehren: er/sie/es kehrt ... zurück, kehrte ... zurück, ist ... zurückgekehrt

Nomen

die Arbeitskraft, die Arbeitskräfte
die Assimilation
der Asylant, -en
der Aufschwung
der Ausländer, - / die Ausländerin, -nen
die Ausländerfeindlichkeit
die Bemerkung, -en
die Einbürgerung, -en
die Einwanderung
das Einwanderungsland, die Einwanderungsländer
der Gastarbeiter, - / die Gastarbeiterin, -nen

das Gesetz, -e
die Heimat
die Immigration
die Integration
die Konjunktur, -en
der Pass, die Pässe
die Staatsangehörigkeit
der Staatsbürger, - / die Staatsbürgerin, -nen
die Staatsbürgerschaft
das Vorurteil, -e
das Wirtschaftswunder

Adjektive und Adverbien

ausländerfeindlich
fremd

multikulturell

Die Comedian Harmonists

Ein Musikensemble der 20er und 30er Jahre

Die Comedian Harmonists

Abschnitte

A Geschichtlicher Hintergrund
B Film: *Comedian Harmonists* von Joseph Vilsmaier

Texte

- Die Weimarer Republik (geschichtlicher Überblick)
- Veronika, der Lenz ist da (Lied der *Comedian Harmonists*)
- Lebensläufe der *Comedian Harmonists*
- Ein Brief der Reichsmusikkammer
- Auf Wiedersehn (Lied der *Comedian Harmonists*)

Film

- *Comedian Harmonists* von Joseph Vilsmaier, 1997

Internet-Aktivitäten

- Kultur und Kunst in der Weimarer Republik
- Werdegang der Comedian Harmonists nach 1935

Sprachliche Strukturen

- Reflexive Verben
- Relativsätze

In dieser Einheit

- Diese Einheit beschäftigt sich mit der Entstehung, dem Erfolg und dem Zerfall des deutschen Männersextetts *Comedian Harmonists* im Kontext der Weimarer Republik und des Dritten Reiches.

Begriffe einordnen: 20er Jahre Was wissen Sie über die goldenen zwanziger Jahre? Arbeiten Sie mit Ihrem Partner/Ihrer Partnerin und lesen Sie die folgenden Begriffe zum Thema. Ordnen Sie dann jeden der Begriffe einer der fünf Kategorien in der Tabelle auf Seite 157 zu. Kennen Sie weitere Begriffe?

Die goldenen Zwanziger

Begriffe

Der blaue Engel	Dadaismus	Jazz
Die Dreigroschenoper	der Charleston	Weimarer Republik
Nosferatu	*Der Steppenwolf*	Paul Klee
Weltwirtschaftskrise	Hermann Hesse	Stummfilme
Arbeitslosigkeit	*Im Westen nichts*	Surrealismus
Arnold Schönberg	*Neues*	Thomas Mann
Bauhaus	Inflation	

Kunst / Architektur	Politik / Wirtschaft	Kino / Theater	Musik / Tanz	Literatur
_____	_____	_____	_____	_____
_____	_____	_____	_____	_____
_____	_____	_____	_____	_____
_____	_____	_____	_____	_____
_____	_____	_____	_____	_____

A Geschichtlicher Hintergrund

In diesem Abschnitt werden Sie sich mit der deutschen Geschichte im ersten Drittel des 20. Jahrhunderts befassen. Während dieser Zeit entstand die Gruppe „Comedian Harmonists". Die damaligen politischen Verhältnisse übten einen großen Einfluss auf das Leben der Mitglieder der Gruppe aus.

Weimarer Republik

Den Zeitraum der deutschen Geschichte von 1919 bis 1933 nennt man die „Weimarer Republik". Der Name stammt von der Stadt Weimar, wo die erste Nationalversammlung dieser Epoche stattfand.

1 Mit dem Internet arbeiten

Internet

a. Recherchieren Suchen Sie Informationen zur Weimarer Republik. Wählen Sie einen Aspekt aus, z.B. Kunst, Politik, Kino, Mode, Musik, Tanz, Wirtschaft, Literatur, Theater oder Philosophie. Notieren Sie dann fünf Schlagwörter aus dem Internet zu dem von Ihnen gewählten Aspekt, z.B. für den Aspekt Kunst hätte man vielleicht die Schlagwörter Surrealismus, Max Ernst und so weiter.

Aspekt: _____

Schlagwörter:

1. _____
2. _____
3. _____
4. _____
5. _____

b. Mündlich berichten Erklären Sie Ihren Kommilitonen/Kommi-litoninnen in einem dreiminütigen mündlichen Bericht, womit Sie sich beschäftigt haben und was Sie herausgefunden haben.

BEISPIEL: „Ich habe mich mit der Kunst in der Weimarer
            Republik beschäftigt. Ich habe herausgefunden, dass ...“

Übungsbuch
Einheit 5, Teil A

Strukturen ◆ Reflexive Verben mit Präpositionalobjekt

A Vervollständigen Sie die folgenden Sätze schriftlich mit den für Sie relevanten Informationen.

1. Ich interessiere **mich** für _____ in der Weimarer Republik.

2. Ich habe **mich** mit _____ beschäftigt.

3. Es handelt **sich** bei _____ um

   _____ .

4. Ich erinnere **mich** daran, dass _____ .

5. Ich habe **mich** über _____ gewundert.

Die Verben oben sind reflexiv. Die Reflexivpronomen sind fett gedruckt. Diese Verben haben auch ein Präpositionalobjekt. Notieren Sie die Infini-tivform, die Präposition und den Kasus des Präpositionalobjekts.

BEISPIEL:

1. *sich interessieren für + Akkusativ* _____
2. _____
3. _____
4. _____
5. _____

Lesen ◆ Detailverständnis

2 **Text lesen** Der Text auf Seite 160 handelt von der Weimarer Republik. Einige Verben sind unterstrichen. Lesen Sie den Text einmal
ganz durch. Notieren Sie nach dem Lesen die Grundformen dieser Verben.

Infinitiv	Präteritum	Perfekt
ausrufen	rief ... aus	hat ... ausgerufen

Die Weimarer Republik

Mit dem Ersten Weltkrieg war in Deutschland auch die Monarchie zu Ende und am 9. November 1918 <u>rief</u> Philipp Scheidemann die Republik <u>aus</u>. Am 31. Juli 1919 <u>trat</u> die Weimarer Verfassung[1] <u>in Kraft</u>, die Deutschland zu einer demokratischen parlamentarischen Republik machte.

Allerdings war diese Republik zu schwach und <u>scheiterte</u> schon 14 Jahre später. Gründe dafür waren unter anderem die wirtschaftliche Not der Nachkriegszeit und die Bedingungen des Friedensvertrages von Versailles, den Deutschland 1919 unterschreiben musste. Dieser sagte, dass Deutschland, weil es den Krieg <u>verloren</u> hatte, an die Siegerländer Reparationen bezahlen musste.

Da es den Deutschen zu dieser Zeit nicht sehr gut ging, <u>entwickelte</u> sich eine tiefe Skepsis gegenüber der Republik, deren Folge[2] innenpolitische Instabilität war. Die Weltwirtschaftskrise 1929 war der Anfang vom Ende der Weimarer Republik. Die durch die Weltwirtschaftskrise ausgelöste Massenarbeitslosigkeit hatte große Unzufriedenheit zufolge[3], die <u>sich</u> die nationalsozialistische Bewegung Adolf Hitlers <u>zunutze machte</u>[4]. Hitler <u>versprach</u> den Menschen, die Arbeitslosigkeit schnell abzubauen[5], was er auch tat. Aber als Hitler 1933 an die Macht kam, <u>verbot</u> er alle Parteien außer seiner eigenen. Außerdem <u>setzte</u> er die Grundrechte <u>außer Kraft</u> und <u>hob</u> die Pressefreiheit <u>auf</u>[6]. Gegen politische Gegner <u>ging</u> das Regime mit rücksichtslosem Terror <u>vor</u>. Die Juden wurden nach und nach aller Rechte beraubt[7]. Viele Menschen <u>verließen</u> zu dieser Zeit das Land. Auch viele der besten deutschen Intellektuellen, Künstler und Wissenschaftler <u>emigrierten</u> ins Ausland.

---

[1]**die Verfassung** das Grundgesetz; Gesetze, die einen Staat funktionsfähig machen   [2]**die Folge** die Konsequenz   [3]**zufolge haben** eine Konsequenz davon sein   [4]**sich zunutze machen** es ausnutzen, einen eigenen Vorteil haben   [5]**abbauen** verkleinern, verringern   [6]**aufheben** (hob auf) für ungültig erklären   [7]**der Rechte** (*Genitiv*) **berauben** jemandem seine Rechte wegnehmen

(3) **Wortschatz: Verben** Ordnen Sie den folgenden Begriffen die entsprechende Bedeutung aus dem Kasten auf Seite 161 zu.

ausrufen: _____

in Kraft treten: _____

scheitern: _____

verlieren: _____

entwickeln: _____

versprechen: _____

verbieten: _____

außer Kraft setzen: _____

aufheben: _____

vorgehen gegen + *Akkusativ*: _____

verlassen: _____

emigrieren: _____

4 **Wortschatz: Nomen** Erklären Sie die folgenden Wörter:

die Monarchie	die Massenarbeitslosigkeit
die Nachkriegszeit	die Unzufriedenheit
der Friedensvertrag	das Grundrecht
die Reparationen (*Plur.*)	die Pressefreiheit
die Skepsis	der Gegner

5 **Textverständnis prüfen** Richtig oder falsch? Markieren Sie die Sätze mit **R** oder **F.** Korrigieren Sie die falschen Sätze und benutzen Sie dazu den Wortschatz aus Aufgabe 3.

BEISPIEL:

_F_ Die Weimarer Republik war stark und die Leute fühlten sich wohl.

Die Weimarer Republik scheiterte und die wirtschaftliche Not war groß.

a. ___ Nach dem Ersten Weltkrieg wurde Deutschland eine Monarchie.

b. ___ Die Weimarer Republik wurde 1919 offiziell anerkannt.

c. ___ Während der Weimarer Republik ereignete sich die Weltwirtschaftskrise.

d. ___ Zu dieser Zeit hatten alle Menschen Arbeit.

e. ___ Hitler versprach den Menschen neue Arbeit.

f. ___ Hitler hielt sein Versprechen nicht und die Menschen waren arbeitslos.

g. ___ Hitler verbot alle Parteien außer seiner eigenen.

h. ___ Er gab den Menschen viele Freiheiten.

i. —— Er ging mit Terror gegen politische Gegner vor.

j. —— Viele Intellektuelle, Wissenschaftler und Künstler kamen zu dieser Zeit nach Deutschland, weil dort eine gute Atmosphäre zum kreativen Arbeiten herrschte.

6 **Fragen zum Text** Beantworten Sie die folgenden Fragen.

Was waren die Gründe für das Scheitern der Weimarer Republik? Warum hatte das Hitler-Regime eine Chance?

B Film: Comedian Harmonists von Joseph Vilsmaier

In diesem Abschnitt sehen Sie den Film *Comedian Harmonists*, der 1997 in Deutschland im Kino lief. Der Regisseur ist Joseph Vilsmaier. Der Film basiert auf der wahren Geschichte des deutschen Männersextetts „Comedian Harmonists", das international berühmt wurde.

→ **Hypothesen aufstellen** Sehen Sie sich das Bild auf Seite 163 an. Kennen Sie diese Personen? Was können Sie über das Bild sagen? Versuchen Sie, es zeitlich einzuordnen.

Comedian Harmonists: Filmsequenz 1–3

Filmsequenz

Sequenz: 1
Start: Anfang des Films
Stopp: Ende der Szene, in der die Gruppe das Lied „Veronika" auf der Bühne singt

Film ◆ Hör- und Sehverständnis

Erste Sequenz: Berlin in den 20er Jahren, die Unterhaltungsszene In der ersten Sequenz treten die Comedian Harmonists auf die Bühne und singen das Lied „Veronika, der Lenz ist da".

1 **Wortschatz** Sehen Sie sich die erste Sequenz an und machen Sie sich Notizen zu den Kategorien in der Tabelle. Benutzen Sie auch den Wortschatz aus dem Kasten.

die Bühne	auftreten	der Anzug
das Publikum	der Auftritt	die Garderobe
das Theater	der Pianist	das Ensemble / die Gruppe
die Sänger (*Plur.*)		

Wer?	Was?	Wo?	Wie?
(Personen)	(Tätigkeiten)	(Ort)	(Aussehen, Kleidung, ...)

Berichten Sie im Plenum.

◆ Der vollständige Liedtext befindet sich im Anhang des Buches.

2 **Das Lied: Hypothesen aufstellen** Überlegen Sie, um was für ein Lied es sich hier handeln könnte. Was konnten Sie verstehen? Ist das ein lustiges oder ein trauriges Lied? Begründen Sie Ihre Meinung.

3 **Lückentext ergänzen** Lesen Sie den Liedtext und setzen Sie die fehlenden Verben aus dem Kasten ein.

Verben			
spricht	schreibt	singen	woll'n
wächst	sagt	zieh'n[1]	lacht

Veronika, der Lenz ist da

Veronika, der Lenz[1] ist da,

die Mädchen ――――― tralala,

die ganze Welt ist wie verhext[2],

Veronika, der Spargel[3] ―――――,

5 ach du Veronika, die Welt ist grün,

drum lass uns in die Wälder ―――――.

Sogar der Großpapa ――――― zu der Großmama:

Veronika, der Lenz ist da.

Mädchen ―――――, Jüngling[4] ―――――,

10 Fräulein ――――― Sie oder nicht,

draußen ist Frühling,

der Poet Otto Licht

hält es jetzt für seine Pflicht[5],

er ――――― dieses Gedicht:

15 Veronika, …

—Quelle: Liedtext von Fritz Rotter (1930)

――――――
[1]**der Lenz** der Frühling   [2]**verhext** eine Hexe verhext Dinge, sie benutzt Magie   [3]**der Spargel** ein Gemüse, das im Frühling wächst   [4]**der Jüngling** ein junger Mann   [5]**man hält es für seine Pflicht** man glaubt, dass man es tun muss

――――――
[1]**zieh(e)n** *hier:* gehen, wandern, spazieren

4 **Reimschema bestimmen** Lesen Sie jede Strophe mit Ihrem Partner/ Ihrer Partnerin noch einmal laut und bestimmen Sie das Reimschema in jeder Zeile.

> BEISPIEL: Veronika, der Lenz ist da, (A)
>
> die Mädchen singen tralala, (A)
>
> die ganze Welt ist wie verhext, (B)
>
> Veronika, der Spargel wächst, (B)

5 **Kreatives Schreiben: einen Liedtext verfassen** Lesen Sie noch einmal das Lied „Veronika". Achten Sie auf die Reimform und verfassen Sie Ihre eigene Version.

Strukturen ◆ Relativsätze

Bei den folgenden Sätzen handelt es sich um eine Kombination aus zwei oder mehr Gedanken, die in einem Hauptsatz und einem Relativsatz (Nebensatz) formuliert werden. Sehen Sie sich den folgenden Satz an:

> Harry hat **das Ensemble, das** Comedian Harmonists heißt, gegründet.

Der unterstrichene Teil ist der Relativsatz; **das** ist das Relativpronomen. Es bezieht sich auf **das Ensemble.** Das Relativpronomen ist **das,** also neutrum, weil **das Ensemble** neutrum ist. Wie bestimmt man den Kasus des Relativpronomens? Dazu trennen Sie den Satz in zwei Teile:

> Harry hat das Ensemble gegründet.
> Das Ensemble heißt Comedian Harmonists.

Sehen Sie sich den zweiten Satz an. **Das Ensemble** steht im Nominativ. Also ist das Relativpronomen neutrum, Nominativ.
  Wenn der Relativsatz mit einer Präposition beginnt, müssen Sie entscheiden, welchen Kasus diese Präposition braucht.
  Das Verb steht im Relativsatz am Ende, da Relativsätze Nebensätze sind.

  a. Vervollständigen Sie zunächst die Tabelle. Was fällt Ihnen auf?
  b. Lesen Sie dann die Sätze (S. 166–167). Formulieren Sie den Relativsatz als Hauptsatz und schreiben Sie das Relativpronomen in die Lücke.

Relativpronomen

	maskulin	feminin	neutrum	Plural
Nominativ		die	das	
Akkusativ		die		die
Dativ	dem		dem	denen
Genitiv	dessen	deren	dessen	deren

1. Das Ensemble besteht aus sechs Männern, _die_ wir bald besser kennen lernen werden.

   Relativsatz als Hauptsatz: *Wir werden die sechs Männer bald besser kennen lernen.*

2. Das Ensemble, in _____ die sechs Männer singen und spielen, heißt *Comedian Harmonists*.

   Relativsatz als Hauptsatz: *In dem Ensemble*

3. Der Spielfilm, _____ über dieses Ensemble gedreht wurde, heißt auch *Comedian Harmonists*.

   Relativsatz als Hauptsatz: _____

4. Das erste Lied, _____ die Gruppe im Film singt und _____ Titel „Veronika" ist, ist ein Liebeslied.

   Relativsatz als Hauptsatz: _____

5. Es ist ein lustiges Lied, in _____ ein Mädchen, _____ Name Veronika ist, sich freut, dass es Frühling ist.

   Relativsatz als Hauptsatz: _____

6. Alle Mädchen, _____„tralala" singen, und die Welt, in _____ sie leben, sind verhext.

   Relativsatz als Hauptsatz: _____

7. Der Großpapa, _____ zu der Großmama sagt: „Der Lenz ist da!", ist auch verhext.

   Relativsatz als Hauptsatz: _____

8. Die Großmama, _____ Namen wir nicht kennen, ist auch verhext.

   Relativsatz als Hauptsatz: _____

9. Das Lied, _____ Harry Frommermann arrangiert hat, war in den 20er Jahren in Deutschland sehr populär.

   Relativsatz als Hauptsatz: _____

   _____

10. In der Weimarer Republik, über _____ wir etwas gelesen haben,

    war das Ensemble, über _____ der Film gedreht wurde, sehr beliebt.

    Relativsatz als Hauptsatz: _____

    _____

Filmsequenz
Sequenz: 2
Start: Harry komponiert
     in seiner Dachkammer.
Stopp: Ende der Szene
     auf dem Friedhof

Zweite Sequenz: Harry – ein Porträt In der zweiten Sequenz lernen wir Harry kennen. Harry komponiert und spricht mit seinem Vogel. Er geht zum Künstleragenten Levy, weil er Arbeit sucht. Danach geht er in die Musikalienhandlung der Grünbaums, wo Erna arbeitet und tanzt mit ihr auf die neue Platte der „Revellers". Anschließend geht er auf den Friedhof zum Grab seiner Eltern.

6 Sehaufgaben vorbereiten Lesen Sie die folgenden Fragen vor dem Sehen der Sequenz. Sie dienen als Fokus beim Sehen. Beobachten Sie den Protagonisten und versuchen Sie Folgendes herauszufinden.

⬥ Wo wohnt Harry? _____

⬥ Wie wohnt er? _____

⬥ Wohnt er allein? _____

⬥ Was ist sein Beruf? _____

⬥ Was für einen sozialen Status hat er? _____

⬥ Welche Musik liebt er? _____

⬥ Warum geht er ins Musikgeschäft? _____

⬥ Wen trifft er da? _____

⬥ Was erfahren wir über die Eltern des Protagonisten? _____

   _____

⬥ Was erfahren wir über seine Beziehung zu Erna? _____

   _____

⬥ Sonstiges: _____

7 **Eine Anzeige lesen** Lesen Sie die folgende Zeitungsanzeige mit Ihrem Partner/Ihrer Partnerin. Was denken Sie, wer hat sie geschrieben? Was steht in der Anzeige?

> **Achtung**
> Tenor, Baß (Berufssänger nicht über 25), sehr musikalisch, schön klingende Stimmen[1], für einzig dastehendes Ensemble unter Angabe der täglich verfügbaren Zeit[2] gesucht. Nachmittags von zwei bis fünf, Stubenrauchstraße 47.

———————

[1]**die Stimme** Sänger haben eine schöne Stimme [2]**unter Angabe der verfügbaren Zeit** man soll sagen, wie viel Zeit man hat

Filmsequenz
Sequenz: 3
Start: Im Theatercafé
Stopp: Ende der Szene, in der die sechs das Lied „Veronika" zum ersten Mal proben

Dritte Sequenz: Die Gruppe entsteht In der dritten Sequenz sehen wir, wie die Gruppe *Comedian Harmonists* entsteht. Robert (Bob) Biberti liest die Anzeige für Sänger, die Harry aufgegeben hat und will sich bewerben. Er geht zu Harry und singt für ihn. Harry gefällt seine Stimme. Bob und Harry treffen sich im Restaurant mit Erich Collin, Roman Cycowski und Ari Leschnikoff. Ari holt Erwin Bootz aus dem Bett und die sechs gehen zu Harry, wo sie das Lied „Veronika" zum ersten Mal proben.

 8 **Hypothesen aufstellen** Sehen Sie sich das folgende Bild mit Ihrem Partner/Ihrer Partnerin an und vermuten Sie, wer der Herr in der Mönchskutte ist. Worüber, denken Sie, sprechen die beiden? Schreiben Sie einen kurzen Dialog und spielen Sie ihn in der Klasse vor.

9 **Sehaufgaben** Konzentrieren Sie sich beim Sehen darauf, wie die einzelnen Sänger / Musiker Mitglieder der Gruppe werden. Notieren Sie nach dem Sehen die Informationen in ganzen Sätzen.

Name	Wie zur Gruppe gekommen?
1. Robert (Bob) Biberti (in der Mönchskutte)	*ist zur Gruppe gekommen, indem er ...*
2. Ari Leschnikoff (der singende Kellner)	
3. Erich Collin	
4. Roman Cycowski	
5. Erwin Bootz (schläft gern)	

Lebensläufe der Comedian Harmonists

Übungsbuch
Einheit 5, Teil B

1 **Selektives Lesen** Auf den nächsten Seiten finden Sie die Lebensläufe der Mitglieder der *Comedian Harmonists*. Wählen Sie einen Lebenslauf, lesen Sie ihn und machen Sie sich Notizen zu folgenden Aspekten. Dann stellen Sie sich Ihren Kommilitonen/Kommilitoninnen in der *Ich*-Form vor. Benutzen Sie das Perfekt, da Sie nun mündlich berichten.

BEISPIEL: Ich heiße ... Ich bin ... geboren.

Name: _____

Geburtsort: _____

Familie: _____

Studium oder Arbeit: _____

Tätigkeit vorher: _____

Sonstiges: _____

_____

Lebensläufe der Comedian Harmonists

Erwin Bootz (1907–1982)

Ari Leschnikoff (1897–1978)

Erwin Bootz wurde am 30. Juni 1907 in
Stettin geboren. Er wuchs in einem ver-
hältnismäßig reichen Elternhaus mit
sechs Geschwistern auf. An den Ersten
5 Weltkrieg konnte sich Erwin Bootz auch
als alter Mann immer noch genau erinnern. Mit vier Jahren begann er Klavier
zu spielen, er hatte sogar ein eigenes
Musikzimmer. Mit 17 Jahren besuchte
10 er dann die Musikhochschule Berlin.
Vier Jahre lang studierte er Musik. 1928,
Erwin Bootz war noch immer auf der
Musikhochschule, wurde er von Ari
Leschnikoff gefragt, ob er nicht Lust
15 habe, bei einem „merkwürdigen Musik-
Ensemble" mitzumachen. „Irgendwann
an einem Mittag, ich habe noch
geschlafen, kam Leschnikoff dann noch
einmal an und schleppte mich mit in
20 eine Wohnung, und dort traf ich sie:
Frommermann, Cycowski und Biberti."

Ari Leschnikoff wurde am 16. Juli 1897
in der Stadt Haskovo geboren, nicht weit
von Sophia. Damals war Bulgarien noch
25 eine türkische Provinz. Ab 1916 war er
auf der Kadettenanstalt in Sophia und
am Ende des Krieges Leutnant. Ari
Leschnikoff sagte hierzu: „Es war eine
schreckliche Zeit. Immer nur Disziplin,
30 Disziplin, Disziplin, ganz nach der alten
Manier." 1922 entschloss er sich, nach
Deutschland zu fahren, um dort weiter
Musik zu studieren, außerdem wollte er
die deutsche Kultur kennen lernen. Da das
35 aus Bulgarien mitgebrachte Geld bald aus-
ging, musste Ari Leschnikoff als Kellner
arbeiten. Nebenbei studierte er, drei Jahre,
bis 1926 am Konservatorium. Dann
bekam er einen Vertrag als Chorsänger am
40 Großen Schauspielhaus. Hierbei lernte er
auch Roman Cycowski und Bob Biberti
kennen. Ari Leschnikoff erzählt: „Eines

Tages komme ich nach Hause und finde eine Postkarte von Biberti, dass jemand
45 ein Quartett machen will und schöne Stimmen sucht. Am nächsten Tag fuhr er mit mir zu Harry Frommermann, Cycowski war auch dabei, und da haben wir die Comedian Harmonists gegründet."

Erich A. Collin (1899–1961)

50 Erich A. Collin wurde am 26. August 1899 in Berlin geboren. Collins Vater war Kinderarzt und sehr gut mit Albert Einstein befreundet. Als Collin drei Jahre alt war, ging die Ehe seiner Eltern
55 in die Brüche[1]. Erich Abraham Collin war Jude, reinrassiger Jude, wie seine Schwester heute noch zu sagen pflegt. Als junger Mann half er bei einem Bauern bei der Kartoffelernte[2]. Bei der
60 Arbeit sang Erich und eine reiche Dame wurde auf ihn aufmerksam. Seit diesem Tag musste Erich Collin nicht mehr auf Kartoffelfeldern arbeiten sondern durfte singen. Er erhielt auch eine

65 Gesangsausbildung. Kurz bevor Erich A. Collin mit seinem Medizinstudium beginnen wollte, wurde er noch als Soldat ausgebildet, glücklicherweise musste er aber nicht mehr an die Front. Als 1923
70 Collins Vater starb, ging für Erich A. Collin ein Traum in Erfüllung[3]. Er konnte endlich Musik studieren, was ihm sein Vater nie erlaubt hatte. Auf der Musikhochschule lernte er dann
75 schließlich Erwin Bootz kennen, der ihn zu den Comedian Harmonists brachte.

Harry Frommermann (1906–1975)

Harry Frommermann wurde am 12. Oktober 1906 in Berlin geboren. Sein Vater stammte aus Russland, die
80 gesamte Familie war jüdisch. Als Harry geboren wurde, war sein Vater schon 56 Jahre alt. Während der Schulzeit war Harry kein fleißiger Schüler, aber er begeisterte sich sehr für die Schauspie-
85 lerei. Als er mit 16 Jahren seinem Vater

---

[1]**eine Ehe geht in die Brüche** eine Ehe endet   [2]**die Kartoffelernte** Kartoffeln werden vom Feld geholt   [3]**ein Traum geht in Erfüllung** ein Traum wird wahr

stolz verkündete, dass er Schauspieler werden wolle, war dieser so erbost, dass er Harry sogar schlug. So zerstritten sich die beiden. Harry setzte seinen

90 Kopf durch und besuchte eine Schauspielschule, aus der er mit 18 Jahren hinausgeworfen wurde. Er muss gegenüber den Professoren sehr frech gewesen sein. Als seine Mutter infolge

95 einer Krankheit starb, war er ganz auf sich allein gestellt[4]. Durch Begegnungen mit verschiedenen Musikern wandte sich Frommermann immer mehr der Musik zu[5]. Mit 21 Jahren gab Harry, völ-

100 lig begeistert von der Musik der „Revellers", eine Anzeige auf[6]: „Achtung! Selten! Tenor, Bass (Berufssänger, nicht über 25), sehr musikalisch, schön klingende Stimmen, für einzig dastehendes

105 Ensemble, unter Angabe der täglich verfügbaren Zeit, gesucht." Und so entstanden die „Comedian Harmonists".

Roman Cycowski (1901–1998)

Roman Cycowski wurde am 25. Januar 1901 geboren. Cycowski wuchs in Lodz

110 auf, Lodz gehörte damals zu Russland, heute zu Polen. Er war jüdischen Glaubens. Cycowskis Erinnerungen an seine Kindheit und Jugend waren vom Ersten Weltkrieg geprägt. Schon früh

115 begann er in der Synagoge zu singen. Während des Krieges lernte Roman Cycowski einen deutschen Offizier kennen, der ihm beibrachte, Deutsch zu sprechen. Cycowski fühlte sich in Polen

120 nicht wohl, er wollte sein ganzes Leben der Musik widmen[7] und wollte Polen verlassen. So kam er illegal nach Deutschland. Sein Vater stellte sich ihm nicht in den Weg, obwohl er sehr

125 unglücklich über die Entscheidung seines Sohnes war. Einmal schrieb er ihm einen Brief: „Mein Junge, bleib religiös, verliere Deinen jüdischen Glauben nicht!" Und Roman Cycowski

130 erzählte noch lange, dass er im Herzen immer „tief religiös" geblieben sei. In Deutschland studierte Cycowski dann Musik. Er entwickelte einen starken Hass gegenüber Polen und kehrte nie

135 mehr in sein Heimatland zurück und sah auch seine Eltern nie wieder. Roman Cycowski sang in Chören, Theatern, Opern und sogar in Kinos zu Stummfilmen. Später wurde Cycowski

140 dann im „Großen Schauspielhaus" in Berlin eingestellt, wo er auch Robert Biberti und Ari Leschnikoff, mit dem er sich glänzend verstand, kennen lernte. Eines Tages trafen sich dann die Herren

145 Cycowski, Frommermann, Leschnikoff und Biberti und so entstanden die „Comedian Harmonists".

---

[4]**er ist auf sich allein gestellt** er muss ganz allein leben, alles allein schaffen; er hat keine Unterstützung [5]**sich etwas** (+ *Dativ*) **zuwenden** sich sehr für etwas interessieren [6]**eine Anzeige aufgeben** eine Nachricht in die Zeitung setzen [7]**widmen** *hier:* seine Zeit nur für eine Sache geben

Robert Biberti (1902–1985)

Robert Biberti wurde am 5. Juni 1902 in Berlin geboren. Schon sein Vater war

150 ein berühmter Opernsänger, zu viel Bier und ein allgemein zu freizügiges[8] Leben ruinierten jedoch seine Stimme. Mit 12 Jahren flog Biberti von der Schule, was ein schwerer Schlag[9] für ihn gewesen 155 sein muss. Später erlernte Biberti bei seinem Vater die Holzschnitzerei[10]. Um 1920 herum widmete sich[11] Biberti dann immer mehr der Musik und der Schauspielerei. Er sang in Opern, an 160 Theatern, aber auch in Lokalen. Am „Großen Schauspielhaus" lernte er Roman Cycowski und Ari Leschnikoff kennen. Durch eine Zeitungsanzeige begegnete er dann Harry Frommer-165 mann. So wurde Robert Biberti ein „Comedian Harmonist".

—Quelle: http://www.comedian-harmonists.de/ (in Anlehnung an Simon Umbreit)

---

[8]**freizügig** wenn man nicht nach der bürgerlichen Moral lebt   [9]**es war ein schwerer Schlag für ihn** es war eine große Enttäuschung für ihn   [10]**die Holzschnitzerei** ein Handwerk; man arbeitet mit Holz und schnitzt z.B. Figuren daraus   [11]**sich widmen** (+ *Dativ*) etwas intensiv tun, sich für etwas sehr interessieren

Comedian Harmonists: Filmsequenz 4–6

Film ◆ Hör- und Sehverständnis

Filmsequenz
Sequenz: 4
Start: Biberti tanzt mit Erna im Musikgeschäft.
Stopp: Ende der Szene, in der die Harmonists beim Institut Levy vorsingen

Vierte Sequenz: Erste Schwierigkeiten Im Musikgeschäft tanzt Biberti mit Erna. Harry lernt einen Studienkollegen von Erna kennen. Bei der Probe beleidigt Harry Erwin, die Gruppe ist frustriert. Die Gruppe geht zum Institut Levy, um vorzusingen.

1 **Handlungsverlauf nachvollziehen** Sehen Sie sich die Sequenz an. Lesen Sie danach die Satzanfänge und ergänzen Sie sie mit den Relativsätzen im Kasten. Bringen Sie dann die Sätze in die richtige Reihenfolge, indem Sie sie nummerieren.

—— Harry beobachtet im Schaufenster Erna, ——————————.

—— Die Gruppe probt zu Hause im Wohnzimmer bei Biberti, ——————

——————————————.

—— Bibertis Mutter protestiert und schließlich auch ein Nachbar, ——
——— .

_1_ Harry beobachtet eifersüchtig, wie Erna und Robert, ————————

————————————————————————, miteinander tanzen.

—— Hans, ————————————————, versucht Harry wegzuschicken.

—— Harry, ————————————————, geht nach Hause.

—— Erwin Bootz, ————————————, kommt viel zu spät
zur Probe.

—— Erna ist nicht allein bei Grünbaums, ———————————————— .

—— Herr Levy, ————————————————, meint, dass die
Comedian Harmonists wie bei einem Beerdigungsinstitut singen.

—— Die Sänger, ————————————————, möchten nicht
nur proben, sondern endlich auftreten.

—— Harry, ————————————————, sagt zu seinem
Vogel: „Schlaf gut, mein Freund."

—— Der Grund für den Streit, ————————————————, ist das
überkomplizierte Arrangement von Harry.

... der ein Studienkollege von Erna ist	... der Liebeskummer und Geldsorgen hat
... der bei seiner Mutter wohnt	... bei dem die Comedian Harmonists vorsingen
... die über ihren Büchern eingeschlafen ist	... der zwischen den Comedian Harmonists entsteht
... die sehr verliebt scheinen	... der der Pianist der Gruppe ist
... die frustriert sind	... die ihr erlaubt haben, abends dort zu lernen
... der laut schreit	
... der müde ist und Angst vor der Zukunft hat	

Filmsequenz
Sequenz: 5
Start: Nach dem ersten
Auftritt
Stopp: Ende der Szene
im Rundfunkstudio

Fünfte Sequenz: Erfolg und Konflikte Nach dem ersten Auftritt ist die
Gruppe begeistert vom eigenen Erfolg. Sie bekommen ihren Namen.
Robert ernennt sich zum Geschäftsführer der Gruppe. Die Gruppe
bekommt einen Auftrag für eine Rundfunkaufnahme.

2 **Wortschatz** Lesen Sie die Zusammenfassung der nächsten Sequenz.
In diesem Text fehlen einige Wörter. Setzen Sie die Wörter aus dem
Kasten in den Text ein. Korrigieren und vervollständigen Sie den Text,
nachdem Sie die Sequenz gesehen haben.

Nach ihrem ersten _____ [a] kommen die Comedian Harmonists in die _____ [b]. Sie sind von ihrem _____ [c] begeistert[1]. Der Manager bietet ihnen einen _____ [d] für die nächsten sieben Abende an. Sie sollen für jeden Auftritt eine _____ [e] von 60 Mark bekommen. Bob, der sich selbst zum _____ [f] der Gruppe ernennt, _____ [g] _____ [h] und fordert 120 Mark Gage pro Abend. Der Manager _____ [i] nach einigem Zögern _____ [j] und findet einen Namen für die Gruppe. Das Ensemble ist _____ [k] und _____ [l] und der Name soll _____ [m] klingen: Comedian Harmonists.

Um für andere Manager interessant zu sein, _____ [n] die Comedian Harmonists _____ [o], gefragt und beschäftigt zu sein. Bald bekommen sie einen _____ [p] für eine Rundfunkaufnahme[2].

Harry geht mit einem _____ [q] in das Musikgeschäft, in dem Erna arbeitet, um ihr eine _____ [r] zu der Rundfunkaufnahme zu bringen. Während der Aufnahme scheinen Erna und Harry sehr _____ [s] zu sein.

Film ◆ Hör- und Sehverständnis

Filmsequenz
Sequenz: 6
Start: Party im
   Schwimmbad
Stopp: Hans konfrontiert
   die Gruppe und greift
   Erna an. Schnelle Bildfolge
   zum Erfolg der Gruppe

Sechste Sequenz: Im Schwimmbad, auf Tournee Es gibt eine Party im Schwimmbad, die Comedian Harmonists sind ausgelassen[3]. Hans konfrontiert die Gruppe und greift Erna an.

[1]**begeistert** glücklich [2]**die Rundfunkaufnahme** man singt im Studio, die Musik wird aufgenommen und andere Leute können die Musik später im Radio hören [3]**ausgelassen** fröhlich, guter Stimmung

Fragen beantworten Lesen Sie vor dem Sehen der Sequenz die Fragen und beantworten Sie sie danach.

◇ Um welche Zeit handelt es sich in Deutschland?
◇ Woran erkennt man das?
◇ Was ist in der Sequenz passiert?
◇ Wie reagieren die Comedian Harmonists?
◇ Was sagt Hans?
◇ Beschreiben Sie Hans.
◇ Wie sieht er aus?
◇ Wie ist sein Charakter?
◇ Was tut Erna?
◇ Wer ist jüdisch?
◇ Welche Bilder und Szenen weisen auf den Erfolg der Comedian Harmonists hin?

Comedian Harmonists: Filmsequenz 7–9

Siebte Sequenz: Antisemitische Aktionen Erna hört im Radio eine Rede Hitlers. Das Geschäft des Ehepaares Grünbaum wird von Nazis attackiert. Erna wird bedroht.

Filmsequenz
Sequenz: 7
Start: Im Musikgeschäft: Erna sitzt vor dem Radio und schreibt. Eine Rede Hitlers wird übertragen.
Stopp: Harry kommt mit Blumen und einer Freikarte für Erna. Sie hat schon eine Karte von Bob bekommen.

1 **Richtig oder falsch** Sehen Sie die Sequenz. Lesen Sie vorher die Sätze und besprechen Sie nach dem Sehen mit Ihrem Partner/Ihrer Partnerin, ob sie richtig (**R**) oder falsch (**F**) sind. Berichtigen Sie die falschen Sätze.

1. Erna ist wegen der Nachrichten im Radio beunruhigt. _____

2. Erna wischt die antisemitischen Schmierereien weg. _____

3. Frau Grünbaum erzählt, dass ihre beiden Söhne im Krieg für Deutschland gefallen sind. _____

4. Herr Grünbaum versucht die Situation nicht zu ernst zu nehmen. _____

5. Harry gefällt Ernas neue Frisur. _____

6. Harry zeigt Erna einen anonymen Drohbrief. _____

7. Er bekommt den Brief, weil er bei Juden arbeitet. _____

8. Erna hat keine Angst. _____

Filmsequenz
Sequenz: 8
Start: In Bibertis Wohnung, als Harry die Vorladung liest
Stopp: Ende der Szene bei dem Präsidenten der Reichsmusikkammer

Achte Sequenz: Vorladung in die Reichsmusikkammer Die Gruppe ist in Bibertis Wohnung. Harry hat für die Gruppe eine Vorladung in die Reichsmusikkammer bekommen. Harry und Bob gehen hin und treffen sich mit dem Präsidenten der Reichsmusikkammer.

2 **Die Reichsmusikkammer** Was, denken Sie, ist das? Stellen Sie gemeinsam mit Ihren Kommilitonen/Kommilitoninnen Hypothesen auf.

3 **Achte Sequenz ohne Ton sehen**

a. Lesen Sie vor dem Sehen der achten Sequenz ohne Ton die folgende Frage:

Was, denken Sie, besprechen Bob Biberti, Harry Frommermann und der Präsident der Reichsmusikkammer? Achten Sie besonders auf die Mimik und Gestik.

b. Lesen Sie nach dem Sehen ohne Ton die folgende Transkription der Szene. Vermuten Sie, wer was sagt. (**B** = Bob, **H** = Harry, **R** = Reichsmusikkammerpräsident)

——: „Sie haben drei nichtarische Mitglieder in Ihrer Truppe."

——: „In die Reichskulturkammer* werden nur Arier aufgenommen."

——: „Wer nicht in der Reichskulturkammer ist, kann seinen Beruf nicht ausüben[1]. So einfach ist das."

——: „Hören Sie mal, so einfach kann das gar nicht sein. Wir sind die Comedian Harmonists. Millionen Menschen lieben uns. Wir sind international anerkannt."

——: „Dann gibt es ja auch noch Verträge[2]."

——: „Die sollen Sie auch erfüllen und Sie dürfen sogar neue abschließen. Fragt sich nur, ob mit dem derzeitigen Ensemble."

——: „Soll das heißen, meine jüdischen Kollegen und ich ...?"

——: „Herr Frommermann, Sie haben nicht zufällig eine arische Großmutter?"

——: „Bitte? ... Nein."

——: „Wir sind ja keine Unmenschen."

——: „Vielleicht gibt es eine Lösung oder eine Regelungsausnahme."

——: „Ich will nicht verschweigen, dass einige hohe Herren die Hände schützend über Sie halten[3]."

——: „Das muss aber nicht immer so bleiben. Zumindest sollten Sie ein wenig kooperieren, zum Beispiel was die Liedauswahl betrifft[4]."

---

[1]**einen Beruf ausüben** arbeiten   [2]**der Vertrag** ein Text, der legale Konditionen beschreibt
[3]**die Hände schützend über jemanden halten** jemanden beschützen; dafür sorgen, dass jemandem nichts Schlimmes passiert   [4]**was die Liedauswahl betrifft** auf die Auswahl der Lieder bezogen

*****Reichskulturkammer** Die Reichsmusikkammer war Teil der Reichskulturkammer.

——: „Müssen es denn immer jüdische Komponisten, Texte und Arrangeure sein?"

——: „Gut, ich denke wir haben uns verstanden."

——: „Ich wollte nur mal grundsätzlich auf gewisse Schwierigkeiten hinweisen[1]. Nicht, dass Sie aus allen Wolken fallen[2], wenn wir irgendwann sagen: ‚Nee, so meine Herren, nicht‘."

——: „Nun habe ich noch eine kleine Bitte. Wenn Sie mir vielleicht für meinen Neffen ein Autogramm geben könnten. Der ist ganz verrückt nach den Comedian Harmonists."

④ Sehen der achten Sequenz mit Ton Überprüfen Sie während des Sehens die Sätze aus Aufgabe 3 b.

⑤ Vergleichen Vergleichen Sie die Szene mit Ihren Hypothesen aus Aufgabe 3 a. Was ist anders als Sie gedacht hatten?

Filmsequenz
Sequenz: 9
Start: Erna wird von einigen Nazis festgehalten, sie schreit. Die Fenster des Musikgeschäfts Grünbaum werden eingeschlagen.
Stopp: Erna und Bob gehen gemeinsam weg, Harry schaut ihnen nach.

Neunte Sequenz: Angriff der Nazis auf das Geschäft der Grünbaums
Das Geschäft wird von Nazis attackiert. Hans schlägt Erna ins Gesicht. Bob verteidigt Erna. Harry sieht zu, wie die beiden weggehen.

⑥ Neunte Sequenz ohne Ton sehen Sehen Sie die folgende Sequenz ohne Ton. Im Anschluss lesen Sie die folgenden Aussagen und Sätze, die die schlagen Fensterscheiben ein. Ordnen Sie sie den entsprechenden Personen zu.

Erna: 7,	Bob:	Nazis:
Hans:	Herr Grünbaum:	
Harry:	Frau Grünbaum:	

Aussagen (Wer sagt das?)	**Handlungsbeschreibung (Wer tut das?)**
1. Ich habe dich gewarnt.	a. wird festgehalten
2. Sie haben doch gesehen, was passiert ist.	b. schlägt sie ins Gesicht
3. Warum tun Sie nichts?	c. spuckt ihm ins Gesicht
4. Verschwinde, Saujud.	d. beobachtet
5. Unkraut vergeht nicht.	e. schaut den beiden nach
6. Wo geht ihr denn hin?	f. Fensterscheiben einschlagen
7. Zu Bob.	g. wird mit einem Messer bedroht
8. Hast du es ihm nicht gesagt?	h. ist verletzt
9. Ich wohne ja jetzt bei ihm.	i. geht in das Geschäft
10. Ich liebe Erna.	j. wird niedergeschlagen
11. Ist das nicht alles fürchterlich?	k. pfeift
12. Halt, loslassen!	l. laufen weg
13. Hilfe!	m. kommt zu Hilfe

---

[1] **auf etwas hinweisen** etwas deutlich sagen   [2] **aus allen Wolken fallen** überrascht sein

7 **Sehen der neunten Sequenz mit Ton** Sehen Sie die Sequenz mit Ton und überpüfen Sie, welche Aussagen und Handlungen Sie den Personen zugeordnet haben.

 ◇ Warum ist Erna Ihrer Meinung nach jetzt bei Bob?
 ◇ Beschreiben Sie: Wie hat sich Harry verhalten, wie Bob?

Comedian Harmonists: Filmsequenz 10–12

Filmsequenz
Sequenz: 10
Start: Man isst bei Biberti und seiner Mutter.
Stopp: Man fragt: „Warum bleiben wir nicht einfach hier?"

Zehnte Sequenz: Eine Einladung Die Gruppe isst bei Bob Biberti und seiner Mutter, alle bis auf Harry sitzen um den Tisch. Harry kommt mit einem Brief.

1 **Hypothesen zur Sequenz aufstellen** Das Nazi-Regime wächst zunehmend und die Comedian Harmonists geraten stärker unter Druck. 1934 erhalten die Comedian Harmonists eine Einladung in die USA. Vor dem Sehen spekulieren Sie, was Sie in dieser Sequenz sehen könnten. Welche Stadt werden die Comedian Harmonists besuchen?

2 **Zehnte Sequenz sehen – Hypothesen verifizieren** Sehen Sie sich die zehnte Sequenz an. Waren Ihre Hypothesen aus Aufgabe 1 richtig? Welche Schauplätze konnten Sie erkennen? Was machen die Comedian Harmonists in den USA? Wo singen sie? Welche Frage kommt für die Comedian Harmonists auf?

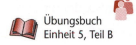

Übungsbuch
Einheit 5, Teil B

3 **Rollenspiel: Diskutieren** „Warum bleiben wir nicht einfach hier in den USA?" Arbeiten Sie in Gruppen. Übernehmen Sie wieder die Rolle des Mitglieds der Comedian Harmonists, dessen Lebenslauf Sie gelesen haben.

a. **Vorbereitung** Der Kasten unten hilft Ihnen, Ihre Gedanken zu organisieren und gibt Ihnen Hilfsmittel, die Sie bei der Diskussion gebrauchen können. Formulieren Sie Sätze, die zu Ihrer „persönlichen" Situation am besten passen.

b. **Diskussion** Diskutieren Sie die Frage: „Warum bleiben wir nicht einfach hier in den USA?"

A. Individuelle Gründe Beenden Sie die Sätze, die für Sie zutreffen.

Ich muss/will in den USA bleiben, weil _____.

Ich muss/will aus Deutschland weg, weil _____.

Ich will/kann nicht aus Deutschland weg, weil _____.

Ich will/kann nicht in Amerika bleiben, weil _____.

Kreuzen Sie an.

... wegen ...

☐ meiner Mutter   ☐ meines Vermögens
☐ meiner Familie   ☐ der Sprache
☐ meiner Wohnung   ☐ meiner Liebe zu Berlin / Deutschland
☐ meiner Frau / Freundin   ☐ der Nazis
☐ meiner Freunde   ☐ meiner Religion

B. Gemeinsame Gründe Notieren Sie Argumente.

◇ **pro**

BEISPIEL: In Deutschland werden wir große Probleme haben. In den USA könnten wir ...

_____

_____

◇ **contra**

BEISPIEL: Wir können kein Englisch und kennen die Menschen nicht. In Deutschland ...

_____

_____

Filmsequenz
Sequenz: 11
Start: „Ja, warum eigentlich nicht?"
Stopp: Bob wirft die Zigarre ins Wasser.

Elfte Sequenz: Auf dem Schiff Die Comedian Harmonists besprechen, ob sie in den USA bleiben oder nicht.

4 **Hör- und Sehverständnis** Sehen Sie sich die elfte Sequenz an und kreuzen Sie die Argumente, die Sie hören, an.

- ◇ unsere Verträge
- ◇ wegen meiner Mutter
- ◇ Weil meine Frau Jüdin ist.
- ◇ unsere Bankkonten
- ◇ Wir sprechen nicht richtig Englisch.
- ◇ Wir wären verloren.
- ◇ unsere Frauen
- ◇ knallharter Konkurrenzkampf
- ◇ wegen meiner Wohnung
- ◇ Wir könnten endlich wieder frei arbeiten.
- ◇ Unsere Fans sind in Deutschland.
- ◇ Das ist die Weltmetropole des Entertainments.

Welche Argumente sind für, welche gegen das Bleiben in den USA?

Filmsequenz
Sequenz: 12
Start: Bob und Harry sind auf der Terrasse des Hotels in New York und reden miteinander.
Stopp: Bob sagt: „Morgen geht das Schiff, wer dabei ist, ist dabei."

Zwölfte Sequenz: Das Gespräch Bob und Harry unhterhalten sich.

5 **Aussagen des Dialogs zuordnen** Stellen Sie vor dem Sehen der Sequenz Hypothesen darüber auf, wer was sagt. Was sagt Harry, was sagt Bob? Schreiben Sie **H** (Harry) oder **B** (Bob) auf die Linien vor den Sätzen.

——— Die Gruppe ist wichtiger als der Einzelne.

——— Kommt dir der Satz bekannt vor?

——— Na und?

——— Du bist der Einzige, der sich strikt weigert, Deutschland zu verlassen.

——— Ich habe euch klipp und klar die Gründe genannt.

——— Das sind keine Gründe – Musik ist doch international. Warum sollten wir hier keinen Erfolg haben?

——— Hier geht es um eine Lebensentscheidung und du schiebst fadenscheinige Gründe vor.

——— Ja, denkst du für mich ist das keine lebenswichtige Entscheidung? Du hast wieder einmal nur dich selbst im Kopf.

——— Nein, es geht nicht um mich, es geht um uns Juden.

——— Das glaub' ich dir nicht. Du versuchst mit allen Mitteln, die anderen zu beeinflussen. Roman, der hat gesagt, er liebt Deutschland.

—— Du bist derjenige, der wegwill, nur du!

—— Ich will nicht weg, ich muss weg. Kapierst du das denn nicht?

—— Dann hau doch ab. Reisende soll man nicht aufhalten.

—— Du bist ein sturer Hund. Du bist es doch, der nur sich im Kopf hat.

—— Du denkst an dein Vermögen, du denkst an deine schöne Wohnung, du denkst an Erna, na ja klar. Für dich wäre es am bequemsten, du wärst mich allein als Einzigen los.

—— Jetzt hast du dich verraten. Erna! Immer wieder Erna.

—— Dir geht es ja gar nicht um die Politik.

—— Nein mir nicht, aber den Nazis, Idiot!

—— Was meinst du mit welcher Freude Herr Julius Streicher Leute wie mich in ein Arbeitslager stecken würde.

—— Arbeitslager! Du leidest an Verfolgungswahn.

—— Verfolgungswahn, na sag das noch mal!

—— Es ist wegen meiner Mutter, die würde nie mitkommen. Schon gerade jetzt, wo es uns ein bisschen besser geht, wo es endlich so ist, wie mein Vater sich das immer erträumt hat: den Steinway-Flügel, die neue Wohnung.

—— Die Frau ist gebrechlich, ich kann sie nicht alleine lassen.

—— Ne, morgen früh geht das Schiff. Wer dabei ist, ist dabei. Wer nicht, nicht. New York ist fast so schön wie Berlin.

6 **Wortschatz** Ordnen Sie die passenden Ausdrücke aus dem Kasten zu. Danach lesen Sie den Dialog noch einmal.

der Einzelne ————————————————————

sich weigern ————————————————————

klipp und klar ————————————————————

fadenscheinige Gründe vorschieben ——————————

es geht um + *Akk.* ————————————————

beeinflussen ————————————————————

kapieren, *ugs.*[1] ————————————————

abhauen, *ugs.* ————————————————————

———————
[1]ugs. = umgangssprachlich

sich verraten _____

der Verfolgungswahn _____

gebrechlich _____

weggehen	ganz klar
nein sagen, etwas nicht tun, das verlangt wird	etwas sagen, an dem man die Motive, die Gedanken erkennt
etwas tun oder sagen, damit der andere seine Meinung ändert	man hat das starke Gefühl, dass man verfolgt wird
es handelt sich um	das Individuum
Gründe angeben, die nichts wert sind	sie ist nicht sehr stark und gesundheitlich empfindlich
verstehen	

7 **Sehen der Sequenz** Sehen Sie nun die Sequenz und kontrollieren Sie.

◇ Wer hat was gesagt?
◇ Lesen Sie den Dialog nun mit Ihrem Partner/Ihrer Partnerin. Versuchen Sie die Intonation wie im gesehenen Gespräch nachzuspielen.

8 **Fragen beantworten** Beantworten Sie gemeinsam mit Ihrem Partner/Ihrer Partnerin die folgenden Fragen.

◇ Worüber sprechen die beiden?
◇ Wer möchte in den USA bleiben und wer möchte nach Deutschland zurückgehen?
◇ Wie begründen die beiden ihre Standpunkte?
◇ Warum streiten die beiden?
◇ Was, denken Sie, wird Harry machen?
◇ Es geht in dieser Diskussion auch um Erna. Welche Beziehung hat Harry bzw. Bob zu ihr?
◇ Wie haben sich diese Beziehungen im Film entwickelt?
◇ Wie geht der Film Ihrer Meinung nach weiter?
◇ Wer wird in den USA bleiben, wer wird nach Deutschland zurückgehen?

Filmsequenz
Sequenz: 13
Start: Die Comedian Harmonists bei der Vorbereitung auf die Rückreise
Stopp: Ankunft in Deutschland

Comedian Harmonists: Filmsequenz 13–15

Dreizehnte Sequenz: Zurück in Deutschland Die Gruppe kehrt zurück.

1 **Hypothesen verifizieren** Sehen Sie sich die folgende Sequenz an und beobachten Sie, welche Harmonisten nach Deutschland zurückkehren.

2a Einen Brief lesen Die Comedian Harmonists beantragten die Aufnahme[1] in die Reichsmusikkammer und erhielten 1935 den folgenden Brief. Setzen Sie die Wörter aus dem Kasten in der richtigen Verbform und Zeit in die entsprechenden Lücken.

ablehnen
ausüben
musizieren
verlieren

Ein Brief der Reichsmusikkammer

Der Präsident der Reichsmusikkammer   22. Februar 1935

Sehr geehrter Herr Robert Biberti,

Sie werden hiermit auf Ihren Antrag als Mitglied der „Reichs-
musikerschaft" in die Reichsmusikkammer aufgenommen.

5 Die Aufnahme der drei nichtarischen Angehörigen der „Comedian
Harmonists" habe ich _____. Diese haben dadurch das
Recht auf Berufsausübung _____. Damit ist Ihnen die
Möglichkeit genommen, noch weiterhin mit diesen Nichtariern
_____. Jedoch bleibt es Ihnen unbenommen[1], mit anderen
10 arischen Musikern nach Zulegung[2] eines neuen Namens anstelle
der Bezeichnung „Comedian Harmonists" Ihre musikalische
Tätigkeit _____.

————
[1]**es bleibt Ihnen unbenommen** Sie können es tun, es ist möglich   [2]**die Zulegung eines neuen Namens** das Finden eines neuen Namens

2b Zusammenfassen Sagen Sie in einem Satz, was der Inhalt dieses Briefes ist.

Schreiben

3 Einen Brief rekonstruieren Der Brief in Aufgabe 2 ist das Antwortschreiben auf einen anderen Brief. Wer hat den ersten Brief geschrieben? An wen? Versuchen Sie, den ersten Brief zu rekonstruieren. Der folgende Wortschatz kann Ihnen dabei helfen. Beginnen Sie so:

————
[1]**die Aufnahme beantragen** offiziell darum bitten, aufgenommen zu werden

die Aufnahme
aufnehmen
erlauben
bitten
der Antrag
beantragen

Sehr geehrter Herr Reichsmusikkammerpräsident,

_____

_____

_____

_____

_____

Mit freundlichen Grüßen
Robert Biberti

Filmsequenz
Sequenz: 14
Start: Hinter der Bühne vor
   dem Konzert, als die
   Comedian Harmonists
   den Brief der
   Reichsmusikkammer
   erhalten
Stopp: Die Szene, in der Erna
   nach dem Konzert auf
   ihrem Platz weint

Vierzehnte Sequenz: Das letzte Konzert In der folgenden Sequenz bereiten sich die Comedian Harmonists auf ein Konzert vor. Da bekommen sie den Brief der Reichsmusikkammer, den Sie in Aufgabe 2 gelesen haben. Viele Emotionen kommen hoch.

4 **Wortschatz** Welche Begriffe passen zu den beiden Adjektiven *traurig* und *begeistert*?

gerührt   stehende Ovationen
klatschen   weinen
sich bedanken   deprimiert
bedrückt   der Beifall
applaudieren   der Applaus

traurig	begeistert

5 **Sehen der Sequenz** Lesen Sie die folgenden Fragen, bevor Sie die 14. Sequenz sehen. Beantworten Sie die Fragen nach dem Sehen.

◇ Wie ist die Atmosphäre beim letzten Konzert?
◇ Warum spricht Harry zum Publikum?
◇ Wie reagieren die Zuschauer?
◇ Wie reagiert Erna, warum? Was denkt sie?
◇ Wie reagiert das Publikum, nachdem das Lied gesungen wurde?

◆ Der vollständige Liedtext befindet sich im Anhang des Buches.

6 **Lied: Lückentext ergänzen** Lesen Sie den Text des Liedes, das Sie im Film hören. Setzen Sie Wörter ein, die in den Kontext passen und sich reimen. Hören Sie dann zum Vergleich das Lied noch einmal und korrigieren Sie.

Auf Wiedersehn

Gib mir den letzten Abschieds_____,

weil ich dich heut' verlassen _____,

und sage mir auf Wiedersehn,

auf Wiedersehn, leb wohl.

5   Wir haben uns so heiß _____,

und unser Glück war nie ____*getrübt*____,

drum sag' ich dir auf Wiedersehn,

auf Wiedersehn, leb wohl.

Ob du mir treu sein wirst,

10 sollst du mir nicht _____,

wenn man sich wirklich liebt,

stellt man nicht solche dummen _____.

Gib mir den letzten Abschieds_____,

weil ich dich heut' verlassen _____,

15 ich freu' mich auf ein Wiedersehn,

auf Wiedersehn, leb wohl.

Wir haben uns _____,

geliebt und heiß _____.

Es waren schöne Stunden,

20 die man nicht mehr _____.

Ein Märchen geht zu Ende,

drum reich mir deine kleinen _____.

Gib mir den letzten Abschieds_____, ... (Refrain)

Fünfzehnte Sequenz: Das Ende Nach dem letzten Konzert geht Harry zum Friedhof und nimmt Abschied. Man sieht die Schlussszene des Films.

7 **Hypothesen aufstellen** Besprechen Sie mit Ihrem Partner/Ihrer Partnerin:

◇ Was, denken Sie, wird Erna tun?
◇ Wie geht der Film zu Ende?
◇ Wenn Sie der Regisseur wären, wie würden Sie die letzte Szene gestalten?

Machen Sie eine Zeichnung der letzten Szene und beschreiben Sie sie Ihren Kommilitonen/Kommilitoninnen.

8 **Hypothesen verifizieren** Sehen Sie das Ende des Films an und vergleichen Sie es mit Ihren Hypothesen aus Aufgabe 7. Was ist anders? Was ist gleich?

Übungsbuch
Einheit 5, Teil B

9 **Das Ende des Films zusammenfassen** Vervollständigen Sie die Satzanfänge mit Relativsätzen. Benutzen Sie auch die folgenden Wörter: **sich trennen, verlassen, sich verabschieden, weggehen.**

BEISPIEL: Das Ensemble, *das sieben Jahre bestanden hat, trennt sich.* _____

a. Harry, _____

b. Erna, _____

c. Bob, _____

d. Erwin, Ari und Bob, _____

e. Harry, Roman und Erich, _____

Übungsbuch
Einheit 5, Teil B

Strukturen ◆ Reflexive Verben

Filmhandlung zusammenfassen

a. Lesen Sie den folgenden Text.
b. Suchen Sie alle reflexiven Verben. Unterstreichen Sie diese und das entsprechende Reflexivpronomen.
c. Schreiben Sie alle Verben im Infinitiv auf.
d. Danach benutzen Sie die reflexiven Verben in sechs eigenen Sätzen zum Werdegang der Gruppe. Schreiben Sie diese aus Harrys Perspektive.

Robert Boberti <u>stellte</u> <u>sich</u> bei Harry Frommermann, der eine Anzeige in die Zeitung gegeben hatte, <u>vor</u>. Die anderen Mitglieder kamen im Laufe der Zeit dazu. Nach vielen Proben und einigen Misserfolgen gelang der Gruppe der große Durchbruch. Es entwickelte sich eine enge Beziehung zwischen den Mitgliedern, die nicht immer konfliktfrei war. 1935 erhielten die Comedian Harmonists einen Brief der Reichskulturkammer. In dem Brief handelte es sich darum, dass die Gruppe in der bestehenden Zusammensetzung nicht mehr existieren durfte. Die jüdischen Mitglieder der Gruppe fühlten sich in Deutschland nicht mehr sicher. Die Gruppe wurde in die USA eingeladen, aber sie konnte sich nicht entschließen[1], dort zu bleiben. Sobald sie sich wieder in Deutschland befanden, musste sich die Gruppe trennen. Erna entschloss sich am Ende des Films mit Harry auszuwandern.

sich vorstellen _____ _____

_____ _____

_____ _____

1. *Nachdem ich eine Anzeige in die Zeitung gesetzt hatte, stellten sich viele Sänger bei mir vor.*

2. _____

3. _____

4. _____

5. _____

6. _____

_____

[1]**sich entschließen** sich entscheiden

Weiterführende Aufgaben

Gehen Sie zur Houghton Mifflin College Website unter http://college.hmco.com/languages/german/students/ und klicken Sie auf *Anders gedacht* im Dropdown-Menü *Intermediate German*.

1 **Referate halten: Nach der Trennung** Die drei nichtarischen Mitglieder der Comedian Harmonists verließen 1935 Deutschland und gingen zunächst nach Wien. Wie geht die Geschichte der Comedian Harmonists weiter?

◇ Was ist aus dem Teil der Gruppe geworden, der ausgewandert ist?
◇ Was ist aus dem anderen Teil geworden?

Suchen Sie im Internet Informationen und stellen Sie diese graphisch dar. Präsentieren Sie dann Ihren Kommilitonen/Kommilitoninnen Ihre Informationen.

Aufsatz schreiben Wählen Sie ein Thema und schreiben Sie in der *Ich*-Form im Präteritum.

a. Sie sind einer der Comedian Harmonists. Erzählen Sie aus Ihrer Sicht von Ihrer Gruppe, Ihren Erfolgen, Konflikten, Ihren Schwierigkeiten mit dem Nazi-Regime und dem Ende der Gruppe.

b. Sie sind Erna, erzählen Sie aus Ihrem Leben in Berlin zu der Zeit, als die Comedian Harmonists entstanden sind, als sie Erfolg hatten und von ihrem Ende. Erzählen Sie auch von Ihrer Beziehung zu Harry und Bob.

Grundwortschatz

Verben

auf•treten: er/sie/es tritt ... auf, trat ... auf, ist ... aufgetreten
bestimmen: er/sie/es bestimmt, bestimmte, hat ... bestimmt
boykottieren: er/sie/es boykottiert, boykottierte, hat ... boykottiert
emigrieren: er/sie/es emigriert, emigrierte, ist ... emigriert
sich entschließen: er/sie/es entschließt sich, entschloss sich, hat sich ... entschlossen
entstehen: er/sie/es entsteht, entstand, ist ... entstanden
sich entwickeln: er/sie/es entwickelt sich, entwickelte sich, hat sich ... entwickelt
gründen: er/sie/es gründet, gründete, hat ... gegründet
klatschen: er/sie/es klatscht, klatschte, hat ... geklatscht
proben: er/sie/es probt, probte, hat ... geprobt
sich trennen: er/sie/es trennt sich, trennte sich, hat sich ... getrennt
sich verabschieden: er/sie/es verabschiedet sich, verabschiedete sich, hat sich ... verabschiedet
verbieten: er/sie/es verbietet, verbot, hat ... verboten
verlassen: er/sie/es verlässt, verließ, hat ... verlassen
sich vor•stellen: er/sie/es stellt sich ... vor, stellte sich ... vor, hat sich ... vorgestellt
weinen: er/sie/es weint, weinte, hat ... geweint
sich wundern (über + *Akkusativ*)**:** er/sie/es wundert sich, wunderte sich, hat sich ... gewundert

Nomen

der Abschied, -e
die Anzeige, -n
der Applaus
die Arbeitslosigkeit
der Arier, -

die Aufnahme, -n
der Auftritt, -e
die Beziehung, -en
die Bühne, -n
das Dritte Reich

das Ensemble, -s

der Erste Weltkrieg

der Geburtsort, -e

das Hakenkreuz, -e

der Jude, -n / die Jüdin, -nen

der Lebenslauf, die Lebensläufe

das Mitglied, -er

die Nachkriegszeit

das Publikum

die Tätigkeit, -en

die Vorladung, -en

die Weimarer Republik

die Weltwirtschaftskrise

Adjektive und Adverbien

arisch

begeistert

berühmt

eifersüchtig

erfolgreich

jüdisch

Andere Ausdrücke

in Kraft treten

außer Kraft setzen

einen Antrag stellen

Stationen der Geschichte

Deutschland – Österreich – Schweiz

(*oben links*) Das Bundeshaus in Bern, (*oben rechts*) Das Parlament in Wien, (*unten*) Der Reichstag in Berlin

Abschnitte

A Stationen der schweizerischen Geschichte
B Stationen der deutscher Geschichte
C Stationen der österreichischen Geschichte

Texte und Hörtexte

- Micheline Calmy-Rey: „Frauenerfolge: gestern – heute – morgen" (Auszug aus einer Rede)
- Thomas Hürlimann: „Unsere Armee verteidigte damals keine Grenze, sondern einen randvoll mit Gold gefüllten Tresor." (Auszug aus einer Rede)
- Peter Henisch: *Schwarzer Peter* (Romanauszug)

Internet-Aktivitäten

- Daten aus der Geschichte
- Der Schriftsteller Peter Henisch

Sprachliche Strukturen

- Passiv
- Wiederholung: Genitiv

In dieser Einheit

Diese Einheit beschäftigt sich mit der Geschichte des 20. Jahrhunderts der drei deutschsprachigen Länder Deutschland, Österreich und der Schweiz. Sie werden lernen, dass ihre Geschichte eng miteinander verbunden ist und teilweise voneinander abhängt. Zum Vergleich wird die Geschichte der USA herangezogen.

Zeitleiste erstellen Lesen Sie die Liste von Ereignissen und versuchen Sie mit Ihrer Gruppe, die Jahreszahlen aus dem Kasten zuzuordnen. Schreiben Sie dann in die dritte Spalte das Land/die Länder, in dem/denen dieses Ereignis stattgefunden hat. Benutzen Sie die internationalen Kurzformen: USA, D, CH und A. Viele Ereignisse passen zu mehreren Ländern!

Jahreszahlen	Ereignisse	Land
1937	Abkommen[1] über den Verzicht[2] auf Streiks	CH
	Anschluss[3] an Hitler-Deutschland	
	Bau der Berliner Mauer	
	Beginn der Besatzungszeit[4] (Aufteilung in vier Besatzungszonen: amerikanisch, britisch, französisch, sowjetisch)	
	Besuch von JFK in Deutschland	
	Ende der Besatzungszeit	
	Erster Weltkrieg	
	Staatsgründung	
	Fall der Berliner Mauer	
	Gleichstellung für Frauen und Männer	
	Grenzsperre[5] für Flüchtlinge[6]	
	Hitlers Machtergreifung[7]	
	Pearl Harbor	
	Staatsvertrag: Erklärung der Neutralität	
	Weimarer Republik	
	Weltwirtschaftskrise	
	Wiedervereinigung	
	Zweiter Weltkrieg	

Zuzuordnende Jahreszahlen

1914–1918	1933	1938	1949	1955	1981
1918–1933	1955	1939–1945	1942	1961	1989
1929	~~1937~~	1941	1945	1963	1990

---

[1]**das Abkommen** der Vertrag [2]**der Verzicht** wenn man etwas nicht macht, was man eigentlich gerne machen möchte [3]**der Anschluss** *von* **sich anschließen**: sich an etwas beteiligen [4]**die Besatzung** die Okkupanten [5]**die Grenze** imaginäre Linie, die zwei Länder trennt; **sperren** schließen [6]**der Flüchtling** jemand, der sein Land verlassen will oder muss [7]**die Ergreifung** *von* **ergreifen**: nehmen

A Stationen der schweizerischen Geschichte

In diesem Abschnitt werden Sie sich einen Überblick über die Geschichte des 20. Jahrhunderts in der Schweiz erarbeiten, indem Sie sich mit Auszügen aus zwei politischen Reden beschäftigen.

Hintergrundwissen

1 Vermuten Um welches der drei Länder Österreich, Schweiz oder Deutschland handelt es sich hier?

a. In diesem Land wird nicht gestreikt.
b. Dort gelten erst seit 1981 gleiche Rechte für Frauen und Männer.
c. Jeder Mann aus diesem Land ist ein Soldat.
d. Dieses Land ist neutral.

Dieses Land heißt: _____

2 Zuordnen Ordnen Sie den vier Fakten aus Aufgabe 1 eine Erklärung zu.

a. _____

b. _____

c. _____

d. _____

1. Das Land beteiligt sich an keinem Krieg und bleibt politischen und militärischen Bündnissen fern[1].
2. Jeder Mann muss für 30 Jahre seines Lebens während einiger Wochen im Jahr Militärdienst leisten.
3. Es gibt keine Arbeitskämpfe zwischen Arbeitgebern und Gewerkschaften[2].
4. Die traditionelle Rollenverteilung – die Frau zu Hause, der Mann am Arbeitsplatz – hielt sich hier länger als in anderen europäischen Ländern.

---

[1]**fernbleiben** sich nicht beteiligen   [2]**die Gewerkschaft** eine Organisation von Arbeitnehmern die das Ziel hat, die Arbeitsbedingungen zu verbessern

Wortschatz

3 **Begriffe einsetzen** Was wissen Sie über die Schweiz? Setzen Sie die Wörter im Kasten in den Text ein.

die Neutralität	die Armee
der Streik, -s	der Militärdienst
streiken	die Gleichstellung
neutral	(die Gleichberechtigung)
die Gewerkschaft, -en	die Waffe, -n

Leitlinie der schweizerischen Außenpolitik ist die _____[1].
Auch im Zweiten Weltkrieg verhielt sich die Schweiz offiziell
_____[2], allerdings ist um diese Haltung eine heftige Diskussion entstanden. Die Schweiz ist auch ein Land ohne _____[3],
d.h. in der neueren Geschichte der Schweiz gibt es keine Arbeitskämpfe.
Seit Mitte der 30er Jahre haben die _____[4] auf das Streikrecht
verzichtet. Die Schweizer _____[5] nicht, weil dies als illegitim
und unmoralisch gilt. Erst 1971 wurde in der Schweiz das Stimm- und
Wahlrecht für Frauen eingeführt und 1981 wurde der Grundsatz der
gleichen Rechte für Frauen und Männer in die Bundesverfassung
aufgenommen, aber _____[6] existiert noch immer nur auf dem
Papier. Die _____[7] der Schweiz ist eine der größten in Europa.
Jeder männliche Schweizer muss 30 Jahre lang für einige Wochen im
Jahr _____[8] leisten. Die _____[9] werden zu Hause
aufbewahrt.

Zwei Reden

Sie befassen sich mit zwei Reden. Die erste Rede heißt „Frauenerfolge: gestern – heute – morgen". Der Titel der zweiten Rede lautet „Unsere Armee verteidigte damals keine Grenze, sondern einen randvoll mit Gold gefüllten Tresor." Beide Texte sind Auszüge.

1 **Inhalte zuordnen** Lesen Sie die Titel von den zwei Reden und mögliche Inhalte dieser Reden. Schreiben Sie A oder B, je nachdem zu welcher Rede Ihrer Meinung nach der Inhalt passt.

◇ Titel von Rede A: „Frauenerfolge: gestern – heute – morgen"
◇ Titel von Rede B: „Unsere Armee verteidigte damals keine Grenze, sondern einen randvoll mit Gold gefüllten Tresor."

_____ die Politik der Schweiz während der Nazizeit

_____ die Situation der Frauen in der Schweiz

_____ die Neutralität

_____ ein Streik in der Schweiz

_____ jeder Schweizer – ein Soldat

Hören ◆ Auszüge aus Rede A

Die schweizerische Politikerin und Bundesrätin Micheline Calmy-Rey hat diese Rede am 14. Juni 2003 anlässlich der 6. Frauenvernetzungswerkstatt der St. Galler Frauen-Netzwerke in Gossau gehalten. Sie werden hier einen kurzen Auszug hören.

Frauenstreiktag am 14. Juni 1991

2 **Hypothesen aufstellen** Vermuten Sie zuerst: Was war der Frauen-streiktag vom 14. Juni 1991? Notieren Sie Ihre Vermutungen und be-sprechen Sie sie dann mit Ihrem Partner/Ihrer Partnerin.

Wer hat gestreikt? _____

Wofür? _____

Die Rede befindet sich auf der *Anders gedacht Instructor's Audio CD*.

◆ Ein Transkript der Rede befindet sich im Anhang des Buches.

3 **Hören – Selektives Hören** Hören Sie Auszüge aus der Rede und notieren Sie alle Informationen, die Sie zum Frauenstreiktag bekom-men. Vergleichen Sie anschließend im Plenum.

Wortschatz zur Rede

unerhört (etwas Unerhörtes) unglaublich, skandalös
verpönt gesellschaftlich nicht akzeptiert; belächelt
die Bilanz das Resultat
das Lob nette Worte

_____

_____

_____

_____

_____

WIR HELFEN IMMER DEN ANDERN –

AB JETZT HELFEN WIR UNS SELBST

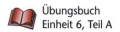
4 **Begriffe erklären** Lesen Sie die folgenden Begriffe aus der Rede. Ordnen Sie jedem Begriff (Spalte A) eine Erklärung aus Spalte B zu.

Spalte A

_k_ 1. der Arbeitsfriede

___ 2. die Gleichstellung

___ 3. das Frauenstimmrecht

___ 4. die Verfassung

___ 5. auf dem Papier

___ 6. in Taten

___ 7. das traditionelle Rollenmuster

___ 8. die Lohngleichheit

___ 9. die Kinderkrippe

___ 10. die Teilzeitstelle

___ 11. die Hausarbeit

Spalte B

a. theoretisch

b. ein Kindergarten, aber für jüngere Kinder

c. die Frau zu Hause, der Mann bei der Arbeit

d. praktisch

e. das Kochen, das Putzen, die Kindererziehung, ...

f. alle verdienen gleich viel

g. man arbeitet nur 50% oder 75%

h. Dokument, das die Rechte der Bürger regelt

i. die Frauen dürfen wählen

j. es gibt keine Unterschiede

k. Arbeitgeber und Arbeitnehmer haben eine gute Beziehung, es gibt keine Konflikte

5 **Hören – Detailverständnis** Lesen Sie zuerst die Fragen. Hören Sie dann die Rede noch einmal und beantworten Sie die Fragen.

1. Was haben die Frauen am 14. Juni 1991 gemacht? _____

_____

2. Warum war das unerhört? _____

3. Wofür haben sie gestreikt? _____

_____

4. Welches Gesetz hat die Schweizer Regierung 20 Jahre vor diesem Streik eingeführt? _____

5. Welches Gesetz hat die Regierung 10 Jahre vor diesem Streik eingeführt? _____

6. Was hatten die Frauen bis 1991 erreicht? _____

7. Wie viele Frauen haben an dem Streik teilgenommen? _____

8. Hat der Streik von 1991 die Gleichstellung gebracht? _____

_____

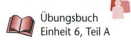

Übungsbuch
Einheit 6, Teil A

6 **Meinung äußern** Besprechen Sie die Fragen in einer Gruppe und machen Sie Notizen. Präsentieren Sie Ihre Antworten dann im Plenum.

◇ Halten Sie den Streik für sinnvoll? Warum (nicht)?
◇ Finden in Ihrem Land viele Streiks statt? Wer streikt? Wofür?
◇ Sind Sie der Meinung, dass ein Streik geeignet ist, um ein Ziel zu erreichen?

Hilfreiche Wörter

der Arbeitgeber, -	die Arbeitsbedingung, -en
der Arbeitnehmer, -	das Gehalt, die Gehälter[2]
kündigen[1]	die Bezahlung
der Kündigungsschutz	der Arbeitsplatz, die Arbeitsplätze

Lesen ◇ Auszüge aus Rede B

Der Schriftsteller Thomas Hürlimann hat diese Rede am 3. Juni 1997 in Weimar gehalten, als er den Literaturpreis der Konrad-Adenauer-Stiftung bekam. Sie werden hier einen kurzen Auszug lesen.

7 **Hypothesen aufstellen** Lesen Sie den Titel noch einmal: „Unsere Armee verteidigte damals keine Grenze, sondern einen randvoll mit Gold gefüllten Tresor." Vermuten Sie.

◇ Wessen Armee ist mit „unsere Armee" gemeint?
◇ Wann ist „damals"?
◇ Was ist hier mit „Tresor[3]" gemeint?

8 **Vorwissen sammeln** Besprechen Sie mit Ihrem Partner/Ihrer Partnerin: Was wissen Sie über die Rolle der Schweiz im Zweiten Weltkrieg? Sammeln Sie die Informationen im Plenum und notieren Sie an der Tafel.

9 **Lesen – Selektives Lesen** Lesen Sie den folgenden Auszug aus der Rede. Was war die Rolle der Schweiz im Zweiten Weltkrieg? Ergänzen bzw. korrigieren Sie die Informationen an der Tafel.

---

[1]**kündigen** sagen, dass man für diesen Arbeitgeber nicht mehr arbeiten möchte [2]**das Gehalt** das Geld, das man verdient [3]**der Tresor** der Safe, der Geldschrank

Unsere Armee verteidigte damals keine Grenze, sondern einen randvoll mit Gold gefüllten Tresor.

Sie kennen es aus der Presse: Zurzeit wird mein Land auf das Schmerzlichste mit seiner Vergangenheit konfrontiert, mit der Politik der Schweiz während der Nazizeit. Anno 39, wird erzählt, soll an der Tür des Schweizer Kriegsministers ein Zettelchen
5 gehangen haben: Rudolf Minger, Eidgenössisches Militärdepartment, *en cas de guerre, sonnez deux fois* – im Kriegsfall bitte zweimal klingeln! Allzu groß, konnte man von diesem Zettelchen ablesen, kann die Furcht[1] vor dem Dritten Reich nicht gewesen sein, was natürlich einen Grund hatte. Die Schweiz besorgte[2] für
10 das international isolierte Hitler-Regime die Banken- und Devisengeschäfte und konnte davon ausgehen, dass die Nazis kaum ihre eigene Bank überfallen[3]. Geldgeschäfte wurden auch mit den Alliierten getätigt, und so hatte diese fleißig-servile Buchhalter-Politik einen edlen Namen: Neutralität. ... Am Schluss des Krieges musste
15 die Schweizer Regierung zwei Tage lang debattieren, ob sie das Kriegsende feiern darf oder nicht, ob sie zu den Verlierern gehört oder zu den Siegern. ...

—Quelle: Thomas Hürlimann, 3. Juni 1997

---

[1]**die Furcht** die Angst   [2]**besorgen** *hier:* erledigen, tätigen, machen   [3]**eine Bank überfallen** das Geld, das in einer Bank gelagert ist, stehlen

Übungsbuch
Einheit 6, Teil A

10 Lesen – Detailverständnis Lesen Sie die Fragen a–h. Lesen Sie dann die Rede noch einmal und beantworten Sie zusammen mit Ihrem Partner/Ihrer Partnerin die Fragen. Vergleichen Sie anschließend im Plenum.

a. Womit wird die Schweiz zurzeit konfrontiert?
b. Was wird über die Tür des Kriegsministers im Jahre 1939 gesagt?
c. Die Schweiz hatte laut Hürlimann keine Angst vor dem Dritten Reich. Warum nicht? Was wird vermutet?
d. Was wurde von der Schweiz für das Hitler-Regime besorgt?
e. Mit wem wurden von der Schweiz auch Geldgeschäfte getätigt?
f. Wie wird der Begriff Neutralität hier definiert?
g. Was wurde am Schluss des Krieges von der Schweizer Regierung diskutiert?
h. Warum musste über diesen Punkt diskutiert werden?

11 Hypothesen verifizieren Was haben Sie in Aufgabe 1 auf Seite 197 angekreuzt? Hatten Sie Recht?

Strukturen ◆ Perfekt und Passiv

Vergleichen Sie die Zeitformen in beiden Reden.

◇ Welche Zeitform wird in Rede A überwiegend benutzt? (Wenn Sie möchten, können Sie das Transkript der Rede im Anhang des Buches zu Hilfe nehmen.) _____

◇ Welche Zeitform wird in Rede B häufig gewählt? _____

◇ Aus wie vielen Teilen bestehen beide Zeitformen? _____

◇ Welcher Teil ist gleich? _____

◇ Welcher Teil ist anders? _____

◇ In Rede A wird häufig das Perfekt Aktiv benutzt. Was wird dadurch bewirkt? _____

◇ In Rede B wird häufig das Passiv benutzt. Was wird dadurch bewirkt? _____

12 **Weiterführende Fragen** Diskutieren Sie die Fragen in Kleingruppen. Vergleichen Sie dann im Plenum.

a. Warum hat die Schweiz, offiziell, nicht am Zweiten Weltkrieg teilgenommen? Und inoffiziell?
b. Warum hat sich möglicherweise die traditionelle Rollenverteilung – die Frau zu Hause, der Mann am Arbeitsplatz – in der Schweiz länger als in anderen europäischen Ländern gehalten?
c. Wodurch und wann hat sich die Situation der Frauen in Ihrem Land geändert?

13 **Referate halten** Wählen Sie eins der folgenden Themen aus. Halten Sie ein Referat darüber.

◇ die Geschichte der Frauenbewegung in der Schweiz
◇ die Schweiz und die Neutralität
◇ die Armee der Schweiz
◇ die Schweiz im Zweiten Weltkrieg

14 **Diskussion** Diskutieren Sie über eins der folgenden Themen.

◇ Jeder Schweizer ein Soldat: Die Waffen werden zu Hause aufbewahrt.
◇ Neutralität: Kann man wirklich neutral sein und ist das erstrebenswert[1]?
◇ Streik: ein Mittel, das zum Ziel führt?

——————
[1]**erstrebenswert** wünschenswert

B Stationen der deutschen Geschichte

In diesem Abschnitt werden Sie sich einen Überblick über die deutsche Geschichte des 20. Jahrhunderts verschaffen, indem Sie sich mit Bildern und Ereignissen dieser Epoche beschäftigen.

Das Reichstagsgebäude

Die deutsche Geschichte des vorigen Jahrhunderts lässt sich gut am Beispiel eines Gebäudes erzählen, das schon so einiges „erlebt" hat: das Reichstagsgebäude in Berlin.

1 Vorwissen sammeln Sprechen Sie im Kurs über die folgenden Punkte. Notieren Sie alle Informationen, die Sie über den Reichstag haben, an der Tafel.

- ◇ Wer von Ihnen war schon einmal in Berlin? Was haben Sie dort besichtigt?
- ◇ Haben Sie auch den Reichstag besucht? Wie gefällt er Ihnen?
- ◇ Beschreiben Sie den Reichstag. Wie sieht er aus?
- ◇ Was wissen Sie über die Geschichte des Reichstags?

Lesen ◆ Detailverständnis

2 Die Geschichte des Reichstags kennen lernen Die folgenden Bilder (1–11) und Textabschnitte (A–K) geben Ihnen einen Überblick über die Geschichte des Reichstagsgebäudes.

a. Bildern Texte zuordnen Die Bilder und Textabschnitte sind nicht chronologisch geordnet.

- ◇ Ordnen Sie die Textabschnitte auf den Seiten 205 und 206 den Bildern auf Seite 204 zu. Schreiben Sie den entsprechenden Buchstaben unter jedes Bild.
- ◇ Schreiben Sie die Jahreszahlen aus dem Kasten in die Textabschnitte.

1884	1945	1990
1894	1948	1995
1918	1961	1999
1933	1989	

Bild 1,
Textabschnitt ___K___

Bild 2,
Textabschnitt _____

Bild 3,
Textabschnitt _____

Bild 4,
Textabschnitt _____

Bild 5,
Textabschnitt _____

Bild 6,
Textabschnitt _____

Bild 7,
Textabschnitt _____

Bild 8,
Textabschnitt _____

Bild 9,
Textabschnitt _____

Bild 10,
Textabschnitt _____

Bild 11,
Textabschnitt _____

A. Der Bundestag entschied sich für das Projekt der Künstler Christo und Jeanne-Claude, das Reichstagsgebäude für zwei Wochen in gewebtem Kunststoff[1] zu verhüllen[2]. Vom 23. Juni bis zum 6. Juli _____ präsentierte sich der Reichstag dem Betrachter[3] in matt schimmernder[4] „Verpackung".

B. Am 9. November _____, nach dem Zusammenbruch[5] des Kaiserreiches, rief Philipp Scheidemann von dem Balkon des Reichstagsgebäudes die Weimarer Republik aus.

C. Aus Protest gegen die Blockade und gegen die Spaltung[6] Berlins durch die Sowjetunion kam es am 9. September _____ zur berühmten Demonstration von 350 000 Menschen vor dem Reichstagsgebäude.

D. Am 30. Januar _____ wurde Hitler zum Reichskanzler ernannt. Der Reichstagsbrand[7] am Abend des 27. Februar desselben Jahres bedeutete das Ende der parlamentarischen Demokratie in Deutschland.

E. Nach einer Bauzeit von zehn Jahren fand am 5. Dezember _____ die Schlusssteinlegung[8] des Reichstagsgebäudes durch Kaiser Wilhelm II statt.

F. Das nationalsozialistische Regime führte Deutschland und Europa in die Katastrophe des Zweiten Weltkrieges. Als die Sowjetflagge am Ende des Krieges, _____, auf einem der Ecktürme des Reichstagsgebäudes gehisst[9] wurde, war die Niederlage[10] des Deutschen Reiches besiegelt.

G. Durch den Bau der Mauer am 13. August _____ wurde Berlin geteilt. Über Jahrzehnte verlief die Grenze entlang des Reichstagsgebäudes.

H. Am 19. April _____ wurde das nach Plänen von Sir Norman Foster umgebaute Reichstagsgebäude vom Deutschen Bundestag übernommen. Die gläserne Kuppel, Wahrzeichen[11] des Gebäudes, ist auch für Besucher begehbar.

I. Am 9. Juni _____ legte Kaiser Wilhelm I den Grundstein[12] für das Reichstagsgebäude. Mit dem Bau sollte dem Deutschen Reichstag, der bislang nur provisorisch untergebracht[13] war, endlich ein eigenes Zuhause gegeben werden.

---

[1]**Kunststoff** ein Material, das künstlich hergestellt wird   [2]**verhüllen** einpacken, umwickeln   [3]**der Betrachter** eine Person, die etwas ansieht oder besichtigt; *hier:* der Besucher   [4]**schimmern** scheinen   [5]**der Zusammenbruch** das Ende   [6]**die Spaltung** die Teilung   [7]**der Brand** das Feuer   [8]**die Schlusssteinlegung** die Fertigstellung   [9]**die Flagge hissen** die Flagge hochziehen   [10]**die Niederlage** *Nomen zu* verlieren; der Misserfolg   [11]**das Wahrzeichen** das Symbol; *hier:* man erkennt das Gebäude an der gläsernen Kuppel   [12]**der Grundstein** der erste Stein eines Gebäudes, die Basis   [13]**unterbringen** für kurze Zeit ein Zuhause geben, beherbergen

J. Am 4. Oktober _____, einen Tag nach der Vereinigung, fand die erste Sitzung[14] des gesamtdeutschen Bundestages im Reichstagsgebäude statt. Bundestagspräsidentin Rita Süssmuth hielt die Eröffnungsansprache[15].

K. Mit dem Zusammenbruch der SED-Führung als Folge von Massendemonstrationen wurde das Ende der DDR eingeleitet. „Mauerspechte"[16], wie an der Grenzmauer in der Ebertstraße hinter dem Reichstagsgebäude, entnahmen Stücke der Mauer, die am 9. November _____ endgültig gefallen war.

Übungsbuch
Einheit 6, Teil B

b. Bilder beschreiben Beschreiben Sie jetzt in chronologischer Reihenfolge, was Sie auf jedem Bild auf Seite 204 sehen. Benutzen Sie dabei den Genitiv.

Bild	Beschreibung
6	Das Bild zeigt die Grundsteinlegung des Reichstagsgebäudes.
4	
3	
5	
10	
7	
11	
1	
8	
2	
9	

Strukturen ◆ Das Passiv

Übungsbuch
Einheit 6, Teil B

A **Passivsätze finden** Suchen Sie aus den Textabschnitten alle Sätze heraus, die im Passiv geschrieben sind, notieren Sie sie hier und unterstreichen Sie die Passiv-Struktur. Insgesamt sind es sechs Sätze.

1. Am 30. Januar 1933 wurde Hitler zum Reichskanzler ernannt.

2. _____

3. _____

---

[14]**die Sitzung** das Meeting   [15]**die Ansprache** die Rede   [16]**der Mauerspecht** ein Specht ist ein Vogel, der mit seinem Schnabel in den Baum hackt; Mauerspechte sind Menschen, die mit Werkzeug, einem Hammer beispielsweise, in die Mauer hacken und Stücke herausnehmen

4. _____

5. _____

6. _____

B **Regeln notieren** Sehen Sie sich die Sätze aus Aufgabe A an. Notieren Sie die Regeln für das Passiv. Schreiben Sie die Wörter aus dem Kasten in die Lücken.

die Form von **werden**	werden
Endposition	zwei
Partizip II (2x)	zweiter Position

◊ Das Passiv besteht aus _____[1] Teilen:

   1. aus einer Form des Verbs _____[2] und

   2. einem _____[3].

◊ Die Form des Verbs **werden** steht an _____[4],

   das Partizip II steht in _____[5].

◊ Steht das Passiv im Nebensatz, stehen beide Teile der Passiv-Struktur am Ende des Nebensatzes: zuerst steht

   _____[6] und dann _____[7].

C **Verbformen ergänzen** Vervollständigen Sie die Tabelle.

Das Verb **werden** im Präsens und Präteritum

Person	Präsens	Präteritum
ich	*werde*	*wurde*
du		
er/sie/es		
wir		
ihr		
sie/Sie		

Das Passiv Perfekt bilden Die Perfekt-Form von **werden** ist: Ich **bin ... geworden.** Im Passiv sieht diese Form ein bisschen anders aus: Ich **bin ... worden.** Die passive Perfekt-Form verliert also das Präfix **ge**.

BEISPIEL: Am 30. Januar 1933 **ist** Hitler zum Reichskanzler **ernannt worden**.

3 **Passiv-Sätze bilden** Verwandeln Sie die folgenden Aktiv-Sätze ins Passiv. Achten Sie auf die richtige Zeit! Wichtig: Die Präposition **von** benutzt man, wenn eine Person handelt, sonst benutzt man **durch**. Sehr oft wird die handelnde Person aber auch weggelassen, sie wird nur dann erwähnt, wenn sie wichtig ist.

BEISPIEL: Die Mauer teilte Berlin in zwei Hälften.

Berlin wurde (durch die Mauer) in zwei Hälften geteilt.

BEISPIEL: Sir Norman Foster baut das Reichstagsgebäude um.

Das Reichstagsgebäude wird (von Sir Norman Foster) umgebaut.

a. Er macht die Kuppel für Besucher begehbar.

_____

b. Rita Süssmuth eröffnet 1990 im Reichstag die erste Sitzung des gesamtdeutschen Bundestages.

_____

c. 1989 öffneten friedliche Demonstrationen die Mauer.

_____

d. Kaiser Wilhelm I. legte 1884 den Grundstein für das Reichstagsgebäude.

_____

e. Man beendete den Bau des Reichstagsgebäudes 1894.

_____

f. 1933 setzt man das Reichstagsgebäude in Brand.

_____

Übungsbuch
Einheit 6, Teil B

4 **Zusammenfassen** Fassen Sie nun die Geschichte des Reichstages zusammen. Benutzen Sie die Informationen aus Aufgabe 2 auf Seite 203. Schreiben Sie Sätze in der Reihenfolge der Jahreszahlen. Benutzen Sie das Passiv im Präteritum. Wählen Sie für jeden Satz eines der angegebenen Verben. Die mit *reg.* gekennzeichneten Verben bilden das Partizip II regelmäßig.

BEISPIEL:

1. legen (*reg.*)

beginnen – begonnen

Am 9. Juni 1884 wurde der Grundstein des Reichstagsgebäudes gelegt.

oder

Als am 9. Juni 1884 der Bau des Reichstagsgebäudes begonnen wurde,

bekam der Deutsche Reichstag ein eigenes Zuhause.

2. beenden (*reg.*)

   fertig stellen (*reg.*)

   abschließen – abgeschlossen

   1894

3. deklarieren (*reg.*)

   ausrufen – ausgerufen

   1918

4. a. ernennen – ernannt

   1933

   b. in Brand setzen/stecken (*beide reg.*)

   1933

5. hissen (*reg.*)

   beenden (*reg.*)

   1945

6. demonstrieren (*reg.*)

   1948

7. bauen (*reg.*)

   teilen (*reg.*)

   1961

8. a. beenden (das DDR-Regime) (*reg.*)

   1989

b. entfernen[1] (*reg.*)

entnehmen – entnommen

1989 _____

_____

9. verpacken (*reg.*)

verhüllen (*reg.*)

1995 _____

_____

10. einweihen[2] (*reg.*)

übernehmen – übernommen

beziehen[3] – bezogen

1999 _____

_____

Stationen der österreichischen Geschichte

In diesem Abschnitt werden Sie sich mit Ereignissen und Themen der österreichischen Geschichte des 20. Jahrhunderts befassen.

---

[1]**entfernen** herausnehmen, entnehmen   [2]**einweihen** eröffnen; *auch:* **eine Wohnung einweihen** Freunde einladen und mit ihnen feiern, dass man eine neue Wohnung hat
[3]**beziehen** einziehen, in ein neues Zuhause ziehen

1 **Assoziogramme zu Österreich und Ihrem Land erstellen** Was fällt Ihnen ein, wenn Sie an Österreich denken? Erstellen Sie mit Ihrem Partner/Ihrer Partnerin ein Assoziogramm zu Österreich.

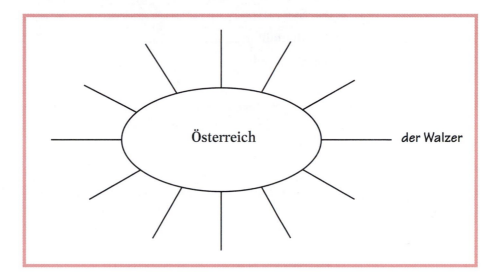

Erstellen Sie nun ein Assoziogramm zu Ihrem Land.

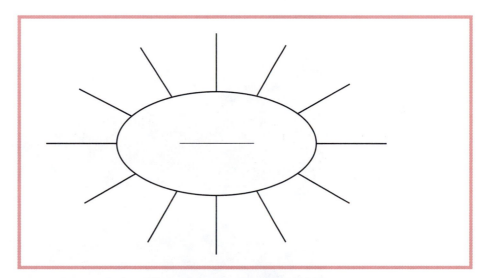

Ist es Ihnen leicht gefallen, geeignete Begriffe zum eigenen Land zu finden? Was könnte problematisch sein?

2 **Wortschatz: Begriffe erklären** Erklären Sie folgende Begriffe, schlagen Sie sie eventuell in einem Lexikon nach.

das Klischee:_____

das Stereotyp:_____

die Mentalität:_____

das Vorurteil:_____

Schwarzer Peter von Peter Henisch

Der Roman *Schwarzer Peter* von Peter Henisch ist im Jahr 2000 erschienen. In den folgenden Auszügen lernen Sie den jungen Protagonisten Peter kennen, der während der Nachkriegszeit in Wien aufgewachsen ist. In seinen Lebenserfahrungen sind Bezüge zu historischen und sozialen Themen in Österreich zu finden.

Donaukanal

Lesen ◆ Detailverständnis

Übungsbuch
Einheit 6, Teil C

Der Auszug befindet sich auf der *Anders gedacht Instructor's Audio CD.*

1 **Romanauszug Teil I lesen und hören** Beim folgenden Auszug handelt es sich um den Beginn des Romans.

a. Sehen Sie sich zunächst den Romantitel an. Woran denken Sie? Was assoziieren Sie mit dem Titel?

b. Lesen Sie den ersten Teil des Auszugs und überlegen Sie, wer der Erzähler in diesem Roman sein könnte. Wie stellen Sie sich ihn vor?

c. Danach hören Sie Peter Henisch, der den Auszug wieder für Sie liest.

d. Überlegen Sie mit Ihrem Partner/Ihrer Partnerin, warum der Erzähler meint, dass er nicht so aussieht, als käme er aus Wien.

◇ Wie sieht er wohl aus? Welche Hinweise dazu gibt es im Text?

◇ Wie alt ist der Erzähler?

◇ Wer ist wohl die Mutter des Erzählers, wer sein Vater?

◇ Warum mag er wohl den Donauwalzer nicht?

Schwarzer Peter (Teil I)
von Peter Henisch

Sie werden lachen, aber ich komme aus Wien. Auch wenn ich möglicherweise nicht ganz so aussehe. Vienna. Austria. Europe. Ob Sie es glauben oder nicht. Ich bin dort geboren und habe meine ersten dreißig Jahre dort verbracht.

5   An der schönen blauen Donau? Das weniger. Also erstens ist die Donau gar nicht blau. Und zweitens fließt sie ja eher an Wien vorbei. Den Donauwalzer werden Sie also von mir nicht zu hören bekommen. Seien Sie mir nicht böse, aber das ist nicht meine Musik.

10   Was wirklich durch Wien fließt, ist der Donaukanal. Der kleinere ordinärere Bruder der Donau. Er nimmt seinen Weg von der Nussdorfer Schleuse, wo er sehr bewusst aus der Donau entlassen[1] wird, bis zum sogenannten Praterspitz, wo er, schon fast vergessen, in sie zurückkehrt. Über diesen Donaukanal würde kein
15 Mensch einen Walzer schreiben.

---

[1]**entlassen** *hier:* er geht in eine andere Richtung

Übungsbuch
Einheit 6, Teil C

2 **Romanauszug Teil II lesen** Der zweite Teil handelt unter anderem auch von einem Spielzeugschiffchen, das der Erzähler als Kind im Donaukanal verloren hatte.

a. Lesen Sie den zweiten Teil des Textes. Überlegen Sie, was dieses Schiffchen und das Wasser symbolisieren könnten. Welche Bedeutung hat wohl das Schwarze Meer?

Schwarzer Peter (Teil II)

In einer meiner frühesten Erinnerungen sehe ich mich ... , am Ufer [des Donaukanals] sitzen, ein Spielzeugschiff, das stromabwärts will, am Bindfaden.

5 Das Schiff ist aus Holz, roh geschnitzt, ungefähr zwanzig Zentimeter lang, unlackiert. ...

Der Bindfaden[1] aber ist ein *Papierspagat*[2]. Richtige Hanfschnüre[3] waren

10 in den kargen Jahren nach dem Krieg eine Seltenheit. Und so ein Papierspagat weicht sich im Wasser auf[4]. Das weiß ich seit damals, ich war ungefähr fünf Jahre alt, durch Schaden wird man

15 klug[5].

Der Papierspagat also weicht sich auf, gleich wird es so weit sein. Ich sitze am Donaukanal, auf einer schrägen Wiese an der Erdberger Lände[6]. Ziemlich weit

20 unten, dort wo das gelbe Gras aufhört und die grauen Kiesel anfangen. Und jetzt ist es soweit: das Ende der Schnur, die ich in der Hand halte, schlängelt sich[7] wie ein blasser Wurm, im erbsen-

25 suppenfarbenen Wasser, und das Holzschiffchen fährt, für meine Augen kleiner und kleiner werdend, davon. ...

Natürlich ist nicht auszuschließen[8], dass mein Schiff in die große Donau

30 geraten ist. Am Donaukanalufer scheint es, obwohl dort viele Sträucher ihre Zweige mit mattsilbernen[9] Blättern ins Wasser tauchten, so weit ich stromabwärts gesucht habe, jedenfalls nicht

35 hängen geblieben zu sein. Nach dieser vergeblichen[10] Suche waren meine Beine von Brennnesseln[11] verbrannt, von Socken, Hose und Hemd pflückte meine Mutter, als ich verweint nach

40 Hause kam, ganze Klumpen von Kletten. Schneuz dich, sagte sie, wenn dein Schiff unten am Praterspitz in die Donau geschwommen ist, so ist es jetzt unterwegs ins Schwarze

45 Meer.

Damals hatte ich vom Schwarzen Meer noch keine von geografischen Schulkenntnissen verdorbene[12] Idee. Dass meine Mutter das Schiffchen, an

50 dem meine Seele hing, in einem schwarzen Meer landen lassen wollte, schien mir indes nicht unpassend[13]. Vage stellte ich mir vor, das schwarze Meer sei in Afrika. Und von dort, aus

55 einem großen Teich, kamen, so hatte mir die Großmutter erzählt, zwar alle Kinder, aber solche wie ich besonders.

---

[1]**der Bindfaden** feste Schnur, mit der etwas zusammengebunden wird   [2]**der Spagat** eine Schnur   [3]**der Hanf** eine Pflanze   [4]**sich auflösen** in Teile zerfallen; es wird nutzlos   [5]**durch Schaden wird man klug** *Sprichwort:* wenn man einmal einen Schaden hatte, passt man das nächste Mal besser auf; man versucht die Situation anders zu meistern   [6]**die Erdberger Lände** ein Teil des Ufers des Donaukanals   [7]**sich schlängeln** eine Schlange schlängelt sich, wenn sie sich bewegt   [8]**es ist nicht auszuschließen** es ist möglich   [9]**mattsilbern** silber, aber nicht glänzend   [10]**vergeblich** erfolglos   [11]**die Brennnessel** eine Pflanze, die die Haut irritiert, wenn man die Blätter berührt   [12]**eine von geografischen Schulkenntnissen verdorbene Idee** eine Vorstellung, die man als Kind hat, die vom Schulwissen limitiert wird   [13]**es schien mir nicht unpassend** es schien mir passend, treffend, genau richtig

 b. Ihre Gedanken zu Teil II Sprechen Sie mit Ihrem Partner/Ihrer Partnerin: Was denken Sie über den letzten Satz des von Ihnen soeben gelesenen Teiles? Warum kommen Kinder wie er aus dem Schwarzen Meer? Warum erzählte die Großmutter ihm wohl diese Geschichte?

Der Hörtext befindet sich auf der *Anders gedacht Instructor's Audio CD.*

Übungsbuch
Einheit 6, Teil C

3 **Romanauszug Teil III lesen und hören** Der dritte Teil handelt von der Großmutter und der Kindheit des Erzählers in Wien. Lesen Sie jetzt den dritten Teil des Auszugs, danach besprechen Sie wieder mit Ihrem Partner/Ihrer Partnerin die folgenden Fragen.

⬦ Was erfahren wir über die Großmutter?
⬦ Warum findet die Mutter, dass das Bilderbuch *Zehn kleine Negerlein* ein blödes Buch ist?
⬦ In welcher Zeit hat Peter seine Kindheit in Wien verbracht?

Schwarzer Peter (Teil III)

Die Großmutter war tot – als sie noch gelebt hatte, hatte sie mir viele Geschichten erzählt. Ab und zu hatte sie auch ihre Brille aufgesetzt und mir vorgelesen. Zum Beispiel aus dem Bilderbuch, in dem zehn kleine Negerlein immer weniger werden, bis nur
5 mehr eins bleibt. Aber meine Mutter hatte gemeint, das sei ein blödes Buch und hatte es weggeworfen.

Da kannte ich aber die Verse schon lange auswendig. Wenn meine Mutter nicht zu Hause war, spielte meine Großmutter die Melodie dazu auf dem Klavier. Dieses Klavier hatte sie in den
10 strengen Frostwintern nach dem Krieg zwar manchmal verheizen[1] wollen. Jetzt aber war sie froh, dass sie das nicht getan hatte.

Vom Krieg war in meiner Kindheit noch viel die Rede. *Vor* dem Krieg / *nach* dem Krieg – der Krieg war vergangen und doch gegenwärtig. Viele Väter waren *im Krieg geblieben*. Der meine
15 auch, behauptete meine Großmutter, aber diese Geschichte war kompliziert.

———
[1]**verheizen** Holz zum Heizen verbrennen, sodass man sich wärmen kann

Übungsbuch
Einheit 6, Teil C

4 **Romanauszug Teil IV lesen** Der vierte Teil handelt vom Ehemann von Peters Mutter. Lesen Sie mit Ihrem Partner/Ihrer Partnerin und konzentrieren Sie sich beim Lesen auf die folgenden Aspekte.

⬦ Welche Informationen gibt der Auszug über Ferdl (Ferdinand), den Mann von Peters Mutter?
⬦ Ist er der leibliche[1] Vater von Peter?
⬦ Welche Beziehung hat Peter zu Ferdl?

———
[1]**leiblich** = natürlich

Schwarzer Peter (Teil IV)

Sprach sie von meinem Vater, so meinte sie den mit meiner Mutter durch eine so genannte Ferntrauung[1] verbundenen Mann. Dessen Bild, das eines unter sei-
5 ner Mütze unsicher lächelnden Wehrmachtsoldaten, war eines Tages von unserem Nachtkästchen im Kabinett verschwunden. Und was ist, fragte die Oma, wenn der Ferdl[2] doch noch
10 heimkommt? Sei still, pflegte meine Mutter auf diese Frage zu antworten, der kommt nimmer.

Seine späte Heimkehr hat die Großmutter nicht mehr erlebt. Er und ich
15 fuhren dann manchmal mit geliehenen Fahrrädern durch die Prater-Au* und versuchten einander kennen zu lernen. Bis ans Ende der Praterinsel fuhren wir, dorthin, wo Donaukanal und Donau
20 wieder zusammenfließen. Bis an den Praterspitz, eben jenes Kap, von dem aus mein Schiffchen, wenn ich meiner Mutter glauben wollte, schnurstracks[3] ins Schwarze Meer geschwommen war.
25 Das war damals ein Ort von ganz eigenartiger, leicht entrückter[4] Atmo-

sphäre. Ein Ort, an dem man angelangt, man die Welt, in der man sonst umherlief, (jedes Mal wenn ich hinkam machte
30 ich aufs Neue diese Erfahrung) ein bisschen hinter sich ließ. Nebeneinander saßen wir auf den öligen Steinen, die den Auslauf der Landzunge bedeckten, das Wasser vor uns kreiste[5] in kleinen,
35 trichterförmigen Strudeln, flussabwärts blickend, hatte man das Gefühl von bereits hier, im Ziehen des Stromes vorhandener Ferne[6]. Nein, sagte da der Mann, dessen Familiennamen ich im-
40 merhin trug[7], ich kann wirklich nicht finden, dass du mir besonders ähnlich siehst[8], aber wir sollten einfach so tun, als wär nichts[9].

Sagt es und spuckt ins bleigrau
45 fließende Wasser. Denn wie gesagt ist die Donau nicht blau, nicht einmal an sonnigen Tagen. Diesen Tag habe ich als sonnig in Erinnerung, obwohl die Sonne, wie meistens in Wien, etwas
50 blass war. Deine Mutter, sagt Ferdinand, ist keine schlechte Frau, wir sollten ihr nicht bös sein.

—Quelle: Peter Henisch,
Schwarzer Peter, Residenz Verlag,
Salzburg und Wien, 2000, S. 7-10

---

[1]**die Ferntrauung** die Ehe wurde geschlossen, obwohl einer der Ehepartner nicht anwesend (in der Ferne) war
[2]**Ferdl** Name; österreichische Kurzform für Ferdinand   [3]**schnurstracks** auf direktem Weg   [4]**entrückt** magisch
[5]**kreisen** kleine Kreise machen   [6]**im Ziehen des Stromes vorhandene Ferne** durch das Betrachten des Flusses
denkt man an die Ferne   [7]**einen Namen tragen** (*Prät.* **trug**) einen Namen haben   [8]**jemandem ähnlich sehen** so
aussehen wie jemand   [9]**so tun, als wär nichts** vorgeben, dass alles in Ordnung, „normal" ist

*Der „Prater" ist ein Park an der Donau in Wien.

5 **Ihre Gedanken zum Text äußern** Beantworten Sie die folgenden Fragen.

◇ Warum war das Bild von Ferdl eines Tages vom Nachtkästchen verschwunden?

◇ Warum meint der „Vater": „Wir sollten so tun, als wär nichts."?

- Was, denken Sie, meint der Erzähler, wenn er sagt, dass die Donau nicht blau ist?
- Warum hat der Erzähler diesen Tag als sonnig in Erinnerung?
- Was meint er damit, wenn er sagt, dass die Sonne in Wien etwas blass war?
- Warum sollten Ferdinand und Peter der Mutter nicht böse sein?
- Was erfahren wir über Peters Mutter?

Peter am Ufer des Donaukanals

6 **Romanauszug Teil V hören: Was Mutter erzählt** In diesem Hörtext bekommen Sie Informationen über Peters leiblichen Vater. Es liest wieder Peter Henisch. Konzentrieren Sie sich beim Hören darauf, was die Mutter über Peters leiblichen Vater sagt. Kreuzen Sie die zutreffenden Informationen an.

- ☐ nett, freundlich, höflich
- ☐ war sehr groß und sah sehr gut aus
- ☐ fuhr mit einem Jeep
- ☐ brachte Zigaretten und Nylonstrümpfe
- ☐ schenkte Kindern Kaugummi
- ☐ liebte Jazz
- ☐ schenkte ihr Rosen
- ☐ konnte Polka tanzen
- ☐ schenkte ihr weißen Flieder
- ☐ konnte Boogie tanzen
- ☐ spielte in einer Band
- ☐ konnte Walzer tanzen
- ☐ spielte *Old Man River* auf dem Klavier
- ☐ spielte den Klavierauszug aus dem Forellenquintett
- ☐ liebte Peters Mutter
- ☐ hatte schöne Hände
- ☐ hatte lange Finger
- ☐ war sehr elegant

Weiterführende Aufgaben

Erinnerung:
Im Aktiv-Satz ist das Subjekt
aktiv, im Passiv-Satz ist das
Subjekt passiv.

Übungsbuch
Einheit 6, Teil C

7 **Die Auszüge zusammenfassen** Schreiben Sie Sätze im Perfekt.
Entscheiden Sie jeweils, ob Sie den Satz im Aktiv oder im Passiv
konstruieren müssen.

BEISPIEL: Peter / geboren werden / in Wien

Peter ist in Wien geboren worden.

a. er / aufwachsen / auch / dort

_____

b. er / aufziehen / von / seiner Mutter und seiner Großmutter

_____

c. als Kind / spielen / er / gern / mit / Holzschiffen

_____

d. eines Tages / sitzen / Peter / am Ufer / des Donaukanals / als /
wegspülen / sein Schiffchen / vom Wasser

_____

_____

_____

e. er / traurig / sein / und / von / seiner Mutter / trösten

_____

f. sie / sagen / ihm / dass / das Schiff / ins Schwarze Meer / spülen

_____

g. seine Großmutter / erklären / ihm / dass / besonders Kinder wie er /
kommen / aus dem Schwarzen Meer

_____

_____

_____

h. später / er / kennen lernen / seinen Vater / zumindest / den Mann / der /
ihm / als sein Vater / vorstellen / oder

_____

_____

_____

i. es / sein / allerdings / klar / dass / dieser Mann / nicht / sein / sein leiblicher Vater

_____

_____

j. es / sein / so klar / dass / darüber / nicht diskutieren / müssen

_____

8 **Rollenspiel** Bereiten Sie mit Ihrem Partner/Ihrer Partnerin ein Rollenspiel vor. Einer übernimmt die Rolle von Peter, der/die andere die seiner Großmutter. Benutzen Sie die Informationen aus den soeben gelesenen Auszügen. Spielen Sie es dann der Klasse vor.

Themen

- ◇ Peters leiblicher Vater
- ◇ das Schiff und das Schwarze Meer
- ◇ der Krieg
- ◇ Peters Mutter
- ◇ die zehn kleinen Negerlein
- ◇ Ferdinand, der Mann von Peters Mutter

Internet

9 **Informationen zum Autor recherchieren** Suchen Sie im Internet Informationen über den Autor Peter Henisch und berichten Sie anschließend in der Klasse.

Der Schriftsteller Peter Henisch

Geschichtlicher Hintergrund

In den folgenden Aufgaben werden Sie sich mit wichtigen Ereignissen der österreichischen Geschichte des 20. Jahrhunderts befassen und die Zusammenhänge zwischen historischen Ereignissen und dem Roman *Schwarzer Peter* entdecken.

1 Vorwissen sammeln Was wissen Sie über die Zeit in Österreich nach dem Zweiten Weltkrieg?

_____

_____

_____

2 Begriffe einsetzen Lesen Sie folgenden Text, ergänzen Sie die fehlenden Begriffe aus dem Kasten.

der letzte fremde Soldat	Spezialwaffen (= Atomwaffen)
die Minderheitsrechte	Anschlussverbot
österreichische Identität	159 Mil. Dollar Reparationen
den alliierten Siegermächten	Zweiten Weltkrieg
der Staatsvertrag	nationalsozialistische Organisationen

Österreich und die Nachkriegszeit

Österreich wurde nach dem _____[1] in vier Besatzungszonen aufgeteilt: eine amerikanische, eine britische, eine französische und eine russische. Am 15.5.1955 wurde _____[2] beschlossen, der immer während Neutralität für Österreich erklären sollte. Dieser Vertrag wurde nach langen Verhandlungen zwischen Österreich und _____[3] geschlossen. Am 26.10.1955 zog _____[4] ab und die Souveränität Österreichs wurde wieder hergestellt. Seit 1965 ist der 26. Oktober Nationalfeiertag. Im Staatsvertrag steht, dass Österreich keine _____[5] ankaufen darf, dass Österreich _____[6] an Deutschland hat, _____[7] verboten sind und dass _____[8] für Kroaten und Slowenen eingehalten werden sollen. Österreich musste an die Sowjetunion bis

1965 _____[9] zahlen. Die anderen Alliierten verzichteten

darauf. Meinungsumfragen haben ergeben, dass für die meisten

Österreicher Staatsvertrag und Neutralität wesentlich für ihre

_____[10] sind.

3 **Ein Geschichtspuzzle machen** Ordnen Sie den folgenden
Jahreszahlen und Stichwörtern die entsprechenden Erklärungen (a–j)
aus der österreichischen Geschichte zu.

Jahr(e)	Stichwort	Erklärung
1955	Staatsvertrag	_b_
1939–1945	Zweiter Weltkrieg	___
1938	Anschluss	___
1986	Waldheim-Affäre	___
1945–1955	Besatzung	___
2000	Wende	___
2003	Neuwahlen	___
1918	Zerfall	___
1989	Ungarn	___
1987–2000	Große Koalition	___

Erklärungen

a. Die Sozialdemokratische Partei Österreichs (SPÖ)* und Österreichische Volkspartei (ÖVP)† regierten gemeinsam, weil keine Partei eine
   absolute Mehrheit hatte.
b. Die immer während Neutralität wurde erklärt: es wurde offiziell
   festgelegt, dass Österreich ein neutrales Land ist, sich nicht an
   Deutschland anschließen darf und keine Spezialwaffen besitzen darf.
c. Das Ende des Ersten Weltkrieges bedeutete das Ende der Donau-
   monarchie Österreich-Ungarn. Die Habsburger hatten seit 1228
   regiert.
d. Österreich hatte eine lange Tradition von „Großen Koalitionen",
   Koalitionsregierungen der zwei stärksten Parteien, meist SPÖ und
   ÖVP. Nach der letzten Großen Koalition kam es zu einer Veränderung, die man die _____ nennt.
e. Ein langjähriger österreichischer UNO-Generalsekretär wurde
   beschuldigt, ein Nazi-Kriegsverbrecher zu sein. Eine Kommission

_____

*Die SPÖ wurde 1898 gegründet.   †Die ÖVP ist eine christlich-demokratische Partei; sie
bezeichnet sich als Partei der Mitte.

prüfte die Tatsache und kam zu dem Schluss, dass dies falsch war. Er hatte aber seine Dienstzeit bei der Deutschen Wehrmacht verschleiert[1]. Dies führte zu einer langen internationalen Debatte.

f. Die Grenze zu diesem ehemaligen Ostblockland wurde geöffnet.

g. Nachdem die Koalition der ÖVP und der FPÖ (Freiheitlichen Partei Österreichs)[*] gescheitert[2] war, gab es neue Wahlen.

h. Die vier alliierten Siegermächte USA, die ehemalige UdSSR, Frankreich und Großbritannien okkupierten Österreich.

i. Unter den Nationalsozialisten wurde Österreich ins Deutsche Reich eingegliedert.

j. Der Zweite Weltkrieg begann mit Deutschlands Angriff auf Polen und endete sechs Jahre später.

4 Begriffe erklären

a. Der österreichische Schriftsteller Peter Handke schrieb 1981: „Ich liebe Österreich ... nicht, denn ein Land kann man nicht lieben, höchstens Menschen." Was meinen Sie dazu? Kann man ein Land lieben? Begründen Sie Ihre Meinung.

b. Denken Sie über die folgenden Begriffe nach; besprechen Sie die Bedeutung und Unterschiede genauer in einer Kleingruppe. Sie können auch in einem Lexikon nachschlagen.

Identität _____

Land _____

Staatsangehörigkeit _____

Nation _____

5 Reflektieren Arbeiten Sie in Kleingruppen und überlegen Sie, was die Passagen, die Sie aus dem Roman *Schwarzer Peter* gelesen haben, über die Begriffe Land, Identität, Nation und Staatsangehörigkeit aussagen. Betrachten Sie den Titel des Romans genauer und kommentieren Sie ihn.[‡] Wie werden die anderen Charaktere (die Mutter, die Großmutter und Ferdinand) in diesen Passagen dargestellt und wie reagieren sie auf Peter? Wie sieht er sich selbst?

---

[1]**verschleiert** nicht offen erklärt   [2]**scheitern** nicht gelingen

[*]Die FPÖ hat sich oft gewandelt. Sie wurde 1956 gegründet; sie war aus dem antimarxistischen und national-liberalen „Verband der Unabhängigen" und der „Freiheitspartei" entstanden. Sie ist von einer kleinen unbedeutenden Partei zu einer wichtigen Partei geworden. Der umstrittene ehemalige Parteiobmann Jörg Haider hat der Partei zum Aufstieg verholfen. Jörg Haider konnte viele Menschen faszinieren, weil es ihm gelingt, immer das zu sagen, was die Menschen denken. Er betreibt Politik wie eine Show und ist ein provozierender Redner.

[‡]„Schwarzer Peter" ist ein Kartenspiel für Kinder. Es sollen immer zwei zueinander passende Bildkarten gefunden werden. Eine Karte bleibt am Ende übrig, die Karte heißt „Schwarzer Peter", für sie gibt es keine passende zweite Karte. Wer diese Karte hat, hat verloren.

6 **Aufsatz schreiben** Im Buchumschlag des Romans *Schwarzer Peter* von Peter Henisch steht die folgende Beschreibung:

> „Peter. Nicht völlig schwarz, aber schwarz genug. Etwas zu schwarz für die Verhältnisse,[1] in die er hineingeboren ist. Ende 1946. Als Sohn einer Wiener Schaffnerin[2] und eines amerikanischen Soldaten. Herumgestreunt[3] am Donaukanal, dem kleineren ordinäreren Bruder der Donau. Gelandet am Mississippi, am Klavier in einer Pianobar erzählt er seine Geschichte vom Etwas-anders-sein. Erzählt aus einer etwas anderen Perspektive ... "
>
> _____
> [1]**das Verhältnis** *hier:* die Zeit   [2]**die Schaffnerin** Person, die z.B. in der Straßenbahn Fahrkarten verkauft und kontrolliert   [3]**herumstreunen** herumlaufen, herumhängen

Was, denken Sie, erzählt der Protagonist des Romans am Klavier der Pianobar am Mississippi über sein Leben und sein Anders-sein? Schreiben Sie einen Aufsatz aus Peters Perspektive.

7 **Referate halten** Wählen Sie eins der Themen. Halten Sie ein Referat darüber.

- ◇ die Nachkriegszeit in Österreich
- ◇ die Beziehung zwischen Österreich und Deutschland vor dem Krieg

Zusammenfassung

→ **Schreiben – Sätze bilden** Schreiben Sie eine kurze Zusammenfassung über die geschichtlichen Ereignisse, über die Sie in dieser Einheit etwas gelernt haben. Gehen Sie folgendermaßen vor.

 Übungsbuch
Einheit 6, Teil C

a. Vorbereitung auf das Schreiben Vervollständigen Sie die nachstehende Tabelle: Schreiben Sie die Präteritumsform des Verbs und das passende Nomen mit Artikel in die Tabelle. Einige der Nomen finden Sie in der Zeitleiste auf Seite 194. Schauen Sie im Wörterbuch nach, wenn Sie etwas nicht wissen.

Verben	Präteritum	Nomen
beginnen	begann	der Beginn
enden	_____	_____
teilnehmen an	_____	_____

sich beteiligen	_____	_____
sich ereignen	_____	_____
ergreifen	_____	_____
sich anschließen	_____	_____
verzichten	_____	_____
sperren	_____	_____
eintreten	_____	_____
aufteilen	_____	_____
unterzeichnen	_____	_____
erklären	_____	_____
bauen	_____	_____
besuchen	_____	_____
fallen	_____	_____
gleichstellen	_____	_____
wiedervereinigen	_____	_____

b. Fließtext Verwandeln Sie die Zeitleiste von Seite 194 nun mit Hilfe der Verben und Nomen aus Aufgabe a in einen Fließtext. Benutzen Sie dazu Ausdrücke wie **zur gleichen Zeit, etwas später, früher, erst, schon** und **während.** Schreiben Sie im Präteritum. Achten Sie genau darauf, welche Sätze das Aktiv und welche das Passiv brauchen.

BEISPIEL: 1914 begann der Erste Weltkrieg, an dem sowohl Deutschland und Österreich als auch die USA teilnahmen. Nur die Schweiz, die neutral ist, beteiligte sich nicht.

Grundwortschatz

Verben

sich an•schließen: er/sie/es schließt sich ... an, schloss sich ... an, hat sich ... angeschlossen

auf•teilen: er/sie/es teilt ... auf, teilte ... auf, hat ... aufgeteilt

beenden: er/sie/es beendet, beendete, hat ... beendet

sich beteiligen (an + *Dativ*): er/sie/es beteiligt sich, beteiligte sich, hat sich ... beteiligt

ein•treten: er/sie/es tritt ... ein, trat ... ein, ist ... eingetreten

sich ereignen: er/sie/es ereignet sich, ereignete sich, hat sich ... ereignet

ergreifen: er/sie/es ergreift, ergriff, hat ... ergriffen

gleich•stellen: er/sie/es stellt ... gleich, stellte ... gleich, hat ... gleichgestellt

sperren: er/sie/es sperrt, sperrte, hat ... gesperrt

streiken: er/sie/es streikt, streikte, hat ... gestreikt

unterzeichnen: er/sie/es unterzeichnet, unterzeichnete, hat ... unterzeichnet

verteidigen: er/sie/es verteidigt, verteidigte, hat ... verteidigt

verzichten (auf + *Akkusativ*): er/sie/es verzichtet, verzichtete, hat ... verzichtet

wiedervereinigen: er/sie/es wiedervereinigt, wiedervereinigte, hat ... wiedervereinigt

Nomen

die Alliierten (*Plural*)
die Armee, -n
die Besatzung
das Ereignis, -se
der Flüchtling, -e
die Gewerkschaft, -en
die Gleichberechtigung

die Gleichstellung
die Grenze, -n
das Jahrhundert, -e
das Klischee, -s
die Mentalität, -en
der Militärdienst
die Neutralität

die Rede, -n
die Regierung, -en
das Stereotyp, -e
der Streik, -s
die Waffe, -n
die Wiedervereinigung

Adjektive und Adverbien

neutral

Andere Ausdrücke

der Bau/Fall der Berliner Mauer
Militärdienst leisten

Umgang mit der Vergangenheit

Formen der Vergangenheitsbewältigung

Jüdisches Museum, Berlin (Außenansicht)

Abschnitte

A Aufarbeitung der Vergangenheit

B „Todesfuge" von Paul Celan

C Film: *Deutschland, bleiche Mutter* von Helma Sanders-Brahms

Texte und Hörtexte

- Walter Hanel: Vergangenheitsbewältigung (Karikatur)
- Reinhard Döhl: Bewältigte Vergangenheit (Gedicht)
- Paul Celan: Todesfuge (Gedicht, Lese- und Hörtext)
- Bertolt Brecht: Deutschland (Gedicht, in Auszügen)
- Brüder Grimm: *Der Räuberbräutigam* (Märchen)

Film

- *Deutschland, bleiche Mutter* von Helma Sanders-Brahms, 1980

Internet-Aktivitäten

- Willy Brandts Kniefall
- Das Jüdische Museum Berlin
- Zur Person: Paul Celan
- Das Gedicht *Todesfuge*: Interpretation
- Zur Person: Bertolt Brecht

Sprachliche Strukturen

- Infinitive mit **anstatt … zu, ohne … zu, um … zu**
- Konjunktiv II der Vergangenheit
- Temporale Konjunktionen versus temporale Präpositionen
- Plusquamperfekt
- Neben- und unterordnende Konjunktionen, adverbiale Konjunktionen
- Doppelter Infinitiv (*Übungsbuch*)
- Gebrauch der Konjunktionen **als, wenn, wann** (*Übungsbuch*)

In dieser Einheit

In den vorangegangenen Einheiten haben Sie sich einiges über die deutsche Vergangenheit erarbeitet. Diese Einheit handelt vom Zweiten Weltkrieg und der Zeit danach in Deutschland. Sie beschäftigen sich anhand von Gedichten, einer Karikatur und dem Film *Deutschland, bleiche Mutter* von Helma Sanders-Brahms mit Themen aus dem Leben der Deutschen während dieser Zeit.

Einstimmung auf das Thema

1 **Vorwissen sammeln** Sammeln Sie an der Tafel Ihr Wissen über die deutsche Vergangenheit, wenn möglich auch mit Jahreszahlen. Die Bilder können Ihnen bei der Erinnerung helfen.

1.

2.

3.

Begriffsklärung

2 **Begriff erklären** Bearbeiten Sie die folgenden Aufgaben.

◇ Schlagen Sie zunächst im Wörterbuch das Wort **Bewältigung** oder **bewältigen** nach.

> ### Redemittel
>
> ... bedeutet ...
> Das Wörterbuch gibt folgende Synonyme
> für ...: ...
> Im Wörterbuch steht ...

◇ Versuchen Sie jetzt, den Begriff **Vergangenheitsbewältigung** zu erklären. Versuchen Sie, den Begriff zeitlich einzuordnen und begründen Sie Ihre Meinung. Was muss/soll bewältigt werden?

> ### Redemittel
>
> Meiner Meinung nach fand die Vergan-
> genheitsbewältigung zwischen ...
> und ... statt. (*Infinitiv:* stattfinden)
> ... von ... bis ...
> Ich würde die Vergangenheitsbewältigung
> zwischen ... und ... einordnen.
> ... in den 50er/60er/ ... Jahren ...
> ... ist (noch nicht) abgeschlossen.

◇ Wer muss Ihrer Meinung nach etwas bewältigen? Opfer[1] oder Täter[2]?

---

[1]**das Opfer** jemand, dem etwas Böses getan wurde   [2]**der Täter** jemand, der die böse Tat begangen hat und jemanden zu einem Opfer gemacht hat

Mit einer Karikatur arbeiten

... UND DANN KAMEN 1933 VIELE BRAUNE LEBEWESEN[1] AUS DEM WELTALL,[2] MORDETEN UND BRANDSCHATZTEN[3] ÜBERALL UND VERSCHWANDEN 1945 WIEDER VON DER ERDE.....

„Vergangenheitsbewältigung" von Walter Hanel

(3) Karikatur deuten Sehen Sie sich die Karikatur an und lesen Sie die Sprechblase[4]. Diskutieren Sie mit Ihrem Partner/Ihrer Partnerin. Erzählen Sie, was Sie auf dem Bild sehen. Wann könnte die Szene spielen? Wer sind die Personen? Was hat die Person links vielleicht vorher gesagt? Was hat die Person rechts vielleicht früher gemacht?

Übungsbuch
Einheit 7,
Einstimmung

(4) Sätze bilden Warum antwortet die Person rechts in der Karikatur auf diese Weise? Schreiben Sie Sätze mit **anstatt ... zu, ohne ... zu** und **um ... zu.**

Redemittel

(sich) rechtfertigen[5]   reflektieren
verharmlosen[6]   etwas entschuldigen
der Wahrheit ins Gesicht sehen   etwas zugeben[7]
kritisch betrachten   die Mitschuld

---

[1]**das Lebewesen** etwas, das lebt   [2]**das Weltall** das Universum   [3]**brandschatzen** in Brand setzen und Besitz wegnehmen   [4]**die Sprechblase** der geschriebene Teil in einer Zeichnung/Karikatur, der zeigt, wer was sagt   [5]**sich rechtfertigen** sich verteidigen, eine Entschuldigung finden   [6]**verharmlosen** etwas, das sehr ernst ist als nicht ernst darstellen   [7]**etwas zugeben** etwas eingestehen; ehrlich sagen, dass man etwas falsch gemacht hat

BEISPIELE: *Anstatt* der Wahrheit ins Gesicht *zu* sehen, verharmlost der Großvater die Ereignisse.

Ohne seine Mitschuld *zu* reflektieren, …

Um nicht …

_____

_____

_____

_____

_____

_____

_____

5 **Ziele der Karikatur formulieren** Die Karikatur hat den Titel „Vergangenheitsbewältigung". Was ist das Ziel dieser Karikatur? Wenn Sie wollen, können Sie die Redemittel im Kasten zu Hilfe nehmen, falls Sie sie angemessen finden.

BEISPIEL: Das Ziel dieser Karikatur ist es, <u>zu</u> …
Diese Karikatur soll/will/möchte …

Redemittel

Kritik üben an (+ *Dativ*)	provozieren
soll ein Witz sein	erklären
kritisieren	konfrontieren
sich lustig machen über	…

---

6 **Der Karikatur Adjektive zuordnen** Lesen Sie die Adjektive im Kasten unten. Suchen Sie die Adjektive heraus, die Ihrer Meinung nach den Satz „Diese Karikatur ist …" beenden können.

kritisch	provokativ	ironisch
lustig	kreativ	sarkastisch
amüsant	witzig	traurig
zynisch	treffend	naiv
interessant	subtil	

A Aufarbeitung der Vergangenheit

In diesem Abschnitt werden Sie sich mit einem Gedicht von Reinhard Döhl befassen. Dazu untersuchen Sie die Struktur und Bedeutung des Gedichtes und verfassen Ihre eigenen Gedichtzeilen. Sie erfahren auch etwas über verschiedene andere Versuche der Vergangenheitsbewältigung anhand von Bildern und Internet-Aktivitäten.

„Bewältigte Vergangenheit": Ein Gedicht von Reinhard Döhl

Reinhard Döhl wurde 1934 in Wattenscheid/Deutschland geboren. Er studierte u.a. Germanistik und Geschichte. Das Gedicht „Bewältigte Vergangenheit" wurde 1979 geschrieben.

Lesen ◆ Global- und Detailverständnis

◆ Das vollständige Gedicht befindet sich im Anhang des Buches.

1 **Den ersten Teil lesen** Lesen Sie zunächst nur den ersten Teil des Gedichtes und überlegen Sie Folgendes:

a. Von welchem Teil der deutschen Geschichte wird hier gesprochen?
b. Wer könnte diese Aussagen machen? Wählen Sie eine Möglichkeit aus dem Kasten.

Eine Person,

- die nach dem Krieg gelebt hat.
- die während des Krieges erwachsen war.
- die während des Krieges ein Kind war.

Bewältigte Vergangenheit (I. TEIL)

man hatte mit hand anzulegen[1]
man hatte zuzusehen
man hatte zu gehorchen[2]
man hatte zu schweigen

5 man hatte wirklich nichts damit zu tun
man konnte nichts dagegen machen
man war befehlsempfänger[3]
man hatte frau und kind
man mußte rücksicht nehmen[4]

10 man hätte kopf und kragen riskiert[5]
man wäre in teufels küche gekommen[6]
man hätte dem tod ins auge gesehen[7]
man wäre über die klinge gesprungen[8]

---

[1]**Hand anlegen** mitarbeiten, aktiv mitmachen [2]**gehorchen** das tun, was einem befohlen (gesagt) wird [3]**der Befehlsempfänger** jemand, der Aufgaben bekommt und sie kritiklos macht, ausführt [4]**Rücksicht nehmen** wenn man will, dass es anderen Menschen gut geht [5]**Kopf und Kragen riskieren** das Leben riskieren [6]**in Teufels Küche kommen** sich in eine gefährliche Situation bringen [7]**dem Tod ins Auge sehen** in einer gefährlichen Situation sein [8]**über die Klinge springen** getötet werden, sterben

---

2 Zuordnen Ordnen Sie jeder der drei Strophen einen der folgenden Sätze zu:

A. Wenn man das nicht gemacht hätte, wäre man möglicherweise gestorben.
B. Man musste das alles machen.
C. Man wollte das nicht machen, aber man hatte keine Wahl.

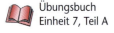

Übungsbuch
Einheit 7, Teil A

3 Fragen beantworten Schreiben Sie: Was musste man machen, was durfte man nicht machen, was konnte man nicht machen?

_____

_____

_____

4 Den zweiten Teil lesen Lesen Sie den zweiten Teil auf Seite 234 und überlegen Sie wieder, wer diese Aussagen machen könnte.

Bewältigte Vergangenheit (II. TEIL)

man hätte etwas dagegen tun können
15 man hätte den befehl verweigern[1] können
man hätte auf frau und kind pfeifen[2] können
man hätte alle rücksichten fallen lassen können

man hätte nicht mit hand anlegen dürfen
man hätte nicht zusehen dürfen
20 man hätte nicht schweigen dürfen
man hätte nicht gehorchen dürfen

man hätte nichts damit zu tun haben müssen

man wäre in teufels küche gekommen
man hätte kopf und kragen riskiert
25 man hätte dem tod ins auge gesehen
man wäre über die klinge gesprungen

---

[1]**verweigern** nein sagen   [2]**auf etwas pfeifen** es ist einem egal

5 **Die ersten zwei Teile untersuchen** Im folgenden Raster finden Sie Sätze aus dem ersten und zweiten Teil des Gedichtes. Erklären Sie die Bedeutung dieser Sätze und tragen Sie die Erklärung in die entsprechenden Spalten ein.

erster Teil	Erklärung	zweiter Teil	Erklärung
man hatte mit hand anzulegen	Man musste mit Hand anlegen/mitmachen.	man hätte nicht mit hand anlegen dürfen	Es wäre besser gewesen, nicht mitzumachen.
man hatte zuzusehen		man hätte nicht zusehen dürfen	
man hatte zu gehorchen		man hätte nicht gehorchen dürfen	
man hatte zu schweigen		man hätte nicht schweigen dürfen	

Strukturen ◆ Konjunktiv II der Vergangenheit

 A **Vergangenheitsformen des Konjunktivs II** Sehen Sie sich die Tabelle an und ergänzen Sie die Regel 1 unten.

ich **hätte** … riskiert	wir **hätten** … riskiert
du **hättest** … riskiert	ihr **hättet** … riskiert
er/sie/es/man **hätte** … riskiert	sie/Sie **hätten** … riskiert

ich **wäre** … gekommen	wir **wären** … gekommen
du **wär(e)st** … gekommen	ihr **wär(e)t** … gekommen
er/sie/es/man **wäre** … gekommen	sie **wären** … gekommen

> **Regel 1:** Man bildet die Vergangenheitsformen des Konjunktivs II mit den Hilfsverben _____ und _____ im Konjunktiv II (hätte, wäre) und dem _____.

B **Vergangenheitsformen des Konjunktivs II mit Modalverb**
Ergänzen Sie die Regel 2 unten.

Man <u>hätte</u> etwas dagegen <u>tun</u> <u>können</u>.
Man <u>hätte</u> nicht <u>zusehen</u> <u>dürfen</u>.

> **Regel 2:** Modalverben brauchen immer das Hilfsverb _____ . Am Ende des Satzes stehen zwei Verben im _____: das Hauptverb und das _____.

6 **Weitere Gedichtzeilen verfassen** Schreiben Sie eigene
Gedichtzeilen für die Teile 1 und 2. Die Verben im Kasten können
Ihnen helfen.

eigene Gedichtzeilen zum ersten Teil	eigene Gedichtzeilen zum zweiten Teil
man hatte mitzumachen	man hätte nicht mitmachen sollen

mitmachen
wegsehen
teilnehmen an (+ *Dativ*)
die Augen schließen
frei entscheiden
der gleichen Meinung sein
morden[1]
Schwierigkeiten bekommen
in Schwierigkeiten geraten
sich in Gefahr bringen
…

7 **Mit dem dritten Teil des Gedichtes arbeiten** Lesen Sie mit Ihrem
Partner/Ihrer Partnerin den dritten Teil und überlegen Sie, wer der
Sprecher sein könnte. Welche Zeitform wird hier benutzt? Was wird
dadurch ausgedrückt?

---

[1]**morden** töten

Bewältigte Vergangenheit (III. TEIL)

———————————

man war in teufels küche[1]
man hat um kopf und kragen gebracht[2]
man hat dem tod ins auge gesehen
30   man hat über die klinge springen lassen[3]

man hat mit hand angelegt
man hat zugesehen
man hat geschwiegen
man hat gehorcht

35   man hat nichts dagegen getan
man war gehaltsempfänger[4]
man hat nicht an frauen und kinder gedacht
man hat keine rücksicht genommen

man hat mitgemacht

—von Reinhard Döhl

—Quelle: *man. texte,* Edition
Hansjörg Mayer, Stuttgart, 1968

———————————

[1]**man war in Teufels Küche** *hier:* man war in einer gefährlichen Situation   [2]**man hat um Kopf und Kragen gebracht** man war verantwortlich für den Tod anderer Menschen   [3]**man hat über die Klinge springen lassen** man hat getötet   [4]**der Gehaltsempfänger** jemand, der arbeitet und Geld verdient

8 **Überschriften zuordnen** Jeder Teil des Gedichtes „Bewältigte Vergangenheit" hat auch eine eigene Überschrift, deshalb gibt es in dem Gedicht drei freie Zeilen. Lesen Sie die drei Überschriften und versuchen Sie, diese den entsprechenden Gedichtteilen zuzuordnen.

a.   MÖGLICHE REDE
b.   ÜBLE NACHREDE[1]
c.   WAHRSCHEINLICHE REDE

Wortschatz

9 **Wörter zuordnen** Welche der folgenden Wörter (auf Seite 238) passen zu welchem Gedichtteil? Schlagen Sie im Wörterbuch nach oder fragen Sie Ihren Partner/Ihre Partnerin, wenn Sie Wörter nicht kennen. Schreiben Sie **W** für Wahrscheinliche Rede, **M** für Mögliche Rede und **Ü** für Üble Nachrede. Begründen Sie Ihre Meinung.

———————————

[1]**üble Nachrede** wenn etwas Schlechtes über jemanden gesagt wird

_W_ (sich) rechtfertigen	___ reflektieren
___ provozieren	___ etwas entschuldigen
___ verharmlosen	___ die Rechtfertigung[4]
___ konfrontieren	___ etwas erklären
___ der Wahrheit ins Gesicht sehen	___ die Entschuldigung
___ jemanden beschuldigen[1]	___ nachdenken über
___ kritisieren	___ der Mitläufer[5]
___ schuldig	___ Angst haben vor
___ kritisch betrachten	___ jemandem etwas vorwerfen[6]
___ verurteilen[2]	___ etwas zugeben
___ aufarbeiten[3]	___ die Schuld
___ selbstkritisch	___ die Mitschuld
___ die Selbstkritik	___ die Kollektivschuld[7]

Weiterführende Aufgaben

10 **Das Gedicht besprechen** Sprechen Sie über Ihre Gedanken zu dem Gedicht und diskutieren Sie die Absicht des Autors.

11 **Schreiben** Verfassen Sie einen kurzen Text, in dem Sie die folgende Frage beantworten:

Warum, glauben Sie, hat Reinhard Döhl dieses Gedicht geschrieben? Verwenden Sie den Wortschatz oben.

Gesten der Vergangenheitsbewältigung: Willy Brandts Kniefall und das Jüdische Museum in Berlin

Willy Brandts Kniefall im Jahr 1970 ist ein Beispiel für einen sehr wichtigen Versuch der deutschen Wiedergutmachung. Auch ein Versuch der Vergangenheitsbewältigung sind die jüdischen Museen in Deutschland.

---

[1]**beschuldigen** man gibt jemandem die Schuld: man sagt, dass jemand schuldig ist
[2]**verurteilen** jemanden für schuldig erklären   [3]**aufarbeiten** man beschäftigt sich immer wieder mit einer negativen Erfahrung, bis man sie völlig durchgearbeitet hat   [4]**die Rechtfertigung** man findet eine Entschuldigung für sein negatives Verhalten   [5]**der Mitläufer** jemand, der bei einem negativen Vorfall mitgemacht hat, aber keine aktive Rolle gespielt hat
[6]**jemandem etwas vorwerfen** jemandem die Schuld an etwas geben   [7]**die Kollektivschuld** nicht nur eine Person ist an etwas schuld, sondern alle Menschen (z.B. eine Gesellschaft)

Referate halten

Internet

1 **Informationen suchen und zu einem Referat verarbeiten** Halten
Sie ein Referat über dieses Bild. Suchen Sie Informationen darüber
im Internet.

Willy Brandt kniet am Denkmal des Warschauer Ghettos, 7. Dezember 1970

Berichten Sie in Ihrem Referat über die folgenden Punkte:

- ◇ Was waren wichtige Stationen im Leben von Willy Brandt?
- ◇ Welche politische Funktion hatte er zum Zeitpunkt des Kniefalls?
- ◇ Bei welcher Gelegenheit machte er den Kniefall und warum?
- ◇ Wie reagierte die Öffentlichkeit auf diese Geste?

2 **Informationen suchen und zu einem Referat verarbeiten** In Berlin
gibt es seit 2001 ein neues jüdisches Museum, das von dem bekannten
Architekten Daniel Libeskind konzipiert wurde.

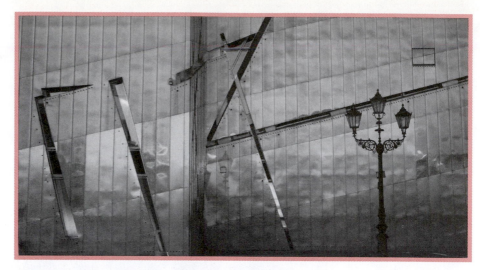

Jüdisches Museum Berlin (Außenansicht)

Architekt Daniel Libeskind

**Jüdisches Museum Berlin
(Innenansicht)**

Halten Sie über das Museum ein Referat, insbesondere über seine
Konzeption und deren Bedeutung. Suchen Sie Informationen darüber im
Internet. Vielleicht haben Sie dieses Museum sogar schon besichtigt,
dann können Sie umso besser ein Referat darüber halten.

B "Todesfuge" von Paul Celan

Der 1920 geborene Paul Celan schrieb 1945 das Gedicht „Todesfuge", es wurde 1948 veröffentlicht. Es wird als das bekannteste deutsche Nachkriegsgedicht angesehen.

Paul Celan

Lesen ◆ Global- und Detailverständnis

① **Titel analysieren** Bevor Sie das Gedicht lesen, konzentrieren Sie sich vorerst nur auf den Titel. Sehen Sie im Wörterbuch nach, was eine Fuge ist. Woher kommt der Begriff? Celan gab dem Gedicht den Titel *Todes*fuge. Vermuten Sie, was der Inhalt des Gedichtes sein könnte.

Was wissen Sie über „wir"? Wir …	Was wissen Sie über den Mann? Der Mann …
trinken schwarze Milch.	*wohnt im Haus.*
_____	_____
_____	_____
_____	_____
…	…

🎧 Das von Paul Celan gelesene Gedicht befindet sich auf der *Anders gedacht Instructor's Audio CD.*

Todesfuge

Schwarze Milch der Frühe wir trinken sie abends
wir trinken sie mittags und morgens wir trinken sie nachts
wir trinken und trinken
wir schaufeln[1] ein Grab[2] in den Lüften da liegt man nicht eng
5 Ein Mann wohnt im Haus der spielt mit den Schlangen[3] der schreibt
der schreibt wenn es dunkelt nach Deutschland dein goldenes Haar Margarete
er schreibt es und tritt vor das Haus und es blitzen[4] die Sterne er pfeift[5] seine Rüden[6] herbei
er pfeift seine Juden hervor läßt schaufeln ein Grab in der Erde
er befiehlt[7] uns spielt auf nun zum Tanz

10 Schwarze Milch der Frühe wir trinken dich nachts
wir trinken dich morgens und mittags wir trinken dich abends
wir trinken und trinken
Ein Mann wohnt im Haus der spielt mit den Schlangen der schreibt
der schreibt wenn es dunkelt nach Deutschland dein goldenes Haar Margarete
15 Dein aschenes[8] Haar Sulamith wir schaufeln ein Grab in den Lüften da liegt man nicht eng

Er ruft stecht[9] tiefer ins Erdreich[10] ihr einen ihr andern singet und spielt
er greift[11] nach dem Eisen im Gurt[12] er schwingts seine Augen sind blau
stecht tiefer die Spaten[13] ihr einen ihr andern spielt weiter zum Tanz auf

---

[1]**schaufeln** graben   [2]**das Grab** Tote sind in einem Grab   [3]**die Schlange** langes dünnes Tier, das oft gefährlich ist
[4]**blitzen** leuchten, scheinen   [5]**pfeifen** mit den Lippen einen Ton machen   [6]**der Rüde** männlicher Hund   [7]**befehlen**
sagen, was andere Leute machen müssen   [8]**aschen** die Farbe von Asche; grau   [9]**stechen** schaufeln, graben   [10]**das
Erdreich** die Erde   [11]**greifen** nehmen   [12]**der Gurt** der Gürtel; Band aus Leder   [13]**der Spaten** ein Gerät, mit dem
man Löcher schaufelt

Schwarze Milch der Frühe wir trinken dich nachts
20 wir trinken dich mittags und morgens wir trinken dich abends
wir trinken und trinken
ein Mann wohnt im Haus dein goldenes Haar Margarete
dein aschenes Haar Sulamith er spielt mit den Schlangen

Er ruft spielt süßer den Tod der Tod ist ein Meister[14] aus Deutschland
25 er ruft streicht[15] dunkler die Geigen[16] dann steigt ihr als Rauch[17] in die Luft
dann habt ihr ein Grab in den Wolken da liegt man nicht eng

Schwarze Milch der Frühe wir trinken dich nachts
wir trinken dich mittags der Tod ist ein Meister aus Deutschland
wir trinken dich abends und morgens wir trinken und trinken
30 der Tod ist ein Meister aus Deutschland sein Auge ist blau
er trifft[18] dich mit bleierner[19] Kugel[20] er trifft dich genau
ein Mann wohnt im Haus dein goldenes Haar Margarete
er hetzt[21] seine Rüden auf uns er schenkt uns ein Grab in der Luft
er spielt mit den Schlangen und träumet der Tod ist ein Meister aus Deutschland

35 dein goldenes Haar Margarete
dein aschenes Haar Sulamith

—von Paul Celan

---

[14]**der Meister** eine Person, die etwas besonders gut kann; der Beste   [15]**die Geige streichen** die Geige spielen
[16]**die Geige** die Violine   [17]**der Rauch** wenn etwas verbrennt, sieht und riecht man den Rauch, auch z.B. bei einer
Zigarette   [18]**treffen** *hier:* auf jemanden schießen   [19]**bleiern** aus Blei (sehr hartes chemisches Element)   [20]**die
Kugel** ein kleiner Ball; in einem Gewehr oder einer Pistole sind Kugeln   [21]**die Hunde auf jemanden hetzen** den
Hunden befehlen, jemanden zu attackieren

3 **Fragen beantworten** Besprechen Sie im Plenum die folgenden
Fragen.

Wer sind **wir**?
Welchen Beruf hat der Mann?
Wo sind **wir** und der Mann?

Gehen Sie zur
Houghton Mifflin
College Website
unter http://college.hmco.
com/languages/german/
students/ und klicken Sie
auf *Anders gedacht* im
Dropdown-Menu
Intermediate German.

4 **Mit dem Internet arbeiten** Suchen Sie im Internet Informationen
über das Leben Paul Celans. Beschreiben Sie das Leben von Paul
Celan in einigen Sätzen.

5 **Den Inhalt untersuchen** Markieren Sie Begriffe, die im Gedicht
oft vorkommen: z.B. **schwarz** und **Milch.** Setzen Sie die Liste der
wiederkehrenden Ausdrücke und ihrer Bedeutung fort. Ergänzen Sie die
Tabelle. Berichten Sie anschließend im Plenum.

Begriff	allgemeine Bedeutung	Bedeutung im Gedicht
schwarz	Farbe	tödlich, als Gegensatz zu weiß
Milch	…	…

Internet

Gehen Sie zur Houghton Mifflin College Website unter http://college.hmco.com/languages/german/students/ und klicken Sie auf *Anders gedacht* im Dropdown-Menu *Intermediate German*.

6 **Mit dem Internet arbeiten** Gehen Sie nun wieder ins Internet. Dort finden Sie Erklärungen zu den verschiedenen Elementen des Gedichtes. Berichten Sie dann im Plenum über die Bedeutung der Gedichtelemente. Vergleichen Sie die Erklärungen mit Ihrer eigenen Interpretation. Stimmen Sie den Erklärungen zu?

Weiterführende Aufgaben

7 **Diskussion** Diskutieren Sie in der Gruppe.

◇ Nachdem Sie das Gedicht besser kennen gelernt haben, versuchen Sie noch einmal, den Titel „Todesfuge" zu erklären.
◇ Welche Paradoxe werden hier dargestellt?
◇ Welche Bilder sind Ihrer Meinung nach besonders stark, welche Bedeutung haben sie?
◇ Was unterscheidet dieses Gedicht von dem Gedicht von Reinhard Döhl?

8 **Mündlich Stellung nehmen** Reflektieren Sie über das Gedicht: Schreiben Sie Ihre Gedanken auf und bereiten Sie eine kleine mündliche Stellungnahme vor, die Sie dann Ihren Kommilitonen/ Kommilitoninnen vorstellen.

C Film: *Deutschland, bleiche Mutter* von Helma Sanders-Brahms

In diesem Abschnitt sehen Sie den Film *Deutschland, bleiche Mutter* von Helma Sanders-Brahms, einer der international bekanntesten deutschen Regisseurinnen. Dazu beschäftigen Sie sich mit einem Gedicht von Bertolt Brecht und einem Märchen der Brüder Grimm, die beide im Film vorkommen. In diesem Film reflektiert die Erzählerin über ihre Kindheit und die eigenen familiären Beziehungen vor dem historischen Hintergrund der nationalsozialistischen Herrschaft und der Nachkriegszeit in Deutschland.

„Deutschland" von Bertolt Brecht

Der Film beginnt mit dem Gedicht „Deutschland" von Bertolt Brecht.

Lesen • Globalverständnis

◆ Das vollständige Gedicht befindet sich im Anhang des Buches.

1 **Lücken ergänzen** Im Folgenden lesen Sie die erste und die letzte Strophe des Gedichtes. Einige Wörter fehlen. „Schreiben" Sie nun, unter Berücksichtigung Ihres Vorwissens, Ihr eigenes Gedicht „Deutschland", indem Sie die Lücken füllen.

Mögen andere von ihrer _____ sprechen,
ich spreche von der meinen.

O Deutschland, _____ Mutter!

Wie sitzest du _____

5 unter den Völkern.

Unter den _____

fällst du auf[1].

…

O Deutschland, _____ Mutter!

10 Wie haben deine Söhne dich zugerichtet[2]

Daß du unter den Völkern sitzest

Ein _____ oder eine _____!

—von Bertolt Brecht

—Aus: Bertolt Brecht, *Die Gedichte von Bertolt Brecht in einem Band*,
Suhrkamp: Frankfurt am Main, 1993, S. 487–488

_____

[1]**auffallen** anders sein/aussehen   [2]**etwas/jemanden zurichten** etwas Schlimmes mit
etwas/jemandem machen

2 **Gedichte vortragen** Lesen Sie jetzt im Kurs einige Versionen des
Gedichtes vor.

3 **Das Original lesen** Lesen Sie nun im Anhang des Buches, was
Bertolt Brecht geschrieben hat. Vergleichen Sie Ihr Gedicht mit dem
Original.

4 **Gedicht zeitlich einordnen** Wann, denken Sie, wurde das Gedicht
geschrieben? Begründen Sie Ihre Meinung. Benutzen Sie die folgenden Redemittel.

Redemittel

Vermutlich …   Wahrscheinlich …
Ich vermute …   Möglicherweise …
Meine Vermutung ist, dass …

Bertolt Brecht

Weiterführende Aufgabe

Internet

5 **Referat halten** Bertolt Brecht ist einer der wichtigsten deutschen Autoren des 20. Jahrhunderts. Seine Gedichte beinhalten oft kritische Perspektiven von Politik und Gesellschaft. Suchen Sie im Internet oder in der Bibliothek Informationen über Leben und Werk von Bertolt Brecht. Halten Sie Ihr Referat dann im Kurs.

Deutschland, bleiche Mutter

In diesem Film erzählt die Tochter Anna die Geschichte ihrer Eltern und reflektiert dabei ihre eigene Kindheit, die Beziehung[1] zwischen sich und ihrer Mutter, die Rolle der Frauen, die Beziehung zum Vater, die Beziehung der Eltern zueinander und die Rolle des Vaters innerhalb der Familie. Diese Themen werden vor dem historischen Hintergrund der Vorbereitungen Hitlers auf den Zweiten Weltkrieg, des Krieges, der Zeit des Wiederaufbaus und des Wirtschaftswunders dargestellt.

_____

[1]**die Beziehung** wie Menschen zueinander stehen, wie sie miteinander umgehen

Einstimmung auf den Film

 Ein Zitat aus einer Filmbeschreibung lesen Welche wichtigen Informationen gibt Ihnen die folgende Filmbeschreibung? Lesen Sie sie mit Ihrem Partner/Ihrer Partnerin und fassen Sie sie zusammen.

Eine Filmbeschreibung

Ein Film von Helma Sanders-Brahms, BRD 1980

Helma Sanders-Brahms' autobiografische Darstellung der Beziehung ihrer Eltern ist auch das Porträt zweier Menschen, denen der Krieg keine Zeit ließ, einander kennen zu lernen. *Deutschland, bleiche Mutter* gehört zu den intimsten einer Reihe von Filmen, in denen Frauen der ersten Nachkriegsgeneration sich aus der Perspektive von unten mit der deutschen Geschichte und ihren Eltern, insbesondere ihren Müttern, auseinander gesetzt haben. ■

Quelle: Reclams Lexikon des Deutschen Films, hrsg. Thomas Kramer, Stuttgart: Reclam, 1995, S. 73

---

1 **Bild beschreiben** Sehen Sie sich das Bild auf der nächsten Seite an und beschreiben Sie die Situation. Wann könnte das passiert sein? Was, denken Sie, könnte vorher passiert sein? Was sagen die Menschen auf dem Bild? Wie könnte es weitergehen?

Szene aus dem Film *Deutschland, bleiche Mutter*

2 **Hypothesen aufstellen** Im Film wird auf die folgenden sieben Zeitabschnitte und geschichtlichen Ereignisse eingegangen.

1. die Zeit vor dem Zweiten Weltkrieg
2. Enteignung[1] jüdischen Besitzes, Massenpogrome gegen Juden, Reichskristallnacht (1938)
3. Beginn des Zweiten Weltkrieges mit Angriff[2] auf Polen (1939)
4. die Zeit während des Zweiten Weltkrieges (1939–1945)
5. Ende des Krieges
6. Wiederaufbau[3]
7. wirtschaftlicher Aufschwung[4]

Im Off[5] hört man immer wieder die kommentierende Stimme der Erzählerin Anna, die über ihre Eltern (Lene und Hans) und über ihre persönlichen Eindrücke spricht. Lesen Sie, was Anna im Film sagt und ordnen Sie den Aussagen Annas (a–l) den entsprechenden Zeitabschnitt (1–7) zu. Schreiben Sie die Zahlen 1–7 neben die Aussagen.

---

[1]**die Enteignung** wenn einem alles weggenommen wird   [2]**der Angriff** die Attacke   [3]**der Wiederaufbau** die Zeit, in der alles, was zerstört wurde, wieder aufgebaut wird   [4]**der wirtschaftliche Aufschwung** wenn die Wirtschaft wieder sehr gut funktioniert   [5]**im Off** nicht vor der Kamera

_____ **a.** „Von dir habe ich schweigen[1] gelernt – Muttersprache.“

_____ **b.** „So schickten sie dich (Vater) zum Menschen töten. Das konntest du nicht, aber wer kann das schon?“

_____ **c.** „Es ist wahr, du hast es nicht gewollt, aber du hast es auch nicht verhindert. Ich mache dir Vorwürfe[2], aber mit welcher Berechtigung[3]? Worin bin ich die Bessere, außer dass ich den Vorteil[4] habe, die Nachgeborene[5] zu sein?“

_____ **d.** „Als sie mich von dir abschnitten[6], Lene, fiel ich auf ein Schlachtfeld[7]. Was ich noch gar nicht sehen konnte, war schon kaputt.“

_____ **e.** „Nach dem Ende der Wohnstuben[8] wurdest du fidel[9]. Da ging es uns erst richtig gut, nachdem alles hin war[10].“

_____ **f.** „Zu Fuß nach Berlin – auf hohen Absätzen[11]. Landstreicher[12], Lene und ich. Lene und ich, ich und Lene mitten im Krieg.“

_____ **g.** „Was sollte ich mit einem Vater anfangen? Ich wollte lieber mit Lene eine Hexe[13] sein, in den Trümmerfeldern[14].“

_____ **h.** „Was sollte mein Vater mit mir anfangen? Ich war eifersüchtig[15] – ich auf dich und du auf mich.“

_____ **i.** „Das wollte ich – nicht ihn, den ich nicht kannte.“

_____ **j.** „Lene, was sollten wir vom Frieden[16] erwarten? Am Anfang das Aufräumen machte noch Spaß. Die Steine, die wir klopften[17], wurden zu Häusern zusammmengebaut, die noch schlimmer waren als vorher. Lene, wenn wir das gewusst hätten.“

_____ **k.** „Das war die Wiederkehr[18] der Wohnstuben. Da ging der Krieg von innen los, als draußen Frieden war.“

_____ **l.** „Ich bin nicht verheiratet. Das habe ich von euch verlernt[19].“

---

[1]**schweigen** nicht sprechen [2]**Vorwürfe machen** man beschuldigt jemanden [3]**die Berechtigung** man hat das Recht [4]**einen Vorteil haben** man ist in einer besseren Situation [5]**die Nachgeborene** sie ist später geboren [6]**abschneiden** _hier:_ geboren werden; die Nabelschnur, durch die das Kind mit der Mutter verbunden war, wurde abgetrennt [7]**das Schlachtfeld** das Feld, auf dem Soldaten kämpfen [8]**die Wohnstube** das Wohnzimmer [9]**fidel** fröhlich, lustig (_veraltet_) [10]**hin sein** kaputt sein [11]**der Absatz** der hintere Teil eines Schuhs; Frauen tragen oft hohe Absätze [12]**der Landstreicher** jemand, der durch die Welt zieht, ohne ein Zuhause zu haben [13]**die Hexe** böse Figur aus einem Märchen, z.B. in _Hänsel und Gretel_ [14]**das Trümmerfeld** ein Teil einer Stadt, der zerstört wurde; es liegen z.B. Steine darauf [15]**eifersüchtig** wenn man z.B. einen Mann haben möchte, der mit einer anderen Frau zusammen ist, ist man eifersüchtig auf diese Frau [16]**der Frieden** wenn es keinen Krieg gibt [17]**Steine klopfen** Nach Kriegsende wurden die Trümmer (Steine) in die richtige Größe geschlagen, sodass man sie wieder zum Häuserbauen verwenden konnte. [18]**die Wiederkehr** etwas oder jemand kommt zurück [19]**verlernen** etwas, das man einmal konnte, vergessen; man kann es jetzt nicht mehr

Filmsequenz
Sequenz: 1
Start: Beginn des Films
Stopp: Nachdem er Anna
  gesehen hat, geht Hans
  wieder an die Front.
Länge: circa 1 Stunde

Die erste Filmsequenz sehen Wir lernen die Hauptfiguren kennen: Hans, Ulrich, Lene und Hanne. Hans und Lene heiraten, er muss in den Krieg, Anna wird geboren, Hans muss wieder in den Krieg ziehen.

3 **Ereignisse nummerieren** Sehen Sie sich die erste Filmsequenz an und nummerieren Sie anschließend die folgenden Ereignisse bzw. Szenen gemäß der Handlung im Film.

____ Hans wird zum Kriegsdienst gezwungen.

____ Hochzeit

____ Annas Geburt

____ Hans muss nach Frankreich.

____ Vorstellung: Lene, Hanne

____ in der Badewanne

____ Rachel Bernstein, eine Freundin von Hanne, wird von den Nazis deportiert.

_1_ Vorstellung: Hans, Ulrich

____ Ulrichs Entschluss zu heiraten

____ Hans kommt für einige Tage nach Hause.

____ Erschießung auf den Sanddünen

____ Hans bleibt seiner Frau treu, er nimmt keine Kondome.

____ Hans rät Lene aufs Land zu gehen.

____ im Luftschutzkeller

____ Weihnachten

____ Hans kann vorerst nicht auf Menschen schießen.

____ die reichen Verwandten in Berlin

____ Hans sieht zum ersten Mal seine Tochter Anna.

____ Zerstörung des Hauses durch Bomben

Strukturen ◆ Temporale Konjunktionen und Präpositionen

Temporale Konjunktionen	Temporale Präpositionen
bevor	vor (+ *Dativ*)
nachdem	nach (+ *Dativ*)
seit/seitdem	seit (+ *Dativ*)
während	während (+ *Genitiv*)

Regel: Die Konjunktionen **bevor, nachdem, seit/seitdem** und **während** sind unterordnende Konjunktionen, das heißt, sie stehen am Anfang eines _____, das Verb steht am _____ des Nebensatzes. Die Präpositionen **vor, nach, seit** und **während** stehen vor einem _____.

Strukturen ◆ Plusquamperfekt

Formen Sie sehen hier die Formen des Plusquamperfekts am Beispiel der Verben **kommen** und **verlieren.**

ich **war** … gekommen	wir **waren** … gekommen
du **warst** … gekommen	ihr **wart** … gekommen
er/sie/es **war** … gekommen	sie/Sie **waren** … gekommen

ich **hatte** … verloren	wir **hatten** … verloren
du **hattest** … verloren	ihr **hattet** … verloren
er/sie/es **hatte** … verloren	sie/Sie **hatten** … verloren

→ **Gebrauch** Das Plusquamperfekt wird für alle Handlungen, Vorgänge und Zustände verwendet, die *vor* dem Präteritum/Perfekt liegen. Unterstreichen Sie den Teil in den folgenden Sätzen, der zuerst passiert ist.

◆ Hans ging in den Krieg, nachdem er Lene **geheiratet hatte.**
◆ Nachdem Anna zur Welt **gekommen war,** verließ Lene die Stadt.
◆ Nachdem Lene alles **verloren hatte,** zog sie mit Anna durch den Wald.

Die Konjunktion *nachdem* Wenn Sie **nachdem** benutzen, darf im Hauptsatz und im Nebensatz nicht die gleiche Zeit stehen (vgl. Tabelle unten).

BEISPIEL

PLUSQUAMPERFEKT   PRÄTERITUM

Nachdem Hans und Lene geheiratet hatten, musste Hans nach Frankreich.

Nebensatz mit *nachdem*		Hauptsatz
Plusquamperfekt	⟶	Präteritum oder Perfekt
Perfekt	⟶	Präsens oder Futur

Übung zur Benutzung von *nachdem* Beenden Sie die folgenden Sätze, achten Sie auf die Zeit.

1. Nachdem Hans und Lene geheiratet hatten, _____.

2. Nachdem Hans und Lene geheiratet haben, _____.

3. Nachdem _____, wurde Anna geboren.

4. Nachdem _____, wird Anna geboren.

Zusammenfassung

Übungsbuch
Einheit 7, Teil C

④ **Erste Filmsequenz zusammenfassen** Fassen Sie mit Hilfe der Ereignisse aus Aufgabe 3 auf Seite 251 die erste Sequenz zusammen. Benutzen Sie die temporalen Konjunktionen und Präpositionen von Seite 252.

BEISPIEL (*Temporale Konjunktionen*):
Kurz **nachdem** Hans und Lene geheiratet hatten, wurde Hans zum Kriegsdienst gezwungen. **Während** Hans in Frankreich war, wurde Anna geboren. …

BEISPIEL (*Präpositionen*):
Kurz **nach** der Hochzeit von Hans und Lene wurde Hans zum Kriegsdienst gezwungen. **Während** seines Aufenthalts in Frankreich wurde Anna geboren. …

Der Räuberbräutigam

In der zweiten Sequenz des Films erzählt Lene ihrer Tochter auf der Flucht auf das Land das Grimm'sche Märchen *Der Räuberbräutigam*.

Film: *Deutschland, bleiche Mutter* von Helma Sanders-Brahms   253

1 **Märchen lesen und Szenen illustrieren** Lesen Sie das Märchen und illustrieren Sie zusammen mit Ihrem Partner/Ihrer Partnerin jede Szene vom Text auf einem Blatt Papier. Sie können auch Sprechblasen schreiben. Die erste Szene ist als Beispiel schon illustriert worden.

Der Räuberbräutigam[1]

Szene 1

Es war einmal ein Müller, der hatte eine schöne Tochter, und als sie herangewachsen war, so wünschte er, sie wäre versorgt
5 und gut verheiratet: Er dachte ‚kommt ein ordentlicher Freier[2] und hält um sie an, so will ich sie ihm geben'. Nicht lange, so kam ein Freier, der
10 schien nicht reich zu sein, und da der Müller nichts an ihm auszusetzen[3] wusste, so

versprach er ihm seine Tochter. Das Mädchen aber hatte ihn
15 nicht so recht lieb, wie eine Braut ihren Bräutigam lieb haben soll, und hatte kein Vertrauen zu ihm: Sooft sie ihn ansah oder an ihn dachte,
20 fühlte sie ein Grauen[4] in ihrem Herzen. Einmal sprach er zu ihr ‚du bist meine Braut und besuchst mich nicht einmal'. Das Mädchen antwortete ‚ich

---

[1]**der Räuber** ein Mann, der anderen etwas wegnimmt, der stiehlt **der Bräutigam** ein Mann, der kurz vor der Hochzeit steht **die Braut** eine Frau, die kurz vor der Hochzeit steht [2]**der Freier** ein Mann, der heiraten möchte und eine Frau sucht [3]**an jemandem etwas aussetzen** jemanden kritisieren [4]**das Grauen** ein Gefühl von Angst

25 weiß nicht, wo Euer Haus ist'. Da sprach der Bräutigam ‚mein Haus ist draußen im dunklen Wald'. Es suchte Ausreden[5] und meinte, es könnte den Weg
30 dahin nicht finden.

Szene 2   Der Bräutigam sagte, ‚künftigen Sonntag musst du hinaus zu mir kommen, ich habe die Gäste schon eingeladen, und
35 damit du den Wald findest, so will ich dir Asche streuen'. Als der Sonntag kam und das Mädchen sich auf den Weg machen sollte, ward ihm so
40 angst, es wusste selbst nicht recht, warum, und damit es den Weg bezeichnen könnte, steckte es sich beide Taschen voll Erbsen[6] und Linsen[7]. An
45 dem Eingang des Waldes war Asche gestreut, der ging es nach, warf aber bei jedem Schritt rechts und links ein paar Erbsen auf die Erde.

Szene 3 50   Es ging fast den ganzen Tag, bis es mitten in den Wald kam, wo er am dunkelsten war, da stand ein einsames Haus, das gefiel ihm nicht, denn es sah so
55 finster und unheimlich aus. Es trat hinein, aber es war niemand darin und es herrschte die größte Stille. Plötzlich rief eine Stimme
60   ‚kehr um, kehr um[8], du junge Braut,
       du bist in einem Mörderhaus'.

Das Mädchen blickte auf und

sah, dass die Stimme von
65 einem Vogel kam, der da in einem Bauer an der Wand hing. Nochmals rief er
       ‚kehr um, kehr um, du junge Braut,
70   du bist in einem Mörderhaus'.

Da ging die schöne Braut weiter aus einer Stube in die andere und ging durch das ganze Haus aber es war alles
75 leer und keine Menschenseele zu finden. Endlich kam sie auch in den Keller, da saß eine steinalte Frau, die wackelte mit dem Kopf. ‚Könnt ihr mir
80 sagen,' sprach das Mädchen, ‚ob mein Bräutigam hier wohnt?' ‚Ach, armes Kind,' antwortete die Alte, ‚wo bist du hingeraten! Du bist in einer
85 Mördergrube. Du meinst du wärst eine Braut, die bald Hochzeit[9] macht, aber du wirst die Hochzeit mit dem Tode halten. Siehst du, da habe ich
90 einen großen Kessel mit Wasser aufsetzen müssen, wenn sie dich in ihrer Gewalt haben, so zerhacken[10] sie dich ohne Barmherzigkeit, kochen
95 dich und essen dich, denn es sind Menschenfresser. Wenn ich nicht Mitleid[11] mit dir habe und dich rette, so bist du verloren.'

Szene 4 100   Darauf führte es die Alte hinter ein großes Fass[12], wo man es nicht sehen konnte. ‚Sei wie

---

[5]**die Ausrede** man findet eine Entschuldigung, wenn man etwas nicht machen will   [6]**die Erbse** Gemüse; Erbsen sind klein, grün und rund   [7]**die Linse** Gemüse; Linsen sind klein, braun und flach   [8]**umkehren** zurückgehen   [9]**die Hochzeit** die Zeremonie, bei der man heiratet   [10]**zerhacken** in kleine Stücke schneiden   [11]**das Mitleid** das Gefühl, wenn man jemandem helfen möchte   [12]**das Fass** z.B. Bier ist in einem Fass; ein Fass ist aus Holz, groß und rund

Film: *Deutschland, bleiche Mutter* von Helma Sanders-Brahms

ein Mäuschen still,' sagte sie, ,rege dich nicht und bewege dich nicht, sonst ist's um dich 105 geschehen[13]. Nachts, wenn die Räuber schlafen, wollen wir entfliehen, ich habe schon lange auf eine Gelegenheit 110 gewartet.'

Kaum war das geschehen, so kam die gottlose Rotte[14] nach Hause. Sie brachten eine andere Jungfrau mitgeschleppt, 115 waren trunken[15] und hörten nicht auf ihr Schreien und Jammern. Sie gaben ihr Wein zu trinken, drei Gläser voll, ein Glas weißen, ein Glas roten, 120 und ein Glas gelben, davon zersprang[16] ihr das Herz. Darauf rissen sie ihr die feinen Kleider ab, legten sie auf einen Tisch, zerhackten ihren schönen 125 Leib[17] in Stücke und streuten Salz darüber. Die arme Braut hinter dem Fass zitterte[18] und bebte, denn sie sah wohl, was für ein Schicksal ihr die 130 Räuber zugedacht hatten.

Einer von ihnen bemerkte an dem kleinen Finger der Gemordeten einen goldenen Ring, und als er sich nicht 135 gleich abziehen ließ, so nahm er ein Beil[19] und hackte den Finger ab; aber der Finger sprang in die Höhe über das Fass hinweg und fiel der Braut 140 gerade in den Schoß. Der

Räuber nahm ein Licht und wollte ihn suchen, konnte ihn aber nicht finden. Da sprach ein anderer ,hast du auch 145 schon hinter dem großen Fasse gesucht?'. Aber die Alte rief, ,kommt und esst und lasst das Suchen bis morgen; der Finger läuft euch nicht fort'.

Szene 5 150 Da sprachen die Räuber ,die Alte hat Recht', ließen vom Suchen ab, setzten sich zum Essen, und die Alte tröpfelte ihnen einen Schlaftrunk[20] in den 155 Wein, dass sie sich bald in den Keller hinlegten, schliefen und schnarchten. Als die Braut das hörte, kam sie hinter dem Fass hervor, und musste über die 160 Schlafenden wegschreiten, die da reihenweise auf der Erde lagen, und hatte große Angst, sie möchte einen aufwecken. Aber Gott half ihr, dass sie 165 glücklich durchkam, die Alte stieg mit ihr hinauf, öffnete die Türe und sie eilten, so schnell sie konnten, aus der Mördergrube fort.

Szene 6 170 Die gestreute Asche hatte der Wind weggeweht, aber die Erbsen und Linsen hatten gekeimt und waren aufgegangen[21], und zeigten im Mondschein den 175 Weg. Sie gingen die ganze Nacht, bis sie morgens in der Mühle ankamen. Da erzählte das Mädchen seinem Vater

---

[13]**sei still, … sonst ist's um dich geschehen** du hast keine Chance mehr, wenn du nicht still bist   [14]**die Rotte** eine kleine Gruppe von Menschen, die Horde (*negativ*) [15]**trunken** betrunken, hatten zu viel Alkohol getrunken [16]**zerspringen** in Stücke fallen   [17]**der Leib** der Körper   [18]**zittern** wenn einer Person kalt ist oder sie Angst hat, zittert sie   [19]**das Beil** kleine Axt   [20]**der Schlaftrunk** wenn man dieses Getränk trinkt, schläft man sofort ein [21]**gekeimt und aufgegangen** zu Pflanzen geworden

alles, wie es sich zugetragen
180 hatte.

Szene 7   Als der Tag kam, wo die
Hochzeit sollte gehalten wer-
den, erschien der Bräutigam,
der Müller aber hatte alle seine
185 Verwandten und Bekannten
einladen lassen. Wie sie bei
Tische saßen, ward[22] einem
jeden aufgegeben, etwas zu
erzählen. Die Braut saß still
190 und redete nichts. Da sprach
der Bräutigam zur Braut ‚nun,
mein Herz, weißt du nichts?
Erzähl uns auch etwas.‘ So
antwortete sie, ‚so will ich
195 einen Traum erzählen. Ich ging
allein durch einen Wald und
kam endlich zu einem Haus, da
war keine Menschenseele darin,
aber an der Wand war ein Vogel
200 in einem Bauer, der rief

  ‚kehr um, kehr um, du junge
    Braut,
  du bist in einem Mörderhaus‘.

Und rief es noch mal. Mein
205 Schatz, das träumte mir nur.
Da ging ich durch alle Stuben,
und alle waren leer, und es war
so unheimlich darin; ich stieg
endlich hinab in den Keller, da
210 saß eine steinalte Frau darin,
sie wackelte mit dem Kopfe.
Ich fragte sie ‚wohnt mein
Bräutigam in diesem Haus?‘.
Sie antwortete, ‚ach, du armes
215 Kind, du bist in eine Mördergrube geraten, dein Bräutigam
wohnt hier, aber er will dich
zerhacken und töten, und will

dich dann kochen und essen‘.
220 Mein Schatz, das träumte mir
nur. Aber die alte Frau versteckte mich hinter ein großes
Fass, und kaum war ich da ver-
borgen, so kamen die Räuber
225 heim und schleppten eine
Jungfrau mit sich, der gaben
sie dreierlei Wein zu trinken,
weißen, roten und gelben,
davon zersprang ihr das Herz.
230 Mein Schatz, das träumte mir
nur. Darauf zogen sie ihr die
feinen Kleider ab, zerhackten
ihren schönen Leib auf einem
Tisch in Stücke und bestreuten
235 ihn mit Salz. Mein Schatz, das
träumte mir nur. Und einer von
den Räubern sah, dass an dem
Goldfinger noch ein Ring
steckte, und weil er schwer
240 abzuziehen war, so nahm er ein
Beil und hieb ihn ab, aber der
Finger sprang in die Höhe und
sprang hinter das große Fass
und fiel mir in den Schoß. Und
245 da ist der Finger mit dem
Ring.‘ Bei diesen Worten zog
sie ihn hervor und zeigte ihn
den Anwesenden.

Szene 8   Der Räuber, der bei der
250 Erzählung ganz kreideweiß
geworden war, sprang auf und
wollte entfliehen, aber die
Gäste hielten ihn fest und über-
lieferten ihn den Gerichten[23].
255 Da ward er und seine ganze
Bande für ihre Schandtaten
gerichtet.

---

[22]**ward** *alte Form für:* wurde   [23]**das Gericht** eine öffentliche Institution, die mit Hilfe eines Richters entscheidet, ob
eine Person z.B. ins Gefängnis muss

A **Konjunktionen suchen** Bilden Sie fünf Gruppen. Jede Gruppe beschäftigt sich mit einer oder mehreren Szenen im Märchen.

Gruppe 1: Szene 1+2
Gruppe 2: Szene 3
Gruppe 3: Szene 4
Gruppe 4: Szene 5+6+8
Gruppe 5: Szene 7

Suchen Sie alle nebenordnenden, unterordnenden und adverbialen Konjunktionen aus Ihrer Szene/Ihren Szenen im Märchentext heraus und schreiben Sie sie in die Tabelle unten. Geben Sie immer auch die Zeilenzahl dazu an.

◇ Nebenordnende Konjunktionen sind alle Konjunktionen, die zwei Hauptsätze verbinden, z.B. **und.** Nebenordnende Konjunktionen stehen auf Position 0.

Ein Müller hatte eine schöne Tochter <u>und</u> er wollte sie gut verheiraten.

◇ Unterordnende Konjunktionen stehen am Anfang eines Nebensatzes. Im Nebensatz steht dann das Verb am Ende, z.B. **als.**

Die Tochter kannte ihren Bräutigam kaum, <u>als</u> sie ihn heiraten sollte. *Oder:* <u>Als</u> die Tochter ihren Bräutigam heiraten sollte, kannte sie ihn kaum.

◇ Adverbiale Konjunktionen sind Adverbien, die zwei Sätze miteinander verbinden, z.B. **deshalb.** Das Adverb steht auf Position 1, danach folgt das Verb.

Eines Tages lud er sie zu sich in den Wald ein, <u>deshalb</u> ging sie durch den Wald zu seinem Haus.

nebenordnende Konjunktionen	unterordnende Konjunktionen	adverbiale Konjunktionen
und (Zeile 2)		

Tragen Sie jetzt Ihre Ergebnisse an der Tafel zusammen. Nennen Sie immer die Konjunktion, sagen Sie, um welche Art von Konjunktion es sich handelt, nennen Sie die Zeile und lesen Sie dann den Satz vor, in dem Sie diese Konjunktion gefunden haben.

Übungsbuch
Einheit 7, Teil C

B **Weitere Konjunktionen** Wie Sie sehen, haben die Brüder Grimm nur wenige Konjunktionen benutzt. Adverbiale Konjunktionen finden sich im Text überhaupt nicht. Schreiben Sie nun die Konjunktionen aus der Liste unten auch in die Tabelle. Vergleichen Sie sie dann im Kurs, Ihr Kursleiter/Ihre Kursleiterin hilft Ihnen.

Weitere Konjunktionen

als ob	deshalb	seit/seitdem
aus diesem Grund	deswegen	sobald
außerdem	doch	solange
bevor/ehe	falls	sondern
daher	indem	stattdessen
darum	nachdem	trotzdem
dennoch	obwohl	während

Zusammenfassung

2 **Märchen zusammenfassen** Schreiben Sie zunächst Konjunktionen aus der Tabelle auf Seite 258 in die Lücken. Manchmal gibt es mehrere Lösungen. Anschließend erzählen Sie das Märchen mit Ihrem Partner/Ihrer Partnerin zu Ende. Nehmen Sie Ihre Bilder zu Hilfe und schreiben Sie das Märchen „besser" als die Brüder Grimm, d.h. benutzen Sie viele Konjunktionen. Schreiben Sie im Präteritum!

Der Räuberbräutigam

Es war einmal ein Müller, der seine Tochter verheiraten wollte. Eines Tages kam ein Mann und tat so, _____[1] er das Mädchen heiraten wollte. _____[2] er nicht reich war, versprach ihm der Müller seine Tochter. Aber das Mädchen hatte ihren Bräutigam nicht lieb, _____[3] sie hatte Angst vor ihm. Eines Tages lud der Bräutigam das Mädchen in sein Haus in den Wald ein. Das Mädchen hatte große Angst dorthin zu gehen, _____[4] streute es Erbsen und Linsen an den Wegesrand. Je tiefer es in den Wald hineinging, desto größere Angst bekam es, _____[5] der Wald immer dunkler wurde. Endlich kam es zu dem Haus, _____[6] es konnte seinen Bräutigam nirgends sehen. …

Deutschland, bleiche Mutter

Filmsequenz
Sequenz: 2
Start: Lene geht im Winter mit Anna aufs Land.
Stopp: nach der Szene, in der Lene und Anna mit dem Zug unterwegs sind
Länge: circa 23 Minuten

Die zweite Filmsequenz sehen Lene zieht mit Anna im Winter aufs Land und erzählt ihr das Märchen vom *Räuberbräutigam*. Sie kehren anschließend mit dem Zug nach Berlin zurück.

1 **Sehaufgabe** Achten Sie während des Sehens der zweiten Sequenz darauf, welche Bilder uns die Regisseurin zu welchem Teil im Märchen zeigt.

2 **Szenen im Film dem Märchen zuordnen** Notieren Sie mit Ihrem Partner/Ihrer Partnerin in Stichworten, welche Bilder im Film zu welchen Szenen im Märchen gezeigt werden.

Szene im Märchen	Bilder im Film
Szene 1	
Szene 2	
Szene 3	
Szene 4	
Szene 5	
Szene 6	
Szene 7	
Szene 8	

Vergleichen Sie jetzt Ihre Ergebnisse im Plenum und benutzen Sie die folgenden Redemittel.

3 **Meinung äußern** Arbeiten Sie in Gruppen. Was denken Sie, warum hat Helma Sanders-Brahms so ein grausames[1] Märchen für ihren Film gewählt?

 4 **Symbole deuten** Was symbolisieren die folgenden Elemente im Film, im Märchen *Räuberbräutigam*, in Märchen im Allgemeinen und in den Gedichten von Celan und Brecht? Gibt es Parallelen? Besprechen Sie mögliche Symbole und Deutungen in Gruppen mit Ihren Kommilitonen/Kommilitoninnen. Stellen Sie Ihre Ergebnisse anschließend im Plenum vor. Nicht alle Elemente sind überall zu finden.

	Film	*Räuberbräutigam*	Märchen im Allgemeinen	Gedichte von Celan/Brecht
Spiegel				
Wald				
3-mal				
Nadel				
Haarfarbe				
Wein				
Hexe				
Vogel				
Finger und Ring				
Erbsen/Linsen				
Asche				
Grab				
Tür				
Tanz/Ball				

---

[1]**grausam** wenn furchtbare Dinge passieren; schrecklich, brutal

Deutschland, bleiche Mutter

In den Jahren nach dem Krieg lag in vielen Städten alles in Trümmern. Hunger und Not waren an der Tagesordnung, es wurde auf dem Schwarzmarkt viel gehandelt. Die sogenannten „Trümmerfrauen" haben mit dem Wiederaufbau begonnen. Viele deutsche Soldaten sind erst mehrere Monate nach der Kapitulation nach Hause gekommen.

Schwarzmarkt in Berlin am Brandenburger Tor im April 1947

Lebensmittelmarke

Filmsequenz
Sequenz: 3
Start: Lene trifft ihre Schwester auf dem Schwarzmarkt.
Stopp: Ende des Films
Länge: circa 40 Minuten

Die dritte Filmsequenz Der letzte Teil des Films zeigt die gesellschaftlichen und familiären Probleme nach dem Ende des Krieges.

Vor dem Sehen

1 **Hypothesen verifizieren** Überprüfen Sie mit Ihrem Partner/Ihrer Partnerin die Hypothesen, die Sie in Aufgabe 2 auf den Seiten 249 und 250 aufgestellt haben. Welche Aussagen gehören zum letzten Teil des Films?

2 **Filmende antizipieren** Was denken Sie, wie wird der Film zu Ende gehen? Erzählen Sie Ihrem Partner/Ihrer Partnerin „Ihr" Ende.

Sehen ◆ Dritte Sequenz

 3 **Eindrücke mitteilen** Teilen Sie Ihrem Partner/Ihrer Partnerin nach dem Sehen der dritten Sequenz spontan Ihre Eindrücke zum Film mit.

4 **Hypothesen verifizieren** Vergleichen Sie nun Ihre Hypothesen zum Ende des Films in Aufgabe 2 auf Seite 262 mit der eigentlichen Handlung.

Übungsbuch
Einheit 7, Teil C

5 **Sätze verbinden** Verbinden Sie je einen Satzteil aus der rechten Spalte mit einem Satzteil aus der linken Spalte.

BEISPIEL: 1: __c__

2: ____, 3: ____, 4: ____, 5: ____, 6: ____, 7: ____, 8: ____

1. **Nachdem** der Krieg zu Ende gegangen war,
2. **Seitdem** Hans aus dem Krieg gekommen war,
3. **Wenn** Lene während des Krieges nicht so stark gewesen wäre,
4. **Obwohl** Hans nie Nazi war,
5. **Immer wenn** Hans nach dem Krieg mit Anna sprach,
6. Lenes Krankheit könnte ein Zeichen dafür sein,
7. **Obwohl** Anna immer stärker an die verschlossene Badezimmertür klopfte,
8. **Obwohl** Lene die Tür letztlich doch öffnete,

a. wäre es Lene nicht gelungen mit ihrer Tochter durchzukommen.
b. erschien es Anna, als hätte ihre Mutter die Tür auch später nie wirklich geöffnet.
c. begannen die Kämpfe zu Hause.
d. hatte er es nicht leicht, im Beruf weiterzukommen.
e. **dass** sie sich unverstanden fühlt und gleichzeitig sprachlos ist.
f. dauerte es sehr lange, bis Lene die Tür öffnete.
g. verhielt er sich sehr autoritär.
h. gab es zu Hause viele Probleme.

Weiterführende Aufgaben

6 **Über den Film reflektieren** Beenden Sie die folgenden Sätze und vergleichen Sie sie dann im Kurs.

1. Hans und Lene haben nach Kriegsende Probleme,

   weil _____

2. Anna kennt ihren Vater kaum,

   deshalb _____

3. Lene war während des Krieges sehr stark,

   trotzdem _____

4. Lene musste mit Anna zu Fuß durch zerstörte Städte wandern,

   während _____

5. Hans blieb seiner Frau treu,

   obwohl _____

6. Hans hatte keine gute Beziehung zu seiner Tochter,

   denn _____

Übungsbuch
Einheit 7, Teil C

7 **Den Film interpretieren** Beantworten Sie die folgenden Fragen zum Film.

◇ Was beschreibt Helma Sanders-Brahms in ihrem Film?
◇ Warum konnten Lene und Hans einander nie wirklich kennen lernen?
◇ Worin liegt die Tragik des Films?
◇ Welche Bedeutung hat Lenes Gesichtslähmung?
◇ Ulrich, aber auch die Verwandten von Lene in Berlin, haben den Krieg relativ gut überstanden, warum? Wie hat sich ihr Leben nach dem Krieg gestaltet?
◇ Die Regisseurin Helma Sanders-Brahms hat den Anfang des Gedichtes „Deutschland" von Bertolt Brecht als Titel ihres Films gewählt. Das Gedicht wird auch am Anfang des Films eingeblendet und gelesen. Was denken Sie, warum hat sie dieses Gedicht gewählt?

8 **Zum Film Stellung nehmen** Bereiten Sie eine 3-minütige mündliche Stellungnahme zum Film vor. Was hat Sie besonders beeindruckt? Welche Problematik hat Sanders-Brahms aufgegriffen? Die folgenden Punkte sind Anregungen.

Täter und Opfer
die Sprachlosigkeit der Frauen
Symbole im Film
Lenes Gesichtslähmung
die Familie
die Stellung des Vaters
Vaterland und Muttersprache
Annas Beziehung zu ihren Eltern
Krieg
der Einfluss des öffentlichen Lebens auf das private

9 **Diskussion** Einigen Sie sich mit Ihren Kommilitonen/Kommilitoninnen auf ein Thema und diskutieren Sie darüber im Plenum.

Thema 1: Es ist eine gute Idee, den Film *Deutschland, bleiche Mutter* im Deutschunterricht zu sehen.

Thema 2: Es ist nicht nötig, über den Umgang der Deutschen mit ihrer Vergangenheit im Deutschunterricht zu sprechen.

Reflexionen zum Thema

1 **Definition überdenken** Sie haben in dieser Einheit verschiedene Formen der Vergangenheitsbewältigung kennen gelernt. Versuchen Sie nun noch einmal, den Begriff **Vergangenheitsbewältigung** zu erklären.

Übungsbuch
Einheit 7, Teil C

2 **Definitionen vergleichen** Vergleichen Sie Ihre Definition nun mit der Definition von Christian Meier (Historiker): „… Erinnern, damit es sich nicht wiederholt." Was halten Sie von dieser Definition? Hat er Recht? Begründen Sie Ihre Meinung.

3 **Schreiben: Gedanken zum Thema** Alles, was Sie in dieser Einheit gelesen, gesehen und gehört haben, ist Teil des Versuchs, die Vergangenheit aufzuarbeiten und nicht zu vergessen. Schreiben Sie die Gedanken auf, die Ihnen während der Arbeit an dieser Einheit gekommen sind.

Grundwortschatz

Verben

auf•arbeiten: er/sie/es arbeitet … auf, arbeitete … auf, hat … aufgearbeitet

bewältigen: er/sie/es bewältigt, bewältigte, hat … bewältigt

(in Schwierigkeiten) geraten: er/sie/es gerät, geriet, ist … geraten

kritisieren: er/sie/es kritisiert, kritisierte, hat … kritisiert

(Rücksicht) nehmen: er/sie/es nimmt, nahm, hat … genommen

provozieren: er/sie/es provoziert, provozierte, hat … provoziert

sich rechtfertigen: er/sie/es rechtfertigt sich, rechtfertigte sich, hat sich … gerechtfertigt

schweigen: er/sie/es schweigt, schwieg, hat … geschwiegen

verbrennen: er/sie/es verbrennt, verbrannte, hat … verbrannt

verharmlosen: er/sie/es verharmlost, verharmloste, hat … verharmlost

verurteilen: er/sie/es verurteilt, verurteilte, hat … verurteilt

vor•werfen: er/sie/es wirft … vor, warf … vor, hat … vorgeworfen

(etwas) zu•geben: er/sie/es gibt … zu, gab … zu, hat … zugegeben

Nomen

die Asche

das Grab, die Gräber

der Holocaust

das Konzentrationslager, -

das Opfer, -

die Rechtfertigung, -en

die Schuld

der Täter, -

die Vergangenheitsbewältigung

Adjektive und Adverbien

ironisch

kritisch

naiv

provokativ

sarkastisch

schuldig

subtil

treffend

zynisch

Andere Ausdrücke

Angst haben vor

Selbstmord begehen

die Vergangenheit bewältigen

Kunst und Künstler

Anselm Kiefer

Der Künstler Anselm Kiefer

Abschnitte

A Werke von Anselm Kiefer
B Die deutsche Mythologie in den Bildern Anselm Kiefers
C Die Rolle der Kunst heute

Texte

- Informationen zum Künstler Anselm Kiefer
- Inhaltsangabe von *Der Ring des Nibelungen* (*Siegfried, Götterdämmerung*)
- Richard Wagner: Libretto der *Götterdämmerung* (Auszug)
- Peter Handke: Textauszug aus der *Zeit*

Internet-Aktivität

- Wer ist Brünhilde?

Musik

- Richard Wagner: *Götterdämmerung*, Finale

Kunstwerke von Anselm Kiefer als Sprechanlass*

- *Jeder steht unter seiner Himmelskuppel*, 1970
- *Ohne Titel (Heroische Sinnbilder)*, ca. 1969
- *Winterlandschaft*, 1970

- *Dein goldenes Haar, Margarete*, 1980
- *Glaube, Hoffnung, Liebe*, 1976
- *Sende Deinen Geist aus*, 1974
- *Der Mond ist aufgegangen*, 1971
- *Über allen Gipfeln ist Ruh*, 1971
- *Brünhilde schläft*, 1980
- *Siegfried's Difficult Way to Brünnhilde*, ca. 1980
- *Brünhildes Tod*, 1976

Sprachliche Strukturen

- Prädikative und attributive Adjektive
- Partizip I und II als Adjektiv (*Übungsbuch*)

In dieser Einheit

Die Frage nach Identität zog sich bisher wie ein roter Faden durch die vorangegangenen Einheiten. Der Konzeptkünstler Anselm Kiefer setzt sich in seinen Kunstwerken kritisch mit der Frage auseinander, was es heißt, Deutsche oder Deutscher zu sein. In dieser Einheit wird Ihnen das kulturelle Wissen, das Sie sich in den vorhergehenden Einheiten angeeignet haben, die Welt der Bilder Anselm Kiefers eröffnen.

---

*Diese Bilder befinden sich im Farbteil von **Anders gedacht**.

Einstimmung auf das Thema

Die Informationen finden Sie auf der *Anders gedacht* Instructor ClassPrep CD.

→ **Daten zu Anselm Kiefer rekonstruieren** Im Kasten unten befinden sich Schlagworte und Redemittel zu Anselm Kiefer. Formulieren Sie Fragen, die mit **ja** oder **nein** beantwortet werden können. Zwei Studenten/ Studentinnen lesen die Informationen über Anselm Kiefer, die sie von Ihrem Kursleiter/Ihrer Kursleiterin bekommen, und beantworten Ihre Fragen im Plenum.

BEISPIEL: — Wurde Anselm Kiefer in Donaueschingen geboren?
            — Ja.

Kunst von Anselm Kiefer im Hamburger Bahnhof–Museum für Gegenwart–Berlin

Schlagworte		Redemittel
Karlsruher Kunstakademie	Donaueschingen	Schüler von
1945	Künstler	mit … verheiratet
Julia	Axt und Feuer	wurde geboren
Renate Graf	Nibelungenlied	sich beschäftigen mit
Joseph Beuys	Metropolitan Museum	leben
Jura und Romanistik	of Art, New York	studieren
Goethe	die tabuisierte	arbeiten mit
Südfrankreich	nationalsozialistische	ausstellen
Malerei	Vergangenheit	von … geschieden
Düsseldorf		

A Werke von Anselm Kiefer

In diesem Abschnitt werden Sie sich mit acht Bildern von Anselm Kiefer beschäftigen, die im Rahmen einer Ausstellung von Dezember 1998 – März 1999 im Metropolitan Museum of Art in New York zu sehen waren.

Sprechanlass – Bildbetrachtung

 1 **Bildelemente erfassen** Arbeiten Sie in vier Gruppen (A–D). Betrachten Sie in Ihrer Gruppe folgende Bilder im Farbteil des Buches.

◆ Sie finden diese Bilder im Farbteil von *Anders gedacht.*

Gruppe A	Bild 1: *Jeder steht unter seiner Himmelskuppel*[1]
	Bild 2: *Ohne Titel (Heroische Sinnbilder)*
Gruppe B	Bild 1: *Winterlandschaft*
	Bild 2: *Dein goldenes Haar, Margarete*
Gruppe C	Bild 1: *Glaube*[2]*, Hoffnung, Liebe*
	Bild 2: *Sende Deinen Geist aus*
Gruppe D	Bild 1: *Der Mond ist aufgegangen*
	Bild 2: *Über allen Gipfeln ist Ruh*

Schreiben Sie die Bildelemente Ihrer Bilder in die erste Spalte des Rasters. Die folgenden Wörter dienen als Hilfestellung.

GRUPPE A: *die Kuppel, die Pfütze, ...*

GRUPPE B: *der Farbfleck, der Schriftzug, ...*

GRUPPE C: *die Palette, der Schriftzug, die Taube, ...*

GRUPPE D: *der Schriftzug, ...*

Bild 1, Titel: _____

Bildelemente	Farben, Formen, andere Adjektive	Inhalte/Bezug
_____	_____	_____
_____	_____	_____
_____	_____	_____
_____	_____	_____

---

[1]**die Himmelskuppel** der Himmel, der wie eine Halbkugel geformt ist   [2]**der Glaube** man glaubt an etwas; *hier:* eins der drei Grundelemente des christlichen Glaubens (Glaube, Liebe und Hoffnung)

Bild 2, Titel: _____

Bildelemente	Farben, Formen, andere Adjektive	Inhalte/Bezug
_____	_____	_____
_____	_____	_____
_____	_____	_____
_____	_____	_____

Übungsbuch
Einheit 8, Teil A

2 **Position der Bildelemente erfassen** Beschreiben Sie jetzt die Position der Bildelemente schriftlich in ganzen Sätzen. Benutzen Sie die Schreibmittel im Kasten.

BEISPIEL: *In der Mitte des Bildes sieht man einen Baum. Daneben steht ein Mann.*

Schreibmittel

im Hintergrund (*m.*)	dahinter
im Vordergrund	daran
in der Mitte (des Bildes)	zwischen
oben	auf
unten	über
links	unter
rechts	neben
vorne	in
hinten	vor
dazwischen	hinter
darauf	an
darüber	in der linken/rechten/oberen/unteren Ecke
darunter	auf der rechten/linken Seite
daneben	das Zentrum bildet ...
darin	der Malgrund
davor	

_____

_____

_____

_____

_____

_____

3 **Adjektive zuordnen** Entscheiden Sie nun, welche Adjektive aus den Listen unten Sie zur näheren Beschreibung der Bildelemente benutzen möchten und notieren Sie sie in der zweiten Spalte im Raster auf den Seiten 271 und 272. In den Listen finden Sie auch hilfreiche Nomen.

BEISPIELE:

Bildelemente	Farben, Formen, andere Adjektive	Inhalte/Bezug
der Baum	*tot*	
der Mann	*dunkel gekleidet*	

Farben:

Primärfarben	grau	violett (lila)
Sekundärfarben	grün	dunkelblau
blau	orange	hellblau
braun	rot	blaugrün
gelb	schwarz	...

Farbqualität:

pastos[1]	leuchtend	traurig
verdünnt	klar	verschwommen
wässrig	dunkel	...
kräftig	hell	der Kontrast
kalt	kraftvoll	
warm	fröhlich	

Formen:

rund	gerade	die Linie
oval	gewellt	der Umriss
quadratisch	unterbrochen	der Kreis
rechteckig	senkrecht[2]	der Halbkreis
krumm	waagerecht[3]	der Strich

oval

rund

quadratisch

rechteckig

krumm

gerade

[1]**pastos** die Farbe wird sehr dick und deckend aufgetragen; wenig verdünnt   [2]**senkrecht** vertikal   [3]**waagerecht** horizontal

Andere Adjektive:

groß	dünn	liegend	tot
klein	dick	stehend	...

◆ Unter einem *ein*-Wort versteht man den unbestimmten Artikel **ein-**, den negativen Artikel **kein-** und die Possessivartikel **mein-, dein-, sein-, ihr-, unser-, euer/eur-** und **Ihr-**.

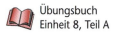 Übungsbuch
Einheit 8, Teil A

Strukturen ◆ Adjektivendungen nach *ein*-Wörtern

Sehen Sie sich die Adjektivendungen nach *ein*-Wörtern an: Formulieren Sie eine Regel. Können Sie die Regel zeichnen?

	maskulin	feminin	neutrum	Plural
Nominativ	ein brauner Baum	eine weiße Wolke	ein schwarzes Haus	keine schwarzen Wolken
Akkusativ	einen braunen Baum	eine weiße Wolke	ein schwarzes Haus	keine schwarzen Wolken
Dativ	einem braunen Baum	einer weißen Wolke	einem schwarzen Haus	keinen schwarzen Wolken
Genitiv	eines braunen Baumes	einer weißen Wolke	eines schwarzen Hauses	keiner schwarzen Wolken

4 **Sätze erweitern** Erweitern Sie nun die Sätze mit Adjektiven, die Sie in Aufgabe 2 auf Seite 272 geschrieben haben. Verwenden Sie die Adjektive, die Sie im Raster auf den Seiten 271 und 272 notiert haben. Achten Sie auf die Endungen bei Adjektiven, die vor einem Nomen stehen (attributive Adjektive).

BEISPIEL: *In der Mitte des Bildes sieht man einen toten Baum. Daneben steht ein dunkel gekleideter Mann.*

ALTERNATIVE: *In der Mitte des Bildes sieht man einen Baum, er ist tot. Daneben steht ein Mann, der dunkel gekleidet ist.*

_____

_____

_____

_____

_____

_____

_____

Interpretation

5 **Bilder deuten** Vermuten Sie, was der Künstler mit dem Bild ausdrücken will. Diskutieren Sie spontan die Inhalte und Bezüge.
Schreiben Sie Schlagwörter in die dritte Spalte des Rasters auf den Seiten
271 und 272.

Strukturen ◆ Adjektivendungen nach der-Wörtern

◆ Unter einem *der*-**Wort**
versteht man sowohl die
bestimmten Artikel **der, die,**
das, ... als auch die
Artikelwörter **dies-, welch-,**
jed-, solch-, manch- und
die Pluralformen **alle** und
beide.

Übungsbuch
Einheit 8, Teil A

Sehen Sie sich die Adjektivendungen nach **der**-Wörtern an: Formulieren
Sie eine Regel. Zeichnen Sie die Regel wieder.

	maskulin	feminin	neutrum	Plural
Nominativ	der braun**e** Baum	die weiß**e** Wolke	das schwarz**e** Haus	die schwarz**en** Wolken
Akkusativ	den braun**en** Baum	die weiß**e** Wolke	das schwarz**e** Haus	die schwarz**en** Wolken
Dativ	dem braun**en** Baum	der weiß**en** Wolke	dem schwarz**en** Haus	den schwarz**en** Wolken
Genitiv	des braun**en** Baumes	der weiß**en** Wolke	des schwarz**en** Hauses	der schwarz**en** Wolken

6 **Ergebnisse schriftlich zusammenfassen** Fassen Sie nun das Ergebnis
Ihres Gespräches von Aufgabe 5 schriftlich zusammen. Achten Sie
diesmal besonders auf die Endungen bei Adjektiven, die nach *der*-Wörtern
stehen. Benutzen Sie die Schreibmittel im Kasten.

BEISPIEL: *Der tote Baum symbolisiert (unserer Meinung nach) ... und der*
dunkel gekleidete Mann steht (vielleicht) für ...

Schreibmittel

... symbolisiert ...
... ist eine Metapher für ...
... steht für ...
... bedeutet .../
  ... könnte ... bedeuten

... stellt ... dar. (*Infinitiv:* darstellen)
... bezieht sich auf ...
... ist eine Provokation.

_____

_____

_____

_____

◆ Sehen Sie die Bilder im Farbteil von *Anders gedacht.*

Weiterführende Aufgaben

7 **Technik beschreiben** Arbeiten Sie in Gruppen und besprechen Sie die Maltechnik. Schauen Sie sich die Bilder unter diesem Aspekt an. Was denken Sie, welche Technik hat Anselm Kiefer in seinen Bildern verwendet? Wie ist er vorgegangen, was meinen Sie?

> *Technik*
>
> die Gouache[1]
> das Aquarell[2]
> die Mischtechnik[3]
> die Farbschicht[4]
> die Kohle
> die Tusche[5]
> kombinieren
> zusammenfügen

8 **Ergebnisse im Plenum präsentieren** Bereiten Sie nun in Ihrer Gruppe eine Präsentation vor, indem Sie alle bisherigen Ergebnisse zusammenfassen. Machen Sie auch weitere Aussagen:

◇ Formulieren Sie das Thema der Bilder.
◇ Vermuten Sie, was Anselm Kiefer mit diesen Bildern beabsichtigt.
◇ Begründen Sie Ihre Meinung.

Ihre Präsentation sollte also folgende Gliederung haben:

1. Angabe des Titels des Bildes
2. Beschreibung des Bildes und eventuell der Technik
3. Interpretation des Bildes und Angabe des Themas
4. Absicht des Künstlers
5. Fragen und Diskussion

Vita des Künstlers

Sie haben sich im vorigen Teil vor allem mit Anselm Kiefers Werken auseinander gesetzt. In diesem Teil erfahren Sie mehr über sein Leben und seine Person.

---

[1]**die Gouache** Temperafarbe mit Wasser [2]**das Aquarell** dünn aufgetragene Farbe mit viel Wasser gemischt [3]**die Mischtechnik** verschiedene Techniken gemischt [4]**die Schicht** man malt zuerst einmal, dann ein zweites Mal darüber, dann ein drittes Mal ... [5]**die Tusche** schwarze Tinte

Lesen • Globalverständnis

1 **Informationen festhalten** Lesen Sie den folgenden Text. Notieren Sie nach dem Lesen die drei für Sie wichtigsten Informationen über Kiefer.

1. _____

2. _____

3. _____

Zur Person: Anselm Kiefer

Anselm Kiefer wurde 1945 im süddeutsch _en_ Donaueschingen* geboren. Er gilt als einer der wichtigst____ Künstler Deutschlands. Von 1965 bis 1970 studierte er Romanistik und Jura. Schon in dieser Zeit beschäftigte er sich mit Malerei. In Freiburg begann er

5 1966 ein Kunststudium und studierte dann 1969 bei Horst Antes an der bekannt____ Karlsruher Kunstakademie. Er ließ sich in dieser Zeit in der Schweiz, in Italien und in Frankreich mit faschistischem Gruß fotografieren, um die Diskussion über die tabuisiert____ nationalsozialistisch____ Vergangenheit Deutsch-

10 lands wieder anzuregen[1]. Anselm Kiefer blieb diesem Thema treu[2]. Als 26-Jähriger zog Kiefer sich mit seiner Frau Julia in ein alt____ Schulhaus im Odenwald zurück, wo viele seiner früh____ Werke entstanden sind. Von 1970 bis 1972 war er Schüler von Joseph Beuys in Düsseldorf. In Inhalten und Titeln verweist[3]

15 Kiefer auf mythologische und ideologische Implikationen deutscher Geschichte, wie z.B. das Nibelungenlied, aber auch auf Gedichte von Goethe oder Claudius.

   In Kiefers Bildern wurden oft Farbschichten, die dick aufgetragen worden waren, wieder gewaltsam[4] bearbeitet, z.B. mit einer Axt

20 oder Feuer, und mit neuen Materialien übermalt und kombiniert, z.B. mit Fotografien oder Buchseiten. Seit 1995 gehören 54 seiner Werke auf Papier zur ständig____[5] Sammlung des Metropolitan Museum of Art in New York. Seit 1992 lebt und arbeitet Kiefer in Barjac in Südfrankreich in einer ehemalig____ Seidenfabrik.

———————

[1]**anregen** beginnen [2]**einem Thema treu bleiben** ein Thema immer wieder behandeln [3]**verweisen auf** sich beziehen auf [4]**gewaltsam** brutal [5]**ständig** permanent

*Donaueschingen ist eine Stadt in Baden-Württemberg östlich von Freiburg.

2 **Endungen im Text einsetzen** Setzen Sie mit Ihrem Partner/Ihrer Partnerin die fehlenden Adjektivendungen im Text oben ein. Bestimmen Sie dazu jedes Mal vorher Genus, Numerus und Kasus. Bestimmen Sie auch die Art des Artikelwortes: *der-* oder *ein-*Wort.

BEISPIEL:	... im süddeutsch _en_ Donaueschingen ...
GENUS/NUMERUS:	*neutrum Singular; Städtenamen sind neutrum*
KASUS/BEGRÜNDUNG:	*Dativ: Die Präposition **in** steht hier mit Dativ, da auf die Frage **wo?** geantwortet wird (Wo wurde er geboren?).*
ART DES ARTIKELWORTES:	***dem** (im = in dem) ist ein bestimmter Artikel, also ein **der**-Wort*
ADJEKTIVENDUNG:	***-en***

Übungsbuch
Einheit 8, Teil A

Strukturen ◆ Attributive Adjektive ohne Artikelwort

A **Endungen eintragen** An vier Stellen im Text wird das attributive Adjektiv ohne Artikel verwendet. Suchen Sie diese Sätze und schreiben Sie die Endungen in die Tabelle unten.

B **Regel formulieren** Versuchen Sie nun, die Tabelle zu vervollständigen. Es gibt nur im Genitiv zwei Ausnahmen zu der Regel.

Die Regel lautet: _____

_____

Endungen attributiver Adjektive ohne Artikelwort:

	maskulin	feminin	neutrum	Plural
Nominativ				
Akkusativ				
Dativ				
Genitiv	*-en*		*-en*	

3 **Frage-Antwort-Spiel** Arbeiten Sie wieder mit Ihrem Partner/Ihrer Partnerin. Schreiben Sie sechs Fragen über Anselm Kiefer auf. Anschließend machen Sie ein Frage-und-Antwort-Spiel im Forum.

BEISPIEL: *Wo wurde Anselm Kiefer geboren?*

1. _____
2. _____
3. _____
4. _____
5. _____
6. _____

B Die deutsche Mythologie in den Bildern Anselm Kiefers

In diesem Abschnitt werden Sie sich mit Themen aus der deutschen Mythologie und dem Zusammenhang zwischen den Bildern Anselm Kiefers und der Musik Richard Wagners beschäftigen.

Der Ring des Nibelungen, Richard Wagner

Der deutsche Komponist Richard Wagner (1813–1883) war vor allem für seine Opern bekannt. *Der Ring des Nibelungen* ist ein Zyklus, der aus vier Opern besteht und der auf die Themen der alten germanischen Legende der Nibelungen[*] zurückgreift. Die Geschichte der Nibelungen findet man auch in dem *Nibelungenlied*, einer mittelalterlichen Epik in Versform, die um 1200 niedergeschrieben wurde, nachdem der Erzählstoff schon seit Jahrhunderten mündlich tradiert[1] worden war.

Wortschatz

1 **Verben in verschiedenen Zeitformen notieren** Lesen Sie die folgenden drei Verben und notieren Sie die Grundformen (Präsens, Präteritum und Perfekt). Die Verben sind regelmäßig.

	PRÄSENS	PRÄTERITUM	PERFEKT
inspirieren	_____	_____	_____
anfertigen	_____	_____	_____
verarbeiten	_____	_____	_____

2 **Verben einsetzen** Schreiben Sie nun die Verben in der richtigen Form und Zeit in die Lücken.

In den 70er und frühen 80er Jahren _____[a] Anselm Kiefer eine

Reihe von Aquarellen und Holzschnitten[2] über Themen aus der

---

[1]**mündlich tradieren** *hier:* mündlich erzählen   [2]**der Holzschnitt** eine Drucktechnik

[*]Die Nibelungen waren ein germanischer Stamm, der nicht nur in der deutschen, sondern auch in der skandinavischen Mythologie vorkommt.

deutschen Mythologie _____[b]. Viele Bilder Kiefers wurden von dem Nibelungenlied _____[c], in ähnlicher Weise[1] wie es Richard Wagner in seinem Opernzyklus *Der Ring des Nibelungen* _____[d].

 ③ Wortschatz anwenden Beantworten Sie nun mit Ihrem Partner/ Ihrer Partnerin die folgenden Fragen.

- ◇ Womit beschäftigte sich Anselm Kiefer in den 70er und frühen 80er Jahren?
- ◇ Wovon wurden viele seiner Bilder inspiriert?
- ◇ Welches gemeinsame Thema haben Anselm Kiefer und Richard Wagner in ihren Werken?

Lesen

④ Informationen im Internet suchen und präsentieren Im Folgenden werden diese drei Bilder von Kiefer wichtig sein:

- ◇ *Brünhilde schläft*
- ◇ *Siegfried's Difficult Way to Brünnhilde*
- ◇ *Brünhildes Tod*

 Versuchen Sie zunächst herauszufinden, wer Brünhilde ist. Benutzen Sie das Internet oder die Bibliothek. Versuchen Sie die folgende Grafik unten zu vervollständigen, indem Sie Informationen zu den Begriffen finden und bereiten Sie dann eine kurze mündliche Stellungnahme über Brünhilde vor.

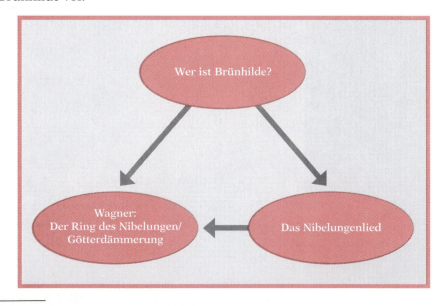

---

[1]**in ähnlicher Weise wie** so wie, ähnlich wie

5 **Lesen: Globalverständnis** Sie haben schon Informationen über das Nibelungenlied eingeholt. Lesen Sie nun den Inhalt von Richard Wagners Opern *Siegfried* und *Götterdämmerung,* der dritten und vierten Oper aus Wagners Opernzyklus *Der Ring des Nibelungen*. Unterstreichen Sie beim ersten Lesen die Namen der Protagonisten.

Götterdämmerung von Richard Wagner, Szene mit Lisa Gasteen als Brünhilde und Stephen Ibbotson als Siegfried

Inhaltsangabe von *Der Ring des Nibelungen*

In Richard Wagners Version des Nibelungenliedes gibt es zwei Grundideen: einerseits die Lust und das Verlangen[1] nach Macht und Reichtum[2], andererseits die Suche nach Liebe. Das Verlangen nach Macht wird durch den Zauber[3] eines goldenen Ringes
5   dargestellt und die Suche nach Liebe wird durch die tragische Liebesgeschichte des Helden Siegfried und der Walküre Brünhilde personifiziert.

In der Oper *Siegfried*, der dritten Oper von Wagners Zyklus, legt Siegfried einen schwierigen Weg zurück, um Brünhilde zu retten.
10 Sie schläft seit langer Zeit auf einem Felsen, der von Feuer eingeschlossen ist. Schließlich weckt Siegfried sie aus dem tiefen Schlaf, welcher von ihrem Vater Wotan als Strafe angeordnet wurde.

_____

[1]**das Verlangen** das Wollen, der Wunsch   [2]**der Reichtum** wenn man viel Geld hat
[3]**der Zauber** die Magie

Zu Beginn der Oper *Götterdämmerung* schwören sich Siegfried
15 und Brünhilde ihre ewige Liebe und beschenken sich gegenseitig.
Siegfried schenkt ihr den mächtigen, aber fluchbeladenen[4] Ring
und sie schenkt Siegfried ihr Pferd Grane. Als sich Siegfried auf-
macht, um Abenteuer zu bestehen, kommt er zum Schloss von
König Gunther, dessen Halbbruder Hagen Unfrieden stiftet, um
20 den Ring zu bekommen. Siegfried wird durch einen Zaubertrank[5]
dazu gebracht, Brünhilde zu vergessen und sich in die Schwester
Gunthers, Gutrune, zu verlieben. Gunther will jetzt Brünhilde zur
Frau nehmen und Hagen hofft dadurch an den Ring zu kommen.
Aus Rache[6] an Siegfried zeigt Brünhilde Hagen, wie er Siegfried
25 töten kann. Während Siegfried stirbt, kommt seine Erinnerung
zurück und auch seine Liebe zu Brünhilde. Diese bemerkt, dass
sie beide von König Gunther manipuliert wurden. Sie lässt einen
riesigen Scheiterhaufen[7] errichten, um Siegfrieds Leiche zu verbrennen, sattelt das Pferd Grane, springt damit durch das Feuer
30 und stirbt. Während sich die Flammen ausbreiten, tritt der Rhein
aus seinem Ufer[8] und die Rheintöchter[9] holen den Ring von Brünhilde zurück. Als Hagen versucht, den Rheintöchtern den Ring
wegzunehmen, ertrinkt er in den Fluten.

---

[4]**fluchbeladen** ein Fluch ist auf etwas; ein Fluch ist ein böser Wunsch   [5]**der Zaubertrank** ein Getränk, das eine magische Wirkung hat   [6]**die Rache** man tut einer Person
etwas Böses, weil sie auch etwas Böses getan hat   [7]**der Scheiterhaufen** ein Berg von
Holzstücken, zum Feuer machen   [8]**aus den Ufern treten** das Wasser eines Flusses
überschwemmt das Land   [9]**die Rheintöchter** mythologische Wesen, die im Rhein
leben

6 **Lesen: Detailverständnis** Lesen Sie den Text ein zweites Mal und
finden Sie heraus, wer mit wem verwandt bzw. liiert[1] ist.

BEISPIEL: Wotan ist Brünhildes Vater.

7 **Text anhand von selbstgemalten Bildern nacherzählen** Ihr
Kursleiter/Ihre Kursleiterin gibt Ihnen einen oder mehrere Sätze.
Malen Sie den Inhalt mit Ihrem Partner/Ihrer Partnerin auf ein Blatt
Papier und hängen Sie die Bilder an die Tafel. Berichten Sie, was Sie auf
den Bildern Ihrer Kommilitonen/Kommilitoninnen sehen. Bringen Sie die
Bilder in die richtige Reihenfolge und erzählen Sie den Inhalt der Opern
noch einmal nach.

◆ Die Sätze befinden sich
auf der *Anders gedacht*
Instructor ClassPrep CD.

Übungsbuch
Einheit 8, Teil B

---

[1]**liiert sein** ein Liebesverhältnis haben

Sprechanlass: Bildbetrachtung

8 **Titel und Bilder zuordnen** Lesen Sie nun noch einmal die drei Bildtitel:

Siegfried's Difficult Way to Brünnhilde
Brünhilde schläft
Brünhildes Tod

Sehen Sie sich jetzt die drei Bilder unten an.

⬥ Welcher Titel passt zu welchem Bild? Begründen Sie Ihre Meinung.
⬥ Besprechen Sie Ihre Ergebnisse im Plenum.
⬥ Überprüfen Sie Ihre Zuordnung anhand der Bilder 1–3 im Farbteil.

a. _____

b. _____

c. _____

Die deutsche Mythologie in den Bildern Anselm Kiefers   283

9 **Bilder interpretieren und Präsentation vorbereiten** Suchen Sie sich eins der drei Bilder aus und beschreiben Sie es. Präsentieren Sie dann Ihr Ergebnis im Plenum. Gehen Sie wieder auf Farben, Bildelemente und Inhalte ein. Teilen Sie Ihren Text genauso ein, wie bei Ihren Präsentationen in Aufgabe 8 auf Seite 276:

1. Angabe des Titels
2. Beschreibung des Bildes
3. Interpretation des Bildes und Angabe des Themas
4. Absicht des Künstlers
5. Fragen und Diskussion

Hilfestellung: Sie können sich an folgenden Fragen orientieren:

   ◇ Was fällt Ihnen auf?
   ◇ Was können Sie erkennen?
   ◇ Wo ist der Fokus?
   ◇ Gibt es etwas Besonderes in dem Bild?
   ◇ Welche Fragen haben Sie an das Bild?
   ◇ Welche Vermutungen und Hypothesen haben Sie?

Verwenden Sie Redemittel aus dem Kasten, wenn Sie möchten.

Redemittel

Es ist möglich, dass ...   wahrscheinlich
Es kann sein, dass ...   bestimmt
Es wäre denkbar, dass ...   sicherlich
vermutlich   möglicherweise
vielleicht

Weitere Hilfestellung zu *Siegfried's Difficult Way to Brünnhilde:*

   ◇ Was assoziieren Sie mit dem steinigen Weg im Bild?
   ◇ Worauf weist Kiefer Ihrer Meinung nach hin?
   ◇ Wie erklären Sie den Titel?
   ◇ Warum hat Kiefer einen englischen Titel gewählt?

Weitere Hilfestellung zu *Brünhilde schläft:*

   ◇ Wie sieht Brünhilde aus?
   ◇ Was symbolisiert sie wohl?
   ◇ Was will Kiefer Ihrer Meinung nach mit seinem Bild sagen?

Weitere Hilfestellung zu *Brünhildes Tod:*

◇ Erklären Sie noch einmal, wie Brünhilde gestorben ist, und versuchen Sie das Bild zu deuten.
◇ Wo ist Brünhilde im Bild, wo das Feuer, wo der Scheiterhaufen?
◇ Warum besteht das Bild aus zusammengefügten Teilen?
◇ Welche Farben verwendet Kiefer?
◇ Woran erinnern Sie die Farben?
◇ Welche Parallelen zieht Kiefer?

Weiterführende Aufgaben

10 **Symbole: Bezüge herstellen** In Einheit 7 haben Sie sich mit Symbolen in Grimm'schen Märchen beschäftigt (z.B. der *Räuberbräutigam*). Einige der Symbole, die Sie in der *Götterdämmerung* kennen gelernt haben, kommen auch in den Märchen der Brüder Grimm vor. Erinnern Sie sich noch? Welche Bedeutung könnten diese Symbole haben? Notieren Sie im Raster unten. Nicht jedes Symbol kommt in der *Götterdämmerung*, in Grimm'schen Märchen und bei Kiefer vor.

Symbol	*Götterdämmerung*	Grimm'sche Märchen	Kiefer
der Ring	_____	_____	_____
der Schlaf	_____	_____	_____
das Pferd	_____	_____	_____
das Wasser (der Rhein)	_____	_____	_____
das Feuer (die Flammen)	_____	_____	_____
der Scheiterhaufen (die Asche)	_____	_____	_____
der Zaubertrank	_____	_____	_____
Farben: rot, gelb, schwarz	_____	_____	_____
der Wald (Baum)	_____	_____	_____

Die Musik befindet sich auf der *Anders gedacht Instructor's Audio CD.*

11 **Hören: Musik und Emotionen beschreiben** Sehen Sie sich nun das Aquarell *Brünhildes Tod* noch einmal an, hören Sie gleichzeitig das Finale aus Wagners *Götterdämmerung*. Sie können den Text auch mitlesen. Achten Sie auf die Musik. Wie würden Sie die Musik beschreiben? Welche Gefühle hat Brünhilde, während sie mit ihrem Pferd in das Feuer springt?

Finale der *Götterdämmerung*

Fliegt heim, ihr Raben[1]!
Raunt[2] es eurem Herren,
was hier am Rhein ihr gehört!
An Brünnhildes Felsen fahrt vorbei.
5   Der dort noch lodert[3],
weiset Loge nach Walhall[4]!
Denn der Götter Ende dämmert nun auf[5].
So – werf' ich den Brand[6]
in Walhalls prangende Burg.
10   Grane, mein Roß[7], sei mir gegrüßt[8]!
Weißt du auch, mein Freund,
wohin ich dich führe?
Im Feuer leuchtend, liegt dort dein Herr,
Siegfried, mein seliger Held.
15   Dem Freunde zu folgen, wieherst[9] du freudig?
Lockt[10] dich zu ihm die lachende Lohe[11]?
Fühl meine Brust auch, wie sie entbrennt;
helles Feuer das Herz mir erfaßt[12],
ihn zu umschlingen[13], umschlossen[14] von ihm,
20   in mächtigster Minne[15] vermählt[16] ihm zu sein!
Heiajoho! Grane!
Grüß deinen Herren!
Siegfried! Siegfried! Sieh!
Selig grüßt dich dein Weib!

—Quelle: Richard Wagner,
Libretto von *Götterdämmerung*,
Finale am Ende des dritten Aktes

---

[1]**der Rabe** ein großer schwarzer Vogel   [2]**raunen** *hier:* sagen   [3]**lodern** Feuer, das
schon fast erloschen ist, lodert   [4]**Walhalla** der Ort, an dem die Götter wohnen
[5]**aufdämmern** *hier:* es kommt näher   [6]**der Brand** das Feuer   [7]**das Ross** das Pferd
[8]**sei mir gegrüßt** ich grüße dich   [9]**wiehern** ein Pferd wiehert   [10]**locken** *hier:* rufen
[11]**die Lohe** das Feuer   [12]**erfassen** erfüllen   [13]**umschlingen** festhalten   [14]**umschließen**
mit den Armen und Händen umfassen   [15]**die Minne** die Liebe   [16]**vermählt**
verheiratet

Übungsbuch
Einheit 8, Teil B

12 **Wortschatz: Enzyklopädie der Gefühle erstellen** Arbeiten Sie
zunächst alleine mit der folgenden Enzyklopädie der Gefühle. Danach
ergänzen Sie gemeinsam im Plenum den Raster. Es gibt nicht immer für
jede Spalte ein Wort.

das Gefühl / der Zustand	Verb	Adjektiv
a. die Liebe	*lieben*	*lieb*
b. die Hoffnung	_____	*hoffnungsvoll*
c. die Freundschaft	_____	_____
d. die Wut	_____	_____
e. die Sorge	_____	_____
f. der Mut	_____	_____
g. der Frieden	_____	_____
h. die Einsamkeit	_____	_____
i. das Glück	_____	_____
j. die Ehrlichkeit	_____	_____
k. die Freude	_____	_____
l. das Lachen	_____	_____
m. die Leidenschaft	_____	_____
n. der Schmerz	_____	_____
o. das Vertrauen	_____	_____
p. das Leiden	_____	_____
q. der Hass	_____	_____
r. die Angst	_____	_____
s. die Gerechtigkeit	_____	_____
t. die Spannung	_____	_____

 13 **Zusammenfassen** Mit Ihren gesammelten Informationen versuchen Sie nun folgende Fragen zu beantworten.

⬦ Was denken Sie, warum greift Kiefer Wagners *Ring*, die deutsche Mythologie und das Heldentum auf?
⬦ Wie stellt er die Themen dar?
⬦ Was, denken Sie, sagt Kiefer mit seinem Bild *Brünhildes Tod*?

Machen Sie Notizen, ein Gruppensprecher berichtet das Ergebnis Ihres Gesprächs im Plenum.

Die Rolle der Kunst heute

In diesem Abschnitt werden Sie sich mit Meinungen zur Rolle der Kunst in der heutigen Gesellschaft beschäftigen. Sie lesen ein Zitat von dem Schriftsteller Peter Handke und bearbeiten dieses Thema im Kurs.

Aussage von Peter Handke

Peter Handke, 1942 in Kärnten (Österreich) geboren, ist Schriftsteller, Übersetzer, Filmautor und Regisseur. Er lebt in Frankreich und Salzburg. In diesem kurzen Textauszug schreibt er über Malerei und Anselm Kiefer.

Lesen ◆ Selektives Verstehen

1 **Aussagen bewerten** Lesen Sie zunächst die folgenden Aussagen, damit Sie schon eine Idee über den Textinhalt bekommen. Lesen Sie dann den Text. Nach dem Lesen bewerten Sie die Aussagen mit richtig (**R**) oder falsch (**F**):

a. ____ Malerei ist notwendig.

b. ____ Malerei hat in der jetzigen Weltgeschichte viel Platz.

c. ____ Malerei muss nicht unbedingt sein.

d. ____ Malerei ist nicht mehr möglich.

e. ____ Der Künstler spielt nur mit der Kunst.

f. ____ Das Spiel ist gelenkt von der jeweiligen Epoche und dem Ort, an dem es stattfindet.

Peter Handke über Malerei

„... Malerei, auch wenn sie vielleicht keinen Platz hat in der gegenwärtigen[1] Weltgeschichte, muss sein! Sie ist wie sie war und wie sie sein wird, eine – unentschlüsselbare[2], geheimnisvolle – Notwendigkeit, und aus dieser erfolgt[3] das jeweilige, auch von Epoche und Ort gelenkte[4] Spiel des Künstlers. ... Malerei geht nicht mehr – nur noch das Spiel mit ihr. ..."

—Quelle: *Die Zeit,* 9. November 1999

---

[1]**gegenwärtig** jetzt [2]**unentschlüsselbar** man kann es nicht verstehen [3]**erfolgen** resultieren [4]**gelenkt** gesteuert, geführt

Lesen ◆ Detailverständnis

② **Textauszug lesen und deuten** Lesen Sie den Textauszug noch einmal. Was, denken Sie, meint Handke mit: „Malerei geht nicht mehr – nur noch das Spiel mit ihr"?

_____

_____

_____

Weiterführende Aufgaben

③ **Debatte** Bilden Sie zwei Gruppen und debattieren Sie über die Aussage:

Kunst ist eine Notwendigkeit.

Die eine Gruppe sammelt Argumente für und die andere Gruppe sammelt Argumente gegen diese Aussage. Machen Sie sich in Ihren Gruppen Notizen, überlegen Sie auch, wer bei der Debatte was sagen wird, sodass alle Studenten/Studentinnen zu Wort kommen.

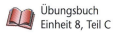
Übungsbuch
Einheit 8, Teil C

④ **Schreiben: Gedanken zum Thema** Wählen Sie ein Bild von Anselm Kiefer oder einem/r anderen Künstler/Künstlerin aus dem deutschsprachigen Kulturkreis aus, beschreiben und interpretieren Sie es. Die folgenden Punkte helfen Ihnen bei der Vorbereitung und der Formulierung Ihrer Gedanken.

a. Bildelemente erfassen Wie bei den Bildern, mit denen Sie im Unterricht gearbeitet haben, beschreiben Sie zuerst, was Sie sehen. Achten Sie auf die attributiven Adjektivendungen.

b. Deuten Die folgenden Fragen geben Ihnen einen Anhaltspunkt[1].

- ◇ Worauf beziehen sich die Bildelemente?
- ◇ Welches Thema wird angesprochen?
- ◇ Achten Sie darauf, wann das Bild entstanden ist. Überlegen Sie, was zu dieser Zeit in Deutschland / Österreich / der Schweiz passiert ist. Manchmal machen Künstler Referenzen zu politischen, gesellschaftlichen oder kulturellen Ereignissen.
- ◇ Welche Botschaft[2] will der Künstler/die Künstlerin vermitteln und auf welche Art macht er/sie seine/ihre Absicht deutlich?

———————

[1]**der Anhaltspunkt** etwas, an dem man sich orientieren kann   [2]**eine Botschaft vermitteln** etwas Wichtiges sagen

c. Wortschatz Unten finden Sie Wortschatz, der für die Interpretation von Kiefers Bildern hilfreich sein könnte.

> ## Wortschatz
>
> Ein immer wiederkehrendes Symbol ist ...
> Das Hauptelement ist ...
> den Kontext verändern
> Veränderung
> Nazivergangenheit
> die Inschrift
> die Mythologie

d. Stellung nehmen Denken Sie, dass dieses Bild *notwendig* ist oder ist es einfach nur *schön*?

Grundwortschatz

Verben

an•fertigen: er/sie/es fertigt ... an, fertigte ... an, hat ... angefertigt
betrachten: er/sie/es betrachtet, betrachtete, hat ... betrachtet
sich beziehen auf + *Akkusativ:* er/sie/es bezieht sich auf, bezog sich auf, hat sich auf ... bezogen
dar•stellen: er/sie/es stellt ... dar, stellte ... dar, hat ... dargestellt
inspirieren: er/sie/es inspiriert, inspirierte, hat ... inspiriert
stammen: er/sie/es stammt, stammte, hat ... gestammt
symbolisieren: er/sie/es symbolisiert, symbolisierte, hat ... symbolisiert

Nomen

das Aquarell, -e
das Bildelement , -e
das Feuer
die Figur, -en
der Halbkreis, -e
der Hintergrund, die Hintergründe
der Kreis, -e
der Künstler, - / die Künstlerin, -nen

das Kunstwerk, -e
die Linie, -n
die Metapher, -n
die Mythologie
die Provokation, -en
der Strich,-e
der Umriss,-e
der Vordergrund, die Vordergründe

Adjektive und Adverbien

angstvoll

bunt

dunkel

germanisch

kräftig

künstlerisch

leuchtend

mythologisch

oval

quadratisch

rechteckig

rund

senkrecht

waagerecht

Andere Ausdrücke

ein Bild deuten

das Bild bezieht sich auf
 (+ *Akkusativ*)

die *Götterdämmerung*

das Nibelungenlied

Vereinigtes Deutschland

Chancen und Herausforderungen

Berliner Mauer

Abschnitte

A Die Geschichte der beiden deutschen Staaten

B Rotkäppchen: ein Märchen?

C Probleme der Wiedervereinigung

Texte

- Deutsch-deutsche Geschichte (Überblick)
- Nils Klawitter: Die Rache des Ostens (*Spiegel*-Artikel in Auszügen)
- Probleme der Wiedervereinigung (Zitate)

Internet-Aktivitäten

- Rotkäppchen Sektkellerei GmbH
- Probleme der Wiedervereinigung

Sprachliche Strukturen

- Konjunktiv I, indirekte Rede
- Alternativen zum Konjunktiv I
- Wiederholung: Relativsätze
- Wiederholung: Passiv

In dieser Einheit

Diese Einheit schließt den geschichtlichen Überblick der deutschen Geschichte des 20. Jahrhunderts ab und wirft einen Blick auf politische Entwicklungen nach dem Krieg, den Einfluss der USA auf Deutschland und die deutsche Wiedervereinigung. Die wirtschaftlichen Folgen der Wiedervereinigung werden am Beispiel der ostdeutschen Firma Rotkäppchen Sektkellerei dargestellt.

1 **Vorwissen sammeln** Berichten Sie: Was wissen Sie bereits über die deutsche Nachkriegsgeschichte ab 1945? Sammeln Sie im Plenum.

2 **Bilder beschreiben und Hypothesen aufstellen** Beschreiben Sie, was Sie auf den Bildern a–c sehen. Vermuten Sie, was die Personen machen und warum. Wo sind sie? Wann ist das? Benutzen Sie die folgenden Redemittel und den Wortschatz.

Redemittel und Wortschatz

Auf Bild a/b/c sieht man ...	Ich könnte mir vorstellen, dass ...	zumauern
Bild a/b/c zeigt ...	Möglicherweise ...	hinübersehen
Ich vermute, dass ...	Vermutlich ...	hindurchsehen
Ich glaube, dass ...		

a.

b.

c.

A Die Geschichte der beiden deutschen Staaten

In diesem Abschnitt werden Sie erfahren, wie die beiden deutschen Staaten entstanden sind und welchen Einfluss die Westmächte und die Sowjetunion auf die gesellschaftliche und politische Entwicklung der beiden deutschen Staaten ausübten.

Deutsch-deutsche Geschichte

1 Wortschatz: Eine Wortfamilie untersuchen Bilden Sie Gruppen und sammeln Sie möglichst viele Wörter, die zur Wortfamilie „teilen" gehören. Sie können auch Ihr Wörterbuch verwenden. Vergleichen Sie am Ende die Ergebnisse der Gruppen und notieren Sie alle Wörter an der Tafel. Erklären Sie die Wörter.

der Anteil

teilen

teilnehmen

2 **Wortschatz: Erklärungen zuordnen** Ordnen Sie als Vorbereitung auf den Lesetext den Ausdrücken auf der linken Seite die entsprechende Erklärung zu.

_2_ beitreten

___ die Einleitung

___ einsehen

___ sich entscheiden

___ fliehen

___ die Versorgung

___ verwalten

___ vorschlagen

___ unterschiedliche Vorstellungen

1. andere Ideen

2. Mitglied werden

3. der Beginn

4. die Lieferung der Dinge, die man zum Leben braucht

5. eine von zwei Möglichkeiten wählen

6. eine Idee äußern

7. merken, realisieren

8. dafür sorgen, dass alles in Ordnung ist

9. vor einer Gefahr weglaufen

Lesen • Globalverständnis

3 **Überschriften zuordnen** Lesen Sie die Abschnitte 1–11 des Textes „Deutsch-deutsche Geschichte". Ordnen Sie danach den folgenden Überschriften die Textabschnitte zu.

ÜBERSCHRIFTEN

___ a. Berliner Luftbrücke

___ b. Volksaufstand gegen das SED-Regime in Ostberlin

_1_ c. die Aufteilung Deutschlands

___ d. die Wende

___ e. der Fall der Mauer

___ f. die Gründung der Bundesrepublik und der DDR

___ g. das Wirtschaftswunder

___ h. der Bau der Mauer

___ i. die Blockade Berlins

___ j. die Wiedervereinigung

___ k. Beginn der Verständigung zwischen Ost und West

Deutsch-deutsche Geschichte

Deutschland 1945

— Deutschland in den Grenzen von 1937

☐ Westzonen und Westsektoren von Berlin
(ab 1949 Bundesrepublik Deutschland)

☐ Sowjetische Zone und Ostsektor von Berlin
(ab 1949 Deutsche Demokratische Republik)

**Besatzungszonen: Berlin liegt
in der sowjetischen Zone.**

Textabschnitt 1

Nach dem Ende des Zweiten Weltkrieges wurde
Deutschland 1945 in vier Zonen aufgeteilt[1]: in eine
amerikanische, britische, französische und in eine
sowjetische Zone. Als ehemalige Hauptstadt wurde
5 Berlin ebenfalls[2] in vier Sektoren unterteilt, obwohl
es inmitten der sowjetischen Zone lag (s. Karte).
Deutschland sollte trotz der Aufteilung als eine
Einheit[3] verwaltet werden.

Textabschnitt 2

Doch schon bald nach dem Ende des Krieges
10 zeigten sich Konflikte, vor allem[4] zwischen den USA
und der Sowjetunion. Als klar wurde, dass die Sowjetunion und die westlichen Alliierten unterschiedliche
Vorstellungen von der Verwaltung Deutschlands hatten, wurden die Spannungen[5] größer. Schließlich kam

---

[1]**aufteilen** etwas Ganzes in Teile zerlegen   [2]**ebenfalls** auch   [3]**die Einheit** das Ganze
[4]**vor allem** besonders   [5]**die Spannung** eine Situation, in der man nervös ist, in der
sich Konflikte anfangen zu zeigen

15 es zum Eklat[6], als die Westmächte eine Währungsreform[7] vorschlugen, um die deutsche Wirtschaft zu
stimulieren. Die Sowjetunion war dagegen, da die
kapitalistische Tendenz einer solchen Reform ihrer
kommunistischen Ideologie widersprach[8]. Entgegen
20 dem Widerstand der Sowjetunion führten die drei
Westmächte 1948 die neue Währung, die Deutsche
Mark, in ihren Zonen ein. Als Reaktion blockierte die
Sowjetunion alle Straßen und Zugverbindungen nach
Berlin, stoppte die Versorgung der Westsektoren von
25 Berlin mit Elektrizität und kappte[9] auch die
Wasserversorgung. Berlin lag isoliert inmitten der
sowjetischen Besatzungszone.

Textabschnitt 3   Ohne Verbindung zu den drei Zonen in Westdeutschland konnten die Menschen im Westteil
30 Berlins sowie die dort stationierten alliierten Soldaten
nicht mehr versorgt werden. Der Oberbefehlshaber[10]
der amerikanischen Streitkräfte in Deutschland,
General Lucius D. Clay, entschied sich daher für die
Versorgung Berlins aus der Luft. Zwischen dem Rhein-
35 Main-Gebiet in der amerikanischen Zone und Berlin-
West wurde eine Luftbrücke eingerichtet[11] und die
„Rosinenbomber" versorgten Westberlin vom Sommer
1948 bis ins Frühjahr 1949 mit Lebensmitteln[12],
Medikamenten und Brennstoff[13]. Im Frühjahr 1949
40 sah die sowjetische Regierung ein, dass die Blockade
ihr Ziel nicht erreicht[14] hatte und beendete sie.

Textabschnitt 4   Deutschland wurde, entgegen dem ursprüng-
lichen[15] Ziel, in zwei getrennte Staaten geteilt. 1949
wurde die Bundesrepublik Deutschland (BRD)
45 gegründet, die aus den drei westlichen Zonen
Deutschlands und den drei westlichen Sektoren
Berlins bestand[16], während die sowjetische Zone und
der Sowjetsektor Berlins zur Deutschen Demokratischen Republik (DDR) wurden. Die Bundesrepublik
50 hatte die „Soziale Marktwirtschaft" als wirtschaft-

---

[6]**der Eklat** eine Situation, in der es einen Konflikt zwischen zwei Parteien gibt   [7]**die
Währung** das Geld, das in einem Staat benutzt wird, z.B. Euro, Dollar, ...   [8]**wider-
sprechen** eine Meinung für falsch erklären   [9]**kappen** unterbrechen, stoppen   [10]**der
Oberbefehlshaber** jemand, der wichtige Order oder Befehle erteilt   [11]**einrichten**
etablieren   [12]**Lebensmittel** Essen, z.B. Gemüse, Milch, ...   [13]**der Brennstoff** man
braucht ihn zum Heizen, damit es im Winter warm ist   [14]**ein Ziel erreichen** die
Konsequenz haben, die man geplant hat   [15]**ursprünglich** von Anfang an   [16]**bestehen
aus** aus mehreren Teilen sein

liches Modell und stand nach wie vor[17] unter dem Einfluss[18] der USA, Großbritanniens und Frankreichs. In der DDR bestimmte die Sowjetunion Politik und Wirtschaft und führte die Planwirtschaft ein.

Textabschnitt 5 55 Durch die Währungsreform, die Soziale Marktwirtschaft und die Aufnahme in den Marshallplan 1949 erholte sich die westdeutsche Wirtschaft schnell, sodass die 50er Jahre von wirtschaftlichem Wachstum und Wohlstand[19] geprägt waren[20]. Im Osten hingegen 60 war die Wirtschaft nicht annähernd[21] so erfolgreich. Viele Menschen aus dem Osten zogen nach Westdeutschland, um am wirtschaftlichen Aufschwung teilzuhaben[22].

Textabschnitt 6 Im Juni 1953 kam es in Ostberlin und anderen Orten 65 der DDR zu Demonstrationen gegen die kommunistische Regierung und deren Wirtschaftspolitik. Der Aufstand[23] wurde am 17. Juni von sowjetischen Panzern und Soldaten blutig niedergeschlagen[24].

Textabschnitt 7 Von 1949 bis 1961 flohen etwa 2,5 Millionen Menschen 70 aus der DDR in die Bundesrepublik, vor allem von Ost- nach Westberlin, da die Staatsgrenzen zwischen den beiden deutschen Staaten geschlossen waren. Um weitere DDR-Bürger von der Flucht in den Westen abzuhalten, baute die DDR in einer Nacht- 75 und-Nebel-Aktion vom 12. auf den 13. August 1961 eine Mauer mitten durch Berlin. Die Berliner Mauer wurde zum Symbol für die geteilte Stadt und auch Präsident John F. Kennedy besuchte sie 1963.

Textabschnitt 8 Schon vor dem Bau der Mauer hatte „Kalter Krieg" 80 zwischen Ost und West geherrscht. Doch durch die Mauer wurden die Berliner von ihren Familien, Freunden und Kollegen getrennt. Für sie war es nun fast unmöglich, diese Menschen wiederzusehen, denn Reisen waren den DDR-Bürgern nur in andere kommunistische Länder im Osten erlaubt, z.B. nach Russland. Erst 1969, mit der Einleitung der Entspannungspolitik zwischen den beiden deutschen Staaten, konnten sich die Menschen aus der Bundesrepublik und der DDR leichter besuchen. Dies war vor allem 90 ein Verdienst[25] des damaligen sozialdemokratischen

[17]**nach wie vor** jetzt genauso wie vorher   [18]**der Einfluss** die Wirkung   [19]**der Wohlstand** Reichtum   [20]**geprägt sein** etwas ist typisch für diese Zeit   [21]**nicht annähernd** bei weitem nicht   [22]**teilhaben an** teilnehmen an   [23]**der Aufstand** die Rebellion   [24]**blutig niederschlagen** (die Rebellion) mit Gewalt und Blut beenden; brutal beenden   [25]**der Verdienst** eine besonders gute Handlung

Bundeskanzlers Willy Brandt. Allerdings waren es eher die Bundesbürger, die in den Osten reisen durften als umgekehrt.

Textabschnitt 9
95 Im Mai 1989 öffnete Ungarn überraschend die Grenze zu Österreich und im Sommer flüchteten Hunderte von DDR-Urlaubern über die ungarische Grenze nach Österreich. Viele andere DDR-Bürger suchten in osteuropäischen Botschaften der Bundesrepublik Zuflucht[26], unter anderem in Budapest und Prag. Im
100 September 1989 begannen DDR-Bürger in Leipzig mit regelmäßigen friedlichen[27] Montagsdemonstrationen für Reformen und Reisefreiheit, zu denen jede Woche mehr Menschen kamen. Im Oktober trat DDR-Staats- und Parteichef Erich Honecker zurück[28].

Textabschnitt 10 105 Schließlich öffnete die DDR im November 1989 nach 28 Jahren die Mauer.

Textabschnitt 11 Die durch freie Wahlen gebildete neue Regierung der DDR entschied sich am 3. Oktober 1990 für den Beitritt zur Bundesrepublik. Seitdem gibt es nur
110 noch einen deutschen Staat, die Bundesrepublik Deutschland.

---

[26]**Zuflucht suchen** an einem Ort Schutz und Hilfe suchen   [27]**friedlich** ohne Gewalt
[28]**zurücktreten** eine Funktion oder Position aufgeben

Übungsbuch
Einheit 9, Teil A

4 **Schlüsselwörter und Jahreszahlen zuordnen** Ordnen Sie den folgenden Begriffen mit Hilfe von Pfeilen eine Jahreszahl bzw. einen Zeitabschnitt zu. Bilden Sie dann Sätze, in denen Sie die in Klammern angegebenen Verben benutzen.

Begriffe / Verben

a. der Volksaufstand (demonstrieren)
b. die Entspannungspolitik (sich besuchen)
c. die Luftbrücke, Rosinenbomber (versorgen)
d. der Bau der Mauer (bauen)
e. die Aufteilung Deutschlands (aufteilen)
f. das Wirtschaftswunder (beginnen)
g. die Berliner Blockade (blockieren)
h. Kalter Krieg (herrschen[1])
i. der Fall der Mauer (fallen)
j. die Wiedervereinigung (sich vereinigen)

Jahreszahlen / Zeitabschnitte

die 50er Jahre
1948–49
1945
Sommer 1948–
   Frühjahr 1949
1990
1989
1961
1948–1969
1953
ab 1969

BEISPIEL: a. *1953 demonstrierten die DDR-Bürger in einem Volksaufstand gegen die Regierung.*

---

[1]**herrschen** *hier:* sein

5 **Satzteile zuordnen** Beenden Sie die Sätze auf der linken Seite, indem Sie ihnen den passenden Satzteil von der rechten Seite zuordnen.

a: __7__, b: ___, c: ___, d: ___, e: ___, f: ___, g: ___, h: ___, i: ___, j: ___, k: ___

a. Die Aufteilung Deutschlands war **der Prozess**,

b. Die Blockade Berlins war **die Phase**,

c. Als Berliner Luftbrücke bezeichnet man **die Phase**,

d. Die Gründung der Bundesrepublik und der DDR, markiert **den Zeitpunkt**,

e. Unter dem Wirtschaftswunder versteht man **die Zeit**,

f. Der Volksaufstand gegen das SED-Regime in Ostberlin ist **das Ereignis**,

g. Der Bau der Mauer bezeichnet **die Tage und Wochen**,

h. Mit Beginn der Verständigung zwischen Ost und West ist **der Zeitpunkt** gemeint,

i. Mit Wende meint man **den Zeitraum**,

j. Der Fall der Mauer bezeichnet **den Zeitpunkt**,

k. Als Wiedervereinigung bezeichnet man **den Zeitpunkt**,

1. ... bei **dem** die DDR-Bürger gegen das Regime demonstrierten und das mit Gewalt beendet wurde.

2. ... an **dem** die beiden deutschen Staaten offiziell wieder ein Staat wurden.

3. ... während **der** die Sowjetunion Westberlin isolierte.

4. ... an **dem** die DDR die Mauer öffnete.

5. ... an **dem** die Beziehungen zwischen den beiden deutschen Staaten besser wurden.

6. ... in **dem** politische Veränderungen stattfanden, die die Wiedervereinigung möglich machten.

7. ... bei **dem** Deutschland und Berlin 1945 in vier Zonen bzw. Sektoren aufgeteilt wurden.

8. ... während **der** Westberlin durch Flugzeugtransporte aus Westdeutschland versorgt wurde.

9. ... an **dem** zwei deutsche Staaten entstanden.

10. ... in **der** sich die westdeutsche Wirtschaft mit Hilfe des Marshallplan rasant erholte und boomte.

11. ... in **denen** die DDR eine Grenze zwischen West- und Ostberlin baute.

6 Nomen und Verben notieren Tragen Sie die passenden Nomen beziehungsweise Verben in die Tabelle ein, schreiben Sie auch die Passiv-Form dazu. Alle Partizip-Formen in dieser Aufgabe sind regelmäßig. Die Verben **wachsen** und **fallen** haben keine Passiv-Form.

Nomen	Verb im Infinitiv	Verb im Passiv
die Aufteilung	*aufteilen*	*wird … aufgeteilt*
die Blockade	_____	_____
die Versorgung	_____	_____
die Gründung	_____	_____
_____	wachsen (Prät.: *wuchs*)	—
_____	demonstrieren	_____
der Bau	_____	_____
_____	einleiten	_____
die Öffnung	_____	_____
_____	fallen (Prät.: *fiel*)	—
_____	wiedervereinigen	_____

Übungsbuch
Einheit 9, Teil A

7 Zeitleiste vervollständigen Fassen Sie nun die Ereignisse zusammen, indem Sie die Zeitleiste vervollständigen, wo möglich und nötig im Passiv. Benutzen Sie die Verben aus der Tabelle in Aufgabe 6.

1945 _____*wurde*_____ Deutschland in vier Zonen _____*aufgeteilt*_____.

Von 1948–49 _____*wurde*_____ Westberlin _____.

Vom Sommer 1948 bis zum Frühjahr 1949 _____

_____.

1949 _____.

Von 1949 an _____.

1953 _____.

1961 _____.

1969 _____.

Im Mai 1989 _____.

Im November 1989 _____.

1990 _____.

8 **Bilder erklären** Schreiben Sie die richtige Jahreszahl unter die Bilder. Die Bilder 4 und 5 gehören zusammen. Erklären Sie, was auf diesen Bildern passiert. Überlegen Sie zunächst mit Ihrem Partner/Ihrer Partnerin und dann im Plenum.

1989   1948/49   1953
1961   1953   1963

Bild 1: _____

Bild 2: _____

Bild 3: _____

Bild 4: _____

Bild 5: _____

Bild 6: _____

BRD und DDR: zwei unterschiedliche politische und wirtschaftliche Systeme

1 **Vorwissen sammeln** Durch die Teilung Deutschlands für 40 Jahre waren zwei sehr unterschiedliche deutsche Staaten entstanden. Besprechen Sie mit Ihrem Partner/Ihrer Partnerin: Welche Unterschiede zwischen der Bundesrepublik und der DDR sind Ihnen bekannt? Sammeln Sie dann die Ergebnisse an der Tafel.

Übungsbuch
Einheit 9, Teil A

2 **Wortschatz: Begriffe sortieren** Sortieren Sie die Begriffe im Kasten in die Tabelle auf Seite 306 ein.

> garantierter Arbeitsplatz
> ~~die Demokratie~~
> der volkseigene[1] Betrieb (VEB)
> die SED (Sozialistische Einheitspartei
>   Deutschlands)
> die soziale Marktwirtschaft
> die Konkurrenz um Arbeitsplätze
>   und Wohnungen
> ~~der Sozialismus~~
> die Reisefreiheit
> die Abhängigkeit der Justiz von
>   der Regierung
> die Pressefreiheit
> keine Meinungsfreiheit
> die Planwirtschaft (der Staat gibt Ar-
>   beitspläne vor)
> die Parteienvielfalt
> der private Besitz
> die Meinungsfreiheit
> die Unabhängigkeit der Justiz
> keine Pressefreiheit
> die Reiseerlaubnis nur für die Ostblock-
>   länder (Ungarn, Russland, Polen,
>   Tschechoslowakei, ...)

---

[1]**volkseigen** dem Staat bzw. den Staatsbürgern gehörend

BRD (Bundesrepublik Deutschland)

Demokratie _____

_____

_____

_____

_____

_____

_____

DDR (Deutsche Demokratische Republik)

Sozialismus _____

_____

_____

_____

_____

_____

_____

3 **Vermutungen und Fragen notieren** Können Sie sich vorstellen, was passiert, wenn diese zwei unterschiedlichen deutschen Staaten nach 40 Jahren wiedervereinigt werden? Stellen Sie Vermutungen an! Vergleichen Sie Ihre Vermutungen mit denen Ihrer Kommilitonen/Kommilitoninnen. Notieren Sie auch alle Fragen, die Sie zu diesem Thema haben. In den nächsten Abschnitten sollen alle Ihre Vermutungen geprüft und Ihre Fragen beantwortet werden.

Meine Vermutungen:

_____

_____

_____

_____

_____

Meine Fragen:

_____

_____

_____

_____

_____

B Rotkäppchen: ein Märchen?

In diesem Abschnitt werden Sie am Beispiel der Firma Rotkäppchen die wirtschaftliche Situation in Ostdeutschland mehr als zehn Jahre nach der Wiedervereinigung kennen lernen.

Die Website der Firma Rotkäppchen

Internet

1 **Selektiv surfen und Informationen präsentieren** Suchen Sie auf der Rotkäppchen-Website Antworten auf die Fragen unten. Präsentieren Sie Ihre Informationen dann in einem 3-minütigen Referat.

Das Produkt der Rotkäppchen Sektkellerei GmbH

◇ Was ist das Produkt **Rotkäppchen**?
◇ Wo wird es produziert?
◇ Surfen Sie ein wenig. Was wird außer dem Produkt angeboten?
◇ Welche Information, die Sie auf dieser Website gelesen haben, finden Sie besonders interessant?
◇ Wie gefällt Ihnen die Website? Warum?

2 Begriffe und Erklärungen zuordnen

◇ Ordnen Sie zunächst jedem Begriff in der linken Spalte eine Erklärung aus der rechten Spalte zu.
◇ Unterstreichen Sie dann das Relativpronomen.
◇ Geben Sie den Kasus des Relativpronomens an und erklären Sie, auf welches Nomen sich das Relativpronomen bezieht.
◇ Formen Sie danach den Relativsatz in einen Hauptsatz um.

BEISPIEL: a: ___3___

Hauptsatz + Relativsatz:

Privatisierung ist ein Vorgang, <u>der</u> aus einer staatlichen Firma eine private macht.

(**der** steht im Nominativ und bezieht sich auf **Vorgang**)

Hauptsatz + Hauptsatz:

Privatisierung ist ein Vorgang. Dieser Vorgang macht aus einer staatlichen Firma eine private.

(**Dieser Vorgang** steht im Nominativ)

b: _____, c: _____, d: _____, e: _____

BEGRIFFE	ERKLÄRUNGEN
a. Privatisierung ist ein Vorgang,	1. … denen etwas gehört, z.B. ein Haus, eine Firma.
b. Beschäftigte sind Personen,	2. … den eine Firma durch den Verkauf ihrer Waren verdient.
c. Der Absatz ist eine Zahl,	3. … <u>der</u> aus einer staatlichen Firma eine private macht.
d. Der Umsatz ist ein Betrag,	4. … die in einer Firma arbeiten.
e. Eigentümer sind Personen,	5. … deren Höhe monatlich aufgeschrieben wird und die sagt, wie viele Waren verkauft wurden.

Übungsbuch
Einheit 9, Teil B

3 Die Tabelle interpretieren
Schauen Sie sich die Tabelle an. Arbeiten Sie in Gruppen zu 3–4 Studenten. Besprechen Sie die wirtschaftliche Situation der Firma Rotkäppchen vor und nach der Wiedervereinigung. Benutzen Sie die Rede- und Schreibmittel im Kasten.

	1 Ereignis	2 Beschäftigte	3 Absatz (Flaschen)	4 Umsatz	5 Eigentümer
1988		ca. 360	14,3 Mio.	248,1 Mio. Mark	zentral geleitetes VEB Kombinat Spirituosen, Wein und Sekt in Berlin
1989	Wende	ca. 360	zunächst wie im Vorjahr, dann aber starker Rückgang	—	wie oben
1990	Wiederver- einigung	364	April: 470.000 September: 184.500	*	Treuhand[1]
1991		66 + 4 Azubis[2]	5,7 Mio.	—	Treuhand
1993		ca. 80	10 Mio.	58 Mio. DM	60% gehören der Geschäftsleitung, 40% gehören der Familie Eckes-Chantré
2003		383	103,1 Mio.	340,5 Mio. Euro	wie oben

Die Texte der Rotkäppchen-Website befinden sich auch im Anhang des Buches.

*Für die Jahre, in denen die Firma von der Treuhand verwaltet wurde, liegen keine Umsatz-Zahlen vor.

Rede- und Schreibmittel

arbeiten: 1988 arbeiteten _____ Beschäftigte bei Rotkäppchen.
beschäftigen: 1988 beschäftigte Rotkäppchen _____ Personen.
verkaufen: 1988 wurden _____ Flaschen verkauft.
sich belaufen auf: 1988 belief sich der Absatz/Umsatz auf _____ Flaschen/DM/Euro.
entsprechen (+ *Dativ*): _____ entsprach der Absatz in etwa dem des Vorjahres.
zurückgehen[3]; der Rückgang: _____ ging der Absatz stark/gravierend zurück.
ansteigen[4]; der Anstieg: _____ stieg der Absatz wieder an.
besitzen[5]: 1993 besaß _____ die Sektkellerei.
gehören (+ *Dativ*): 1993 gehörte Rotkäppchen _____.

[1]**die Treuhand** eine öffentliche Institution, die von 1990–94 bestand; sie sollte die ehemaligen Volkseigenen Betriebe (VEB) der DDR privatisieren und sanieren   [2]**Azubis** Auszubildende; junge Leute, die in einer Firma eine Lehre machen   [3]**zurückgehen** kleiner/weniger werden   [4]**ansteigen** größer/mehr werden   [5]**besitzen** etwas sein Eigen nennen; wenn jemandem etwas gehört

Die Rache des Ostens

Der Text „Die Rache des Ostens" ist ein Artikel aus der Zeitschrift *Der Spiegel*. Der Artikel ist hier in Auszügen abgedruckt.

Lesen ◆ Globalverständnis

1 **Titel analysieren und Hypothesen aufstellen** Lesen Sie den Titel und den Untertitel des Artikels. Lesen Sie sie sorgfältig und versuchen Sie dann die folgenden Fragen zu beantworten.

Die Rache des Ostens

Das einstige DDR-Kombinat* Rotkäppchen schluckte die Traditionsmarken Mumm und MM – und entlässt[1] als Erstes das West-Management.

- ◇ Was sind Rotkäppchen, Mumm und MM?
- ◇ Was ist eine Traditionsmarke?
- ◇ Was bedeutet hier **schlucken?**
- ◇ Warum, denken Sie, wird das West-Management entlassen?
- ◇ Wovon handelt der Artikel? Notieren Sie Ihre Hypothesen.

Übungsbuch
Einheit 9, Teil B

2 **Zusammenfassungen zuordnen** Lesen Sie zunächst die Zusammenfassungen der einzelnen Textabschnitte des Artikels. Sie sind nicht in der richtigen Reihenfolge. Lesen Sie dann den Artikel aus dem *Spiegel* und ordnen Sie jeder Zusammenfassung einen Textabschnitt des Artikels zu. Es geht noch nicht um Details, sondern nur um globale Informationen, Sie müssen also nicht jedes Wort verstehen.

Zusammenfassungen der 10 Textabschnitte des Artikels:

_8_ a. Der Rotkäppchen-Umsatz steigt!

____ b. Gunter Heise aus dem sachsen-anhaltischen Freyburg übernimmt die Sektmarken Mumm und MM. Der Westdeutsche Edmund Diesler wird entlassen.

____ c. Diesler wollte die Firmen Mumm und MM übernehmen[2], aber das Geschäft scheiterte.

____ d. Die Angestellten aus Ost und West sollen miteinander Kontakt haben (Integrationsmanagement).

---

[1]**entlassen** jemanden nicht weiter bei sich arbeiten lassen   [2]**übernehmen** *hier:* kaufen

***das DDR-Kombinat** eine Vereinigung verschiedener Industriebetriebe in kommunistischen Staaten, z.B. Getränkekombinat

_____ e. Der West-Manager wird von einer Nachfolgerin[1] aus dem Osten ersetzt[2].

_____ f. Der neue Marktführer in der deutschen Schaumweinproduktion[3]: eine Ost-Erfolgskarriere.

_____ g. Die Treuhandanstalt erklärte Heise, den damaligen technischen Leiter der Kellerei, zum Geschäftsführer[4].

_____ h. Nach der Wende wollten die Ostdeutschen den Sekt Rotkäppchen nicht mehr trinken, Mumm und Henkell waren populärer.

_____ i. Die Ostalgie* als Chance

_____ j. Heises Ziel: Rotkäppchen soll eine gesamtdeutsche Marke werden. Mumm und MM sollen im Osten populärer werden.

Die Rache des Ostens

Das einstige DDR-Kombinat Rotkäppchen schluckte die Traditionsmarken Mumm und MM – und entlässt als Erstes das West-Management

Textabschnitt 1   Gunter Heise, Geschäftsführer der Kellerei[1] Rotkäppchen aus dem sachsen-anhaltischen Freyburg, hatte gerade die hessischen Traditionsmarken Mumm und MM übernommen. Und als ob dieser
5   Coup nicht schon sagenhaft[2] genug wäre, beschrieb der neue Hausherr unter Applaus gleich noch seinen Antrittsplan[3]: Niemand solle entlassen werden – bis auf wenige Ausnahmen[4]. Zwei Stunden später wusste Mumm-Manager Diesler, dass er zu den Aus-
10   nahmen gehört.

Textabschnitt 2   Für zwei gute Leute sei auf einem Posten[5] leider kein Platz, sagte ihm Heise. Noch am selben Tag stellte sich bei dem West-Manager seine Nachfolgerin aus dem Osten vor ...

---

[1]**die Kellerei** ein Betrieb, in dem Wein oder Sekt produziert und gelagert wird
[2]**sagenhaft** wunderbar   [3]**der Antrittsplan** ein Plan, den jemand hat, wenn er eine neue Stelle übernimmt   [4]**die Ausnahme** etwas, was anders als die Norm ist   [5]**der Posten** die Position

---

[1]**die Nachfolgerin, der Nachfolger** eine Person, die eine Stelle von jemandem übernimmt
[2]**ersetzen** austauschen; etwas Neues statt des Alten benutzen   [3]**die Schaumweinproduktion** die Sektproduktion   [4]**der Geschäftsführer** jemand, der eine Firma leitet, der Chef
*__die Ostalgie__ von Nostalgie; eine Wehmut nach der Zeit und den Produkten der DDR

Textabschnitt 3 [15]   Mit ihm flogen[6] vier weitere Kollegen – fast die komplette Firmenspitze[7]. Diesler, ein gelernter Weinbauingenieur[8], hatte vorher 15 Jahre für die Mumm-Gruppe gearbeitet. Im vergangenen Jahr, als der britische Getränke-Multi[9] Diageo die Marken

[20] abstoßen[10] wollte, hatte er gemeinsam mit anderen Führungskräften versucht, Mumm und MM zu übernehmen. Doch das Geschäft[11] scheiterte, weil die Manager den Kaufpreis von umgerechnet 130 Millionen Euro nicht aufbringen[12] konnten.

Textabschnitt 4 [25]   … Mit einem Marktanteil[13] von rund 25 Prozent ist die Ost-schluckt-West-Fusion[14] Rotkäppchen-Mumm nun vor Henkell & Söhnlein* zum Markt-führer unter den deutschen Schaumweinproduzen-ten geworden. „Kein Märchen ist schöner", seufzte[15]

[30] das einstige SED-Organ† *Neues Deutschland*, das seine Leser in den vergangenen Jahren nur äußerst[16] selten mit Ost-Erfolgskarrieren verwöhnen[17] konnte. …

Textabschnitt 5   Dabei sah es nach der Wende zunächst nicht gut

[35] für das 145 Jahre alte Unternehmen aus. Niemand wollte die „Blubberbrause[18]" (Ost-Spott) des VEB‡ Getränkekombinats noch trinken. Die Ostdeutschen griffen zu Mumm oder Henkell – der Absatz sackte[19] auf 1,8 Millionen Flaschen.

Textabschnitt 6 [40]   „Unsere Angestellten sind damals mit Barkas-Kleintransportern** auf den Markt nach Weimar

---

[6]**fliegen** *hier:* entlassen werden; es wird einem gesagt, dass man nicht mehr bei der Firma arbeiten kann   [7]**die Firmenspitze** die Angestellten, die die Firma leiten   [8]**der Weinbauingenieur** ein Ingenieur, der sich auf den Weinbau und die Produktion von Wein oder Sekt spezialisiert   [9]**der Getränke-Multi** ein Zusammenschluss von mehreren großen Firmen   [10]**abstoßen** verkaufen   [11]**das Geschäft** *hier:* das Verkaufen und Kaufen   [12]**den Kaufpreis aufbringen** das Geld, das man zum Kaufen braucht, haben   [13]**der Marktanteil** der Teil, den man am Markt hat   [14]**die Ost-schluckt-West-Fusion** eine Fusion ist ein Zusammenschluss von Firmen; *hier:* die Ostfirma *schluckt* die Westfirma   [15]**seufzen** *hier:* so ausatmen, dass ein Geräusch entsteht, weil man glücklich ist   [16]**äußerst** sehr   [17]**verwöhnen** Wünsche öfter erfüllen, als gut für den Charakter ist   [18]**die Blubberbrause** *Brause* ist ein süßes altmodisches Getränk für Kinder; man nannte Rotkäppchen-Sekt in DDR-Zeiten ironisch *Blubberbrause*, weil er an das Getränk für Kinder erinnerte   [19]**sacken** sinken; weniger werden

*Henkell & Söhnlein ist der Name einer führenden westdeutschen Sektfirma.   †„SED-Organ" bezieht sich auf die ehemalige Zeitung der SED (Sozialistische Einheitspartei Deutschlands) *Neues Deutschland*.   ‡Ein VEB (Volkseigener Betrieb) war ein Betrieb, der dem DDR-Staat gehörte.   **Ein Barkas-Kleintransporter war ein kleines Lastauto aus DDR-Zeiten.

gefahren, um wenigstens einige Flaschen zu
verkaufen", sagt Heise. Die Treuhandanstalt ernannte
den ehemaligen technischen Leiter der Kellerei 1991
45 zum Geschäftsführer. Heise sah sich die großen
Kellereien im Rheingau an und fragte sich nach
seiner Rückkehr „Was soll das hier eigentlich noch?".
Nach Dienstschluss verkaufte der Diplomingenieur
Sekt im Kellereiladen. …

Textabschnitt 7 50   Dann kam die Zeit, als viele Ostdeutsche sich
wieder mit Florena-Hautcreme einrieben, Caro-
Zigaretten* rauchten und feststellten, dass ihnen die
halbtrockene Bonbon-Mischung aus Freyburg doch
gar nicht so schlecht schmeckt. Die Ostalgie machte
55 Heise Mut: Mit drei Kollegen kratzte er alles Geld
zusammen[20], brachte sein Haus als Sicherheit ein[21]
und kaufte 1993 mit Hilfe der örtlichen Sparkasse[22]
60 Prozent des Unternehmens.

Textabschnitt 8   Langsam begann es wieder zu prickeln[23]: Der
60 Umsatz stieg, Geld blieb übrig, neue Produktions-
straßen[24] wurden gebaut. Bis heute verfünffachte[25]
sich der Rotkäppchen-Absatz. Während die gesamte
Branche[26] nach dem Millenniumsbohei[27] herbe Verluste hinnehmen[28] musste, legten die Freyburger
65 weiter zu[29]. Mit knapp hundert Beschäftigten ist
Rotkäppchen heute der größte Arbeitgeber der Re-
gion. Heise, inzwischen Träger des Bundesverdienst-
kreuzes[†], wird sogar von der englischen Zeitung
Guardian als ostdeutscher Vorzeigesanierer[30]
70 gefeiert.

---

[20]**Geld zusammenkratzen** Geld gerade noch zusammenbekommen   [21]**etwas als
Sicherheit einbringen** etwas als Pfand/Garantie geben, um eine Summe Geld von der
Bank zu bekommen   [22]**die örtliche Sparkasse** die Bank des Ortes   [23]**prickeln** Sekt
prickelt im Mund und in der Nase wegen der Kohlensäure   [24]**die Produktionsstraße**
die Maschinen in einer Fabrik, die für einen Produktionsablauf gebraucht werden
[25]**verfünffachen** fünf mal größer werden   [26]**die Branche** der Geschäftszweig   [27]**das
Millenniumsbohei** die vielen Feste und Feiern zum Beginn des neuen Millenniums
[28]**herbe Verluste hinnehmen** viel Geld verlieren; große Verluste haben   [29]**zulegen**
große Gewinne, Profit machen   [30]**der Vorzeigesanierer; sanieren** etwas
wirtschaftlich wieder profitabel machen; man kann die Person, die saniert hat, als
Vorbild/Modell vorzeigen

*Florena-Hautcreme und Caro-Zigaretten sind Produkte aus DDR-Zeiten.   [†]Das Bun-
desverdienstkreuz ist eine Auszeichnung von der Bundesregierung für besondere Ver-
dienste.

Textabschnitt 9　　Sein einziges Problem: Über 80 Prozent seines <u>Geschäfts</u> macht das Unternehmen zwischen Zittau und Rügen. Dagegen klebt der <u>Marktanteil</u> im Westen bislang[31] bei drei Prozent. Damit Rotkäppchen wieder
75　eine gesamtdeutsche <u>Marke</u>[32] wird und Mumm und MM Chancen im Osten haben, will Heise nun wieder ganz von vorn beginnen – bei den <u>Mitarbeitern.</u>

Textabschnitt 10　　In der vergangenen Woche <u>kredenzten</u>[33] sich die neuen Brüder und Schwestern aus Ost und West
80　deshalb in Eltville gegenseitig ihr <u>Sortiment</u>[34]. Heise hatte für das fachlich fundierte Gelage bereits die adäquate Vokabel parat[35]„<u>Integrationsmanagement</u>".

—Quelle: Nils Klawitter: „Die Rache des Ostens", *Der Spiegel* 8/2002

---

[31]**bislang** bisher　　[32]**die gesamtdeutsche Marke** eine Marke (ein Firmenname), die in ganz Deutschland erhältlich ist　　[33]**kredenzen** jemandem etwas zu trinken geben　　[34]**das Sortiment** das Warenangebot　　[35]**parat haben** bereit haben

Wortschatz

3　**Begriffe sortieren**　Lesen Sie den Text nun ein zweites Mal und ordnen Sie die unterstrichenen Wörter und Ausdrücke in den Raster ein.

Wörter zum politischen Aspekt des Artikels	Wörter zur Sektindustrie	Wörter aus dem Bereich Wirtschaft	Sonstige Wörter und Ausdrücke
die Wende	die Kellerei	der Geschäftsführer	übernehmen
die Ost-Erfolgskarriere	Henkell	den Kaufpreis aufbringen	

4 **Verben in drei Zeitformen notieren** Beschäftigen Sie sich nun mit den Verben aus dem Text. Ergänzen Sie die drei Grundformen.

Infinitiv	Präteritum	Perfekt
übernehmen	_____	_____
_____	entließ	_____
_____	_____	hat sich ... vorgestellt
fliegen	_____	_____
_____	_____	hat ... abgestoßen
_____	scheiterte	_____
aufbringen	_____	_____
_____	verwöhnte	_____
_____	prickelte	_____
_____	_____	hat ... zusammengekratzt
_____	_____	hat ... hingenommen

Lesen ◆ Detailverständnis

5 **Begriffe mit Relativsätzen erklären** Erklären Sie nun folgende Begriffe aus den Bereichen Marketing/Wirtschaftsdeutsch/Sekt-produktion: Formulieren Sie Ihre Sätze als Relativsätze. Benutzen Sie auch die folgenden Strukturen.

Als ... bezeichnet man ...
Unter ... versteht man ...
Mit ... ist ... gemeint, ...

BEISPIEL: die Kellerei

Als Kellerei bezeichnet man eine Firma, in der Wein oder Sekt hergestellt wird.

ODER Unter Kellerei versteht man eine Firma, in der Wein oder Sekt hergestellt wird.

ODER Mit Kellerei ist eine Firma gemeint, in der Wein oder Sekt hergestellt wird.

der Geschäftsführer

_____

_____

die Firmenspitze

_____

_____

die Führungskraft

_____

_____

das Geschäft

_____

_____

der Kaufpreis

_____

_____

die Fusion

_____

_____

der Marktführer

_____

_____

der Schaumweinproduzent

_____

_____

die Karriere

_____

_____

der Angestellte

_____

_____

der Verlust

_____ _____

_____

der Arbeitgeber

_____

_____

die gesamtdeutsche Marke

_____

_____

der Kaufinteressent

_____

_____

Übungsbuch
Einheit 9, Teil B

Strukturen ◆ Konjunktiv I, indirekte Rede

Lesen Sie noch einmal die Textabschnitte 1 und 2 des Artikels. Hier wird ohne Anführungszeichen[1] berichtet, was Gunter Heise gesagt hat. Das nennt man indirekte Rede. Im Deutschen wird dies durch den Konjunktiv I oder Konjunktiv II ausgedrückt. In den Textabschnitten 1 und 2 gibt es zwei Konjunktiv I-Formen, notieren Sie sie:

    a. Abschnitt 1, Zeile 7: Niemand **solle** entlassen werden …

    b. Abschnitt 2, Zeile 11: _____

Verwendung des Konjunktivs I In der indirekten Rede wird meistens der Konjunktiv I verwendet:

Direkte Rede   Heise sagte: „Niemand <u>soll</u> entlassen werden."

Indirekte Rede   Heise sagte, niemand <u>solle</u> entlassen werden.

_____

[1]**das Anführungszeichen** es markiert ein Zitat: „…"

Bildung des Konjunktivs I An den Infinitivstamm werden die gleichen Endungen gehängt wie beim Konjunktiv II:

	Singular	Plural
1. Person	-e	-en
2. Person	-est	-et
3. Person	-e	-en

Das Verb **kommen** im Konjunktiv I (Infinitivstamm = **komm**):

	Singular	Plural
1. Person	komm<u>e</u>	komm<u>en</u>
2. Person	komm<u>est</u>	komm<u>et</u>
3. Person	komm<u>e</u>	komm<u>en</u>

Nur das Verb **sein** ist im Konjunktiv I unregelmäßig:

	Singular	Plural
1. Person	sei	seien
2. Person	sei(e)st	sei(e)t
3. Person	sei	seien

Verwendung des Konjunktivs II Meistens wird der Konjunktiv I für die indirekte Rede verwendet. Manchmal wird aber auch der Konjunktiv II benutzt:

◇ Ist die Konjunktiv I-Form mit dem Präsens Indikativ identisch, so wird die indirekte Rede meist mit der Präsensform des Konjunktivs II formuliert, damit man sie vom Indikativ unterscheiden kann.

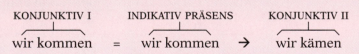

KONJUNKTIV I   INDIKATIV PRÄSENS   KONJUNKTIV II

wir kommen   =   wir kommen   →   wir kämen

◇ Ist aber die Konjunktiv II-Form mit dem Präteritum identisch, so wird die indirekte Rede mit *würde* + Infinitiv formuliert, damit man sie vom Präteritum unterscheiden kann.

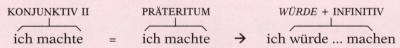

KONJUNKTIV II   PRÄTERITUM   *WÜRDE* + INFINITIV

ich machte   =   ich machte   →   ich würde ... machen

Zusammenfassung Es entstehen folgende Verbreihen. Die Formen der dritten Person sind die am häufigsten benötigten. Setzen Sie die fehlenden Formen ein.

	machen	kommen	arbeiten	haben	sein	werden
ich	würde machen		würde arbeiten	hätte	sei	würde
du	machest	kommest	würdest arbeiten	habest	sei(e)st	
er/sie/es		komme				werde
wir	würden machen		würden arbeiten	hätten	seien	
ihr	machet	kommet	würdet arbeiten	habet	sei(e)t	würdet
sie/Sie		kämen		hätten		würden

Übung Schreiben Sie die indirekte Rede jetzt in die direkte Rede um, d.h. notieren Sie die Zitate von Gunter Heise:

a. (Textabschnitt 1) „*Niemand soll entlassen werden.*" _____

b. (Textabschnitt 2) _____

6 **Fragen zum Text beantworten** Beantworten Sie folgende Fragen schriftlich mit dem Konjunktiv I. Die Satzanfänge sind vorgegeben.

a. Abschnitt 1
Was war der Antrittsplan von Gunter Heise, nachdem er Mumm und MM übernommen hatte?

Heise versprach, dass *niemand entlassen werden solle.*

b. Abschnitt 4
Was schrieb die Zeitung *Neues Deutschland* nach der Fusion?
Das frühere SED-Organ seufzte …

_____

c. Abschnitt 5
Wie sah es nach der Wende für das Unternehmen Rotkäppchen aus?
Nils Klawitter, der Autor des Artikels, meint, dass …

_____

d. Abschnitt 7
Wodurch wurde die Situation verändert?
Der Autor des Artikels meint, dass …

_____

e. Abschnitt 8
   Wie ist jetzt die Situation für Rotkäppchen?
   Der Autor sagt, dass ...

   _____

f. Abschnitt 8
   Was berichtet Nils Klawitter über die Reaktion der englischen
   Zeitung *Guardian?*
   Er berichtet ...

   _____

g. Abschnitt 9
   Was ist das einzige Problem von Gunter Heise?
   Nils Klawitter behauptet ...

   _____

7 **Den Text analysieren** Beantworten Sie die Fragen zusammen mit
Ihrem Partner/Ihrer Partnerin.

   ◇ Warum handelt es sich bei der Firma Rotkäppchen um eine Ost-
     Erfolgskarriere?
   ◇ Warum heißt der Artikel „Die Rache des Ostens"?
   ◇ Finden Sie den Titel des Artikels passend?
   ◇ Rotkäppchen-Sekt: Ausnahme oder Regel? Suchen Sie Formu-
     lierungen und Wörter aus dem Artikel, die darauf hinweisen, dass
     das Schicksal von Rotkäppchen *nicht* die Regel, sondern eine
     Ausnahme ist. Erklären Sie.

   BEISPIEL: Abschnitt 1, Zeile 4–5
               „... als ob dieser Coup nicht schon sagenhaft genug wäre, ..."

               Erklärung: Es ist unglaublich, dass eine Ost-Firma eine West-
               Firma übernommen hat. Normalerweise ist es umgekehrt.

   _____

   _____

   _____

   _____

8 **Hypothesen verifizieren** Vergleichen Sie nun die Informationen aus
dem Artikel mit Ihren Hypothesen in Aufgabe 1 auf Seite 310. Was
war ähnlich, was war anders?

9 **Den Text zusammenfassen** Was ist besonders an der Firma
Rotkäppchen Sektkellerei? Fassen Sie nun die für Sie wichtigsten
fünf Informationen aus dem Artikel und der Website zusammen.

Ich finde besonders interessant, dass ...

1. _____

2. _____

3. _____

4. _____

5. _____

Weiterführende Aufgabe

10 **Referate halten** Halten Sie Referate zu den folgenden Themen.

a. Ostalgie Sprechen Sie z.B. über Folgendes:

◇ Was ist Ostalgie?
◇ Von welchem anderen Wort kommt der Begriff?
◇ Nennen Sie einige Ost-Produkte, die heute wieder angesagt sind, z.B. Florena-Hautcreme.
◇ Nennen Sie einige neue Wellen, die im Rahmen der Ostalgie entstanden sind, z.B. Ost-Fernsehshows und Ost-Partys.

Die Ost-Ampelmännchen findet man immer öfter auch im Westen.

Seit der Ostalgie-Welle wieder angesagt: der Trabi.

b. Film *Good Bye, Lenin* Leihen Sie sich in einer Videothek oder von Ihrem Kursleiter/Ihrer Kursleiterin den Film *Good Bye, Lenin* aus und schauen Sie ihn sich an. Erzählen Sie Ihren Kommilitonen/Kommilitoninnen den Inhalt des Films und zeigen Sie auch ein paar Ausschnitte.

C Probleme der Wiedervereinigung

In diesem Abschnitt werden Sie sich mit den wirtschaftlichen und gesellschaftlichen Folgen der Wiedervereinigung beschäftigen und die Probleme und Chancen eines wiedervereinigten Deutschlands berücksichtigen.

Zitate: Probleme der Wiedervereinigung

Unten finden Sie Zitate aus Zeitschriften und von Internetseiten.

1 **Lesen: Zitate und Themen zuordnen** Lesen Sie die Zitate und ordnen Sie je einem Thema ein Zitat zu.

_____ Ausländerfeindlichkeit   _____ ostdeutsche Wirtschaft

_____ Arbeitslosigkeit

Zitate: Probleme der Wiedervereinigung

Zitat A:

„Von soliden wirtschaftlichen Strukturen ist der Osten noch weit entfernt. Zu sehr mangelt es noch an zugkräftigen Großbetrieben."

—Thomas Fricke: *manager magazin*, 10/1999

Zitat B:

„Die Arbeitslosenquote von 17% in den neuen Ländern ist
5 gefährlich hoch. Denn es gibt in einigen Regionen Quoten von über 20%, darunter sind viele jugendliche Arbeitslose. Vor allem männliche jugendliche Langzeitarbeitslose neigen zu Alkoholismus, Gewalttätigkeit und politischem Extremismus."

—Europäisches Institut für internationale Wirtschaftsbeziehungen:
„Zehn Jahre Wiedervereinigung – eine Betrachtung mit
europäischer Perspektive", 04.10.2000

Zitat C:

„Ausländerfeindlichkeit, so erkannte [Wolfgang] Thierse, sei im
10 Osten – anders als im Westen – ein ‚fast schon selbstverständlicher Teil des Alltagsbewusstseins'."

—Harald Schumann: *Spiegel Online,* 21.12.2000

Übungsbuch
Einheit 9, Teil C

2 **Aussagen im Konjunktiv I zusammenfassen** Berichten Sie in indirekter Rede, was in den Zitaten auf der vorigen Seite gesagt wird.

a. *Thomas Fricke sagt, die Wirtschaft in Ostdeutschland **sei*** _____

_____

b. _____

_____

c. _____

_____

Übungsbuch
Einheit 9, Teil C

3 **Vermutungen äußern** Wie interpretieren Sie die Aussagen? Diskutieren Sie zunächst mit Ihrem Partner/Ihrer Partnerin, dann im Plenum.

◇ Warum geht es der ostdeutschen Wirtschaft nicht so gut wie der westdeutschen Wirtschaft?
◇ Warum gibt es sowohl höhere Arbeitslosigkeit als auch größere Ausländerfeindlichkeit im Osten?

Strukturen ◇ Alternativen zum Konjunktiv I

Alternativ zum Konjunktiv I kann auch der Indikativ mit einer der folgenden Formulierungen gebraucht werden.

<u>Laut</u> Angaben des Europäischen Instituts für internationale Wirtschaftsbeziehungen (EIIW) …
<u>Nach</u> Aussage des *manager magazins* …
<u>Gemäß</u> einem Artikels von *Spiegel Online* …
Dem Bericht „Zehn Jahre Wiedervereinigung" <u>zufolge</u> …

Übung Formen Sie die Sätze aus Aufgabe 2 in den Indikativ um.

a. ***Laut Angaben** von Thomas Fricke **ist** die Wirtschaft in Ostdeutschland* _____

_____

b. _____

_____

c. _____

_____

Internet

4 **Mit dem Internet arbeiten** Suchen Sie im Internet aktuelle Informationen zu den in den Zitaten angesprochenen Problemen Ausländerfeindlichkeit, Arbeitslosigkeit und ostdeutsche Wirtschaft. Bereiten Sie eine kurze Präsentation vor.

Zusammenfassung des Themas

1 **Fragenliste überprüfen** Auf Seite 306 haben Sie Fragen bezüglich der Wiedervereinigung notiert. Welche Ihrer Fragen wurden noch nicht beantwortet?

2 **Eindrücke äußern** Berichten Sie in einer kurzen Stellungnahme von den Eindrücken, die Sie in dieser Einheit bekommen haben.

Debatte

3 **Debatte vorbereiten** Mittlerweile wissen Sie sehr viel über die Wiedervereinigung Deutschlands. Notieren Sie Vorteile und Nachteile, die die Wiedervereinigung mit sich gebracht hat, in der Tabelle.

Vorteile	Nachteile

4 **Debattieren** Bilden Sie eine Pro- und eine Kontra-Gruppe und sammeln Sie Argumente, die Sie bei der Debatte vorbringen werden. Überlegen Sie, wer was sagen wird. Jeder soll zu Wort kommen. Das Thema lautet:

Die Bundesrepublik und die DDR waren zu unterschiedlich. Man hätte sie nicht wiedervereinigen dürfen!

Schreiben

5 Wählen Sie eins der folgenden Themen und schreiben Sie einen Fließtext.

a. Ein Brief Sie haben an der Universität die deutsche Wiedervereinigung besprochen und schreiben einer deutschen Freundin/einem deutschen Freund Ihre Meinung darüber. Benutzen Sie die indirekte Rede, wenn Sie Aussagen aus Texten, vom Internet, von Kommilitonen/Kommilitoninnen oder von Ihrem Kursleiter/Ihrer Kursleiterin wiedergeben.

b. Eine Mauer in Ihrem Land Was wäre passiert, wenn eine Mauer zwischen Staaten oder Provinzen in Ihrem Land gebaut worden wäre? Was wäre passiert, wenn diese Mauer nach 40 Jahren wieder gefallen wäre? Schreiben Sie im Konjunktiv II.

c. Eine andere Perspektive Der Artikel „Die Rache des Ostens" aus dem *Spiegel* wurde aus westlicher Perspektive geschrieben. Schreiben Sie einen Artikel aus der „Ost-Perspektive". Benutzen Sie das Präteritum.

Grundwortschatz

Verben

an•steigen: er/sie/es steigt ... an, stieg ... an, ist ... angestiegen

sich belaufen auf (+ *Akkusativ*): er/sie/es beläuft sich, belief sich, hat sich ... belaufen

beschäftigen: er/sie/es beschäftigt, beschäftigte, hat ... beschäftigt

ein•führen: er/sie/es führt ... ein, führte ... ein, hat ... eingeführt

entlassen: er/sie/es entlässt, entließ, hat ... entlassen

sich entscheiden für: er/sie/es entscheidet sich, entschied sich, hat sich ... entschieden

scheitern: er/sie/es scheitert, scheiterte, ist ... gescheitert

teilen: er/sie/es teilt, teilte, hat ... geteilt

versorgen: er/sie/es versorgt, versorgte, hat ... versorgt

vor•schlagen: er/sie/es schlägt ... vor, schlug ... vor, hat ... vorgeschlagen

wiedervereinigen: er/sie/es wiedervereinigt, wiedervereinigte, hat ... wiedervereinigt

zurück•gehen: er/sie/es geht ... zurück, ging ... zurück, ist ... zurückgegangen

Nomen

der Absatz
der Arbeitgeber, - / die
  Arbeitgeberin, -nen
der Arbeitnehmer, - / die
  Arbeitnehmerin, -nen
der/die Beschäftigte, -n
der Betrieb, -e
der Einfluss, die Einflüsse
die Firma, die Firmen
die Firmenspitze, -n
der Geschäftsführer, - / die
  Geschäftsführerin, -nen
der Kaufinteressent, -en
der Marktführer, -
die Ostalgie

die Rache
der Sekt
der Sektor, -en
die Spannung, -en
der Staat, -en
die Teilung
der Umsatz, die Umsätze
das Unternehmen, -
die Versorgung
die Verwaltung
die Währungsreform
die Wende
die Wiedervereinigung
die Wirtschaft
das Wirtschaftswunder

Adjektive und Adverbien

gesellschaftlich
sozialistisch

staatlich
wirtschaftlich

Andere Ausdrücke

Deutsche Demokratische Republik (DDR)
die soziale Marktwirtschaft
die Berliner Luftbrücke
der Bau / Fall der Mauer

Lola rennt

Ein Film der 90er Jahre

Der Film *Lola rennt* (Deutschland 1998, Komödie) erhielt mehrere Preise.

Abschnitte

A Arbeit mit dem Film
B Reflexionen zum Film

Film

- *Lola rennt* von Tom Tykwer, 1998

Texte

- Dialoge aus dem Film *Lola rennt* (Transkripte in Auszügen)
- Stimmen der Kritiker zum Film *Lola rennt* (Filmrezensionen in Auszügen)

Internet-Aktivitäten

- Informationen über Schauspieler und Filme recherchieren

Sprachliche Strukturen

- Satznegation
- Modalpartikeln
- Wiederholung: Konjunktiv II (Präsens und Vergangenheit)
- Komparativ
- Superlativ
- Orts- und Richtungsangaben (*Übungsbuch*)
- Wortfolge: temporal, kausal, modal, lokal (*Übungsbuch*)

In dieser Einheit

Der Film *Lola rennt* (Tom Tykwer, 1998) ist ein Klassiker des deutschen Kinos. In dieser Einheit sehen Sie den Film und erarbeiten umgangssprachliche Phänomene. Neben anderen grammatischen Strukturen wiederholen Sie besonders den Konjunktiv II, da die Frage „Was wäre gewesen, wenn ...?" bei diesem Film im Vordergrund steht.

Der deutsche Kinofilm: ein kurzer Rückblick Nach dem Zweiten Weltkrieg setzten sich Filme in Deutschland mit der nationalen Katastrophe auseinander. So befasste sich der deutsche Film der 60er bis 80er Jahre überwiegend mit gesellschaftskritischen Themen, die aus der 68er Bewegung hervorgingen. Zu den erfolgreichsten deutschen Kinofilmen der 90er Jahre zählt Tom Tykwers existenzielles Drama *Lola rennt*, das 1998 in die deutschen Kinos kam und auch international zum Publikumserfolg wurde.

1 Vorwissen sammeln Unterhalten Sie sich in kleinen Gruppen von 3–4 Personen. Ein Student/eine Studentin moderiert das Gespräch. Stellen Sie einander die folgenden Fragen.

⬦ Kennt ihr den Film?
⬦ Wann habt ihr ihn gesehen? Wo?
⬦ Wie habt ihr ihn gesehen?
   • im Original
   • im Original mit Untertiteln
   • in einer synchronisierten Version
⬦ Wie hat euch der Film gefallen?
⬦ Könnt ihr erzählen, worum es in dem Film geht?
⬦ Kennt ihr einen ähnlichen amerikanischen Film?

2 Eine Umfrage machen Fragen Sie fünf Leute an der Universität, ob sie *Lola rennt* kennen oder gesehen haben und wie ihnen der Film gefallen hat. Berichten Sie Ihr Ergebnis am nächsten Kurstag.

Arbeit mit dem Film

In diesem Abschnitt werden Sie mit dem Film *Lola rennt* (1998) arbeiten. Der ganze Film ist ungefähr 80 Minuten lang. Sie werden den Film in sechs Sequenzen sehen.

Filmsequenz

Sequenz: 1
Start: Beginn des Films
Stopp: Lola legt den Hörer auf.
Länge: circa 11 Minuten

1 **Die erste Sequenz ohne Ton sehen** Lesen Sie den Wortschatz im Kasten. Sehen Sie dann die erste Sequenz des Films ohne Ton. Schreiben Sie mit Ihrem Partner/Ihrer Partnerin auf, was Sie gesehen haben. Die Hauptfiguren heißen **Manni** und **Lola**. Besprechen Sie Ihre Ergebnisse im Plenum.

BEISPIEL: *Lola und Manni telefonieren.*
Manni scheint verzweifelt[1] zu sein.

Wortschatz

die Telefonzelle	der Obdachlose[3]
das Moped	der Fahrkartenkontrolleur, -e
stehlen (hat ... gestohlen)[2]	hinfallen (ist ... hingefallen)
der Mercedes/Daimler	die Pistole
der Diamant, -en	ängstlich
die U-Bahn nehmen	

Übungsbuch
Einheit 10, Teil A

2 **Wortschatz erarbeiten** Erarbeiten Sie sich nun den Wortschatz zu dem Telefongespräch, indem Sie die folgende Aufgabe machen. Lesen Sie die Ausdrücke auf der linken Seite und die Erklärungen auf der rechten. Ordnen Sie dann jedem Ausdruck eine Erklärung zu.

1: _j_, 2: ___, 3: ___, 4: ___, 5: ___, 6: ___, 7: ___,

8: ___, 9: ___, 10: ___, 11: ___, 12: ___, 13: ___, 14: ___,

15: ___, 16: ___, 17: ___, 18: ___, 19: ___

1. klauen (*ugs.*[4])
2. Hast du 'nen Knall? (*ugs.*)
3. die Kippe, -n (*ugs.*)
4. verbocken (*ugs.*)
5. Hat dich die Polizei erwischt? (*ugs.*)
6. Halt die Klappe! (*ugs.*)
7. die Kontis (*Abk.*[5])
8. der Penner (*ugs.*)
9. pünktlich

a. einen großen Fehler machen
b. Sei still / ruhig!
c. der Obdachlose
d. Bleib, wo du bist!
e. Ich finde eine Lösung, ich verspreche es!
f. Du bist verrückt!
g. Bist du verrückt?

---

[1]**verzweifelt** panisch   [2]**stehlen** etwas nehmen, das einer anderen Person gehört   [3]**der Obdachlose** Person, die auf der Straße lebt   [4]**ugs. = umgangssprachlich** so sprechen die Leute in inoffiziellen Situationen miteinander   [5]**Abk. = Abkürzung** Kurzform

10.	umbringen	h.	Ich bekomme Angst!
11.	Beweg' dich nicht vom Fleck! (*ugs.*)	i.	kriminelle Handlung, z.B. in der Bank
12.	Mir fällt was ein, ich schwör's!	j.	stehlen
13.	Du spinnst! (*ugs.*)	k.	töten
14.	abhauen (*ugs.*)	l.	zur richtigen Zeit; nicht zu spät
15.	kriegen (*ugs.*)	m.	bekommen
16.	Ich krieg' Schiss! (*ugs.*)	n.	die Zigarette
17.	der Überfall	o.	weglaufen, wegfahren
18.	der Plastiktütenfreak (*ugs.*)	p.	der Obdachlose
19.	Ist doch egal!	q.	die Kontrolleure (in Bus, U-Bahn, usw.)
		r.	Ist nicht wichtig!
		s.	Hat dich die Polizei bei der kriminellen Tat gesehen?

Übungsbuch
Einheit 10, Teil A

3 **Die erste Sequenz mit Ton sehen** Lesen Sie zuerst die Sätze unten. Sehen Sie die erste Sequenz mit Ton und konzentrieren Sie sich besonders auf das Telefongespräch und die Schwarzweißsequenzen. Bringen Sie dann die Geschichten von Manni und Lola in die richtige Reihenfolge.

a. Lolas Geschichte

____ Sie hat ein Taxi genommen, um pünktlich zu ihrer Verabredung mit Manni zu kommen.

____ Das hat sie zu spät gemerkt, weil sie an ihr Moped gedacht hat.

____ Als sie endlich am Treffpunkt war, war Manni schon weg.

____ Währenddessen hat jemand ihr Moped gestohlen.

_1_ Sie war in einem Geschäft und hat Zigaretten gekauft.

____ Aber der Taxifahrer ist in den Osten gefahren, wo es auch eine Grunewaldstraße gibt.

b. Mannis Geschichte

____ Nachdem er ausgestiegen war, ist ihm eingefallen, dass er die Plastiktüte in der Bahn vergessen hat.

____ Als Manni ihm helfen wollte, sind plötzlich Fahrscheinkontrolleure gekommen.

____ Weil es in der Nähe keine Telefonzelle gab, hat er die U-Bahn genommen.

_1_ Manni hat ein illegales Geschäft mit teuren Autos gemacht.

____ Er wollte wieder einsteigen, aber die Kontrolleure haben ihn festgehalten.

_____ Danach hat er auf Lola gewartet, aber sie war unpünktlich.

_____ Manni vermutet, dass der Obdachlose die Tüte jetzt hat.

_____ Aus diesem Grund ist Manni wie immer schnell ausgestiegen.

_____ Für die Autos hat er wie geplant eine Tüte mit Diamanten bekommen.

_____ Im Austausch gegen die Diamanten hat ihm ein anderer Mann sehr viel Geld gegeben, das er in eine Plastiktüte gelegt hat.

_____ Er hat an der nächsten U-Bahnstation angerufen, aber die Tasche mit dem Geld war schon weg.

_____ In der Bahn war ein Obdachloser, der hingefallen ist.

4 Fragen zur ersten Sequenz beantworten Schreiben Sie.

⬦ Manni hat ein schwieriges Problem. Welches? Formulieren Sie in einem Satz.

_____

⬦ Manni und Lola treffen eine Entscheidung. Was werden sie tun?

_____

5 Rollenspiel Suchen Sie sich einen Partner/eine Partnerin. Spielen Sie den Dialog zwischen Lola und Manni.

Mir fällt was ein, ich schwör's!

Du warst nicht da und ich hab's verbockt.

Strukturen ◆ Satznegation

Wenn ein ganzer Satz negiert wird, spricht man von **Satznegation.** Das Wort **nicht** steht dann an einer bestimmten Stelle im Satz.

◇ *Nicht* steht **nach** dem konjugierten Verb.

BEISPIEL: Sie war nicht pünktlich.

◇ *Nicht* steht **nach** dem Objekt/den Objekten.

BEISPIEL: Er hat seine Freundin nicht angerufen.

◇ *Nicht* steht **nach** spezifischen Zeitangaben, wie z.B. *heute, morgen, gestern, nächste Woche,* ...

BEISPIEL: Sie arbeitet heute nicht.

◇ *Nicht* steht **vor** einem Infinitiv, einem Partizip Perfekt und trennbaren Präfixen.

BEISPIELE: Er wollte mich nicht anrufen.
Er hat mich nicht angerufen.
Er ruft mich nicht an.

◇ *Nicht* steht **vor** Adjektiven/Adverbien.

BEISPIELE: Ich finde ihn nicht freundlich.
Ich arbeite nicht gern mit ihm zusammen.

◇ *Nicht* steht **vor** Präpositionalstrukturen.

BEISPIEL: Ich arbeite nicht mit ihm zusammen.

Negationswörter

+		–
ein-	→	kein-
jemand-	→	niemand-, kein-
jed-	→	niemand-, kein-
etwas	→	nichts
immer	→	nie, niemals
irgendwo	→	nirgendwo, nirgends
überall	→	nirgendwo, nirgends

◇ Das Wort **kaum** hat folgende negierende Bedeutung:

Lola hat **fast keine** Zeit, das Geld zu besorgen. = Lola hat **kaum** Zeit, das Geld zu besorgen.

Weiterführende Aufgaben

6 **Einen Klassenspaziergang vorbereiten** Beantworten Sie die Fragen
zunächst schriftlich mit dem Konjunktiv II (Konditionalform) und
beachten Sie die Regeln für die Negation. Antworten Sie nicht nur „Ja."
oder „Nein.", schreiben Sie komplette Sätze. Beachten Sie, dass „Ja" oder
„Nein" auf Position 0 stehen, das heißt *vor* dem Hauptsatz.

a. Würden Sie Manni Geld leihen, wenn Sie mit ihm befreundet wären?

_____

b. Wenn Sie Lola wären, würden Sie Manni helfen?

_____

c. Wenn ja, wie?

_____

d. Würden Sie auf Lola warten, wenn Sie Manni wären?

_____

e. Oder würden Sie abhauen?

_____.

f. Hat Manni eine andere Möglichkeit?

_____

g. Was würden Sie tun, wenn Lola Sie um Hilfe bitten würde?

_____.

h. Was würden Sie machen, wenn Sie obdachlos wären und in der
Bahn eine Plastiktüte mit DM 100.000 (ca. € 50.000) finden würden?
Würden Sie das Geld behalten?

_____

Übungsbuch
Einheit 10, Teil A

7 **Einen Klassenspaziergang machen** Haben Sie alle Fragen
beantwortet? Lassen Sie Ihre Antworten zunächst von Ihrem
Kursleiter/Ihrer Kursleiterin lesen und ggf. korrigieren. Stehen Sie dann
auf und gehen Sie in der Klasse „spazieren". Machen Sie ein Interview mit
den Fragen aus Aufgabe 6 mit Kommilitonen/Kommilitoninnen, die auch
fertig sind. Formulieren Sie die Fragen mit **du.** Notieren Sie die
Antworten. Berichten Sie dann.

BEISPIEL: Würdest du Manni Geld leihen, wenn du mit ihm befreundet wärst?

Wortschatz

Filmsequenz

Sequenz: 2

Start: Lola legt den Hörer auf.

Stopp: Ende der Szene, in der Lola auf der Straße liegt

Länge: circa 21 Minuten

1 **Dialoge spielen** Lesen Sie die Ausdrücke und Erklärungen unten. Üben Sie die Wörter, indem Sie mit Ihrem Partner/Ihrer Partnerin kurze Dialoge mit jedem Wort bzw. Ausdruck spielen. Spielen Sie zu jedem Ausdruck einen gelungenen Dialog im Plenum vor.

BEISPIEL: schwanger
— Wie geht es eigentlich deiner Schwester?
— Sie hat letztes Jahr geheiratet und jetzt ist sie schwanger. In zwei Monaten bekommt sie ihr Baby, es ist ein Junge.

schwanger eine Frau, die ein Kind erwartet, ist schwanger

er stirbt 3. Person Singular von **sterben**

mein Freund mein Partner

der Witz etwas ist komisch, lustig; einen Witz erzählen

verlassen weggehen und jemanden allein lassen

meckern (*ugs.*) kritisieren

immer schön Papas Kohle absahnen (*ugs.*) das Geld ausgeben, das der Vater verdient hat

das Kuckucksei *hier:* ein Kind, das von einem Mann gezeugt wurde und von einem anderen großgezogen wird

rausschmeißen (*ugs.*) (aus einem Haus) hinauswerfen

abknallen (*ugs.*) erschießen

sich beeilen schnell machen

die Bullen (*Plur., ugs.*) *hier:* die Polizei

2 **Sehaufträge vorbereiten** Lesen Sie die Wörter im Kasten und ordnen Sie sie in drei Kategorien.

Personen	Orte / Dinge-Ereignisse	Eigenschaften

jung	rothaarig		betrunken
schlecht gelaunt		staunend[1]	
	die Nonne, -n		der Kinderwagen
das Treppenhaus			der Bankangestellte
	die Brücke		
die Mauer		gut aussehend	
motzig[2]	alt		frech[4]
		unattraktiv	
die Glasscheibe			der Bankschalter
	der Unfall		
der Wachmann[3]			
			der Krankenwagen
schwanger	dunkelhaarig		
		verwirrt[5]	der Bürgersteig[6]
die Einfahrt	die Geliebte		

Sehen

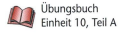

Übungsbuch
Einheit 10, Teil A

3 Die zweite Sequenz mit Ton sehen In der Sequenz, die Sie gleich sehen werden, läuft Lola an vielen Leuten vorbei. Machen Sie sich während des Sehens in der Tabelle Notizen zu fünf dieser Personen. Benutzen Sie auch den Wortschatz aus Aufgabe 2.

Wer? Wie? **Wo?**

a. *ihre Mutter, betrunken* *Wohnzimmer*

b. _____ _____

c. _____ _____

d. _____ _____

e. _____ _____

f. _____ _____

4 Personen beschreiben Beschreiben Sie die fünf Personen nun schriftlich so genau wie möglich und tragen Sie Ihre Ergebnisse anschließend im Plenum zusammen. Benutzen Sie folgende Verben.

---

[1]**staunend** überrascht [2]**motzig** schlecht gelaunt, unfreundlich [3]**der Wachmann** Person, die für die Sicherheit zuständig ist (z.B. in einer Bank) [4]**frech** nicht nett [5]**verwirrt** wenn man nicht versteht, was gerade passiert [6]**der Bürgersteig** der Gehweg; dort gehen die Leute; Autos dürfen dort nicht fahren oder parken

treffen:	Lola trifft ei<u>n</u>en Jungen.
begegnen (+ *Dativ*):	Lola begegnet ein<u>em</u> Jungen.
sehen:	Lola sieht ei<u>n</u>en Jungen.
vorbeilaufen an (+ *Dativ*):	Lola läuft <u>an</u> ein<u>em</u> Jungen vorbei.

a. _Lola läuft an ihrer betrunkenen Mutter vorbei, die im Wohnzimmer_
   sitzt und telefoniert.

b. _____

   _____

c. _____

   _____

d. _____

   _____

e. _____

   _____

f. _____

   _____

Übungsbuch
Einheit 10, Teil A

(5) Fragen zur zweiten Sequenz beantworten Beantworten Sie die
folgenden Fragen.

◇ Wer ist die Frau im Büro von Lolas Vater?
◇ Worüber unterhält sich Lolas Vater mit der Frau?
◇ Was weiß Lolas Vater über Manni?
◇ Wie reagiert er auf Lolas Wunsch?
◇ Kommt Lola pünktlich zu Manni?
◇ Was macht Manni um Punkt zwölf Uhr?
◇ Wie endet die Szene?

Übungsbuch
Einheit 10, Teil A

Strukturen ◆ Modalpartikeln

In der Umgangssprache benutzen die Leute immer wieder Wörter wie
denn, doch, mal, eigentlich oder **ja.** Man nennt diese Wörter Modalpartikeln. Lesen Sie einige Sätze aus der Filmsequenz, die Sie gerade
gesehen haben und unterstreichen Sie alle Modalpartikeln. Vervollständigen Sie dann die Regeln.

1. Manni steht in der Telefonzelle und bittet Freunde um Geld. Er sagt:
   „Ich kann doch auch nichts dafür, dass es so viel ist!"
2. Lolas Vater und seine Geliebte sprechen über ihre Beziehung. Frau
   Hansen sagt: „Und dann frag' ich mich: Was mach' ich hier
   eigentlich? Soll ich alt werden und schlaflose Nächte haben, wegen
   einem Mann, der nicht zu mir stehen will?"

3. Frau Hansen fragt: „Liebst du mich?" und Lolas Vater antwortet: „Warum fragst'n[1] das jetzt?"
4. Der Wachmann fragt Lola: „Warum denn so eilig?"
5. Lola entschuldigt sich, als sie ins Büro ihres Vaters kommt und sagt: „Ich glaub' ich muss mal kurz stören, is' ganz dringend, 'tschuldigung."
6. Frau Hansen antwortet: „Macht nichts, ich wollt' sowieso mal kurz ..."
7. Lolas Vater fragt: „Was machst du denn hier?" und Lola sagt: „Was macht ihr denn hier?"
8. Lolas Vater sieht Lola an und sagt: „Siehst ja furchtbar aus!"
9. Lola bittet ihren Vater um Geld und fragt nach ihrer Lebensversicherung. Der Vater sagt: „Die ist doch keine 100.000 wert."
10. Lolas Vater versteht nicht, warum Manni stirbt, wenn Lola das Geld nicht bekommt. Lola schreit: „Ist doch egal!!!"
11. Manni ist immer noch in der Telefonzelle und sagt: „Na, lass mal, is' okay."
12. Im Supermarkt sagt Manni: „Lola, wo warst du denn?"
13. Lola fragt: „Können wir nicht schnell abhauen?" und Manni antwortet: „Jetzt nicht mehr, du siehst ja die Scheiße hier!"

Regeln:

a. _____Denn_____ benutzt man in Fragesätzen, wenn man sich nach etwas erkundigt, überrascht oder erstaunt ist oder wenn man genervt oder ungeduldig ist.

b. _____ benutzt man, um eine Aussage oder Frage freundlicher zu machen oder um auszudrücken, dass etwas nur für einen kurzen Moment ist.

c. _____ benutzt man, um die Offensichtlichkeit[2] einer Tatsache zu unterstreichen oder die eigene Überraschung auszudrücken.

d. _____ benutzt man in Fragen oder Aussagen, um sie freundlicher zu machen oder um auszudrücken, dass man über etwas nachdenkt, die Antwort aber noch nicht gefunden hat.

e. _____ benutzt man in Aussagen, um die eigene abweichende[3] Meinung zu betonen oder um Überraschung, Ungläubigkeit, Ungeduld[4] oder Dringlichkeit[5] auszudrücken. In Imperativ-Sätzen wird diese Modalpartikel häufig zusammen mit **mal** benutzt.

---

[1]**fragst'n** = fragst du denn   [2]**die Offensichtlichkeit** Klarheit   [3]**abweichend** anders
[4]**die Ungeduld** wenn man nicht warten kann oder will, ist man ungeduldig   [5]**die Dringlichkeit** wenn etwas sehr wichtig ist

6 **Aussagen zuordnen und Modalpartikeln benutzen** Die Polizei ermittelt. Lesen Sie die Berichte von Manni, Lolas Vater, Frau Hansen, Lolas Mutter, einem Kunden im Supermarkt und dem Wachmann und geben Sie an, von wem die Äußerung ist. Schreiben Sie auch passende Modalpartikeln (**denn, doch, mal, eigentlich, ja**) in die Lücken.

BEISPIEL:

___Lolas Mutter___: „Alles, was ich weiß, ist, dass Lola heute Mittag sehr schnell aus der Wohnung gerannt ist, warum, weiß ich ___doch___ nicht, sie erzählt mir nicht sehr viel. Ich habe sie noch gebeten, mir Shampoo mitzubringen, aber ich glaube, sie hat es gar nicht gehört."

a. _____: „Heute Mittag ist Lola in mein Büro gekommen und hat von mir verlangt, dass ich ihr 100.000 Mark gebe. Sie hat gesagt, dass irgendjemand stirbt, wenn ich es nicht tue. Natürlich habe ich ihr das Geld nicht gegeben, sondern habe sie rausschmeißen lassen. Allerdings habe ich ihr aus Wut noch erzählt, dass sie gar nicht meine Tochter, sondern ein Kuckucksei ist. Das hätte ich vielleicht nicht tun sollen, auf jeden Fall nicht heute. Erklären Sie mir _____ bitte _____, was hier _____ los ist!"

b. _____: „Ich habe Lola heute zum ersten Mal gesehen. Sie ist ins Büro gekommen ohne anzuklopfen und schien ein wichtiges Problem zu haben. Ich bin dann _____ kurz zur Toilette gegangen, um nicht zu stören. Als ich wiedergekommen bin, hat sie so laut geschrien, dass die Glasuhr an der Wand zerplatzt ist. Was ist _____ mit ihr los?"

c. _____: „Ich bin Lolas Freund, wir sind – ich meine wir waren – seit fast einem Jahr zusammen. Heute habe ich dringend 100.000 Mark gebraucht. Lola hat versprochen, das Geld zu besorgen. Wir hatten verabredet, dass wir uns um 12 Uhr am Supermarkt Bolle treffen, aber sie war nicht pünktlich, deshalb habe ich _____ den Supermarkt überfallen, um das Geld zu besorgen. Lola hat mir geholfen, als sie endlich da war. Wir sind dann zusammen weggelaufen und dann sind die Bullen gekommen und Lola wurde erschossen, aber das wissen Sie _____.“

d. _____: „Ja, Lola war heute hier. Sie wollte zu ihrem Vater. Sie hatte es eilig und sie hat schrecklich ausgesehen, war wohl nicht ihr Tag. Irgendwas hat ihren Vater sehr wütend gemacht und er hat sie von mir rauswerfen lassen. Mehr weiß ich nicht. Was ist _____ los?“

e. _____: „Ein junger Mann mit einer Pistole ist plötzlich in den Supermarkt gekommen, er hat gesagt „Hände über den Kopf und die Klappe halten. Wer mich nervt, den knall' ich ab!“ Dann ist eine rothaarige Frau gekommen und hat ihm geholfen, sie hat gesagt „Beeil dich, bevor die Bullen kommen.“ Sie hatte Angst, dass sie erwischt werden. Und dann sind sie abgehauen. „Haben Sie sie _____ schon erwischt?“

Weiterführende Aufgabe

7 **Hypothesen zur Form des Films aufstellen** Diskutieren Sie die Fragen zunächst mit Ihrem Partner/Ihrer Partnerin und anschließend im Plenum.

Filmsequenz
Sequenz: 3
Start: Ende der Szene, in der Lola auf der Straße liegt
Stopp: Ende des Gesprächs zwischen Manni und Lola im Bett
Länge: circa 3 Minuten

a. Lola rennt an verschiedenen Personen vorbei. Der Regisseur zeigt uns schnelle Fotoserien zu drei dieser Personen: Doris (die Frau mit dem Kinderwagen), Mike (der Radfahrer) und Frau Jäger (die Sekretärin in der Bank). Warum? Vermuten Sie. Was zeigen diese Bilder? Fassen Sie die Ereignisse in den Fotoserien kurz zusammen.

b. Welche Elemente kommen immer wieder vor? Was könnten sie bedeuten?

c. Warum rennt Lola eigentlich? Würden Sie auch rennen?

d. Es ist unwahrscheinlich, dass der Film nach nur 30 Minuten zu Ende ist. Wie könnte der Film weitergehen?

Dritte Sequenz: Das Beziehungsgespräch 1

1 **Lesen: Dialog ergänzen** Lesen Sie das Gespräch zwischen Manni und Lola und setzen Sie **nicht, nichts** oder **nie** ein.

Beziehungsgespräch 1

LOLA: Manni?

MANNI: Mmh ...

LOLA: Liebst du mich?

MANNI: Ja, sicher.

5 LOLA: Wie kannst du sicher sein?

MANNI: Weiß ich _____. Bin's halt.

LOLA: Aber ich könnt' auch irgend'ne andere sein.

MANNI: Ne ne.

10 LOLA: Wieso nicht?

MANNI: Weil du die Beste bist.

LOLA: Die beste was?

MANNI: Na, die beste Frau.

LOLA: Von allen, allen Frauen?

15 MANNI: Na klar!

LOLA: Woher willst du das wissen?

MANNI: Das weiß ich halt.

LOLA: Du glaubst es.

MANNI: Gut, ich glaub's.

20 LOLA: Siehst du.

MANNI: Was?

LOLA: Du bist dir _____ sicher.

MANNI: Na, spinnst du jetzt oder was?

LOLA: Und wenn du mich _____
25 getroffen hättest?

MANNI: Wie, was wär' dann?

LOLA: Dann würdest du jetzt dasselbe 'ner anderen erzählen.

MANNI: Ich brauch's ja _____ zu

30 sagen, wenn du's _____ hören willst.

LOLA: Ich will überhaupt _____ hören, ich will wissen, was du fühlst.

MANNI: Ok, ich fühle, ... dass du die Beste bist.

35 LOLA: Dein Gefühl, wer ist denn das, dein Gefühl?

MANNI: Na ich, mein Herz.

LOLA: Dein Herz sagt: „Guten Tag Manni, die da, die is' es."?

40 MANNI: Genau.

LOLA: Und du sagst: „Ah ja, danke für diese Information. Auf Wiederhören bis zum nächsten Mal."?

MANNI: Genau.

45 LOLA: Und du machst alles, was dein Herz dir sagt?

MANNI: Na, das sagt ja _____, also, ja was weiß ich, das, ... es fühlt halt.

LOLA: Und was fühlt es jetzt?

50 MANNI: Es fühlt, dass da gerade jemand ziemlich blöde Fragen stellt.

LOLA: Mann, du nimmst mich überhaupt

_____ ernst.

MANNI: Lola, was is' denn los? Willst du
55 irgendwie weg von mir?

LOLA: Ich weiß _____, ich muss mich halt entscheiden, glaub ich.

◆ Der vollständige Dialog befindet sich im Anhang des Buches.

2 **Die dritte Sequenz mit Ton sehen** Sehen Sie sich das Gespräch zwischen Manni und Lola an.

◇ Konzentrieren Sie sich auf den Wortlaut und kontrollieren Sie, was Sie in Aufgabe 1 geschrieben haben. Machen Sie eventuelle Korrekturen.

◇ Notieren Sie danach Adjektive, die Lola in diesem Gespräch beschreiben: Lola ist _____.

3 **Fragen zum Gespräch beantworten** Besprechen Sie zuerst mit einem Partner/einer Partnerin die Fragen, dann im Plenum.

◇ Warum stellt Lola diese Fragen?
◇ Liebt Lola Manni?
◇ Liebt Manni Lola?
◇ Wie stellt Tom Tykwer diese Sequenz dar? Mit welchen Farben arbeitet er und warum?

Vierte Sequenz: Handlungsvariante 2

Filmsequenz
Sequenz: 4
Start: Ende des Gesprächs zwischen Manni und Lola im Bett
Stopp: Ende der Szene, in der Manni auf der Straße liegt
Länge: circa 18 Minuten

 Übungsbuch
Einheit 10, Teil A

1 **Hypothesen aufstellen** Manchmal entscheiden Sekunden über den Verlauf unseres Lebens. Stellen Sie sich vor, Lola wäre auf dem Weg zu ihrem Vater die Treppe ihres Hauses hinuntergefallen und hätte sich verletzt. Dann wäre sie vielleicht langsamer gerannt. Vielleicht wäre dann alles ganz anders gekommen.

Strukturen ◇ Wiederholung: Konjunktiv II in der Vergangenheit

Was wäre gewesen, wenn … Schreiben Sie fünf Sätze im Konjunktiv II der Vergangenheit. Lassen Sie Ihrer Fantasie freien Lauf!

BEISPIEL: *Wenn Lola langsamer gelaufen wäre, (dann) hätte der Mann im Auto vielleicht keinen Unfall gehabt.*

1. _____
_____
2. _____
_____
3. _____
_____
4. _____
_____
5. _____
_____

2 **Die vierte Sequenz mit Ton sehen** Achten Sie beim Sehen der vierten Filmsequenz wieder auf die Fotoserien. Machen Sie sich Notizen zu den Schicksalen von Doris, Mike und Frau Jäger.

3 **Fotos zuordnen** Ordnen Sie den Fotos die passenden Sätze zu. Schreiben Sie die Zahlen 1–7 unter die Bilder.

1. Doris füllt den Lottoschein aus.
2. Der Fernsehmonitor zeigt die Lottoziehung.
3. Doris und ihr Mann stehen jubelnd auf ihrem Sofa vor dem Fernseher.
4. Doris zeigt ihrem Mann den Lottoschein.
5. Doris steigt im Pelzmantel in den neuen Daimler, im Hintergrund die neue Villa.
6. Die Familie sitzt glücklich am Swimmingpool vor ihrem neuen Haus. Sie prosten sich zu.
7. Die *Bild*-Zeitung titelt mit einem Foto der Familie: „Jackpot-Herrlichkeiten".

a. _____ b. _____ c. _____ d. _____

e. _____ f. _____ g. _____

4 **Zu den Bildern erzählen** Doris erzählt ihren neuen Nachbarn von dem Lottogewinn. Schreiben Sie auf, was Doris erzählt. Schreiben Sie im Perfekt, beginnen Sie z.B. so:

Am 3. Juni letztes Jahr, an diesen Tag erinnere ich mich noch genau, habe ich, wie immer mittwochs, einen Lottoschein ausgefüllt. …

5 **Fotoserien deuten** Was zeigen die Fotoserien zu Mike und Frau Jäger? Warum ist ihr Schicksal und auch das von Doris anders als in der ersten Handlungsvariante?

6 **Domino: Die vierte Sequenz zusammenfassen** Arbeiten Sie in einer Kleingruppe. Ihr Kursleiter/Ihre Kursleiterin wird Ihnen zerschnittene Karten geben. Auf dem oberen Teil steht eine Frage und unten eine Antwort. Spielen Sie Domino: Beginnen Sie mit der Karte, auf der **Anfang** steht. Lesen Sie die Frage laut vor. Derjenige/diejenige, der/die die richtige Antwort hat, liest die Antwort vor und stellt die nächste Frage.

Das Domino befindet sich im *Anders gedacht Instructor ClassPrep CD.*

Weiterführende Aufgaben

Übungsbuch
Einheit 10, Teil A

7 **Handlungsvarianten 1 und 2 vergleichen** Schreiben Sie alle Unterschiede zwischen den Handlungsvarianten 1 und 2 in die Tabelle. Unten finden Sie noch einmal den wichtigsten Wortschatz zur zweiten Handlungsvariante. Sie können im Präsens oder im Perfekt schreiben.

Wortschatz

jemandem (*Dativ*) ein Bein stellen (hat … gestellt)

einen Streit haben, sich streiten (haben … sich gestritten)

jemanden mit etwas bewerfen (hat … beworfen)

jemanden als Geisel nehmen

etwas verlangen[1] (hat … verlangt)

etwas wegwerfen (hat … weggeworfen)

bewaffnete[2] Polizisten

pünktlich (auf die Sekunde)

überfahren werden (ist … überfahren worden)

HANDLUNGSVARIANTE 1	HANDLUNGSVARIANTE 2
Im Treppenhaus ist Lola an dem Jungen mit dem Hund vorbeigerannt.	*Der Junge hat Lola ein Bein gestellt und sie ist die Treppe hinuntergefallen.*

———

[1]**verlangen** wollen   [2]**bewaffnet** wenn jemand eine Waffe (z.B. Pistole, Revolver) hat, ist er bewaffnet

_____ _____
_____ _____
_____ _____
_____ _____
_____ _____
_____ _____

Übungsbuch
Einheit 10, Teil A

Strukturen ◆ Komparativ

Lesen Sie die Beispielsätze und auch die Fragen unten.

BEISPIEL: Welches Szenario hat dir besser gefallen, das erste oder
das zweite?

→ Version 1 finde ich bess**er als** Version 2.
→ Ich finde die erste Version genauso traurig **wie** die
zweite Version.
→ Die erste Version ist **die** besser**e** (Version).

◇ Welches Szenario findest du realistischer?
◇ Welche Version ist deiner Meinung nach die lustigere?
◇ Und welche ist die traurigere Version?
◇ Welches Szenario findest du spannender?
◇ Welches ist für dich das interessantere Szenario?

→ **Regeln formulieren** Formulieren Sie jetzt mit Ihrem Partner/Ihrer
Partnerin vier Regeln zum Komparativ.

Regel 1: Den Komparativ bildet man, indem man _____

_____

Regel 2: „Als" benutzt man, wenn _____

_____

Regel 3: „Wie" benutzt man, wenn _____

_____

Regel 4: Man kann die Komparativ-Form als Adjektiv benutzen. Dazu muss man _____

_____

Filmsequenz auf Seite 347
Sequenz: 5
Start: Ende der Szene, in der
Manni auf der Straße liegt
Stopp: Ende des Gesprächs
zwischen Manni und Lola
im Bett
Länge: circa 3 Minuten

8 **Ein Interview führen** Machen Sie ein Partner-Interview mit den
Fragen aus **Strukturen** und berichten Sie darüber im Plenum.

◆ Der vollständige Dialog befindet sich im Anhang des Buches.

1 **Lesen: Textantizipation** Lesen Sie zuerst das Transkript des Beziehungsgesprächs. Arbeiten Sie mit Ihrem Partner/Ihrer Partnerin und antizipieren Sie mündlich oder auf einem separaten Blatt Papier die Teile, die im Text fehlen.

Beziehungsgespräch 2

MANNI: Lola?

LOLA: Mmh…

MANNI: Wenn ich jetzt sterben würde, was würdest du _____?

5 LOLA: Ich würde dich nicht _____

_____.

MANNI: Na ja, wenn ich todkrank wäre und es gibt keine Rettungsmöglichkeit.

LOLA: Ich würde _____.

10 MANNI: Jetzt sag doch mal … Ich lieg' jetzt im Koma und der Arzt sagt: „Einen Tag noch."

LOLA: Ich würde mit dir _____ und dich ins Wasser schmeißen. Schock-

15 therapie.

MANNI: Na gut, und wenn ich dann trotzdem tot wär'?

LOLA: Was willst du denn jetzt hören?

MANNI: Jetzt sag doch mal.

20 LOLA: Ich würde nach Rügen fahren und deine Asche _____.

MANNI: Und dann?

LOLA: Was weiß ich, so 'ne blöde Frage.

MANNI: Ich weiß es, du würdest

25 _____.

LOLA: Nee.

MANNI: Doch, doch, klar, sonst könntest du ja gar nicht weiterleben. Ich mein', klar würdest du trauern[1] die ersten

30 Wochen, bestimmt, ist ja auch nicht schlecht. Alle total mitfühlend und echt betroffen[2] und alles ist so unendlich traurig und du kannst einem einfach nur tierisch Leid tun. Dann kannst du

35 allen zeigen, wie _____

du eigentlich bist, „_____"

werden die dann alle sagen, „die reißt sich echt am Riemen[3], ist nicht hysterisch und heult[4] den ganzen Tag 'rum"

40 oder so. Und dann kommt auf einmal

_____ mit den

_____ und der ist so

_____, hört dir den

ganzen Tag zu und lässt sich so richtig

45 schön von dir voll labern[5]. Und dem kannst du dann erzählen, wie schwer du es gerade hast und dass du dich jetzt echt erst mal um dich selbst kümmern musst und dass du nicht

50 weißt, wie es weitergehen wird und bä, bä, bä … dann hockst[6] du plötzlich bei ihm _____ und ich bin _____.

So läuft das nämlich.

55 LOLA: Manni?

MANNI: Was?

LOLA: Du bist aber nicht gestorben.

_____

[1]**trauern** traurig sein, weil jemand gestorben ist   [2]**betroffen** mitfühlend, hilfsbereit, sensibel   [3]**sich am Riemen reißen** stark sein, die eigenen Emotionen kontrollieren   [4]**heulen** weinen   [5]**jemanden voll labern** so viel reden, dass der andere gar nicht zu Wort kommt   [6]**hocken** sitzen

2 **Die fünfte Sequenz mit Ton sehen** Sehen Sie sich das Gespräch mit Ton an und vervollständigen Sie den Dialog im Buch. Wenn Sie Schwierigkeiten hatten alles zu verstehen, schauen Sie im Anhang nach. Dort ist das Gespräch abgedruckt. Welche Unterschiede oder welche Ähnlichkeiten sehen Sie zu dem ersten Beziehungsgespräch in der dritten Sequenz?

Sechste Sequenz: Handlungsvariante 3

Filmsequenz
Sequenz: 6
Start: Ende des zweiten
 Beziehungsgesprächs
Stopp: Ende des Films
Länge: circa 25 Minuten

1 **Hypothesen aufstellen** Sie sehen gleich noch eine dritte Handlungsvariante. Die Geschichte endet diesmal so:

Lola und Manni treffen sich vor dem Supermarkt, beide sind glücklich: Manni hat das Geld gerade Ronnie gegeben und Lola hat eine Plastiktüte mit 100.000 Mark dabei.

Aufgabe: Erzählen Sie mit Ihrem Partner/Ihrer Partnerin eine kleine Geschichte, in der Sie erklären, wie es dazu gekommen ist. Wer möchte, erzählt die Geschichte im Plenum.

2 **Die sechste Sequenz mit Ton sehen** Sehen Sie jetzt die Handlungsvariante 3 und vergleichen Sie sie mit Ihrer eigenen Version. Was ist gleich, was ist anders? Achten Sie auch wieder auf die Fotoserien.

Übungsbuch
Einheit 10, Teil A

3 **Schreiben: Die sechste Sequenz zusammenfassen** Manni und Lola erzählen sich nun gegenseitig, wie sie das Geld besorgt haben. Fassen Sie die dritte Version schriftlich im Perfekt in 5 bis 10 Sätzen zusammen. Schreiben Sie aus Lolas oder Mannis Perspektive, d.h. in der *Ich*-Form. Unten finden Sie Wortschatz, der Ihnen helfen kann.

BEISPIEL: Lola: „Ich bin halt losgerannt, um dir zu helfen. ...“

WORTSCHATZ LOLA
abgeholt werden
ins (Spiel)Kasino gehen
Roulette spielen
auf die richtige Zahl setzen
Geld gewinnen

WORTSCHATZ MANNI
jemanden (*Akkusativ*) verfolgen
jemandem (*Dativ*) hinterherlaufen
das Geld abnehmen
das Geld abliefern / abgeben

B Reflexionen zum Film

In diesem Abschnitt werden Sie über die Form und den Inhalt des Films reflektieren. Sie beschäftigen sich mit seiner Struktur und mit den Elementen, die im Film eingesetzt werden. Danach werden Sie den Inhalt interpretieren, Filmkritiken lesen und selbst eine Kritik schreiben.

Struktur des Films

 1 Elemente des Films erfassen Arbeiten Sie in kleinen Gruppen. Welche der folgenden Elemente, Personen und Konzepte verwendet Tom Tykwer im Film *Lola rennt?* Markieren Sie.

☐ das Footage
☐ die Technomusik
☐ die Zeichentrickanimation
☐ das Geräusch
☐ die Geschichte in drei Varianten
☐ Beziehungsgespräche als Verbindung zwischen den drei Handlungsvarianten
☐ die lineare Handlung
☐ der Slang

☐ das Hochdeutsch
☐ der Sprecher
☐ das Happy End
☐ das offene Ende
☐ die Fotoserie
☐ die Polizei
☐ die Glasscheibe
☐ die alte Frau
☐ die Nonne
☐ die Stadt Berlin
☐ der Rettungswagen

☐ die Kinder
☐ die alten Menschen
☐ die Beziehung zwischen den Generationen
☐ der Zeichentrickfilm
☐ das Fußballspiel
☐ der Penner
☐ die kriminelle Bande
☐ das Laufen

 2 Den Elementen eine Funktion zuordnen Erklären Sie jetzt, wie der Regisseur Tom Tykwer seine Elemente einsetzt. Welche Funktionen haben sie? Was, denken Sie, beabsichtigt der Regisseur damit? Diskutieren Sie in Ihrer Gruppe. Ein Gruppensprecher/eine Gruppensprecherin stellt die Ergebnisse im Forum vor. Sie können die Ergebnisse auf einer Overheadfolie festhalten, die Sie dann Ihren Kommilitonen/Kommilitoninnen präsentieren und erklären.

> **BEISPIEL:** Die Fotoserien zeigen alternative Schicksale.

Symbole im Film

 → Symbole erklären Arbeiten Sie wieder in Ihrer Gruppe und überlegen Sie gemeinsam, was die folgenden Symbole im Film ausdrücken. Sie können die Liste der Symbole weiter fortsetzen.

Symbol	Bedeutung
die Farbe Rot	_____
das Glas	_____
die Uhr	_____
das Schreien	_____
die Dominosteine	_____
die Spirale	_____
...	...

Inhalt des Films

Strukturen ◇ Superlativ

Übungsbuch
Einheit 10, Teil B

A Lesen Sie zuerst die Fragen und formulieren Sie mit Ihrem Partner/ Ihrer Partnerin die Regeln zum Superlativ.

◇ Welche der drei Möglichkeiten hat Ihnen **am besten** gefallen? Begründen Sie Ihre Meinung.
◇ Welche hat Ihnen **am wenigsten** gefallen? Warum?
◇ Welche der drei Möglichkeiten finden Sie **am realistischsten**? Warum?
◇ Welche ist Ihrer Meinung nach die interessante**ste** Version?
◇ Welches ist das lustig**ste** Szenario?

> **Regel 1:** _Den Superlativ bildet man, indem man_ _____
>
> _____
>
> **Regel 2:** _Man kann die Superlativ-Form als Adjektiv benutzen. Dazu_
>
> _muss man_ _____

B Beantworten Sie die Fragen dann für sich selbst und berichten Sie.

Übungsbuch
Einheit 10, Teil B

1 Mündlich Stellungnehmen Bereiten Sie eine kurze mündliche Stellungnahme vor: Was ist für Sie die Hauptbotschaft des Films?

2 Debatte Erinnern Sie sich an die drei Handlungsvarianten und wie sich die Ereignisse voneinander unterscheiden.

a. **Debatte vorbereiten** Nehmen Sie sich ein paar Minuten Zeit und überlegen Sie: Was bestimmt Ihrer Meinung nach unser Leben – Glück, eigenes Handeln, Schicksal oder Zufall? Machen Sie sich Notizen.

b. Gruppen bilden und debattieren Bilden Sie zwei Gruppen. Die eine Gruppe sammelt Pro-, die andere Gruppe sammelt Kontra-Argumente. Debattieren Sie dann im Plenum die folgende Aussage: *Der Zufall bestimmt unser Leben*.

3 **Den Inhalt interpretieren** Mit den folgenden Zitaten beginnt der Film. Versuchen Sie zu erklären, was T.S. Eliot und S. Herberger sagen. Was haben diese Aussagen mit dem Film zu tun? Fallen Ihnen Situationen ein, auf die diese Aussagen zutreffen?

> „Wir lassen nie vom Suchen ab,
> und doch, am Ende allen unseren Suchens,
> sind wir am Ausgangspunkt zurück
> und werden diesen Ort zum ersten Mal erfassen."
>
> —T.S. Eliot
>
> „Nach dem Spiel
> ist vor dem Spiel."
>
> —S. Herberger

Hintergrund zum Film

Franka Potente und Hollywood Franka Potente ist als Schauspielerin nicht nur in Deutschland bekannt, sie hat auch in zwei großen Hollywood-Produktionen mitgespielt: *Blow* und *Die Bourne Identität*.

Recherchieren und präsentieren

Internet

1 **Mit dem Internet arbeiten** Suchen Sie im Internet Informationen zu den Hollywood-Filmen mit Franka Potente: *Blow* und *Die Bourne Identität*. Notieren Sie die Informationen in der Tabelle auf Seite 352. Vielleicht haben Sie einen dieser Filme zu Hause, dann können Sie im Unterricht einen kurzen Ausschnitt zeigen.

Blow	Die Bourne Identität
Titel: _____	Titel: _____
Regie: _____	Regie: _____
Entstehungsjahr: _____	Entstehungsjahr: _____
Hauptrollen: _____	Hauptrollen: _____
_____	_____
Nebenrollen: _____	Nebenrollen: _____
_____	_____
Drehbuch: _____	Drehbuch: _____
Kamera: _____	Kamera: _____
Schnitt: _____	Schnitt: _____
Musik: _____	Musik: _____
Produktion: _____	Produktion: _____

Übungsbuch
Einheit 10, Teil B

2 **Informationen verbalisieren** Berichten Sie in ganzen Sätzen, was Sie in Aufgabe 1 herausgefunden haben. Den folgenden Wortschatz werden Sie brauchen.

Redemittel / Wortschatz

Regie führen
der Regisseur, -e / die Regisseurin, -nen
einen Film drehen
der Schauspieler, - / die Schauspielerin, -nen
der (männliche) Hauptdarsteller, - / die
  (weibliche) Hauptdarstellerin, -nen
das Drehbuch schreiben

der Drehbuchautor, -en / die Drehbuchautorin,
  -nen
der Kameramann
für den Schnitt verantwortlich sein
einen Film schneiden
Filmmusik komponieren
der Produzent, -en / die Produzentin, -nen
einen Film produzieren

3 **Referate halten** Halten Sie ein Referat über einen der beiden Hauptdarsteller Franka Potente oder Moritz Bleibtreu. Denken Sie wie immer an Visualisierungen! Gehen Sie auf folgende Punkte ein.

◇ Biographie
◇ Interessen, Hobbys, usw.
◇ andere Filme
◇ andere Tätigkeiten
◇ interessante Geschichten aus ihrem Privatleben (z.B. war Franka Potente kurz mit *Herr der Ringe*-Darsteller Elijah Wood zusammen)
◇ ...

4 **Filmkritiken lesen** Finden Sie beim ersten Lesen heraus, ob die Kritiken zum Film positiv oder negativ oder vielleicht neutral sind. An welchen Wörtern können Sie das erkennen? Tragen Sie Ihre Ergebnisse in die Tabelle ein.

KRITIK:
POSITIV +, NEGATIV −, NEUTRAL 0   **WÖRTER UND AUSDRÜCKE, DIE DARAUF HINWEISEN**

1. _____   _____
2. _____   _____
3. _____   _____
4. _____   _____
5. _____   _____

Lola rennt: Stimmen der Kritiker

Wer auf einen originellen deutschen Kinofilm wartet, der in keine der üblichen Schubladen passt, ist bei *Lola rennt* gut aufgehoben. Der Film ist komisch, aber keine Komödie, spannend, aber kein Krimi[1] – eher schon ein monumentaler Videoclip mit Handlung und ein Road Movie im wörtlichsten Sinne: Franka Potente *(Opernball)* hetzt als Lola atemlos durch die Straßen Berlins, um ihren Freund (Moritz Bleibtreu, *Knockin' on Heaven's Door*) vor der Rache der Autoschieber und einer Verzweiflungstat zu bewahren. ...

Doch nicht Gewalt oder beißende Gesellschaftskritik sind das Thema, sondern einfach die Zeit. Was wäre, wenn? Gleich dreimal hintereinander schickt Regisseur und Drehbuchautor Tom Tykwer *(Das Leben ist eine Baustelle, Winterschläfer)* seine beiden Protagonisten in einen scheinbar aussichtslosen Wettlauf[2] gegen die Uhr. Der Ausgangspunkt ist stets derselbe, doch jedes Mal nimmt die Handlung eine andere Wendung[3]: Kleinste Zufälle bestimmen das Schicksal aller Beteiligten, der Bruchteil einer Sekunde entscheidet über ihr weiteres Leben. ...

1.

_____

[1]**der Krimi** ein Kriminalfilm   [2]**der Wettlauf** beim Sport: wer am schellsten läuft, gewinnt   [3]**eine Wendung nehmen** in eine andere Richtung gehen

Lola rennt dürfte wohl so ziemlich das Schnellste und Dynamischste sein, was der deutsche Film bislang zu bieten hatte. Mit schnellsten Bildschnitten und einer kuriosen, aber interessanten Kameraführung[4] erzeugt Regisseur Tom Tykwer stets eine hektische und beängstigende Atmosphäre. Keine dumpfbackene Komödienhausmannskost, aber auch nicht so schwer verdaulich wie Tom Tykwers Vorgänger *Winterschläfer*.

Tom Tykwer konnte mit vergleichsweise Peanuts-Honoraren die deutsche Yuppie-Schauspielerschaft ans Berliner Set locken: Franka Potente, Moritz Bleibtreu, Herbert Knaup, Armin Rohde, Joachim Król, Heino Ferch und Nina Petri – um nur die bekanntesten zu nennen. Sie alle haben von Tykwers klaren Filmvisionen profitiert und schienen dabei sogar richtig Spaß zu haben. Das gilt besonders für Franka Potente, schließlich ist sie seit den Dreharbeiten mit Tom Tykwer liiert.

Wer sich an der Kinokasse für *Lola rennt* entscheidet, wird in den 81 Filmminuten audiovisuell wahrlich nicht enttäuscht werden. Schließlich faszinieren nicht nur Lolas „Marathonambitionen", sondern auch der Soundtrack ist bereits das Geld fürs Kinoticket wert. Hier trällert[5] Franka Potente übrigens fleißig mit Rapper Thomas D. um die Wette.

— *Oliver Frühauf*

2.

Bewegende, furios bewegte Bilder, atemlose Schnitte, irrwitziges[6] Tempo, schräg bewegte Zeichentricksequenzen, eingängiger Soundtrack, Fantasie statt Monotonie – ein deutscher Film von Weltformat. Geschaffen hat ihn Autor-Regisseur Tom Tykwer, der schon mit *Die tödliche Maria* und *Winterschläfer* nachhaltig auf sich aufmerksam machte. Mit den Jung-Stars Franka Potente und Moritz Bleibtreu in den Hauptrollen ideal besetzt, verbindet dieses erfolgreiche deutsche Werk des letzten Jahres beste Unterhaltung mit Anspruch. Im Kino sahen über zwei Millionen Zuschauer Lola rennen.

– *Video Woche*

3.

---

[4]**die Kameraführung** wie der Regisseur die Kamera benutzt   [5]**trällern** singen   [6]**irrwitzig** *hier:* sehr sehr schnell

Endlich wieder ein deutscher Film, den man feiern kann. Dafür, dass er keine Beziehungskomödie ist. Dafür, dass er originell ist. Dafür, dass er unwiderstehlich dynamisch ist. Dafür, dass er großartige Schauspieler hat.

Leider ist nichts davon wahr. Die in blutrot getauchten Zwischendialoge sind zwar nicht besonders peinlich[7], aber durchaus beziehungskomödienkompatibel (man denke etwa an den unerträglichen X-Filmer Dani Levy). Mit der Originalität ist das so eine Sache. Natürlich können Tykwer und sein Kameramann Frank Griebe einiges, aber im Medien-Mix, in der Gewagtheit[8] der Einstellungen und Montagen[9] und Schnitte ist z.B. Oliver Stones *Natural Born Killers* meilenweit[10] voraus – und auch da scheint einem so manches überflüssig. Die Geschichte selbst ist öde[11], voller Versatzstücke, die keinen Spaß machen. Die Zukunftflashes angerempelter Passanten sind monströs einfallslos: Lottogewinn, Drogentod, Liebesgeschichten. ...

...Alles in allem aber ist die Geschichte zu psychologisch: die Beziehung von Manni und Lola, des Vaters und seiner untreuen Freundin. Das passt alles einfach nicht zusammen. Und auch das Nicht-Zusammenpassen passt nicht. Das Problem mit den Schauspielern, insbesondere mit Franka Potente, ist, dass sie zu real sind.

— *Ekkehard Knörer*

4.

---

[7]**peinlich** unangenehm [8]**die Gewagtheit** man geht ein Risiko ein [9]**die Montage** verschiedene technische Elemente werden in einer Montage zusammengesetzt [10]**meilenweit** sehr weit [11]**öde** langweilig

Lola, bleib' lieber stehen! Leider ging der Film gründlich daneben. Schade eigentlich, denn aus dieser Thematik, der an sich originellen und unverbrauchten Idee, hätte man mehr machen können. Es ist wirklich mal was Neues, ein und dieselbe Handlung dreimal hintereinander leicht abgewandelt zu erzählen. Lola rennt nämlich aus ihrer Wohnung und trifft auf einen Nachbarn und dessen Hund. Je nachdem, wie sie an ihm vorbeikommt, ändert[12] sich der nachfolgende Verlauf der Geschichte völlig. Nach dem Prinzip „Wenn ein Schmetterling in China mit den Flügeln schlägt, gibt es in Amerika einen Wirbelsturm" wird dann die Geschichte dreimal erzählt. Es ändern sich vordergründig nur Kleinigkeiten, der weitere Lebenslauf bestimmter Personen aber gewaltig. Man sieht also, dass dieser Film mit Sicherheit kein „Mainstream-Film" ist, aufgrund der originellen Idee aber durchaus viel versprechend[13]. Leider ist die Umsetzung[14] dieses Themas alles andere als gut gelungen[15]. Von der ersten Minute an fragt man sich: „Bin ich im Kino oder schaue ich mir ein Musikvideo an?". Viel zu rasante Schnitte, wirre[16] Kamerafahrten und viel zu viele und dazu noch deplaziert wirkende[17] Effekte verderben einem den Spaß an diesem Film. Kurz gesagt: Eine vielversprechende Thematik und Idee wurde schlecht umgesetzt, weshalb der Film bestenfalls als mittelmäßig[18] zu betrachten ist. — jk

5.

---

[12]**sich ändern** es wird anders   [13]**viel versprechend** man kann viel Gutes erwarten   [14]**die Umsetzung** die Realisation
[15]**gelingen** Erfolg haben   [16]**wirr** konfus; es ergibt keinen Sinn   [17]**es wirkt deplaziert** es passt nicht dazu
[18]**mittelmäßig** nicht schlecht, aber auch nicht gut

5 **Eine Filmkritik schreiben** Schreiben Sie nun selbst eine kurze Filmkritik zu *Lola rennt* oder einem anderen Film.

Grundwortschatz

Verben

ab•hauen (*ugs.*): er/sie/es haut ... ab, haute ... ab, ist ... abgehauen
sich beeilen: er/sie/es beeilt sich, beeilte sich, hat sich ... beeilt
hin•fallen: er/sie/es fällt ... hin, fiel ... hin, ist ... hingefallen
klauen (*ugs.*): er/sie/es klaut, klaute, hat ... geklaut
stehlen: er/sie/es stiehlt, stahl, hat ... gestohlen
überfahren: er/sie/es überfährt, überfuhr, hat ... überfahren
überfallen: er/sie/es überfällt, überfiel, hat ... überfallen
um•bringen: er/sie/es bringt ... um, brachte ... um, hat ... umgebracht
verlangen: er/sie/es verlangt, verlangte, hat ... verlangt

Nomen

der Autodiebstahl, die
    Autodiebstähle
der/die Bankangestellte, -n
der Banküberfall, die
    Banküberfälle
der Bürgersteig, -e
das Drehbuch, die Drehbücher
die Einfahrt, -en
der/die Geliebte, -n
die Glasscheibe, -n
der (männliche) Hauptdarsteller, - /
    die (weibliche) Hauptdarstel-
    lerin, -nen
die Hauptrolle, -n

die Nebenrolle, -n
der/die Obdachlose, -n
der Penner, - / die Pennerin, -nen
    (*ugs.*)
die Pistole, -n
die Regie
der Regisseur, -e / die Regisseurin,
    -nen
der Schauspieler, - / die Schau-
    spielerin, -nen
die Telefonzelle, -n
das Treppenhaus
der Wachmann, die Wachmänner

Adjektive und Adverbien

betrunken
bewaffnet
obdachlos

pünktlich
schwanger
ungewöhnlich

Andere Ausdrücke

einen Film drehen
einen Film im Original sehen
einen Film schneiden
eine Entscheidung treffen

die synchronisierte Version
im Original mit Untertiteln
Regie führen
überfahren werden

Nachschlageteil

Ausgewählte Texte

EINHEIT 2

Wanderschaft
von Wilhelm Müller

Das Wandern ist des Müllers Lust,
Das Wandern!
Das muss ein schlechter Müller sein,
Dem niemals fiel das Wandern ein,
Das Wandern.

Vom Wasser haben wir's gelernt,
Vom Wasser!
Das hat nicht Rast bei Tag und Nacht,
Ist stets auf Wanderschaft bedacht,
Das Wasser.

Das sehn wir auch den Rädern ab,
Den Rädern!
Die gar nicht gerne stille stehn,
Die sich bei Tag nicht müde drehn,
Die Räder.

Die Steine selbst, so schwer sie sind,
Die Steine!
Sie tanzen mit den muntern Reihn
Und wollen gar noch schneller sein,
Die Steine.

O Wandern, Wandern, meine Lust,
O Wandern!
Herr Meister und Frau Meisterin,
Lasst mich in Frieden weiterziehn
Und wandern.

Wandrers Nachtlied
von Johann Wolfgang von Goethe

Über allen Gipfeln
Ist Ruh,
In allen Wipfeln
Spürest du
Kaum einen Hauch;

Die Vöglein schweigen im Walde.
Warte nur, balde
Ruhest du auch.

Abendlied
von Matthias Claudius

Der Mond ist aufgegangen,
Die goldnen Sternlein prangen
Am Himmel hell und klar;
Der Wald steht schwarz und schweiget,
Und aus den Wiesen steiget
Der weiße Nebel wunderbar.

Wie ist die Welt so stille,
Und in der Dämmrung Hülle
So traulich und so hold!
Als eine stille Kammer,
Wo ihr des Tages Jammer
Verschlafen und vergessen sollt.

Seht ihr den Mond dort stehen? –
Er ist nur halb zu sehen
Und ist doch rund und schön.
So sind wohl manche Sachen,
Die wir getrost belachen,
Weil unsre Augen sie nicht sehn.

Wir stolze Menschenkinder
Sind eitel arme Sünder
Und wissen gar nicht viel;
Wir spinnen Luftgespinste
Und suchen viele Künste
Und kommen weiter von dem Ziel.

So legt euch denn, ihr Brüder,
In Gottes Namen nieder,
Kalt ist der Abendhauch;
Verschon uns Gott mit Strafen
Und laß uns ruhig schlafen
Und unsern kranken Nachbarn auch.

Abendlied

von Karlhans Frank

Der mond ist aufgegangen,
die goldnen sternlein prangen
mein freund du siehst es nicht,
weil aus profitfabriken
die menschen nebel schicken
gefährlich, giftig, stinkend, dicht.

Wie war die welt so stille
und in der dämmrung hülle
gabs zeit zu tanz und lust,
preßten nicht tagessorgen,
gedanken an das morgen
noch auf das abgas in der brust.

Jammer nur halb zu sehen,
dem denken zu entgehen
vergessen den verdruß
schaust du den fernsehflimmer
sandmännchen bringt ins zimmer
das abendlied von claudius.

So werden menschenkinder
täglich ein wenig blinder
und wissen gar nicht viel,
weil die paar, die besitzen,
uns den verstand stibitzen
das bringt sie näher an ihr ziel.

So legt euch denn, ihr brüder,
in dieser nacht nicht nieder.
besprecht das schlechte stück
habt ihr herausbekommen,
wer abendruh genommen.
dann holt sie euch von ihm zurück.

EINHEIT 4

Es ist Zeit

von Aziza-A

Ich habe braune Augen, habe schwarzes
Haar.
Und komm aus einem Land wo der
Mann über der Frau steht

und dort nicht wie hier ein ganz anderer
Wind weht!
In den zwei Kulturen, in denen ich
aufgewachsen bin,
ziehen meine lieben Schwestern meist
den kürzeren
weil nicht nur die zwei Kulturen
aufeinander krachen,
weil auch Väter über ihre Töchter
wachen:
„Du bist die Ehre der Familie, klar,
gehorsam, schweigsam,
wie deine Mutter auch mal war."

So ein Mist, du hast Angst, kein Ast,
an dem du dich festhalten kannst, ist in
Sicht ...
Du überlegst: ist es meine Pflicht,
das Leben meiner Eltern so zu leben, wie
sie es bestreben?
Mit Autorität mir meinen Mund zukleben!

Ja, ja, nun ich nehme mir die Freiheit!
AZIZA-A tut das was sie für richtig hält,
auch wenn sie aus den Augen der ganzen
Sippe fällt
und niemand sie zu den gehorsamen
Frauen zählt!
Ist es mir egal, ich muß sagen was ich
denk,
und zwar ...

Frau, Mutter, Mädchen oder Kind,
egal aus welchem Land sie kamen: jeder
ein Mensch,
der selbständig denken kann, verstehst
du Mann!
Sah und sehe, was geschieht: nämlich
nichts, kein Unterschied!
Es ist Zeit, steht auf! Angesicht zu Angesicht,
erkennt: wir haben das Gewicht!

Mit HipHop vermischt,
erwischt meine Stimme auch die Ohren
derer,

die ihre dicken Finger in ihre Ohren
bohren.
Nichts sehen, nicht hören wollen, wie die
drei Affen,
nur mit einem Unterschied:
sie reden, ohne zu wissen, was in uns
geschieht!!!

Refrain
Daracik, Daracik sokaklar kizlar misket
yuvarlar

Ein Interview mit Wladimir Kaminer

Das folgende Interview mit Wladimer Kaminer wurde
von den Autorinnen am 14. August 2004 während
der Russendisko im Kaffee Burger in Berlin aufgenommen. Da die Musik in der Disko zu laut für eine gute
Aufnahme war, wurde das Interview auf der Straße
durchgeführt.

AUTORINNEN: Im Kurs haben wir uns mit
dem Thema „Ausländer in Deutschland"
beschäftigt. Die erste Frage ist: Warum sind
Sie nach Deutschland immigriert?

KAMINER: Na, zuerst 1990 aus Neugier, und
weil das am einfachsten war, ausgerechnet
nach Deutschland zu fahren und nicht
nach Amerika oder andere europäische
Länder. Und eigentlich wollte ich ja sofort
weiterfahren, ich wollte nicht in Deutschland bleiben. Ich bin als Tourist hierher
gekommen und bin dann geblieben aus
verschiedenen Gründen, weil sich plötzlich
dann ein neues Leben hier aufgebaut hat,
unglaublich schnell. Das kann man schwer
heute sich vorstellen oder auch erklären,
aber damals 1991 in Berlin – das war eine
besondere Zeit. Es war der Zauber der
Wende, nennt man das. Vieles war möglich,
was man sich gar nicht vorstellen konnte
in der Sowjetunion oder auch heute im
heutigen Deutschland. Ich habe sehr
schnell dann Freunde, tollen Job, super
Wohnung, gute Elektronik und supertolle

Frau gefunden – alles auf einmal und
innerhalb der kürzesten Zeit. Da will man
natürlich nicht wegfahren.

AUTORINNEN: Wohin wollten Sie eigentlich?

KAMINER: Komischerweise wollte ich nach
Dänemark, weil ich dort viele Freunde
hatte. Davor gab es eine Jugendbewegung.
Dänische Jugendliche waren in Moskau und
St. Petersburg und haben sehr viele von
meinen Freunden und Kollegen von damals
mitgenommen nach Dänemark. „Next stop"
hieß diese Bewegung, deswegen wollte ich
auch nach Dänemark, also denen hinterher.

AUTORINNEN: Im Unterricht haben wir einen
Auszug aus *Russendisko* gelesen, das Kapitel
„Sprachtest". Dort werden drei Fragen aus
dem Sprachtest für Ausländer zitiert. Was
sind Ihrer Meinung nach die richtigen
Antworten auf diese drei Fragen? Frage
Nummer 1 ist: „Ihr Nachbar lässt immer
wieder spätabends Musik laufen. Sie
können nicht schlafen. Was machen Sie?"

KAMINER: Wahrscheinlich war die Aufgabe
dieses Sprachtestes herauszufinden, wie
integrationsfähig die Russen sind. Ob sie
zu den ..., na, was würde ein Deutscher
machen? Der würde bestimmt Polizei
rufen. Ein Russe würde entweder ihm die
Schnauze polieren oder selbst zu dieser
Musik dann – zusammen mit dem Nachbarn
– tanzen. Aber er würde bestimmt keine
Polizei rufen, das kommt von der alten
sowjetischen Tradition. Man hatte eben
Misstrauen an die Organe des Staates und
Vertrauen an sich selbst.

AUTORINNEN: Und was hätten Sie auf diese
Frage geantwortet?

KAMINER: Also mein Vater würde auf jeden
Fall keine Polizei rufen, der würde bestimmt
sich selbst vertrauen und mit dem Nachbarn
das klären.

AUTORINNEN: Die zweite Frage war: „Was
kaufen die Deutschen im Sommerschlussverkauf oder im Winterschlussverkauf
und warum?"

KAMINER: Das ist eine andere Mentalitäts-ebene hier, diese so genannte „Schnäppchenjagd", dass die Leute immer die falschen Sachen kaufen, also im Sommer die Wintersachen und im Winter die Sommersachen. Da sind die Russen eigentlich auch so. Und dann haben sie das Gefühl dabei, dass sie so total gut abgeschnitten haben, super Schnäppchen, alles zu super Preis gemacht haben. Aber das ist – ich glaube nicht, dass das eine typisch deutsche oder typisch russische Mentalität ist. Ich glaube, das gehört zu sehr weit verbreiteten Fallen des Kapitalismus. Das war ja in Amerika eigentlich viel viel skurriler, als wir da gesehen haben, dass da eine Tablette Aspirin viel teurer ist als tausend von diesen Tabletten oder wenn jemand bereit ist, zum Beispiel 10-Kilo-Packung Orangensaft zu kaufen, der wird auch viel besser abschneiden. Hier in Deutschland gibt's 10-Liter-Packung Orangensaft gar nicht. 10-Liter-Packung! Das muss man sich vorstellen!

AUTORINNEN: Die letzte Frage war: „Schwimmen Sie gern? Haben Sie Gesundheitsprobleme? Was essen Sie zum Frühstück?" Was ist die richtige Antwort, Ihrer Meinung nach?

KAMINER: Ich habe vermutet, dass diese Frage extra in Sprachtest aufgenommen wurde, um so hinterhältig zu erfahren, wie die gesundheitlichen Zustände derjenigen sind, ob er nun gesund ist und irgendwie nützlich fürs Deutschland oder vielleicht ein kranker Invalide.

AUTORINNEN: Und warum, denken Sie, ist die Frage über den Winterschlussverkauf oder Sommerschlussverkauf in dem Test?

KAMINER: Gut, hätte mein Vater geantwortet: „Ach, ich weiß überhaupt nicht, was diese Deutschen kaufen, interessiert mich auch nicht, ich bin sowieso keine große Kaufkraft", dann wäre das wahrscheinlich die falsche Antwort gewesen. Die suchen nach der richtigen Kaufkraft. Das gehört ja auch zu dem Programm, das hier durchgeführt wird, von der Regierung, ach, von allen Regierungen.

AUTORINNEN: Und hat Ihr Vater mittlerweile den Sprachtest bestanden und die deutsche Staatsbürgerschaft bekommen?

KAMINER: Nein.

AUTORINNEN: Warum nicht? Er wollte doch den Test machen.

KAMINER: Ja, er versucht's immer wieder, aber er schafft's nicht, ich glaube er ist zu unschlüssig, er ist zu unschlüssig. Er schafft's nicht zu Ende. Das ist auch … deutsche Bürokratie, braucht einen bestimmten Umgang. Man muss Geduld haben. Man darf überhaupt alles nicht zu nah an sich zehren lassen. Man muss es wie ein Spiel betrachten und das kann er nicht, ich weiß nicht, warum. Also, ich kann viele Gründe vermuten.

AUTORINNEN: Haben Sie die deutsche Staatsbürgerschaft?

KAMINER: Ich ja, wir sind gerade dabei, jetzt für die Kinder die Staatsangehörigkeit zu beantragen und auch zu bekommen, ich stehe im aktiven Briefwechsel mit dem Bürgeramt für Staatsangehörigkeitsangelegenheiten.

AUTORINNEN: Was ist für Sie gut und was ist schlecht an Deutschland?

KAMINER: Na, diese Eigenart, diese Eigenart, zum Beispiel bei der Sprache, diese zusammengeklappten Worte, die man ins Unendliche ziehen kann. Diese Eigenart hat so Vorteile und Nachteile, obwohl fast sind die Vorteile und Nachteile ja gleich. Zum einen kann man alles mit einem Wort sagen, was man will. Zum anderen – man lernt als Ausländer eigentlich nie aus.

AUTORINNEN: Sind die Deutschen Ihrer Meinung nach ausländerfreundlich?

KAMINER: Die Deutschen? Ist das jetzt eine provokative Frage?

AUTORINNEN: Nein, ich frage nach Ihren Erfahrungen.

KAMINER: Wer ist schon ausländerfreundlich? Es gibt keine ausländerfreundlichen Völker, das ist absurd. Alle Völker sind ausländerfeindlich.

AUTORINNEN: Warum sagen Sie das? Haben Sie schlechte Erfahrungen?

KAMINER: Nein, weil das normal ist. Ich meine, es betrifft nicht jeden, aber die meisten Leute, die Leute haben normalerweise Angst. Angst ist die Triebkraft für unsere Gesellschaft und Angst braucht eben immer Projektionen. Man muss irgend so eine Projektionsfläche für eigene Angst finden, sei es nun Arbeitslosigkeit oder gesundheitliche Probleme oder sonst was. Dann sind das eben ... die Angst vor dem Fremden.

AUTORINNEN: Was halten Sie vom Stichwort „Integration"?

KAMINER: Ja, Integration ist auch ein Hirngespinst im Grunde genommen, weil man sich ins Leben gar nicht, schon gar nicht mit staatlichen Mitteln, integrieren kann. Das Leben verändert sich ständig. Integration ist ein Prozess, eigentlich bedarf jede Bevölkerungsschicht einer Integration, auch die Deutschen, die Ostdeutschen, die Westdeutschen. Jetzt ist dieses neue EU noch ein Grund für eine allgemeine Integration. Jeder Mensch ... außerdem wird jeder älter und muss integriert werden in seine neue Altersphase. Integration ist etwas, was mit Ausländern wenig zu tun hat. Deswegen ist ... die Integration als Lebensprozess ist im Grunde genommen ein halbes Leben, wenn nicht noch mehr. Integration jetzt als irgendwelches staatliches Förderprogramm ist Quatsch! Ich kenne jede Menge Leute, die hier ohne jegliche Integration leben und es geht ihnen gut.

AUTORINNEN: Können Sie zum Schluss noch ein bisschen von der Russendisko erzählen?

KAMINER: Russendisko ist eine Tanzveranstaltung, wo nur russische Musik aufgelegt wird, aber nur gute, also kein billiger Pop, Trash oder nicht das, was in den russischen Dörfern aus dem Radio kommt, sondern Musik, die wir mit großer Mühe überall suchen, in allen ehemaligen Republiken der Sowjetunion oder auch in anderen Ländern, wo russische Musiker leben und arbeiten, sei es nun Kalifornien, Australien oder Holland. Inzwischen sind ja russische Musiker überall. In Frankreich gibt's eine sehr gute Band. Diese Musik legen wir hier auf, die Veranstaltung hat im November Jubiläum, wir werden fünf Jahre alt. Wir waren mit Russendisko mit unterschiedlichem aber immer großem Erfolg in sehr unterschiedlichen Ländern überall in Europa, in Israel, in Amerika, in Russland, fahren jeden Monat ... machen wir diese Auslandseinsätze und zweimal im Monat hier im Kaffee Burger, in unserem Domizil. Kaffee Burger wird im November auch fünf Jahre alt sein. Wir feiern zusammen ein gemeinsames Jubiläum.

AUTORINNEN: Und können die Deutschen tanzen?

KAMINER: Ja, zu unserer Musik können alle tanzen.

AUTORINNEN: Vielen Dank.

EINHEIT 5

Veronika

Veronika, der Lenz ist da,
die Mädchen singen tralala,
die ganze Welt ist wie verhext,
Veronika, der Spargel wächst,
ach du Veronika, die Welt ist grün,
drum lass uns in die Wälder ziehn.
Sogar der Großpapa sagt zu der
    Großmama:
Veronika, der Lenz ist da.

Mädchen lacht, Jüngling spricht,
Fräulein woll'n Sie oder nicht,
draußen ist Frühling,
der Poet Otto Licht
hält es jetzt für seine Pflicht,
er schreibt dieses Gedicht: ...

Auf Wiedersehn

Gib mir den letzten Abschiedskuss,
weil ich dich heut' verlassen muss,
und sage mir auf Wiedersehn,
auf Wiedersehn, leb wohl.

Wir haben uns so heiß geliebt,
und unser Glück war nie getrübt,
drum sag' ich dir auf Wiedersehn
auf Wiedersehn, leb wohl.

Ob du mir treu sein wirst,
sollst du mir nicht sagen,
wenn man sich wirklich liebt,
stellt man nicht solche dummen Fragen.

Gib mir den letzten Abschiedskuss,
weil ich dich heut' verlassen muss,
ich freu' mich auf ein Wiedersehn,
auf Wiedersehn, leb wohl.

Wir haben uns gefunden,
geliebt und heiß geküsst.
Es waren schöne Stunden,
die man nicht mehr vergisst.

Ein Märchen geht zu Ende,
drum reich' mir deine kleinen Hände.
Gib mir den letzten Abschiedskuss,
weil ich dich heut' verlassen muss.

Und sage mir auf wiedersehn,
auf wiedersehn, leb' wohl.
Wir haben uns so heiß geliebt.
Und unser Glück war nie getrübt.

Drum sag' ich dir auf wiedersehn
auf wiedersehn, leb' wohl.
Ob du mir treu sein wirst,
sollst du mir nicht sagen.

Wenn man sich wirklich liebt,
stellt man nicht solche dummen Fragen.
Gib mir den letzten Abschiedskuss,
weil ich dich heut' verlassen muss.

Ich freu' mich auf ein Wiedersehn,
auf wiedersehn, leb' wohl.

EINHEIT 6
Frauenerfolge: gestern – heute – morgen

(Auszug: Rede von Bundesrätin Micheline Calmy-Rey anlässlich der 6. Frauenvernetzungswerkstatt der St.Galler FrauenNetzwerke, Gossau/SG, 14. Juni 2003)

Frauen Regierungsrätinnen, Frau Ständerätin, Frauen Nationalrätinnen, liebe Frauen, der 14. Juni ist für uns Frauen in der Schweiz ein ganz besonderer Tag. Am 14. Juni 1991, haben wir uns etwas ganz Unerhörtes erlaubt. Wir haben gestreikt. Wir haben gestreikt in einem Land, in dem Arbeitsfriede herrscht und Streik ein verpöntes Mittel ist. Wir haben für unsere Gleichstellung gestreikt, und wir haben gefordert, dass wir Frauen die gleichen Rechte erhalten wie die Männer. Dies war umso erstaunlicher, als wir Schweizerinnen in Sachen Gleichstellung für unsere Bescheidenheit und Engelsgeduld bekannt waren.

Am 14. Juni 1991 war unsere Geduld zu Ende. Wir forderten klar und deutlich, was uns zustand. „20 Jahre Frauenstimmrecht, 10 Jahre Gleichstellung in der Verfassung, 0 Jahre Gleichstellung." So lautete 1991 unsere Bilanz. Nun wollten wir endlich Gleichstellung. Nicht nur auf dem Papier, sondern in Taten, und zwar sofort.

Eine halbe Million Frauen haben sich öffentlich und fantasievoll ausgedrückt. Transparente wie „Die Frau lebt nicht vom Lob allein" oder „Wir helfen immer den andern – ab jetzt helfen wir uns selbst" geben einen Eindruck der Gefühlslage von vielen Frauen. Denn viele hatten sich in traditionelle Rollenmuster eingefügt, und plötzlich haben sie die Einseitigkeit dieses sozialen Vertrages erkennen müssen. Unter dem Motto „Wenn Frau will, steht alles still" hat eine halbe Million Frauen deutlich gemacht, dass sie zwar einen unentbehrlichen Beitrag zur Gesellschaft leisten, dieser Beitrag jedoch von der Gesellschaft nicht honoriert wird.

Wir wollten endlich die Verwirklichung der in der Verfassung versprochenen Lohngleichheit, und wir wollten Rahmenbedingung, welche Frauen nicht à priori benachteiligen im Erwerbsleben. Mehr Kinderkrippen etwa und kürzere Arbeitszeiten. Oder Teilzeitstellen sowohl für Männer wie für Frauen. Wir wollten, dass die Männer sich an der Hausarbeit beteiligen. Und wir wollten endlich Maßnahmen für die berufliche Besserstellung der Frauen, nämlich Maßnahmen, die verhindern, dass Frauen vor allem in schlecht bezahlten Berufen anzutreffen sind.

Sie werden sich nun fragen: Hat dieser Frauenstreik von 1991 uns tatsächlich die Gleichstellung gebracht? ... Liebe Frauen, wie wir sehen, gibt es noch immer Unterschiede in der Stellung von Frauen und Männern. Mit Gesetzen allein lassen sich diese nicht beseitigen. ...

Schwarzer Peter
von Peter Henisch

Romanauszug Teil V: Was Mutter erzählt

Meine Mutter hat selten von ihm erzählt. Nur manchmal, in adventlichen Abendstunden, die von meiner Erinnerung wegen ihrer nicht nur von unserem alten Kanonenofen ausgehenden Wärme besonders gern reproduziert werden, hat sich ihre Zunge gelöst. Draußen, vor dem Küchenfenster, schneit es in langsam sinkenden Flocken, meine liebe Mamma steht am Tisch, der mit einem großen, mehlbestaubten Leintuch bedeckt ist, und walkt Teig. Ich darf allerlei hübsche Formen–Blumen, Tiere, Sterne, Kartenspielsymbole–aus dem Teig ausstechen, während sie, hinter meinem Rücken ab und zu einen Schluck aus der Rumflasche

nehmend, aus der sie zuvor einige Tropfen in den Teig gemischt hat, ungefähr Folgendes preisgibt:

Dass er ein netter, freundlicher, höflicher Mensch gewesen sei, der ihr nicht nur Zigaretten und Nylonstrümpfe, sondern auch weißen Flieder und rote Rosen geschenkt habe. Dass er nicht nur gut Boogie gespielt, sondern auch leidlich Walzer getanzt und auf dem Piano nicht nur *Ol' Man River*, sondern auch den Klavierauszug von Schuberts *Forellenquintett* gespielt habe, zur Besänftigung meiner Oma. Bei dieser Gelegenheit fiel meiner Mutter ein, wie schön seine Hände gewesen seien, mit ihren langen, schlanken, dunkelbraunen Fingern, an denen die hellen, gepflegten Nägel mit den fast rosigen Monden umso mehr auffielen. *Meine* Patschhände hatten noch nicht ganz diesen Appeal, aber was nicht war, konnte ja noch werden.

EINHEIT 7
Bewältigte Vergangenheit
von Reinhard Döhl

Wahrscheinliche Rede

man hatte mit hand anzulegen
man hatte zuzusehen
man hatte zu gehorchen
man hatte zu schweigen

man hatte wirklich nichts damit zu tun

man konnte nichts dagegen machen
man war befehlsempfänger
man hatte frau und kind
man mußte rücksicht nehmen

man hätte kopf und kragen riskiert
man wäre in teufels küche gekommen
man hätte dem tod ins auge gesehen
man wäre über die klinge gesprungen

Mögliche Rede

man hätte etwas dagegen tun können
man hätte den befehl verweigern können
man hätte auf frau und kind pfeifen
 können
man hätte alle rücksichten fallen lassen
 können

man hätte nicht mit hand anlegen dürfen
man hätte nicht zusehen dürfen
man hätte nicht schweigen dürfen
man hätte nicht gehorchen dürfen

man hätte nichts damit zu tun haben
 müssen

man wäre in teufels küche gekommen
man hätte kopf und kragen riskiert
man hätte dem tod ins auge gesehen
man wäre über die klinge gesprungen

Üble Nachrede

man war in teufels küche
man hat um kopf und kragen gebracht
man hat dem tod ins auge gesehen
man hat über die klinge springen lassen

man hat mit hand angelegt
man hat zugesehen
man hat geschwiegen
man hat gehorcht

man hat nichts dagegen getan
man war gehaltsempfänger
man hat nicht an frauen und kinder
 gedacht
man hat keine rücksicht genommen

man hat mitgemacht

Deutschland

von Bertolt Brecht

Mögen andere von ihrer Schande sprechen,
ich spreche von der meinen.

O Deutschland, bleiche Mutter!
Wie sitzest du besudelt

Unter den Völkern.
Unter den Befleckten
Fällst du auf.

Von deinen Söhnen der ärmste
Liegt erschlagen.
Als sein Hunger groß war
Haben deine anderen Söhne
Die Hand gegen ihn erhoben.
Das ist ruchbar geworden.

Mit ihren so erhobenen Händen
Erhoben gegen ihren Bruder
Gehen sie jetzt frech vor dir herum
Und lachen in dein Gesicht.
Das weiß man.

In deinem Hause
Wird laut gebrüllt, was Lüge ist
Aber die Wahrheit
Muß schweigen.
Ist es so?

Warum preisen dich ringsum die Unter-
 drücker, aber
Die Unterdrückten beschuldigen dich?
Die Ausgebeuteten
Zeigen mit Fingern auf dich, aber
Die Ausbeuter loben das System
Das in deinem Hause ersonnen wurde!

Und dabei sehen dich alle
Den Zipfel deines Rockes verbergen, der
 blutig ist
Vom Blut deines
Besten Sohnes.

Hörend die Reden, die aus deinem
 Hause dringen, lacht man.
Aber wer dich sieht, der greift nach dem
 Messer
Wie beim Anblick einer Räuberin.

O Deutschland, bleiche Mutter!
Wie haben deine Söhne dich zugerichtet
Daß du unter den Völkern sitzest
Ein Gespött oder eine Furcht!

EINHEIT 9

Von der Webseite der Rotkäppchen Sektkellerei

Webpage: Die Personal- und Absatzsituation

Der Betrieb ist in all diesen Jahren politisch hochdekoriert und verfügt, entsprechend seiner Leitfunktion, über erhebliche soziale und kulturelle Einrichtungen – genannt seien Sportzentrum und Betriebssportgemeinschaft, Kinderkrippen, betriebs- und kombinatseigene Ferienobjekte und Errungenschaften wie etwa das Babyjahr.

Dass die Vielzahl betriebsfremder Aktivitäten und Vergünstigungen nicht problemfrei war, wird von den Führungskräften konstatiert. So etwa kam es durch das Babyjahr zu angespannter Personalsituation, da der Betrieb überwiegend Frauen beschäftigte. Die Absatzsituation war aufgrund des Flaschenmangels 1985 so dramatisch, dass es zu einer Untererfüllung des Planes um 2,3 Prozent kam. So mussten im darauf folgenden Jahr Flaschen aus Österreich und Ungarn importiert werden. Das Jahr 1987 schließlich brachte der Sektkellerei mit 15,3 Millionen Flaschen – 0,75 Liter – den höchsten Absatz seit Jahrzehnten. Das herausragende Ereignis des Jahres 1988 war die 25. Verleihung des Titels „Betrieb der ausgezeichneten Qualitätsarbeit" – ein Titel, der in ununterbrochener Reihenfolge wie hier kaum einem DDR-Betrieb verliehen wurde. Der Absatz 1988 belief sich auf 14,3 Millionen Flaschen, der Umsatz auf 248,1 Millionen Mark.

Webpage: Die Wende

Und dann wurde alles anders. Zunächst lief das Geschäftsjahr 1989 wie das zuvor. So entsprach der Absatz dem des Vorjahres. Jedoch: Mit den politischen Veränderungen im Herbst des Jahres einher ging ein starker Absatzrückgang. Erste Sekte westlicher und ausländischer Erzeuger tauchten im Handel auf. Vom Frühjahr bis zum Herbst 1990 ging der Verkauf rapide bergab. Während im April noch 470.000 Flaschen abgesetzt wurden, waren es im September nur noch 184.500. Ebenso gravierend verlief der Personalabbau von 364 auf 205 Beschäftigte.

Im Juni des Jahres wird das Unternehmen zur GmbH – die Anteile hält komplett die Treuhand. Das Jahr 1991 brachte weitere Veränderungen: So werden zunächst eine Hochleistungsabfüll- und eine Piccololinie installiert. Zum Geschäftsführer wurde Gunter Heise bestellt. Im Folgejahr wurde Hans-Jürgen Krieger Geschäftsführer im Vertrieb. Eine weitere Personalreduzierung – auf nunmehr 66 Beschäftigte und vier Auszubildende – wurde vollzogen. Der Absatz dagegen nahm eine freundliche Entwicklung – mit 5,7 Millionen Flaschen lag man deutlich über dem anvisierten Ziel.

Webpage: Management-Buy-Out

Am 4. März 1993 entschied die Treuhand, Rotkäppchen im Management-Buy-Out zu veräußern. Sechzig Prozent der Anteile gingen an die Geschäftsleitungsmitglieder Gunter Heise, Hans-Jürgen Krieger, Jutta Polomski, Dr. Lutz Lange und Ulrich Wiegel. Diesen Personen obliegt nach wie vor die Geschäftsleitung. Vierzig Prozent der Anteile werden von der Familie Eckes-Chantré gehalten.

In der zweiten Jahreshälfte erhält das Traditionssortiment eine neue Ausstattung – der Umsatz belief sich auf 58 Millionen DM, der Absatz auf 10 Millionen Flaschen. 1994 gestaltet sich wirtschaftlich positiv. Die Investitionstätigkeit hielt noch das Jahr des 100-jährigen Markenjubiläums an: Ein Hallenneubau und 18 neue Gärbehälter (160.000 liter) werden installiert. Ebenso konnte der historische Gebäudeteil, der vor der Privatisierung abgespalten wurde, von der Rotkäppchen-Sektkellerei GmbH übernommen werden.

Mit den Feierlichkeiten zum 100. Jubiläum der Marke im Oktober erreicht das Jahr 1994 seinen Höhepunkt. Anlässlich des Markenjubiläums wurde ein Sekt ausschließlich aus Saale-Unstrut-Weinen im Flaschengärverfahren hergestellt. Heute gehört Rotkäppchen zu den größten deutschen Sektmarken. So konnten alleine 1996 32 Millionen Flaschen abgesetzt werden.

Pressemitteilung: Rotkäppchen-Mumm Sektkellereien verkaufen 92,4 Millionen Flaschen

„Eine Schallmauer durchbrochen" – so Gunter Heise, geschäftsführender Gesellschafter der Rotkäppchen-Mumm Sektkellereien, habe die Sektmarke Rotkäppchen im Kalenderjahr 2002. Mit einem Absatz von 51,3 Millionen Flaschen ist der Sekt aus Freyburg an der Unstrut Deutschlands auf Basis Menge unbestrittene Nummer 1. Ebenso herausragend ist die rund 15-prozentige Absatzsteigerung der im Bereich moderner Sekte positionierten Marke Jules Mumm.

Aber auch die weiteren im vergangenen Jahr erworbenen Sektmarken Mumm und MM Extra entwickeln sich nach erfolgreich angeschlossenem Integrationsprozess gut und tragen zum Gesamt-Absatzergebnis von 92,4 Millionen Flaschen bei.

Das Unternehmen verzeichnet einen Umsatz von 334 Millionen Euro und beschäftigt 260 Mitarbeiter.

Mit ihrem Markenportfolio decken die Kellereien einen Großteil der Segmente im deutschen Sektmarkt ab:

Im Traditionsmarkenbereich ist im unteren Preissegment MM Extra angesiedelt, im oberen Preissegment der Traditionsmarken ist Rotkäppchen Sekt positioniert,

Vertreter des Premiumbereichs sind Mumm und Jules Mumm. Jules Mumm ist ein Sekt mit moderner Profilierung und Markenphilosophie.

Über eine „Super-Premiummarke" verfügte das Unternehmen bislang nicht: Geldermann wird künftig dem Liebhaber anspruchsvoller deutscher klassischer Flaschengärsekte angeboten. Auch die Rotkäppchen Sektkellerei ist erfahren im Bereich der Flaschengärsekte: In kleiner Auflage entsteht in Freyburg an der Unstrut neben verschiedenen Flaschengärsekten auch ein rebsortenreiner Weißburgundersekt b.A. Saale-Unstrut im traditionellen Rüttelverfahren.

— Januar 2003

Pressemitteilung: Neuer Absatzrekord bei den Rotkäppchen-Mumm Sektkellereien

Die Rotkäppchen-Mumm Sektkellereien haben 2003 einen neuen Absatzrekord aufgestellt. Mit rund 100 Millionen verkaufter Flaschen wächst das Unternehmen aus Freyburg an der Unstrut in Sachsen-Anhalt weiter – und trotzt damit dem Branchentrend. „Für uns war 2003 das erfolgreichste Jahr seit der Privatisierung", sagt der geschäftsführende Gesellschafter Gunter Heise.

Zu dem außergewöhnlichen Absatz tragen die Marken Rotkäppchen, Mumm, Jules Mumm, MM extra sowie die Superpremium-Marke Geldermann bei. Mit ihrem umfangreichen Markenportfolio bieten die Rotkäppchen-Mumm Sektkellereien als „Deutschlands Haus aus Sekt" dem Verbraucher Sektmarken mit verschiedensten Geschmacksvarianten.

— Dezember 2003

EINHEIT 10

Beziehungsgespräch 1 aus *Lola rennt*

LOLA: Manni?

MANNI: Mmh ...

LOLA: Liebst du mich?

MANNI: Ja, sicher.

LOLA: Wie kannst du sicher sein?

MANNI: Weiß ich nicht. Bin's halt.

LOLA: Aber ich könnt' auch irgend 'ne andere sein.

MANNI: Ne ne.

LOLA: Wieso nicht?

MANNI: Weil du die Beste bist.

LOLA: Die beste was?

MANNI: Na, die beste Frau.

LOLA: Von allen, allen Frauen?

MANNI: Na klar!

LOLA: Woher willst du das wissen?

MANNI: Das weiß ich halt.

LOLA: Du glaubst es.

MANNI: Gut, ich glaub's.

LOLA: Siehst du!

MANNI: Was?

LOLA: Du bist dir nicht sicher.

MANNI: Na, spinnst du jetzt oder was?

LOLA: Und wenn du mich nie getroffen hättest?

MANNI: Wie, was wär' dann?

LOLA: Dann würdest du jetzt dasselbe 'ner anderen erzählen.

MANNI: Ich brauch's ja nicht zu sagen, wenn du's nicht hören willst.

LOLA: Ich will überhaupt nichts hören, ich will wissen, was du fühlst.

MANNI: Ok, ich fühle, ... dass du die Beste bist.

LOLA: Dein Gefühl, wer ist denn das, dein Gefühl?

MANNI: Na ich, mein Herz.

LOLA: Dein Herz sagt: „Guten Tag Manni, die da, die is' es"?

MANNI: Genau.

LOLA: Und du sagst: „Ah ja, danke für diese Information. Auf Wiederhören bis zum nächsten Mal"?

MANNI: Genau.

LOLA: Und du machst alles, was dein Herz dir sagt?

MANNI: Na, das sagt ja nichts, also, ja was weiß ich, das, ... es fühlt halt.

LOLA: Und was fühlt es jetzt?

MANNI: Es fühlt, dass da gerade jemand ziemlich blöde Fragen stellt.

LOLA: Mann, du nimmst mich überhaupt nicht ernst.

MANNI: Lola, was is' denn los? Willst du irgendwie weg von mir?

LOLA: Ich weiß nicht, ich muss mich halt entscheiden, glaub ich.

Beziehungsgespräch 2 aus *Lola rennt*

MANNI: Lola?

LOLA: Mmh ...

MANNI: Wenn ich jetzt sterben würde, was würdest du dann machen?

LOLA: Ich würde dich nicht sterben lassen.

MANNI: Na ja, wenn ich todkrank wäre und es gibt keine Rettungsmöglichkeit.

LOLA: Ich würde eine finden.

MANNI: Jetzt sag doch mal ... Ich lieg' jetzt im Koma und der Arzt sagt: „Einen Tag noch."

LOLA: Ich würde mit dir ans Meer fahren und dich ins Wasser schmeißen. Schock-therapie.

MANNI: Na gut, und wenn ich dann trotzdem tot wär'?

LOLA: Was willst du denn jetzt hören?

MANNI: Jetzt sag doch mal.

LOLA: Ich würde nach Rügen fahren und deine Asche in den Wind streuen.

MANNI: Und dann?

LOLA: Was weiß ich, so 'ne blöde Frage.

MANNI: Ich weiß es, du würdest mich vergessen.

LOLA: Nee.

MANNI: Doch, doch, klar, sonst könntest du ja gar nicht weiterleben. Ich mein', klar würdest du trauern die ersten Wochen, bestimmt, ist ja auch nicht schlecht. Alle total mitfühlend und echt betroffen und alles ist so unendlich traurig, und du kannst einem einfach nur tierisch Leid tun. Dann kannst du allen zeigen, wie stark du eigentlich bist, „Was für eine tolle Frau" werden die dann alle sagen, „die reißt sich echt am Riemen, ist nicht hysterisch und heult den ganzen Tag 'rum" oder so. Und dann kommt auf einmal dieser unheimlich nette Typ mit den grünen Augen und der ist so supersensibel, hört dir den ganzen Tag zu und lässt sich so richtig schön von dir voll labern. Und dem kannst du dann erzählen, wie schwer du es gerade hast und dass du dich jetzt echt erst mal um dich selbst kümmern musst und dass du nicht weißt, wie es weitergehen wird und bä, bä, bä ... dann hockst du plötzlich bei ihm auf dem Schoß und ich bin gestrichen von der Liste. So läuft das nämlich.

LOLA: Manni?

MANNI: Was?

LOLA: Du bist aber nicht gestorben.

Anhang B

Diese Liste enthält die für dieses Textbuch relevanten unregelmäßigen Verben und Modalverben.

Infinitiv	3. Per. Sing. Präs.	3. Per. Sing. Prät.	Hilfsverb ... Partizip Perfekt
abnehmen	nimmt ... ab	nahm ... ab	hat ... abgenommen
anbieten	bietet ... an	bot ... an	hat ... angeboten
anfangen	fängt ... an	fing ... an	hat ... angefangen
ankommen	kommt ... an	kam ... an	ist ... angekommen
annehmen	nimmt ... an	nahm ... an	hat ... angenommen
anrufen	ruft ... an	rief ... an	hat ... angerufen
anschließen	schließt ... an	schloss ... an	hat ... angeschlossen
ansehen	sieht ... an	sah ... an	hat ... angesehen
ansteigen	steigt ... an	stieg ... an	ist ... angestiegen
anwerben	wirbt ... an	warb ... an	hat ... angeworben
auftreten	tritt ... auf	trat ... auf	ist ... aufgetreten
ausgeben	gibt ... aus	gab ... aus	hat ... ausgegeben
aussehen	sieht ... aus	sah ... aus	hat ... ausgesehen
aussteigen	steigt ... aus	stieg ... aus	ist ... ausgestiegen
befehlen	befiehlt	befahl	hat ... befohlen
beginnen	beginnt	begann	hat ... begonnen
behalten	behält	behielt	hat ... behalten
bekommen	bekommt	bekam	hat ... bekommen
sich belaufen (auf)	beläuft sich	belief sich	hat sich ... belaufen
beraten	berät	beriet	hat ... beraten
beschließen	beschließt	beschloss	hat ... beschlossen
beschreiben	beschreibt	beschrieb	hat ... beschrieben
besitzen	besitzt	besaß	hat ... besessen
bestehen	besteht	bestand	hat ... bestanden
betragen	beträgt	betrug	hat ... betragen
beweisen	beweist	bewies	hat ... bewiesen
sich bewerben	bewirbt sich	bewarb sich	hat sich ... beworben
sich beziehen (auf)	bezieht sich	bezog sich	hat sich ... bezogen
bitten	bittet	bat	hat ... gebeten
bleiben	bleibt	blieb	ist ... geblieben

Infinitiv	3. Per. Sing. Präs.	3. Per. Sing. Prät.	Hilfsverb ... Partizip Perfekt
brechen	bricht	brach	hat ... gebrochen
brennen	brennt	brannte	hat ... gebrannt
bringen	bringt	brachte	hat ... gebracht
denken	denkt	dachte	hat ... gedacht
durchfallen	fällt ... durch	fiel ... durch	ist ... durchgefallen
dürfen	darf	durfte	hat ... gedurft
einfallen	fällt ... ein	fiel ... ein	ist ... eingefallen
sich eingestehen	gesteht sich ... ein	gestand sich ... ein	hat sich ... eingestanden
einladen	lädt ... ein	lud ... ein	hat ... eingeladen
eintreten	tritt ... ein	trat ... ein	ist ... eingetreten
empfehlen	empfiehlt	empfahl	hat ... empfohlen
enthalten	enthält	enthielt	hat ... enthalten
entlassen	entlässt	entließ	hat ... entlassen
sich entscheiden	entscheidet sich	entschied sich	hat sich ... entschieden
sich entschließen	entschließt sich	entschloss sich	hat sich ... entschlossen
entstehen	entsteht	entstand	ist ... entstanden
erfahren	erfährt	erfuhr	hat ... erfahren
ergreifen	ergreift	ergriff	hat ... ergriffen
erhalten	erhält	erhielt	hat ... erhalten
erkennen	erkennt	erkannte	hat ... erkannt
erscheinen	erscheint	erschien	ist ... erschienen
essen	isst	aß	hat ... gegessen
fahren	fährt	fuhr	ist ... gefahren
fallen	fällt	fiel	ist ... gefallen
fangen	fängt	fing	hat ... gefangen
festhalten	hält ... fest	hielt ... fest	hat ... festgehalten
finden	findet	fand	hat ... gefunden
fliegen	fliegt	flog	ist ... geflogen
fliehen	flieht	floh	ist ... geflohen
fressen	frisst	fraß	hat ... gefressen
frieren	friert	fror	hat ... gefroren
geben	gibt	gab	hat ... gegeben
geboren werden	wird ... geboren	wurde ... geboren	ist ... geboren worden
gefallen	gefällt	gefiel	hat ... gefallen
gehen	geht	ging	ist ... gegangen

Infinitiv	3. Per. Sing. Präs.	3. Per. Sing. Prät.	Hilfsverb ... Partizip Perfekt
gelingen	gelingt	gelang	ist ... gelungen
gelten	gilt	galt	hat ... gegolten
genießen	genießt	genoss	hat ... genossen
geraten	gerät	geriet	ist ... geraten
geschehen	geschieht	geschah	ist ... geschehen
gewinnen	gewinnt	gewann	hat ... gewonnen
graben	gräbt	grub	hat ... gegraben
greifen	greift	griff	hat ... gegriffen
haben	hat	hatte	hat ... gehabt
halten	hält	hielt	hat ... gehalten
hängen	hängt	hing	hat ... gehangen
heißen	heißt	hieß	hat ... geheißen
helfen	hilft	half	hat ... geholfen
hinfallen	fällt ... hin	fiel ... hin	ist ... hingefallen
hinterlassen	hinterlässt	hinterließ	hat ... hinterlassen
kennen	kennt	kannte	hat ... gekannt
klingen	klingt	klang	hat ... geklungen
kommen	kommt	kam	ist ... gekommen
können	kann	konnte	hat ... gekonnt
lassen	lässt	ließ	hat ... gelassen
laufen	läuft	lief	ist ... gelaufen
leiden	leidet	litt	hat ... gelitten
leihen	leiht	lieh	hat ... geliehen
lesen	liest	las	hat ... gelesen
liegen	liegt	lag	hat ... gelegen
lügen	lügt	log	hat ... gelogen
mahlen	mahlt	mahlte	hat ... gemahlen
meiden	meidet	mied	hat ... gemieden
misslingen	misslingt	misslang	ist ... misslungen
möchten*	möchte	wollte	hat ... gewollt
mögen	mag	mochte	hat ... gemocht
müssen	muss	musste	hat ... gemusst

* Die Verbform **möchten** wird hier als Infinitiv des Modalverbs benutzt, um die Verwechslung mit dem Hauptverb **mögen** zu vermeiden. Die Formen **wollte** und **hat ... gewollt** sind von dem Infinitiv **wollen** abgeleitet, da **möchten** keine eigene Vergangenheitsform hat.

Infinitiv	3. Per. Sing. Präs.	3. Per. Sing. Prät.	Hilfsverb ... Partizip Perfekt
nehmen	nimmt	nahm	hat ... genommen
nennen	nennt	nannte	hat ... genannt
pfeifen	pfeift	pfiff	hat ... gepfiffen
raten	rät	riet	hat ... geraten
rennen	rennt	rannte	ist ... gerannt
rufen	ruft	rief	hat ... gerufen
scheinen	scheint	schien	hat ... geschienen
schießen	schießt	schoss	hat ... geschossen
schlafen	schläft	schlief	hat ... geschlafen
schlagen	schlägt	schlug	hat ... geschlagen
schleichen	schleicht	schlich	ist ... geschlichen
schließen	schließt	schloss	hat ... geschlossen
schmeißen	schmeißt	schmiss	hat ... geschmissen
schneiden	schneidet	schnitt	hat ... geschnitten
schreiben	schreibt	schrieb	hat ... geschrieben
schreien	schreit	schrie	hat ... geschrien
schweigen	schweigt	schwieg	hat ... geschwiegen
schwimmen	schwimmt	schwamm	ist ... geschwommen
schwören	schwört	schwor	hat ... geschworen
sehen	sieht	sah	hat ... gesehen
sein	ist	war	ist ... gewesen
singen	singt	sang	hat ... gesungen
sitzen	sitzt	saß	hat ... gesessen
sollen	soll	sollte	hat ... gesollt
sprechen	spricht	sprach	hat ... gesprochen
springen	springt	sprang	ist ... gesprungen
stattfinden	findet ... statt	fand ... statt	hat ... stattgefunden
stechen	sticht	stach	hat ... gestochen
stehen	steht	stand	hat ... gestanden
stehlen	stiehlt	stahl	hat ... gestohlen
steigen	steigt	stieg	ist ... gestiegen
sterben	stirbt	starb	ist ... gestorben
streichen	streicht	strich	hat ... gestrichen
streiten	streitet	stritt	hat ... gestritten
teilnehmen	nimmt ... teil	nahm ... teil	hat ... teilgenommen

Infinitiv	3. Per. Sing. Präs.	3. Per. Sing. Prät.	Hilfsverb ... Partizip Perfekt
tragen	trägt	trug	hat ... getragen
treffen	trifft	traf	hat ... getroffen
treten	tritt	trat	hat ... getreten
trinken	trinkt	trank	hat ... getrunken
tun	tut	tat	hat ... getan
überfahren	überfährt	überfuhr	hat ... überfahren
überfahren werden	wird ... überfahren	wurde ... überfahren	ist ... überfahren worden
überfallen	überfällt	überfiel	hat ... überfallen
übernehmen	übernimmt	übernahm	hat ... übernommen
umbringen	bringt ... um	brachte ... um	hat ... umgebracht
umziehen	zieht ... um	zog ... um	ist ... umgezogen
sich unterhalten	unterhält sich	unterhielt sich	hat sich ... unterhalten
unternehmen	unternimmt	unternahm	hat ... unternommen
unterscheiden	unterscheidet	unterschied	hat ... unterschieden
unterschreiben	unterschreibt	unterschrieb	hat ... unterschrieben
verbieten	verbietet	verbot	hat ... verboten
verbinden	verbindet	verband	hat ... verbunden
verbringen	verbringt	verbrachte	hat ... verbracht
vergessen	vergisst	vergaß	hat ... vergessen
vergleichen	vergleicht	verglich	hat ... verglichen
sich verhalten	verhält sich	verhielt sich	hat sich ... verhalten
verlassen	verlässt	verließ	hat ... verlassen
verlieren	verliert	verlor	hat ... verloren
vermeiden	vermeidet	vermied	hat ... vermieden
versprechen	verspricht	versprach	hat ... versprochen
verstehen	versteht	verstand	hat ... verstanden
verzeihen	verzeiht	verzieh	hat ... verziehen
vorkommen	kommt ... vor	kam ... vor	ist ... vorgekommen
vorschlagen	schlägt ... vor	schlug ... vor	hat ... vorgeschlagen
vorwerfen	wirft ... vor	warf ... vor	hat ... vorgeworfen
wachsen	wächst	wuchs	ist ... gewachsen
werden	wird	wurde	ist ... geworden
werfen	wirft	warf	hat ... geworfen
widersprechen	widerspricht	widersprach	hat ... widersprochen
wissen	weiß	wusste	hat ... gewusst

Infinitiv	3. Per. Sing. Präs.	3. Per. Sing. Prät.	Hilfsverb ... Partizip Perfekt
wollen	will	wollte	hat ... gewollt
ziehen	zieht	zog	hat/ist ... gezogen
zugeben	gibt ... zu	gab ... zu	hat ... zugegeben
zunehmen	nimmt ... zu	nahm ... zu	hat ... zugenommen
zurückgehen	geht ... zurück	ging ... zurück	ist ... zurückgegangen
zwingen	zwingt	zwang	hat ... gezwungen

Glossar

Abkürzungen

≈	Synonym	*jmdm.*	jemandem
↔	Antonym	*jmdn.*	jemanden
Akk.	Akkusativ	*mst.*	meistens
Art.	Artikel	*Sg.*	Singular
ca.	circa	*Pass.*	Passiv
Dat.	Dativ	*Pl.*	Plural
etw.	etwas	*z.B.*	zum Beispiel
jmd.	jemand	*ugs.*	umgangssprachlich

A

der Abfall, die Abfälle	*Reste, die man nicht mehr gebrauchen kann; ≈Müll:* Dieser; Stift ist leer und kann in den Abfall geworfen werden.
das Abgas, -e	*die schlechte Luft, die z.B. aus Autos und Fabriken kommt*
ab•hauen (haut...ab), haute...ab, ist abgehauen	*weglaufen:* Nach dem Banküberfall sagte der Räuber: „Kommt, lasst uns schnell abhauen!"
das Abkommen, -	*ein Vertrag, der zwischen zwei oder mehreren Parteien geschlossen wird*
ab•leiten, (leitet...ab), leitete...ab, hat abgeleitet	*seinen Ursprung in etwas haben:* Aus dem Namen „die Grünen" kann man das Interesse an der Umwelt ableiten.
ab•nehmen (nimmt...ab), nahm...ab, hat abgenommen	*Gewicht verlieren, eine Diät machen; weniger werden:* Leider hat sein Interesse am Umweltschutz abgenommen.
der Absatz *(mst. Sg.)*	*eine Zahl, die besagt, wie viele Waren verkauft werden:* Was war der Absatz der Firma Rotkäppchen für das Jahr 2000?
der Abschied *(mst. Sg.)*	*Situation, in der man „Auf Wiedersehen" sagt:* Bevor Harry Deutschland für immer verlässt, besucht er zum Abschied das Grab seiner Eltern.
achten, hat geachtet: auf jmdn./etw. achten	*jmdm./etw. besonderes Interesse oder Aufmerksamkeit schenken:* Bitte achten Sie darauf, dass Sie ihren Müll sortieren.

die Alliierten *(Pl.)*	*Mitglieder eines Bündnisses:* im Ersten und Zweiten Weltkrieg die Länder, die sich gegen Deutschland verbündeten
das Altpapier *(nur Sg.)*	*gebrauchtes Papier, das gesammelt und recycelt wird*
an•fangen (fängt...an), fing...an, hat angefangen	*beginnen*
an•fertigen (fertigt...an), fertigte...an, hat angefertigt	*machen, produzieren, herstellen*
das Anführungszeichen, -	*es markiert ein Zitat:* „...."
an•gehören (gehört...an), gehörte...an, hat angehört	*Mitglied sein; dazugehören:* Joschka Fischer gehört der Partei Bündnis 90/Die Grünen an.
angemessen	*passend für eine Situation:* Die Braut trug zu ihrer Hochzeit einen Bikini – das war nicht gerade eine angemessene Kleidung.
angenehm	*etw., das genauso ist wie man es mag und eine positive Reaktion hervorruft:* Das Wasser hatte eine angenehme Temperatur.
der Angriff, -e	*die Attacke:* der Angriff auf Pearl Harbor
die Angst: Angst haben vor	*psychische Kondition, in der man sich bedroht fühlt:* Ich habe schreckliche Angst vor Hunden.
angstvoll	*wenn man sehr viel Angst hat:* Angstvoll schaute der Bungeespringer von der Brücke nach unten.
der Anhaltspunkt, -e	*Information, ... etw., das einem hilft:* Wir haben einen Hund gefunden und haben keinen Anhaltspunkt über seine Herkunft.
der Anhang *(mst. Sg.)*	*zusätzliche Materialien am Ende eines Buches, Appendix*
an•kommen (kommt...an), kam...an, ist angekommen	*den Destinationsort erreichen*
sich an•passen (passt sich...an), passte sich...an, hat sich angepasst	*sich adaptieren, angleichen:* Einige Leute sagen, dass sich die Ausländer an die Kultur anpassen sollen.
an•rufen (ruft...an), rief...an, hat angerufen	*telefonieren*

sich an•schließen (schließt sich...an), schloss sich...an, hat sich angeschlossen	*sich an etw. beteiligen, ein Teil von etw. werden:* Wir gehen heute ins Kino. Willst du dich uns anschließen?; *der gleichen Meinung sein*
an•sehen (sieht...an), sah...an, hat angesehen	*etw. anschauen, betrachten:* einen Film ansehen
an•steigen (steigt...an), stieg...an, ist angestiegen	*etw. wird größer:* Die Preise sind seit der Einführung des Euro angestiegen.
der Antrag, die Anträge: einen Antrag stellen	*eine offizielle und schriftliche Bitte, dass man etw. bekommt oder machen darf:* Die *Comedian Harmonists* stellten einen Antrag auf Aufnahme in die Reichskulturkammer.
an•werben (wirbt...an) warb...an, hat angeworben	*Arbeit anbieten/geben, einstellen:* In den 60er Jahren warb Deutschland viele Ausländer an.
die Anzeige, -n	*ein kurzer Text, den man in einer Zeitung oder Zeitschrift drucken lässt, weil man etw. sucht oder verkaufen will*
das Aquarell, -e	*dünn aufgetragene Farbe mit viel Wasser gemischt*
der Arbeitgeber, -/die Arbeitgeberin, -nen	*jmd., der Leute beschäftigt; jmd., der Leuten Arbeit gibt; der Firmenbesitzer*
der Arbeitnehmer, -/die Arbeitnehmerin -nen,	*Person, die für einen Arbeitgeber arbeitet*
die Arbeitskraft, die Arbeitskräfte	*Arbeiter*
die Arbeitslosenquote, -n	*eine Zahl, die in Prozent angibt, wie viele Menschen keine Arbeit haben:* Die Arbeitslosenquote in Deutschland liegt bei über 10 Prozent.
die Arbeitslosigkeit *(nur Sg.)*	*der Zustand, keine Arbeit zu haben*
die Armee, -n	*das Militär*
der Asylant, -en, -en/die Asylantin, -nen	*eine Person, die um Aufenthalt in einem Land bittet, weil sie im Heimatland politisch verfolgt wird*
die Atomkraft	*nukleare Energie*

auf•arbeiten (arbeitet...auf), arbeitete...auf, hat aufgearbeitet	*an etw. arbeiten, bis es fertig ist; etw. innerlich verarbeiten, indem man noch einmal darüber nachdenkt und es analysiert:* Therapie ist eine gute Methode, Probleme aufzuarbeiten.
der Aufbau *(nur Sg.)*	*die Konstruktion, das Aufstellen:* Der Aufbau der Bühne ging sehr schnell; *etw. Zerstörtes wieder errichten:* Nach dem Krieg erfolgte der Aufbau der zerstörten Städte.
der Aufenthalt, -e	*die Zeit, in der man an einem bestimmten Ort ist:* Goethes erster Aufenthalt in Rom begann am 29.10.1786 und endete am 23.4.1788.
auf•heben (hebt...auf), hob...auf, hat aufgehoben	*für ungültig erklären:* Die Nazis hoben viele Rechte der Juden auf.
die Aufklärung *(nur Sg.)*	*eine geistige Strömung des 18. Jahrhunderts in Europa, die Konzepte wie den Rationalismus und naturwissenschaftliches Denken betonte*
die Aufnahme, -n	*man wird Mitglied einer Organisation; die Aufzeichnung von etwas auf Kassette, CD, MP3 oder einem Video festhalten:* Die Aufnahme des Konzertes ist leider nicht sehr gut geworden.
der Aufschwung, die Aufschwünge	*Verbesserung einer Situation, der Boom, die Konjunktur:* Wirtschaftsaufschwung
auf•teilen (teilt...auf), teilte...auf, hat aufgeteilt	*in Stücke/Portionen zerlegen:* Nach dem Zweiten Weltkrieg wurde Deutschland in vier Zonen aufgeteilt.
auf•treten (tritt...auf), trat...auf, ist aufgetreten	*etw. vor einem Publikum darbieten, präsentieren*
der Auftritt, -e	*Darbietung/Präsentation vor einem Publikum*
auf•wachsen (wächst...auf), wuchs...auf, ist aufgewachsen	*groß werden, die Kindheit verbringen:* Anna aus dem Film *Deutschland, bleiche Mutter* ist im Krieg aufgewachsen.
auf•ziehen (zieht...auf), zog...auf, hat aufgezogen	*einem Kind helfen groß/erwachsen zu werden:* Der Junge hatte keine Eltern; er wurde von seiner Großmutter aufgezogen.
aus•füllen (füllt...aus), füllte...aus, hat ausgefüllt	*etw. ergänzen, in etw. hineinschreiben:* ein Formular ausfüllen
aus•geben (gibt...aus), gab...aus, hat...ausgegeben	*Geld zahlen für Waren und Dienstleistungen:* In New York kann man viel Geld ausgeben.

das Ausland *(kein Pl.)*	*jedes Land, das nicht das eigene Heimatland ist*
der Ausländer, -/ **die Ausländerin, -nen**	*jede Person, die in einem Land wohnt und nicht die Staatsbürgerschaft dieses Landes hat, ist dort prinzipiell ein Ausländer*
die Ausländerfeindlichkeit	*negative Gefühle und Aggressionen gegen Ausländer*
die Auslandsreise, -n	*eine Fahrt (zum Vergnügen oder auch beruflich) in ein Land, das nicht das eigene Heimatland ist*
aus•rufen (ruft...aus), **rief...aus, hat ausgerufen**	*deklarieren:* Nach dem Hurrikan rief der Gouverneur den Notstand aus.
aus•sehen (sieht...aus), **sah...aus, hat ausgesehen**	*die Art und Weise, wie eine Person oder Situation erscheint:* Dieses Kleid sieht schick aus.
aus•steigen (steigt...aus), **stieg...aus, ist ausgestiegen**	*ein Transportmittel (Auto, Bus, etc.) verlassen:* Er stieg am Museum aus dem Bus aus; *das Leben radikal ändern und ein neues Leben beginnen:* Er wollte aus seinem jetzigen Leben aussteigen; also verließ er seine Arbeit, verkaufte seine Sachen in Österreich und zog nach Australien.
aus•tauschen (tauscht...aus), **tauschte...aus,** **hat ausgetauscht**	*sich gegenseitig Ideen, Gedanken, Erfahrungen, etc. erzählen*
aus•wandern (wandert...aus), **wanderte...aus,** **ist ausgewandert**	*emigrieren; das Heimatland permanent verlassen*
der Auszug, die Auszüge	*ein Teil von einem Buch, Artikel oder Dokument; Exzerpt*
der Autodiebstahl, **die Autodiebstähle**	*das illegale Nehmen eines Autos, das jmdm. anderen gehört*

B

der/die Bankangestellte, -n	*Person, die in einer Bank arbeitet*
das Bankkonto, **die Bankkonten**	*dort hat man sein Geld:* ein Bankkonto eröffnen, schließen

der Banküberfall, die Banküberfälle	*plötzlich in eine Bank kommen und die Angestellten mit Waffen bedrohen und Geld fordern*
der Bau *(nur Sg.)*: **der Bau der Mauer**	*die Konstruktion der Berliner Mauer, die Ostberlin von Westberlin trennte*
beantragen, hat beantragt	*etw. von einer offiziellen Institution haben wollen:* einen Reisepass beantragen
sich beeilen, hat sich beeilt	*schnell machen*
beenden, hat beendet	*fertig machen, zu Ende machen*
die Beerdigung, -en	*das Platzieren eines toten Menschen in ein Grab*
das Beerdigungsinstitut, -e	*die Firma, die Beerdigungen organisiert*
sich befassen (mit), hat sich...mit...befasst	*sich beschäftigen mit; von etw. handeln:* Die Grünen befassen sich viel mit dem Schutz der Umwelt.
befehlen (befiehlt), befahl, hat befohlen	*jmdm. sagen, dass er etwas tun muss*

**begehen (begeht), beging,
    hat begangen: Selbstmord
    begehen**
	sich umbringen, sich selbst töten

begeistert	*enthusiastisch; sehr glücklich:* Nach dem Konzert applaudierte das Publikum begeistert.
begrenzen, hat begrenzt	*limitieren:* Wenn mehr Menschen mit dem Bus oder Zug fahren, kann man die Zahl der Autos auf den Straßen begrenzen.
begründen, hat begründet	*sagen, warum etwas so ist; Gründe geben*
beispielsweise	*zum Beispiel*
bekommen (bekommt), bekam, hat bekommen	*erhalten:* ein Geschenk oder eine Postkarte bekommen

**sich (Akk.) belaufen (auf + Akk.),
    beläuft sich...auf...,
    belief sich...auf...,
    hat sich...auf...belaufen**
	hier: sein: Die Kosten für die Reparatur des Autos belaufen
	sich auf 400 Euro.

beliebt	*wenn viele Menschen eine Sache, eine Person oder einen Ort mögen:* Der Grand Canyon ist ein beliebtes Urlaubsziel.
die Bemerkung, -en	*kurze Äußerung oder kurzer Kommentar zu einem Thema:* Seine Bemerkung war sehr informativ.
das Benzin (nur Sg.)	*Flüssigkeit, die man in den Tank eines Fahrzeuges (Auto, Bus, etc.) füllt, damit es fahren kann*
berichten, hat berichtet	*erzählen*
berühmt	*erfolgreich und bei vielen Menschen bekannt:* Waren die *Comedian Harmonists* damals so berühmt wie heute Britney Spears?
die Besatzung	*die Okkupanten*
beschäftigen, hat beschäftigt	*jmdm. etw. zu tun geben; jmdm. Arbeit geben*
der/die Beschäftigte, -n	*die Personen, die für einen Arbeitgeber arbeiten; die Angestellten*
beschleunigen, hat beschleunigt	*bewirken, dass etwas schneller wird:* das Auto/einen Prozess beschleunigen
beschreiben (beschreibt), beschrieb, hat beschrieben	*genau sagen, wie etw. aussieht:* ein Bild beschreiben
besitzen (besitzt), besaß, hat besessen	*etw. haben, das einem gehört:* ein Haus oder ein Auto besitzen
bestehen (besteht), bestand, hat bestanden	*bei etw. Erfolg haben:* eine Deutschprüfung bestehen
bestimmen, hat bestimmt	*festlegen, sagen, wie etwas sein/geschehen soll:* Der Professor bestimmt die Verteilung der Referatsthemen.
sich beteiligen (an + *Dat.*), **hat sich...an...beteiligt**	*bei etw. mitmachen:* Marlene Dietrich hat sich nicht an der Nazi-Bewegung beteiligt.
betrachten, hat betrachtet	*etw. ansehen, anschauen:* Er betrachtete das Bild eine lange Zeit.
betragen (beträgt), betrug, hat betragen	*kosten:* Die Rechnung beträgt 100 Euro.

der Betrieb, -e	≈ *die Firma,* ≈ *das Unternehmen*
betrunken	*wenn man zu viel Alkohol getrunken hat*
bewaffnet	*eine Waffe (Pistole, etc.) bei sich tragen:* Manni ist bewaffnet, als er in den Supermarkt geht.
bewältigen, hat bewältigt	*ein Problem, ein Trauma, etc. innerlich verarbeiten und analysieren*
bewältigen: die Vergangenheit bewältigen	*die Vergangenheit verarbeiten und analysieren*
sich bewerben (bewirbt sich), bewarb sich, hat sich beworben	*man versucht eine Arbeitsstelle durch ein Schreiben oder ein Gespräch zu bekommen*
sich beziehen (auf + *Akk.)* **(bezieht sich...auf...), bezog sich...auf..., hat sich...auf...bezogen**	*eine Verbindung besteht zwischen Menschen, Organisationen, Objekten, etc.:* Anselm Kiefers Bild *Dein goldenes Haar, Margarete* bezieht sich auf Paul Celans Gedicht *Die Todesfuge.*
die Beziehung, -en	*eine Verbindung zwischen Menschen, Organisationen, etc.:* Die *Comedian Harmonists* hatten zu Beginn eine gute Beziehung.
der Bezug	*mit etw. verbunden sein:* Wo ist der Bezug zwischen Anselm Kiefer und Paul Celan?
die Bilanz *(nur Sg.)*	*das Resultat*
bilden, hat gebildet	*konstruieren:* Kannst du einen Satz mit dem Wort „Schadstoffe" bilden?
der Bildhauer, -/die Bildhauerin, -nen	*ein Künstler, der Skulpturen macht*
bitten (bittet), bat, hat gebeten	*jmdn. höflich fragen, ob er etw. für einen tun kann*
bleiben (bleibt), blieb, ist geblieben	*nicht weggehen; einen Ort nicht verlassen:* zu Hause bleiben
bleifrei	*ohne Blei:* Heute ist Benzin meistens bleifrei.
die BRD	*die Bundesrepublik Deutschland*

buchen, hat gebucht	*eine Reise (Zugfahrt, Hotel, etc.) reservieren und bezahlen:* Ich habe gerade meinen Urlaub in Puerto Rico gebucht.
die Bühne, -n	*die erhöhte Fläche in einem Theater, auf der die Schauspieler sind*
die Bundeswehr *(nur Sg.)*	*die deutsche Armee*
bunt	*mit vielen Farben*
der Bürgersteig, -e	*ein Weg an der Seite der Straße für Fußgänger, ≈ der Gehsteig, ≈ der Gehweg*

D

dar•stellen (stellt...dar), stellte...dar, hat dargestellt	*zeigen, repräsentieren:* Dieses Bild stellt den Künstler in seinem Garten dar.
die DDR	*die Deutsche Demokratische Republik*
denken (denkt), dachte, hat gedacht	*mit dem Intellekt Ideen und Konzepte verarbeiten*
deuten, hat gedeutet	*interpretieren*
der Dichter, -/die Dichterin, -nen	*eine Person, die literarische Werke schreibt:* Goethe war ein großer Dichter; *jmd., der Gedichte schreibt*
dienen (als), hat...als...gedient	*sein; zu einem bestimmten Zweck existieren:* Ein Sofabett dient als Sofa und Bett.
doppelt	*zweimal*
das Drehbuch, die Drehbücher	*ein Buch, in dem der Text für die Schauspieler und die Regieanweisungen für einen Film stehen*
drehen, hat gedreht: einen Film drehen	*einen Film machen*
dunkel	*nicht hell, ohne Licht:* Wenn die Sonne untergeht, dann wird es dunkel.
durch•fallen (fällt...durch), fiel...durch, ist durchgefallen	*keinen Erfolg bei etw. haben, etw. nicht bestehen:* durch eine Deutschprüfung durchfallen

E

eifersüchtig

extreme Angst einer Person, eine andere Person, die man liebt, an eine dritte Person zu verlieren: Harry war eifersüchtig, als Erna mit Bob zusammen war.

die Einbürgerung, -en

man gibt einer Person die Staatsbürgerschaft des Landes, in dem sie lebt: Die Deutsche Marlene Dietrich wurde Amerikanerin. Ihre Einbürgerung fand 1939 statt.

die Einfahrt, -en

ein Weg, der zu einem Haus/Gebäude führt: Als ich nach Hause kam, stand der Wagen meines Vaters schon in der Einfahrt.

der Einfluss, die Einflüsse

die Wirkung: Westdeutschland hat einen großen Einfluss auf Ostdeutschland gehabt.

ein•führen (führt...ein), führte...ein, hat eingeführt

importieren; etw. Neues bekannt machen; etw. Neues benutzen: Wann wurde in Europa der Euro eingeführt?

ein•holen (holt...ein), holte...ein, hat eingeholt

jmdm./etw. hinterhergehen und erreichen: Der Polizist verfolgte den Verbrecher und holte ihn schließlich ein; *sammeln:* Informationen einholen

ein•laden (lädt...ein), lud...ein, hat eingeladen

jmdm. sagen, dass er als Gast kommen soll

ein•ordnen (ordnet...ein), ordnete...ein, hat eingeordnet

etw. in Kategorien einteilen, ≈ zu•ordnen

ein•treten (tritt...ein), trat...ein, ist eingetreten

in einen Raum kommen; Mitglied einer Organisation werden: Er ist in die SPD eingetreten.

die Einwanderung *(mst. Sg.)*

die Immigration

das Einwanderungsland, die Einwanderungsländer

ein Land, in das viele Menschen immigrieren: Amerika ist ein Einwanderungsland.

empfehlen (empfiehlt), empfahl, hat empfohlen

etw. Positives über jmdn./etw. sagen, das für eine bestimmte Situation günstig ist: Wenn du deutsche Grammatik verstehen willst, dann kann ich dir dieses Buch empfehlen.

das Ensemble, -s

eine Gruppe von Künstlern (Sänger, Schauspieler, Musiker, etc.), die zusammen auftreten

entlassen (entlässt), **entließ, hat entlassen**	*jmdn. nicht weiter bei sich arbeiten lassen*
sich entscheiden **(entscheidet sich),** **entschied sich,** **hat sich entschieden**	*aus mehreren Möglichkeiten eine wählen:* Ich habe mich entschieden, an Barnard College zu studieren.
sich (*Akk.*) **entscheiden** **(für** + *Akk.***)**	*aus mehreren Möglichkeiten eine wählen:* Ich habe mich für Barnard College entschieden.
sich entschließen **(entschließt sich),** **entschloss sich,** **hat sich entschlossen**	*nach gründlicher Überlegung eine Entscheidung treffen:* Ich habe mich entschlossen Deutschland zu verlassen.
entsorgen, hat entsorgt	*auf umweltfreundliche Weise weggeben:* Recyceln ist eine umweltfreundliche Art, den Müll zu entsorgen.
entsprechend	*passend oder richtig für eine Situation oder Gelegenheit:* „Hochzeit" ist ein Nomen, wie heißt das entsprechende Verb?
entstehen (entsteht), **entstand, ist entstanden**	*ins Leben rufen, etw. beginnt zu sein:* Die *Comedian Harmonists* entstanden, weil Harry eine Annonce in die Zeitung gesetzt hat.
das Entstehungsjahr	*das Jahr, in dem etw. gemacht oder ins Leben gerufen wurde:* Das Entstehungsjahr des Filmes *Lola rennt* ist 1998.
enttäuscht	≈ *frustriert,* ≈ *unzufrieden*
sich entwickeln, **hat sich entwickelt**	*entstehen:* Zwischen den *Comedian Harmonists* entwickelte sich eine enge Freundschaft.
sich ereignen, hat sich ereignet	≈ *geschehen,* ≈ *passieren:* Der Mauerbau ereignete sich 1961.
das Ereignis, -se	*das, was geschieht oder passiert:* Der Fall der Mauer war ein freudiges Ereignis.
die Erfahrung, -en	*Wissen und Fähigkeiten, die man durch die Praxis und nicht durch die Theorie lernt*
die Erfahrung machen	*ein Erlebnis haben, aus dem man etwas lernt:* Ich habe die Erfahrung gemacht, dass die Handlung in Märchen oft sehr grausam ist.

Erfahrungen sammeln	*viele Erlebnisse haben, durch die man Wissen und Fähigkeiten bekommt:* Die Wanderburschen haben auf der Wanderschaft bestimmt viele Erfahrungen gesammelt.
der Erfolg, -e	*ein positives Resultat:* Der Film *Lola rennt* war ein großer Erfolg.
erfolgreich	*sehr positive Ergebnisse haben:* Viele Menschen haben die Musik der *Comedian Harmonists* gemocht – man kann also sagen, dass sie erfolgreich waren.
ergänzen, hat ergänzt	*hinzufügen, vollständig machen*
das Ergebnis, -se	*das Resultat*
das Ergebnis: **zu einem Ergebnis kommen**	*zu einem Resultat kommen*
ergreifen (ergreift), **ergriff, hat ergriffen**	*nehmen:* Hitler ergriff 1933 in Deutschland die Macht.
erhöhen, hat erhöht	*größer werden; mehr Geld kosten:* Die Grünen wollen die Benzinpreise erhöhen.
erkennen (erkennt), **erkannte, hat erkannt**	*jmdn./etw. anhand bestimmter Merkmale identifizieren:* Ein Experte kann Kunstwerke verschiedener Künstler an der Technik erkennen.
das Erlebnis, -se	*etw., das einem passiert:* Vor zwei Jahren war ich im Grand Canyon in Urlaub; das war ein tolles Erlebnis.
ermöglichen, hat ermöglicht	*möglich machen:* Meine Eltern ermöglichten mir einen Urlaub in Afrika.
erstellen, hat erstellt	*etw. (einen Text, einen Plan, etc.) machen, ≈ an•fertigen:* Erstellen Sie Goethes Lebenslauf.
erweitern, hat erweitert	*etw. größer/länger machen:* Vokabular erweitern

F

fadenscheinig	*nicht glaubwürdig, man erkennt sofort, dass es nicht wahr ist:* fadenscheinige Gründe
das Fahrzeug, -e	*ein Transportmittel (das Auto, das Fahrrad, etc.)*

der Fall *(nur Sg.)*: **der Fall der Mauer**	*das Entfernen der Mauer, das Öffnen der Grenze zwischen* *Ost- und Westdeutschland*
faul	*wenn man nichts tut:* Ich bin heute faul und liege den ganzen Tag auf der Couch.
der Felsen, -	*eine hohe Masse aus Stein:* Kennst du die weißen Kreidefelsen von Dover?
die Ferien *(immer im Pl.)*	*eine bestimmte Zeitspanne, in der Schulen und Universitäten* *geschlossen sind:* Alle Schüler freuten sich schon auf die Sommerferien.
fest•halten (hält...fest), **hielt...fest, hat festgehalten**	*etw. mit den Händen greifen und nicht loslassen*
das Feuer, -	*etw. brennt (Holz, etc.) und es entstehen Flammen und Hitze:* Wenn man ein Feuer sieht, ruft man am besten die Feuerwehr.
die Firma, die Firmen	*ein Betrieb, in dem Waren produziert oder verkauft werden;* *≈ der Betrieb, ≈ das Unternehmen*
die Firmenspitze	*die Angestellten, die die Firma leiten*
der Flüchtling, -e	*jmd., der sein Land verlassen will oder muss:* Viele Juden verließen Deutschland und wurden Flüchtlinge in anderen Ländern.
die Folge, -n	*die Konsequenz:* Die drei Juden der *Comedian Harmonists* durften in Deutschland nicht mehr auftreten. Die Folge davon war, dass die Gruppe sich trennen musste.
fordern, hat gefordert	*etw. wollen/verlangen:* Der Pilot forderte, dass sich die Passagiere bei schlechtem Wetter hinsetzen.
die Freizeit *(nur Sg.)*	*die Zeit, die man für sich hat und während der man nicht arbeiten* *oder lernen muss:* Als Student hat man während des Semesters nicht viel Freizeit.
fremd	*das, was man nicht kennt; was anders ist*
friedlich	*ohne Gewalt:* Es war eine friedliche Demonstration.
froh	*≈ glücklich*
furchtbar	*sehr negativ; schrecklich*

G

die Gage, -n	*das Geld, das Künstler für ihren Auftritt bekommen:* Sehr berühmte Schauspieler bekommen mehr als 20 Millionen Dollar Gage pro Film.
die Garderobe, -n	*ein Raum in einem Theater, Fernsehstudio, etc., in dem sich Künstler vor oder nach ihrem Auftritt umziehen und schminken; ein Raum in einem Theater, Museum, etc., wo Besucher ihre Mäntel abgeben können; die Kleidung, die man besitzt*
der Gastarbeiter, -/ die Gastarbeiterin, -nen	*Menschen, die von einem fremden Land eingeladen werden, um dort für eine bestimmte Zeit zu arbeiten:* Die deutsche Regierung holte in den 60er Jahren viele Türken als Gastarbeiter nach Deutschland.
geboren werden (wird...geboren), wurde...geboren, ist geboren worden	*als Baby auf die Welt kommen*
der Geburtsort, -e	*die Stadt, in der man geboren wurde*
das Gedicht, -e	*ein meist sehr kurzer literarischer Text, der oft in Strophen aufgeteilt ist und der sich oft reimt:* Kennst du Goethes Gedicht *Wandrers Nachtlied*?
gefährlich	*mit Risiko verbunden, etwas Schlechtes kann passieren:* Bei Rot über die Straße zugehen ist gefährlich.
gefallen (gefällt), gefiel, hat gefallen	*sich über etw. freuen oder etwas schön oder gut finden:* Mir gefällt Mozarts Musik.
die Geisel, -n	*Person, die man so lange gefangen nimmt, bis eine andere Person bestimmte Forderungen erfüllt:* Lola hat in einem Szenario ihren eigenen Vater als Geisel genommen und 100.000 DM gefordert.
der/die Geliebte, -n	*eine Person, mit der man eine sexuelle Beziehung hat, obwohl man verheiratet ist:* Lolas Vater hat eine Geliebte, die Jutta heißt.
gelungen	*besonders gut; erfolgreich*

das Gemälde, -	*ein Bild, das mit Farbe (Öl, Wasserfarbe, etc.) gemalt wird*
genießen (genießt), **genoss, hat genossen**	*etw. sehr gerne mögen, an einer Sache viel Spaß haben:* Er hat die Ferien genossen.
der Genuss, die Genüsse	*die Freude, die man an einer Sache hat:* Es war ein Genuss, diese Reise zu machen.
geprägt sein	*etw. ist typisch für eine Zeit:* Die 50er Jahre sind musikalisch durch die Entstehung des Rock and Roll geprägt.

geraten (gerät),
   geriet, ist geraten:
   in Schwierigkeiten geraten
	Probleme bekommen

gerecht	≈ *fair*
gerührt	*in einer freudigen oder traurigen Situation sehr emotional sein:* Ich war sehr gerührt, weil meine Kollegen eine Überraschungsparty für mich gemacht haben.
der Geschäftsführer, -/ **die Geschäftsführerin, -nen**	*jmd., der eine Firma leitet; der Chef/die Chefin*
geschehen (geschieht), **geschah, ist geschehen**	≈ *passieren,* ≈ *sich ereignen:* Heute ist ein langweiliger Tag, es ist nichts geschehen.
gesellschaftlich	*betrifft die ganze Gesellschaft*
das Gesetz, -e	*Regeln, die vom Staat gemacht werden und die alle beachten müssen*

auf sich (+ *Akk.*) **gestellt sein**
   (ist...auf sich gestellt),
   war...auf sich gestellt,
   ist...auf sich gestellt gewesen
	alles selbst machen müssen, man hat keine Hilfe

die Gewerkschaft, -en	*eine Organisation von Arbeitnehmern, die das Ziel hat, die Arbeitsbedingungen zu verbessern*
gewinnen (gewinnt), **gewann, hat gewonnen**	*etw. durch Glück oder Zufall bekommen:* Ich habe heute eine Million im Lotto gewonnen.; *einen Wettbewerb durch Können oder Geschick für sich entscheiden:* im Fußball gewinnen
die Glasscheibe, -n	*der transparente Teil eines Fensters, der aus Glas ist*

die Gleichberechtigung *(nur Sg.)*	*wenn es keinen Unterschied zwischen Gruppen von Menschen (Männer und Frauen, soziale Klassen, etc.) gibt:* Ein Ziel der Grünen ist die Gleichberechtigung von Männern und Frauen auf dem Arbeitsmarkt.
gleich•stellen (stellt...gleich), stellte...gleich, hat gleichgestellt	*keinen Unterschied zwischen Gruppen von Menschen (Männer und Frauen, soziale Klassen, etc.) machen:* Männer und Frauen sollten immer gleichgestellt sein.
die Gleichstellung *(nur Sg.)*	*es gibt keinen Unterschied zwischen Gruppen von Menschen (Männer und Frauen, soziale Klassen, ethnische Gruppen):* Wenn es keinen Unterschied zwischen Männern und Frauen gibt, kann man von Gleichstellung sprechen.
die *Götterdämmerung*	*eine Oper von Richard Wagner*
das Grab, die Gräber	*ein Loch in der Erde, in das man einen Toten legt*
die Grenze, -n	*eine markierte Linie, die zwei Länder/Grundstücke trennt*
großzügig	*wenn man anderen gerne sein Geld, seine Zeit, etc. gibt:* Mein Vater ist sehr großzügig – er hat mir eine Weltreise geschenkt.
gründen, hat gegründet	*etw. ins Leben rufen, etw. beginnen:* Carl Benz und Gottlieb Daimler gründeten die Daimler-Benz AG, die heute Daimler-Chrysler AG heißt.
das Grundrecht, -e	*elementare Rechte der Menschen, die als Gesetze aufgeschrieben sind*
die Gründung, -en	*etwas ins Leben rufen, der Beginn einer Sache:* Die Gründung der DDR erfolgte 1949.

H

das Hakenkreuz, -e	*im Dritten Reich Symbol für den Nationalsozialismus*
der Halbkreis, -e	*geometrische Form, die halbrund ist:* Wenn die Sonne am Horizont untergeht, ist sie ein Halbkreis.
halten (hält), hielt, hat gehalten	*etw. mit den Händen fassen und nicht loslassen:* Er hält das Buch.; *stoppen:* Das Auto hält an der Ampel.; *sich vor ein Publikum stellen und sprechen:* ein Referat, eine Rede halten

das Handy, -s	*Mobiltelefon*
hängen (hängt), **hing, hat gehangen**	*etw. ist am oberen Teil befestigt, sodass der untere Teil beweglich ist:* eine Lampe an die Decke hängen
die Hast *(nur Sg.)*	*die Eile; eine Situation, in der man etwas sehr schnell tut*
häufig	*oft:* Ich gehe häufig ins Kino.
die Häufigkeit *(nur Sg.)*	*die Frequenz, wie oft man etw. tut*
der (männliche) **Hauptdarsteller, -/** **die (weibliche)** **Hauptdarstellerin, -nen**	*Person, die die größte und wichtigste Rolle in einem Film spielt:* Franka Potente ist die Hauptdarstellerin in *Lola rennt*.
die Hauptrolle, -n	*die größte und wichtigste Rolle in einem Film oder einem Theaterstück:* Franka Potente spielt die Hauptrolle in *Lola rennt*.
die Heimat *(nur Sg.)*	*das Land, in dem man geboren wurde, in dem man lange Zeit gelebt hat oder in dem man sich zu Hause fühlt*
hell	*mit viel Licht:* Im Sommer wird es morgens früh hell.
heraus•greifen (greift...heraus), **griff...heraus,** **hat herausgegriffen**	*etw./eine Person aus einer Gruppe auswählen; isolieren:* Von den vielen Ausländern, die in Deutschland leben, möchte ich die Italiener herausgreifen.
herrschen, hat geherrscht	*sein, existieren:* Auf der Party herrschte eine gute Atmosphäre.; *ein Land regieren:* Die englische Königin herrscht nicht mehr über ihr Land, sie repräsentiert es nur noch.
die Hetze *(nur Sg.)*	*eine Situation, in der man etwas sehr schnell und unter Druck tut*
hin•fallen (fällt...hin), **fiel...hin, ist hingefallen**	*auf den Boden fallen:* Als Lola die Treppe hinunterläuft, stolpert sie und fällt hin.
hören (auf + *Akk.*), **hat auf...gehört**	*hören, was jmd. zu sagen hat, zuhören:* Bitte hör auf mich und fahr nicht alleine auf Urlaub.
der Horizont, -e: **den Horizont erweitern**	*(Redewendung) die eigenen Gedanken modifizieren:* Auf der Wanderschaft haben die Gesellen durch ihre Erfahrungen ihren Horizont erweitert.

I

der Inhalt, -e
das, was sich in einem Behälter befindet; die Ereignisse eines Filmes, eines Buches, etc.: Was ist der Inhalt des Films?

die innere Uhr
der Rhythmus des Körpers

die Inschrift, -en
etw., das man auf Stein, Holz oder Metall schreibt: die Grabinschrift

J

das Jahrhundert, -e
eine Zeitspanne von 100 Jahren, die von einem bestimmten Zeitpunkt an gerechnet wird: Das 20. Jahrhundert dauerte von 1900 bis 1999.

der Jude, -n/die Jüdin, -nen
In Israel leben viele Juden.

jüdisch
Israel ist ein jüdischer Staat.

Jura *(ohne Art.)*
die Wissenschaft, die sich mit den Gesetzen und dem Recht beschäftigt: Er studiert Jura an der Universität.

K

der Kaufinteressent, -en, -en/ die Kaufinteressentin, -nen
Person, die etw. kaufen möchte: Wir wollen unser Haus verkaufen und bis jetzt haben wir zehn Kaufinteressenten.

kennen (kennt), kannte, hat gekannt
Information über jmdn./etw. haben, vor allem Charakteristika: Ich kenne meinen Nachbarn nicht.

klar
man kann etwas genau verstehen: eine klare Erklärung; *man kann etwas deutlich und genau sehen:* Ich kann den Mann auf dem Bild klar erkennen.; *etw. ist so sauber, dass es durchsichtig ist:* Ich kann die Fische im klaren Wasser sehen.

klatschen, hat geklatscht
≈ *applaudieren*

klauen, hat geklaut
(ugs.) etw. nehmen, das jmdm. anderen gehört; ≈ *stehlen:* Manni will Geld in einem Supermarkt klauen.

klingen (klingt), **klang, hat geklungen**	*etw. hört sich auf eine bestimmte Weise an:* Dieses Lied klingt traurig.
die Klippe, -n	*ein großer, steiler Felsen an der Küste des Meeres*
knallhart	*(ugs.) extrem:* knallharte Konkurrenz; *sehr schwer:* ein knallhartes Examen
die Kollektivschuld *(nur Sg.)*	*nicht nur eine Person ist an etw. schuld, sondern alle Menschen:* die Kollektivschuld einer Gesellschaft
der Kommilitone, -n, -n/ **die Kommilitonin, -nen**	*die anderen Studenten*
komponieren, hat komponiert	*Musik schreiben:* Mozart komponierte schon als kleines Kind.
der Komponist, -en, -en/ **die Komponistin, -nen**	*Person, die Musik schreibt:* Beethoven war ein großer Komponist.
die Konjunktur, -en	*die wirtschaftliche Situation eines Landes*
der Konkurrenzkampf *(nur Sg.)*	*Rivalität; Situation, die entsteht, wenn viele Gruppen das Gleiche anbieten:* Der Konkurrenzkampf zwischen Musikgruppen ist groß, nur die besten haben Erfolg.
das Konzentrationslager, -	*ein Ort, an dem die Nationalsozialisten viele Menschen gefangen hielten und töteten*
sich konzentrieren (auf + *Akk.*), **hat sich...auf...konzentriert**	*die Aufmerksamkeit auf einen gewissen Punkt richten:* Beim Autofahren sollte man sich auf den Verkehr konzentrieren.
die Kraft, die Kräfte: **in Kraft treten**	*beginnen zu wirken:* 2000 trat das neue Ausländergesetz in Kraft.
außer Kraft treten	*nicht mehr gültig sein:* Das bedeutet, dass die alten Ausländergesetze außer Kraft getreten sind.
kräftig	*stark, robust; eine intensive Wirkung haben:* Rot und Blau sind kräftige Farben.
der Kreis, -e	*geometrische Form, die rund ist:* Ein Rad hat die Form eines Kreises.
kritisieren, hat kritisiert	*etw. beurteilen, Kritik üben:* Im Film *Deutschland, bleiche Mutter* hat Hans Ulrichs Beförderung kritisiert.

der Künstler, -/ **die Künstlerin, -nen**	*Personen, die Gemälde, Skulpturen, etc. herstellen:* Picasso ist ein Künstler, der sehr bekannt ist.
künstlerisch	≈ *artistisch*
das Kunstwerk, -e	*die Kreation eines Künstlers/einer Künstlerin:* Die *Mona Lisa* von da Vinci ist ein beeindruckendes Kunstwerk.

L

die Landschaft, -en	*ein Teil der Erdoberfläche mit Bäumen, Häusern, etc., so wie wir ihn sehen:* Die Wüstenlandschaft Arizonas ist fantastisch.
die Landsleute *(Pl.)*	*die Menschen, die mit einem in einem Land wohnen*
die Langsamkeit *(nur Sg.)*	*mit geringer Geschwindigkeit*
lassen (lässt), **ließ, hat gelassen**	*jmdm. etw. erlauben oder ermöglichen; bewirken, dass etw. geschieht:* Der Polizist ließ den Räuber verhaften.
der Lebenslauf, die Lebensläufe	*ein Text, der die wichtigsten Stationen eines Lebens auflistet*
die Lebensmittel *(Pl.)*	*Essen:* Gemüse, Milch, etc.
leihen (leiht) **lieh, hat geliehen**	*jmdm. etw. für eine bestimmte Zeit geben*
leisten, hat geleistet: **Militärdienst leisten**	*Militärdienst absolvieren; die Zeit beim Militär verbringen*
leuchtend	*etw. strahlt sehr hell:* Der leuchtende Mond steht am dunklen Himmel.
die Linie, -n	*ein (mst. gerader) Strich:* Eine Tabelle besteht aus horizontalen und vertikalen Linien.
lügen (lügt), **log, hat gelogen**	*nicht die Wahrheit sagen*

M

die Machtergreifung *(nur Sg.)*   *wenn jmd. die Kontrolle über etw./jmdn. (ein Land, ein Volk, etc.) bekommt:* Hitlers Machtergreifung erfolgte 1933.

malen, hat gemalt   *mit Farbe (Öl, Wasserfarbe, etc.) ein Bild erstellen*

der Maler, -/
die Malerin, -nen   *Person, die ein Bild mit Farbe (Öl, Wasserfarbe, etc.) erstellt*

das Märchen, -   *Hänsel und Gretel ist ein Märchen der Brüder Grimm.*

der Marktführer, -   *jmd., der am meisten von einem Produkt auf dem Markt verkauft:* Ist die Firma Rotkäppchen der Marktführer für Sekt?

die Marktwirtschaft:
die soziale Marktwirtschaft   *das wirtschaftliche System in Deutschland*

der Militärdienst *(nur Sg.)*   *eine bestimmte Zeit, die eine Person in der Armee verbringt oder verbringen muss*

misslingen (misslingt),
misslang, ist misslungen   *nicht funktionieren:* Mein Versuch, heute Nachmittag zu lernen, ist misslungen, da ich eingeschlafen bin.

das Mitglied, -er   *eine Person, die Teil einer Organisation/Gruppe ist:* Die *Comedian Harmonists* bestanden aus sechs Mitgliedern.

moderieren, hat moderiert   *ein Programm führen:* Jay Leno moderiert die *Tonight Show*.

mögen (mag),
mochte, hat gemocht   *etw. gerne haben:* Ich mag Pizza.

der Mond, -e   *Himmelskörper, der sich um die Erde dreht und den wir nachts am Himmel sehen*

morden, hat gemordet   *töten*

der Müll *(nur Sg.)*   *Reste, die man nicht mehr gebrauchen kann; ≈ Abfall:* Dieses Glas ist leer und kann in den Müll geworfen werden.

N

die Nachkriegszeit	*die Zeit nach dem Krieg*
näher	*(Komparativ von **nah**) hier: genauer, detaillierter*
die Natur, -en	*alles, was nicht von Menschen gemacht wurde (Bäume, Pflanzen, Tiere, etc.)*
der Nebel, -	*Wolken, die sich am Boden bilden, sodass man schlecht oder gar nicht sehen kann:* London ist für seinen Nebel berühmt.
die Nebenrolle, -n	*eine kleine Rolle in einem Film oder Theaterstück:* Die Rolle des Penners in *Lola rennt* ist eine Nebenrolle.
nehmen (nimmt), nahm, hat genommen: Rücksicht nehmen (auf + Akk.)	*auf die Gefühle, die Situation, etc. anderer achten; eine Situation berücksichtigen:* Wir recyceln, weil wir auf die Umwelt Rücksicht nehmen.
nennen (nennt), nannte, hat genannt	*jmdm. einen Namen geben; etw. angeben:* Ich kann dir 100 Gründe nennen, warum du zu Hause bleiben sollst.
das *Nibelungenlied*	*mittelalterliche Heldendichtung*

O

obdachlos	*auf der Straße lebend*
der/die Obdachlose, -n	*Person, die auf der Straße lebt*
das öffentliche Verkehrsmittel, die öffentlichen Verkehrsmittel *(mst. Pl.)*	*Transportmittel, die von vielen Menschen benutzt werden (Bus, Zug, etc.)*
oft	*etw., was immer wieder passiert; ≈ häufig:* Ich gehe oft ins Kino.
die Ökologie *(nur Sg.)*	*das System der Umwelt und ihrer Lebewesen und wie sie miteinander leben*
die Oper, -n	*ein musikalisches Theaterstück mit Sängern und Orchester*

das Opfer, -	*jemand, dem etw. Böses getan wurde oder dem etw. Schlimmes passiert:* Opfer eines Banküberfalls, Opfer eines Verkehrsunfalls
das Original, -e: **einen Film im Original sehen**	*einen Film in der originalen Sprache sehen:* Lola rennt *ist im Original auf Deutsch.*
im Original mit Untertiteln	*einen Film in der originalen Sprache sehen, aber mit Text in der Sprache des Publikums:* Ich habe Lola rennt *auf Deutsch mit englischen Untertiteln gesehen.*
die Ostalgie	*(von* **Nostalgie**) *eine Sehnsucht nach der Zeit und den Produkten der DDR*

P

die Partei, -en	*eine Gruppe von Menschen, die die gleichen politischen Ideen haben:* Die Grünen sind eine Partei.
der Pass, die Pässe	*ein Dokument, mit dem man in andere Länder einreisen kann*
der Penner, -/die Pennerin, -nen	*(ugs.) Person, die auf der Straße lebt;* ≈ *der Obdachlose*
pflegen, hat gepflegt	*sich um jmdn. kümmern:* Er pflegte den Kranken bis zu seinem Tod; *etwas gewöhnlich tun:* Morgens pflege ich immer einen Kaffee zu trinken.
die Pflicht, -en	*das, was man tun muss*
proben, hat geprobt	*etw. üben; etw. so oft tun, bis man es gut kann:* ein Theaterstück, ein Lied proben
provozieren, hat provoziert	*jmdn. durch Handlung zu einer Reaktion bringen:* Will Reinhard Döhl mit seinem Gedicht den Leser provozieren?
prüfen, hat geprüft	*untersuchen, ob etw. so ist, wie es sein soll; testen:* Kannst du bitte prüfen, ob die Antwort richtig ist?
das Publikum *(nur Sg.)*	*die Menschen, die bei einem Konzert, einem Theaterstück, etc. zusehen und zuhören*
pünktlich	*genau zur vereinbarten Zeit:* Wir wollten uns um 12 Uhr treffen. Jetzt ist es 12:05 Uhr und du bist nicht pünktlich.

Q

quadratisch	*viereckig, aus vier gleich langen Linien und vier 90°-Winkeln geformt*

R

die Rache *(nur Sg.)*	*eine Aktion, mit der man jmdn. (oft außerhalb des Gesetzes) bestrafen will:* Mein Bruder hat meinen Fernseher kaputt gemacht. Aus Rache habe ich sein Fahrrad zerstört.
der/das Raster, -	*eine Tabelle:* Tragen Sie die Verbkonjugationen in das folgende Raster ein.
raten (rät), riet, hat geraten	*jmdm. sagen, was er tun sollte:* Ich rate dir, für die Prüfung zu lernen.
rechteckig	*viereckig, aus vier Linien geformt, von denen jeweils zwei gleich lang und parallel sind:* Postkarten sind meistens rechteckig.
sich rechtfertigen, hat sich gerechtfertigt	*sich verteidigen, eine Entschuldigung finden:* Der Dieb versuchte sich zu rechtfertigen, aber niemand hat ihm geglaubt.
die Rechtfertigung, -en	*Ausrede; Erklärung, Entschuldigung:* Für den Holocaust gibt es keine Rechtfertigung.
recycelbar	*was recycelt/wieder verwertet werden kann:* Zeitungspapier ist recycelbar.
die Rede, -n	*das Sprechen vor einem Publikum:* Jeder erinnert sich an J. F. Kennedys Rede in Berlin.
das Referat, -e	*ein Text mit Informationen zu einem Thema, die man gesammelt hat und dann vor einem Publikum mündlich vorträgt:* Im Deutschunterricht musste ich ein Referat über Paul Celan halten.
die Regie *(nur Sg.)*	*die Anweisungen des Regisseurs an die Schauspieler*
Regie führen	*die Herstellung eines Filmes leiten:* Tom Tykwer hat für den Film *Lola rennt* Regie geführt.

die Regierung, -en	*die Politiker eines Landes, die von der Bevölkerung gewählt werden*
der Regisseur, -e/ **die Regisseurin, -nen**	*Person, die die Anweisungen an die Schauspieler gibt:* Tom Tykwer ist der Regisseur des Filmes *Lola rennt*.
der Reim, -e	*der gleiche Klang von Wörtern oder Silben am Zeilenende eines Gedichtes*
sich reimen (reimt sich), **reimte sich, hat sich gereimt**	*Wörter benutzen, die am Ende gleich klingen:* Die Wörter „Lust" und „Frust" reimen sich.
die Reise, -n	*eine Fahrt, die man zum Vergnügen in den Ferien macht; eine Fahrt, die man wegen des Berufes macht (die Dienstreise)*
die Reiselust *(nur Sg.)*	*der Spaß am Reisen*
reisen, ist gereist	*an andere Orte, in andere Länder fahren, zur Erholung oder beruflich*
der Restmüll *(nur Sg.)*	*Abfallprodukte, die nicht recycelt werden können*
die Romantik *(nur Sg.)*	*eine Epoche; ein Kunststil in der ersten Hälfte des 19. Jahrhunderts*
rufen (ruft), **rief, hat gerufen**	*laut sprechen*
die Ruhe *(nur Sg.)*	*die Stille,* $\longleftrightarrow$ *der Lärm:* Auf dem Berg hörte man nichts – es herrschte absolute Ruhe.
ruhig	*still; ohne viel Bewegung:* Nach dem Sturm war es sehr ruhig.
rund	*kreisförmig:* Die Erde ist rund.

S

der Schadstoff, -e	*Substanz, die nicht umweltfreundlich ist (CO_2, etc.)*
schadstoffarm	*enthält wenige nicht umweltfreundliche Substanzen*
der Schauspieler, -/ **die Schauspielerin, -nen**	*Person, die eine Rolle in einem Film oder Theaterstück spielt:* Franka Potente ist die Schauspielerin, die die Rolle der Lola in *Lola rennt* spielt.

der Scheiterhaufen, -	*Holzstücke, die übereinander liegen und angezündet werden und auf denen früher Leute verbrannt wurden:* Im Mittelalter wurden Frauen, die man für Hexen hielt, auf dem Scheiterhaufen verbrannt.
scheitern, ist gescheitert	*etw. hat nicht funktioniert; man hat mit etw. keinen Erfolg gehabt:* Die Hoffnung auf ein vereintes Deutschland scheiterte 1961 definitiv mit dem Mauerbau.
schießen (schießt), schoss, hat geschossen	*mit einer Waffe eine Person oder ein Objekt treffen:* Er schoss mit einer Pistole auf ihn.
schlagen (schlägt), schlug, hat geschlagen	*jmdn. mit einem Objekt oder der Hand treffen, um ihm wehzutun; jemanden besiegen:* Holland hat Deutschland im Fußball geschlagen.
das Schlagwort, die Schlagwörter	*ein Begriff, der eine Periode (die Weimarer Republik), Richtung (Kunst, Politik, etc.) charakterisiert:* Wenn ich an die Grünen denke, fallen mir die Schlagwörter „Umweltschutz", „Gleichberechtigung" und „multikulturelle Gesellschaft" ein.
schließen (schließt), schloss, hat geschlossen	*zumachen; eine Verbindung herstellen:* eine Ehe schließen
schneiden (schneidet), schnitt, hat geschnitten: einen Film schneiden	*aus dem ganzen Filmmaterial Teile nehmen und sie zu einer Version für das Publikum zusammenfügen*
schonen, hat geschont	*schützen; mit etwas freundlich umgehen:* Es ist heute wichtig, die Umwelt zu schonen.
der Schriftsteller, - /die Schriftstellerin, -nen	*eine Person, die literarische Werke schreibt; ein Autor*
die Schuld *(nur Sg.)*	*konkrete oder moralische Verantwortung für eine schlechte Tat:* Ein Mörder muss mit seiner Schuld leben.
die Schulden *(Pl.)*	*wenn man jmdm. Geld zurückzahlen muss*
schuldig	*wenn man konkret oder moralisch für eine schlechte Tat verantwortlich ist:* Der Mann hat den Mord gestanden – er ist schuldig.
schützen, hat geschützt	*verhindern, dass etw. Schlimmes passiert:* Wir müssen die Umwelt schützen.

schwanger	*wenn eine Frau ein Baby erwartet*
schweigen (schweigt), schwieg, hat geschwiegen	*nichts sagen; still sein*
schwören (schwört), schwor, hat geschworen	*(unter Eid) sagen, dass etw. wahr ist:* Ich schwöre dir, dass C. D. Friedrich ein Romantiker war.
der Sekt, -e	*eine Art Wein mit vielen Bläschen (aus Kohlensäure)*
selten	*nicht oft; nicht häufig:* Ich gehe nur selten ins Kino.
senkrecht	*≈ vertikal*
setzen, hat gesetzt: in Brand setzen	*ein Feuer legen, etw. abbrennen*
sorgfältig	*sehr genau:* Wenn man einen Text sorgfältig lesen soll, kann man ihn nicht bloß überfliegen.
die Spannungen (*Pl.*)	*Konflikte, Schwierigkeiten, Streit*
sparen, hat gespart	*wenig Geld ausgeben; das eigene Geld nicht ausgeben, sondern für etwas Bestimmtes zurückhalten:* Ich spare mein Geld, damit ich mir ein Fahrrad kaufen kann.
sparsam	*wenn man nicht viel Geld ausgibt:* Ich muss sparsam sein, weil ich arbeitslos bin.
sperren, hat gesperrt	*die Weiterfahrt oder den Durchgang verhindern:* Mit dem Bau der Berliner Mauer sperrte die DDR den Zugang der Ostdeutschen nach Westdeutschland.
der Staat, -en	*ein Land als politisches System*
staatlich	*gehört dem Staat, vom Staat verwaltet*
die Staatsangehörigkeit	*rechtliche Zugehörigkeit zu einem Land, ≈ Staatsbürgerschaft:* Ich habe einen österreichischen Pass und so habe ich die österreichische Staatsangehörigkeit.
der Staatsbürger, -/ die Staatsbürgerin, -nen	*Person, die die Staatsangehörigkeit eines Landes hat:* Arnold Schwarzenegger war früher österreichischer Staatsbürger, aber jetzt ist er amerikanischer Staatsbürger.

die Staatsbürgerschaft	*rechtliche Zugehörigkeit zu einem Land, ≈ Staatsangehörigkeit:* Ich habe einen österreichischen Pass und so habe ich die österreichische Staatsbürgerschaft.
stammen (aus), **hat...aus...gestammt**	*kommen aus:* Anselm Kiefer stammt aus dem süddeutschen Donaueschingen.
ständig	*permanent, immer*
statt•finden (findet...statt), **fand...statt, hat stattgefunden**	*zu einer bestimmten Zeit an einem bestimmten Ort passieren:* Der Deutschkurs findet um 11 Uhr statt.
stehen (für + *Akk.*) **(steht...für...), stand...für...,** **hat...für...gestanden**	*repräsentieren, symbolisieren:* Wofür steht das Wort „Milch" in der „Todesfuge"?
stehlen (stiehlt), **stahl, hat gestohlen**	*etw. nehmen, das jmdm. anderen gehört:* Manni will Geld in einem Supermarkt stehlen.
stellen, hat gestellt: **ein Bein stellen**	*das Bein in den Weg einer anderen Person stellen, sodass diese Person darüber stolpert und fällt*
die Stellungnahme, -n	*öffentlich die eigene Meinung zu einem Thema sagen:* Die Stellungnahme des Politikers wurde positiv aufgenommen.
sterben (stirbt), **starb, ist gestorben**	*aufhören zu leben*
das Stichwort, -e *(mst. Pl.)*	*einzelne Wörter und Satzfragmente, die man notiert, um sich später zu erinnern*
die Stimmung, -en	*der seelische Zustand einer Person; die Laune; die Atmosphäre*
der Streik, -s	*eine Protestaktion, bei der eine Gruppe von Menschen für eine bestimmte Zeit nicht arbeitet, um bestimmte Konditionen (mehr Geld, etc.) zu bekommen*
streiken, hat gestreikt	*eine Gruppe von Menschen organisiert sich und beschließt für eine bestimmte Zeit nicht zu arbeiten, weil sie bestimmte Forderungen (mehr Geld, etc.) hat*
streiten (streitet), **stritt, hat gestritten**	*einen Disput haben*
der Strich, -e	*eine Linie, die man mit einem Stift macht:* Ein Strichmännchen ist eine Figur, die nur aus Strichen gemacht wird.

die Strophe, -n	*ein Teil eines Gedichtes oder Liedes:* Matthias Claudius' Gedicht *Der Mond ist aufgegangen* hat fünf Strophen.
Sturm und Drang	*eine literarische Richtung in der zweiten Hälfte des 18. Jahrhunderts, die Gefühle und den Wunsch nach Freiheit betonte*
subtil	*man beachtet alle kleinen Unterschiede und Nuancen; nicht sehr direkt sein, sondern etw. nur andeuten:* Die Kritik in diesem Gedicht ist sehr subtil.
synchronisiert: **die synchronisierte Version**	*wenn Schauspieler im Film eine andere Sprache sprechen:* In Deutschland werden alle ausländischen Filme synchronisiert.

T

der Täter, -	*jmd., der eine böse Tat begangen hat und der jmdn. zum Opfer gemacht hat:* Der Täter stahl das Geld der alten Dame und dann lief er davon.
die Tätigkeit, -en	*der Beruf; die Aktivität*
teilen, hat geteilt	*etw. in Stücke zerlegen:* Nach dem Krieg wurde Deutschland geteilt.

teil•nehmen (nimmt...teil),
    nahm...teil,
    hat teilgenommen
	partizipieren

die Teilung	*das Zerlegen in Stücke/Portionen:* Die offizielle Teilung Deutschlands dauerte bis 1990.
die Telefonzelle, -n	*ein sehr kleines Haus, eine Kabine, in der ein öffentliches Telefon ist*
traurig	*nicht glücklich:* Als Goethes Frau Christiane starb, war er sicher sehr traurig.
treffend	*etw. passt genau:* Der Zeuge gab eine treffende Beschreibung des Täters.
der Treffpunkt, -e	*der Ort, an dem zwei oder mehrere Personen zusammenkommen*
trennen, hat getrennt	*etw. nicht zusammen lassen, etw. räumlich auseinander bringen:* Wenn man recycelt, muss man unterschiedliche Abfallprodukte trennen und in unterschiedliche Behälter geben.

sich trennen, hat sich getrennt	*auseinander gehen, nicht mehr zusammen sein:* Die *Comedian Harmonists* mussten sich trennen, da die jüdischen Mitglieder Deutschland verlassen mussten.
das Treppenhaus, die Treppenhäuser	*mehrere Stufen, die die Etagen in einem Haus verbinden*

überfahren (überfährt), überfuhr, hat überfahren	*über einen Menschen oder ein Tier mit einem Fahrzeug (Auto, Bus, etc.) fahren und so verletzen oder töten:* In einem Szenario von *Lola rennt* hat ein Rettungswagen Manni überfahren.
überfahren werden (wird überfahren), wurde überfahren, ist überfahren worden	*(Pass.) ein Fahrzeug (Auto, Bus, etc.) fährt über jmdn. und verletzt oder tötet jmdn.:* In einem Szenario von *Lola rennt* wird Manni von einem Krankenwagen überfahren.
überfallen (überfällt), überfiel, hat überfallen	*jmdn. plötzlich mit Waffen bedrohen und etw. fordern:* In einem Szenario von *Lola rennt* hat Lola beschlossen, die Bank zu überfallen.
überfliegen (überfliegt), überflog, hat überflogen	*einen Text schnell und nicht im Detail lesen, sondern nur bestimmte Stichworte oder Elemente suchen*
übernehmen (übernimmt), übernahm, hat übernommen	*etw. von einem Vorgänger annehmen und weiterführen:* Eine Ostdeutsche übernahm die Sektkellerei Rotkäppchen von einem Westdeutschen.
übel: üble Nachrede	*etw. über jmdn. sagen, das nicht wahr ist und das ihm/ihr schaden kann*
um•bringen (bringt...um), brachte...um, hat umgebracht	*jmdn. töten*
umgangssprachlich	*so sprechen Leute in inoffiziellen Situationen*
der Umriss, -e	*wenn man nur den Rand einer Person/eines Objektes sehen kann:* In der Dunkelheit konnte ich nur die Umrisse des Mannes sehen.
der Umsatz, die Umsätze	*das Geld, das man durch den Verkauf von Waren verdient*

die Umwelt *(nur Sg.)*	*die Welt, in der wir leben, also die Luft, das Wasser, die Bäume, die Tiere, die Menschen, etc.*
umweltbewusst	*wenn man so handelt, dass es gut für die Umwelt ist:* Da ich sehr umweltbewusst bin, habe ich mir ein umweltfreundliches Hybrid-Auto gekauft.
umweltfreundlich	*was gut für die Umwelt ist:* Ein Auto mit einem Elektromotor ist umweltfreundlich.
der Umweltschutz *(nur Sg.)*	*Maßnahmen, um die Umwelt in gesunder Form zu erhalten*
um•ziehen (zieht...um), zog...um, ist umgezogen	*die Wohnung oder den Wohnort ändern/wechseln*
unangenehm	*etw., was nicht so ist, wie man es gern hat und eine negative Reaktion bewirkt:* Mein Hotelzimmer roch sehr unangenehm und mir wurde schlecht.
ungewöhnlich	*anders, als man es erwartet hat/gewöhnt ist:* Lola hat eine ungewöhnliche Haarfarbe.
untergeordnet: eine untergeordnete Rolle spielen	*weniger wichtig sein*
sich unterhalten (unterhält sich), unterhielt sich, hat sich unterhalten	*miteinander sprechen; Konversation betreiben*
das Unternehmen, -	*≈ die Firma, ≈ der Betrieb*
der Unterschied, -e	*ein Merkmal, das bei zwei Personen, Objekten, Dingen, etc. nicht gleich ist:* Es gibt Unterschiede zwischen der deutschen und der türkischen Kultur.
unterschreiben (unterschreibt), unterschrieb, hat unterschrieben	*den Namen unter ein Dokument schreiben, ≈ unterzeichnen*
unterzeichnen, hat unterzeichnet	*den Namen unter ein Dokument schreiben, ≈ unterschreiben*
der Urlaub, -e	*eine gewisse Zeitspanne, in der man nicht arbeiten muss*: Mein Vater und meine Mutter können im Sommer nie Urlaub bekommen.

der Urlaub:
    auf/in Urlaub fahren (fährt),
    fuhr, ist gefahren
	an einen Ort fahren, um sich dort zu erholen und etwas Neues zu erleben: Viele Amerikaner fahren gern nach Europa auf Urlaub.

das Urlaubsziel, -e	*der Destinationsort des Urlaubs:* Ich fahre nächste Woche auf Urlaub und mein Urlaubsziel ist Gran Canaria.

V

die Verabredung, -en	*ein Treffen, das man mit jmdm. ausgemacht hat*
sich verabschieden, **hat sich verabschiedet**	*„Auf Wiedersehen" sagen:* Ich muss mich verabschieden, denn ich muss jetzt nach Hause gehen.
verbessern, hat verbessert	*etw. besser (schöner, produktiver, etc.) machen*
verbieten, (verbietet), **verbot, hat verboten**	*jmdm. sagen, dass er etw. nicht tun darf*
verbrennen (verbrennt), **verbrannte, hat verbrannt**	*etw. durch ein Feuer zerstören:* Im Dritten Reich wurden die Bücher vieler Autoren verbrannt.

verbringen (verbringt),
    verbrachte, hat verbracht:
    den Urlaub verbringen
	für eine bestimmte Zeit an einem Ort zur Erholung sein: Meine Familie verbringt den Urlaub immer in den österreichischen Alpen.

verfassen, hat verfasst	*sich einen Text ausdenken und aufschreiben*
die Verfassung, -en	*das Grundgesetz; Gesetze, die einen Staat funktionsfähig machen:* Wie heißt die amerikanische Verfassung?
die Vergangenheitsbewältigung *(nur Sg.)*	*die Vergangenheit innerlich verarbeiten und analysieren*
vergessen (vergisst), **vergaß, hat vergessen**	*sich nicht an etw. erinnern; etw. nicht mehr wissen*
der Vergleich, -e: **im Vergleich zu**	*das Betrachten zweier oder mehrerer Personen oder Objekte, um Ähnlichkeiten oder Unterschiede zu finden und diese zu verbalisieren:* Im Vergleich zum Grand Canyon ist Bryce Canyon relativ klein.
vergleichen (vergleicht), **verglich, hat verglichen**	*man betrachtet zwei oder mehr Personen oder Objekte, um Ähnlichkeiten oder Unterschiede zu finden*

sich verhalten (verhält sich), verhielt sich, hat sich verhalten	*sich benehmen*
verharmlosen, hat verharmlost	*etw. weniger schlimm darstellen, als es wirklich war:* Du verharmlost dieses Examen, wenn du sagst, es war nicht so schlimm. Es war schrecklich.
der Verkehr *(nur Sg.)*	*das System der Straßen und der Transportmittel (Autos, Busse, etc.), die sich auf den Straßen bewegen.*
verlangen, hat verlangt	*jmdm. klar und deutlich sagen, dass man etw. haben will:* Lola verlangte in der Bank 100.000 DM.
verlassen (verlässt), verließ, hat verlassen	*von einem Ort weggehen; von einer Person weggehen:* Er verließ seine Frau nach 20 Jahren Ehe.
vermeiden (vermeidet), vermied, hat vermieden	*etw. nicht tun:* Wenn man recyceln will, sollte man es vermeiden, nicht recycelbare Verpackungen zu kaufen.
vermindern, hat vermindert	*kleiner machen; reduzieren*
vermuten, hat vermutet	*raten:* Er war ein Dichter der Klassik, ist sehr alt geworden und hat Faust geschrieben. Können Sie vermuten, wer das ist?
veröffentlichen, hat veröffentlicht	*publizieren*
die Verpackung, -en	*Material, in das Lebensmittel oder andere Produkte (Joghurt, etc.) eingepackt werden*
verreisen, ist verreist	*zur Erholung oder beruflich an andere Orte oder in andere Länder fahren:* Mein Vater muss in seinem Beruf viel verreisen.
verschwenden, hat verschwendet	*wenn man Dinge kauft, die man gar nicht braucht, und sie dann wieder wegwirft*
versorgen, hat versorgt	*das Bereitstellen von etwas für jmdn, der es braucht:* Während der Blockade wurde Berlin aus der Luft mit Lebensmitteln versorgt.
die Versorgung	*sich darum kümmern, dass jmd. etw. bekommt, was er/sie braucht:* Während der Blockade geschah die Versorgung Berlins mit Lebensmitteln aus der Luft.
versprachlichen, hat versprachlicht	*etw. (eine Tabelle, etc.) in Worte umsetzen*

versprechen (verspricht), **versprach, hat versprochen**	*jmdm. sagen, dass man etw. bestimmt tun oder nicht tun wird:* Rotkäppchen versprach der Mutter, nicht vom Weg abzugehen.
verstehen (versteht), **verstand, hat verstanden**	*die Bedeutung gesprochener oder geschriebener Worte erkennen:* Ich kann seinen Akzent nicht verstehen.
verteidigen, hat verteidigt	*etw. (das Land, etc.) schützen, indem man dafür kämpft;* *argumentieren, dass eine Idee, etc. korrekt war; jmdn. vor Gericht* *vertreten, um seine Unschuld zu beweisen*
verurteilen, hat verurteilt	*jmdn. vor Gericht schuldig sprechen; jmdn. sehr kritisieren*
vervollständigen, **hat vervollständigt**	*etw. komplettieren, komplett machen*
die Verwaltung	*die Administration*
verwandeln, hat verwandelt	*etw. umändern, abändern:* Die Hexe verwandelte den Frosch in einen schönen Prinzen. Verwandeln Sie die Stichworte in einen Aufsatz.

verweisen (auf + *Akk.***)**
   (verweist...auf...),
   verwies...auf...,
   hat auf...verwiesen
	auf etw. hinweisen, etw. betonen: Wenn Sie Kiefers Bild *Dein*
	goldenes Haar, Margarete verstehen wollen, kann ich Sie auf Paul
	Celans Gedicht *Die Todesfuge* verweisen.

verzichten (auf + *Akk.***),** **hat auf...verzichtet**	*etw. nicht machen, was man eigentlich gerne machen möchte:* Ich wollte ein Jahr ins Ausland gehen, aber da meine Mutter krank war, verzichtete ich darauf.
die Voraussage, -n	≈ *die Prognose*
die Vorbereitung, -en	*was man vor einem Ereignis tut z.B. Planung, Einkauf, Lernen...:* Die Vorbereitungen für die Party haben lange gedauert.
der Vordergrund (*nur Sg.*)	*die Elemente eines Bildes, einer Landschaft, etc., die für den* *Betrachter am nächsten sind:* Auf Familienfotos stehen die Familienmitglieder meistens im Vordergrund und im Hintergrund sieht man ein Haus, einen Baum, ein Zimmer, etc.
vorgegeben sein	*etw. ist schon als Ausgangspunkt/Basis da:* Bei einem Backmix sind die meisten Zutaten schon vorgegeben; man muss sie nur vermischen und den Kuchen backen.
vor•haben (hat...vor), **hatte...vor, hat vorgehabt**	*planen:* In den nächsten Ferien habe ich eine Weltreise vor.

vor•kommen (kommt...vor), kam...vor, ist vorgekommen	*etw. ist vorhanden, präsent:* Das Wort „Milch" kommt oft in Celans *Todesfuge* vor.
die Vorladung, -en	*eine offizielle Aufforderung, bei einer Behörde zu erscheinen:* eine Vorladung zum Gericht
vor•schlagen (schlägt...vor), schlug...vor, hat vorgeschlagen	*in einer Situation eine Option geben:* Es gibt viele Möglichkeiten zu reisen, aber ich schlage das Flugzeug vor.
vor•stellen (stellt...vor), stellte...vor, hat vorgestellt	*eine Idee, ein Produkt, eine Person, etc. präsentieren*
sich (*Akk.*) **vor•stellen (stellt sich...vor), stellte sich...vor, hat sich vorgestellt**	*sich präsentieren; jmdm. sagen, wer man ist/wie man heißt:* Darf ich mich vorstellen? Mein Name ist Robert Biberti.
sich (*Dat.*) **etw. vor•stellen (stellt sich...vor), stellte sich...vor, hat sich vorgestellt**	*sich ein Bild von etw. machen, was man noch nicht kennt:* Kannst du dir vorstellen, wie es wäre, wenn Deutschland heute noch getrennt wäre?
das Vorurteil, -e	*Meinung von einer Person, ohne die Person zu kennen:* ein Vorurteil gegen Ausländer, Menschen anderer Religionen, etc. haben
vor•werfen (wirft...vor), warf...vor, hat vorgeworfen: jmdm. etw. vorwerfen	*jmdm. sagen, dass er etw. falsch gemacht hat:* Manni wirft Lola vor, dass sie zu spät gekommen ist.

W

waagerecht	*≈ horizontal*
der Wachmann, die Wachmänner	*Person, die für die Sicherheit zuständig ist:* der Wachmann einer Bank
wachsen (wächst), wuchs, ist gewachsen	*größer werden:* ein Kind wächst, eine Nation wächst
die Waffe, -n	*ein Instrument, mit dem man kämpft:* Pistole, Messer, nukleare Waffen, etc.

die Währungsreform, -en	*wenn man das Geldsystem eines Landes (die Münzen und Geldscheine) ändert, reformiert, um es zu stabilisieren (bei einer Inflation z.B.)*
der Wald, die Wälder	*eine Ansammlung von vielen Bäumen:* der Schwarzwald
wandern, ist gewandert	*eine relativ lange Strecke zu Fuß gehen (mst. außerhalb der Stadt und mst. um sich zu erholen):* In den Ferien sind wir immer in den Alpen gewandert.
weinen, hat geweint	*Tränen in den Augen haben*
die Weltwirtschaftskrise	*wenn die internationale Wirtschaft in der Krise ist*
die Wende (nur Sg.)	*Zeitpunkt, an dem sich etwas ändert*
das Werk, -e	*das Opus eines Künstlers:* Mozarts Werke sind im Köchelverzeichnis zusammengefasst
widersprechen (widerspricht), widersprach, hat widersprochen	*nicht der gleichen Meinung sein und es sagen; eine Meinung für falsch erklären*
wiedervereinigen, hat wiedervereinigt	*Länder oder Menschen wieder zusammenbringen; wieder eine Einheit sein:* Deutschland wurde 1990 wiedervereinigt; aus der BRD und der DDR wurde wieder ein Land.
die Wiedervereinigung (nur Sg.)	*der erneute Zusammenschluss von Ländern oder Menschen:* Die Wiedervereinigung Deutschlands war ein historischer Moment.
wieder verwerten (verwertet...wieder), verwertete...wieder, hat...wieder verwertet	*Materialien, die schon gebraucht wurden, noch einmal benutzen:* In Deutschland werden Colaflaschen gereinigt und wieder verwertet.
die Wiese, -n	*ein Stück Land, auf dem Gras und Blumen wachsen*
wirtschaftlich	*die Wirtschaft betreffend*
das Wirtschaftswunder	*der schnelle Wiederaufbau und die besonders positive Entwicklung der deutschen Wirtschaft nach dem Zweiten Weltkrieg*
witzig	*lustig:* Über den Film *Deutschland, bleiche Mutter* kann man nicht lachen; er ist nicht witzig.

das Wort, die Wörter: **zu Wort kommen**	*etw. sagen können; einen mündlichen Beitrag leisten können:* Mein Diskussionspartner war so dominant, dass ich gar nicht zu Wort gekommen bin.
wunderbar	*toll, großartig:* Goethe hat viele wunderbare Werke geschrieben; *wie ein Wunder:* Auf wunderbare Weise fanden Hänsel und Gretel am Ende des Märchens den Weg nach Hause.

sich wundern (über + *Akk.*),
   (wundert sich...über...),
   wunderte sich...über...,
   hat sich...über...gewundert
	überrascht sein; über etw. erstaunt sein: Es wundert mich, dass Biberti Harrys Angst vor den Nazis nicht verstanden hat.

Z

zeichnen, hat gezeichnet	*ein Bild mit einem Stift (Bleistift, Kreidestift, etc.) malen*
die Zeichnung, -en	*ein Bild, das mit einem Stift (Bleistift, Kreidestift, etc.) gemalt wird*
die Zeile, -n	*eine Reihe geschriebener Wörter in einem Text:* Shakespeares Sonette haben gewöhnlich 14 Zeilen.
das Zeitalter, -	*die Epoche, ein gewisser Zeitabschnitt:* Im Zeitalter der modernen Technologie fliegt fast jeder mit dem Flugzeug in Urlaub.
die Zeitleiste, -n	*eine Linie, auf der chronologische Ereignisse eingetragen werden*
zerschneiden (zerschneidet), **zerschnitt, hat zerschnitten**	*etw. mit einer Schere oder einem Messer in Teile/Stücke zerlegen*
zögern, hat gezögert	*etw. nicht sofort tun, weil man nicht weiß, ob es richtig ist, oder weil man Angst hat:* Die Braut zögerte, bevor sie „Ja" sagte.
zufolge haben	*eine Konsequenz davon sein:* Die Tatsache, dass drei *Comedian Harmonists* Juden waren, hatte zufolge, dass sie in Deutschland nicht mehr arbeiten durften.
(etw.) zu•geben (gibt...zu), **gab...zu, hat zugegeben**	*sagen, dass man etw. Falsches oder Schlechtes getan hat, obwohl man es eigentlich nicht sagen will*
zu•nehmen (nimmt...zu), **nahm...zu, hat zugenommen**	*mehr Volumen oder Masse bekommen:* Ich habe über Weihnachten 10 Kilo zugenommen. Die Zahl der Computerviren nimmt ständig zu.

zu•ordnen (ordnet...zu), **ordnete...zu, hat zugeordnet**	*etw. in Kategorien einteilen, ≈ ein•ordnen*

zurück•gehen (geht...zurück),
  ging...zurück,
  ist zurückgegangen
	man geht von Punkt A nach B und geht wieder nach A;
	kleiner/weniger werden: Wann geht die Zahl der Arbeitslosen
	zurück?

zurück•kehren (kehrt...zurück),
  kehrte...zurück,
  ist zurückgekehrt
	wieder an einen Ort kommen: Viele ausländische Arbeitnehmer
	kehren wieder in ihre Heimat zurück.

zusammen•tragen
  (trägt...zusammen),
  trug...zusammen,
  hat zusammengetragen
	Objekte oder Ideen sammeln

sich zu•wenden
  (wendet sich...zu),
  wandte/wendete sich...zu,
  hat sich zugewandt/
  zugewendet
	sich in die Richtung einer Person drehen: Als ich lachte, wandte
	der Professor sich mir zu; *sich interessieren für:* Schon als Kind
	wandte sich Mozart der Musik zu.

zwingen (zwingt), zwang, **hat gezwungen**	*jmd. wird durch Gewalt oder eine Form von Druck dazu gebracht* *etw. zu tun:* Meine finanzielle Lage zwang mich mein Haus zu verkaufen.

Index

Credits

Texts

p. 7: Reprinted by permission of Deutsche Presse-Agentur GmbH.

p. 11: From Kurier, July 12, 2000, pg. 15. Reprinted with permission.

p. 15: Adapted from "Extrem-Urlaub 2000," by Isabella Klausnitzer, from *Freizeitkurier-Trendsspezial*, Issue 529, January 8, 2000.

p. 24: Reprinted by permission of Dr. Gerfried Sperl from *Der Standard Weekly*, July 6, 2000.

p. 41: Reprinted by permission of the Goethe-Institut e.V.

p. 54: From Rosemarie Griesbach, *Deutsche Märchen und Sagen*. Copyright © 1995. Reprinted by permission of Max Hueber Verlag, GmbH & Co.

pp. 73, 362: From *Goethe an Nixon,* by Karlhans Frank. Copyright © 1974 Atelier Verlag Andernacuh. Reprinted with permission.

p. 93 (*all*): Reprinted from www.gruen-wirkt.de, as viewed on January 10, 2004.

p. 94 (*all*): Reprinted from www.gruen-wirkt.de, as viewed on January 10, 2004.

p. 98: As appeared on www.gruene.at, January 9, 2004.

p. 101: From www.zdf.de.

p. 133: From www.culturebase.net. Reprinted with permission.

pp. 134, 362–363: Used by permission of Galler & Sackenreuter GbR.

p. 143: Reprinted with permission from Russendisko, by Wladimir Kaminer. Copyright © 2000.

pp. 164, 365: "Veronika, Der Lenz Ist Da." By FRITZ ROTTER and WALTER JURMANN. © (Renewed) WIENER BOHEME-VERLAG GMBH All Rights Administered by CHAPPELL & CO., INC. All Rights Reserved. Used by Permission Warner Bros. Publications U.S. Inc., Miami, Florida 33014.

pp. 186, 366: "Auf Wiedersehen, My Dear." Words and Music by AL HOFFMAN, ED NELSON, AL GOODHARD, and MILTON AGER. Copyright © 1932 (Renewed) WARNER BROS. INC. All Rights Reserved. Used by permission Warner Bros. Publications U.S. Inc., Miami, Florida 33014.

Photos

Preussischer Kulturbesitz/Art Resource, NY; p. 38 (*right*): Friedrich, Caspar David (1174–1840) Kreidefelsen auf Rügen, ca. 1818. Museum Oskar Reinhart am Stadtgarten, Winterthur; p. 40: Ullstein-Ullsteinbild; p. 47: Bettmann/Corbis; p. 47: Bettmann/Corbis; p. 47: Bettmann/Corbis; p. 47: Archivo Iconografico, S.A./Corbis; p. 48: Ullstein-Teutopress; p. 48: Ullstein-Joho; p. 61: Ullstein-Ullsteinbild; p. 68: Friedrich, Caspar David (1774–1840) Zwei Männer bei der Betrachtung des Mondes, ca. 1819. Erich Lessing/Art Resource. NY; p. 78: Ullstein-Meißner; p. 82: Ullstein-Giribas; p. 83: Bossu Regis/Corbis; p. 104: Ullstein-Caro/Meyerbroeker; p. 105 (*left*): Ullstein-Rieth; p. 105 (*top right*): Ipol; p. 105 (*bottom right*): Ullstein-Reuters; p. 106: Ullstein-BPA; p. 107: Ullstein-Mathaes; p. 111: Courtesy Mercedes-Benz; p. 122: Ullstein-Ilona Studre; p. 125: Reuters/Corbis; p. 133: www.meistersinger-konzerte.de; p. 141: Ullstein-Friedrich; p. 149: Trans-Film-Vertrieb; p. 154: Ullstein-Ullsteinbild; p. 156: The Granger Collection; p. 163: The Granger Collection; p. 168: Bavaria Film International; pp. 170–173: The Granger Collection; p. 179; Miramax Films/The Kobal Collection/Domenigg, Petro; p. 192 (*top left*): Wolfgang Kaehler/Corbis; p. 192 (*right*): Roger Antrobus/Corbis; p. 192 (*bottom left*): Uwe Schmid/Corbis; p. 204 (*row 1, left*): Edmund Kasperski/Landesarchiv Berlin; p. 204 (*row 1, center*): Wolfgang Volz; p. 204 (*row 1, right*): Ullstein-Ullsteinbild; p. 204 (*row 2, left*): Landesarchiv Berlin; p. 204 (*row 2, center*): Landesarchiv Berlin; p. 204 (*row 2, right*): Ullstein-Ullsteinbild; p. 204 (*row 3, left*): Landesarchiv Berlin; p. 204 (*row 3, center*): Klaus Lehnartz/Landesarchiv Berlin; p. 204 (*row 3, right*): Ullstein-Giribas; p. 204 (*row 4, left*): Ullstein-Ullsteinbild; p. 204 (*row 4, right*): Bert Sass/Landesarchiv Berlin; p. 212: Underwood & Underwood/Corbis; p. 219: R. Öhner / B. Kraller; p. 226: Ullstein-Schöning; p. 228 (*top right*): Ullstein-Ullsteinbild; p. 228 (*left*): Ullstein-Ullsteinbild; p. 228 (*bottom right*): Ullstein-Archiv Gerstenberg; p. 239: Ullstein-dpa; p. 240 (*top*): Ullstein-Schöning; p. 240 (*bottom left*): Jewish Museum, Berlin; p. 240 (*bottom right*): Jewish Museum, Berlin; p. 241: Ullstein-Heinz Köster; p. 247: Ullstein-Ullsteinbild; p. 249: Kinowelt GmbH; p. 262: Bilderdienst Süddeutscher Verlag; p. 268: Stefan Rakus/Focus Magazin; p. 270: Ullstein-Fromm; p. 281: Ullstein-Meyer; p. 283 (*top left*): Kiefer, Anselm, Brünnhilde Sleeps. Acrylic and gouache on photograph. H. 23 in W. 32-7/8 in. (58.4 x 83.5 cm) H. 23 in. W. 32-7/8. (58.4 x 83.5 cm). Inscribed (center right in gouache): Brünnhilde/schläft. The Metropolitan Museum of Art, Denise and Andrew Saul Fund, 1995 (1995.14.30). Photograph © 1997 The Metropolitan Museum of Art; p. 283 (*bottom left*): Kiefer, Anselm (1945–), Siegfried's Difficult Way to Brünnhilde. Acrylic and gouache on photograph. H. 23-1/8 in. W. 32-7/8 in. (58.7 x 83.5 cm). Inscribed (across top in gouache): Siegfrieds [sic] difficult way to Brünnhilde. The Metropolitan Museum of Art, Denise and Andrew Saul Fund, 1995 (1995.14.35). Photograph © 1997 The Metropolitan Museum of Art; p. 283 (*right*): Kiefer, Anselm (1945–), Brünnhilde's Death. India ink, watercolor, and acrylic on joined paper. H. 34-3/4 in. W. 17-3/8 in. (88.3 x 44.1 cm). The Metropolitan Museum of Art, Purchase, Lila Acheson Wallace Gift, 1995 (1995.14.21). Photograph © 1997 The Metropolitan Museum of Art; p. 292: Günther Schneider/Landesarchiv Berlin; p. 294: Landesarchiv Berlin; p. 295 (*top*): Horst Siegmann/Landesarchiv Berlin; p. 295 (*bottom*): Klaus Lehnartz/Landesarchiv Berlin; p. 321 (*left*): Ullstein-Oed; p. 321 (*right*): Ullstein-ddp; p. 304 (*top left*): Klaus Lehnartz/Landesarchiv Berlin; p. 304 (*top right*): Henry Ries/Landesarchiv Berlin; p. 304 (*middle left*): Wolfgang Albrecht/Landesarchiv Berlin; p. 304 (*middle right*): Landesarchiv Berlin; p. 304 (*bottom left*): Landesarchiv Berlin; p. 304 (*bottom right*): Ullstein-Leibing; p. 328: Bavaria Film International; p. 333 (*all*): Bavaria Film International; p. 344 (*all*): Bavaria Film International.

Color Insert Photos

Einheit 2

Bild 1: Friedrich, Caspar David (1774–1840) Der Wanderer über dem Nebelmeer, ca. 1817. Oil on canvas. Bildarchiv Preussischer Kulturbesitz/Art Resource, NY.

Bild 2: Friedrich, Caspar David (1774–1840) Kreidefelsen auf Rügen, ca. 1818. Museum Oskar Reinhart am Stadtgarten, Winterthur.

Bild 3: Friedrich, Caspar David (1774–1840) Zwei Männer bei der Betrachtung des Mondes, ca 1819. Erich Lessing/Art Resource, NY.

Einheit 8

Bild A.1: Kiefer, Anselm (1945–), Everyone Stands Under His Own Dome Of Heaven. Watercolor, gouache, and graphite pencil on joined paper. H. 15-3/4in. W. 18-7/8 in. (40 x 47.9 cm). The Metropolitan Museum of Art, Denise and Andrew Saul Fund, 1995 (1995.14.4). Photograph © 1997 The Metropolitan Museum of Art.

Bild A.2: Kiefer, Anselm (1945–), Untitled (Heroic Symbols). Watercolor, gouache, and charcoal on paper. H. 14-1/8 in. W. 17-7/8 in. (35.9 x 45.4 cm.). The Metropolitan Museum of Art, Purchase, Lila Acheson Wallace Gift, 1995 (1995.14.2). Photograph © 1997 The Metropolitan Museum of Art.

Bild B.1: Kiefer, Anselm (1945–), Winter Landscape. Watercolor, gouache, and graphite pencil on paper. H. 16-7/8 in. W. 14 in. (42.9 x 35.6 cm). The Metropolitan Museum of Art, Denise and Andrew Saul Fund, 1995 (1995.14.5). Photograph © 1997 The Metropolitan Museum of Art.

Bild B.2: Kiefer, Anselm (1945–), Your golden hair, Margarete. Watercolor, gouache, and acrylic on paper. H. 16-3/8 in. W. 21-7/8 in. (41.6 x 55.6 cm). Inscribed (from left to right in gouache): Dein goldenes Haar, Margarete. The Metropolitan Museum of Art, Gift of Cynthia Hazen Polsky, in memory of her father, Joseph H. Hazen, 2000 (2000.96.7). Photograph © 1995 The Metropolitan Museum of Art.

Bild C.1: Kiefer, Anselm (1945–), Faith, Hope, Love. Brush and ink, watercolor, pastel, and pencil on joined papers. H. 36-1/2 in. W. 24-5/8 in. (92.7 x 62.5 cm). Inscribed (vertically on tree trunks from left to right in India ink): Glaube Hoffnung Liebe. The Metropolitan Museum of Art, Gift of Cynthia Hazen Polsky, in memory of her father, Joseph H. Hazen, 2000 (2000.96.5). Photograph © 1995 The Metropolitan Museum of Art.

Bild C.2: Kiefer, Anselm (1945–), Send Forth Your Spirit. Watercolor, gouache, pen and ink, ballpoint pen, and colored pencil on paper. H. 13-3/8 in. W. 9-1/2 in. (34 x 24.1 cm). The Metropolitan Museum of Art, Purchase, Lila Acheson Wallace Gift, 1995. (1995.14.6) Photograph © 1997 The Metropolitan Museum of Art.

Bild D.1: Kiefer, Anselm (1945–), The Moon Has Risen. Watercolor and gouache on paper. H. 12 in. W. 17 in. (30.5 x 43.2 cm) Inscribed (diagonally across center in gouache): Der Mond ist aufgegangen; (center left in gouache): für Julia. The Metropolitan Museum of Art, Denise and Andrew Saul Fund, 1995 (1995.14.18). Photograph © 1997 The Metropolitan Museum of Art.

Bild D.2: Kiefer, Anselm (1945–), On Every Mountain Peak There Is Peace. Watercolor and gouache on paper. H. 12-3/8 in. W. 18-7/8 in. (31.4 x 47.9 cm.) The Metropolitan Museum of Art, Purchase, Lila Acheson Wallace Gift, 1995 (1995.14.8). Photograph © 1997 The Metropolitan Museum of Art.

Bild 1: Kiefer, Anselm (1945–), Brünnhilde Sleeps. Acrylic and gouache on photograph. H. 23 in W. 32-7/8 in. (58.4 x 83.5 cm) H. 23 in. W. 32-7/8. (58.4 x 83.5 cm). Inscribed (center right un gouache): Brünnhilde/schläft. The Metropolitan Museum of Art, Denise and Andrew Saul Fund, 1995 (1995.14.30). Photograph © 1997 The Metropolitan Museum of Art.

Bild 2: Kiefer, Anselm (1945–), Siegfried's Difficult Way to Brünnhilde. Acrylic and gouache on photograph. H. 23-1/8 in. W. 32-7/8 in. (58.7 x 83.5 cm) Inscribed (across top in gouache): Siegfrieds [sic] difficult way to Brünnhilde. The Metropolitan Museum of Art, Denise and Andrew Saul Fund, 1995 (1995.14.35). Photograph © 1997 The Metropolitan Museum of Art.

Bild 3: Kiefer, Anselm (1945–), Brünnhilde's Death. India ink, watercolor, and acrylic on joined paper. H. 34-3/4 in. W. 17-3/8 in. (88.3 x 44.1 cm). The Metropolitan Museum of Art, Purchase, Lila Acheson Wallace Gift, 1995 (1995.14.21). Photograph © 1997 The Metropolitan Museum of Art.

Realia

p. 13: Statistik Kurzgefasst, 29/2003, EUROSTAT, Luxemburg, 2003; p. 27: Courtesy of Slow Food International; p. 86 (*all*): www.korbach.de; pp. 88–92 (*all*): Die Grünen; p. 96 (*all*): Der Spiegel; p. 101: ZDF Enterprises GmbH; p. 102: www.parliament.ch; p. 197: Schweizerisches Sozialarchiv; p. 198: Michael Sowa; p. 230: Walter Hanel/FAZ; p. 262: Dr. Georg Mondwurf; p. 298: Presse- und Informationsamt der Bundesregierung; p. 307: Rotkäppchen Sektkellerei GmbH.

Illustrations

Uli Gersiek: pp. 4, 80, 107, 118, 129, 138, 168, 198, 211, 248, 273, 280, 296, 353, 354, 355, 356

Pam Levy: p. 80

Janet Montecalvo: pp. 54–57, 254

Maps

Patti Isaacs / Parrot Graphics